Tom Butler-Bowdon

50 Klassiker der **Psychologie**

Tom Butler-Bowdon

50 Klassiker der Psychologie

Die wichtigsten Werke von Alfred Adler · Sigmund Freud · Daniel Goleman
Karen Horney · William James · C.B. Jung · Jean Piaget · Viktor Frankl
Howard Gardner · Abraham Maslow · Iwan Pawlow · Stanley Milgram
Martin Seligman und vielen anderen

Aus dem Englischen übersetzt
von Sabine Schilasky

Weltbild

Alle Zitate aus im Deutschen lieferbaren Büchern wurden aus den deutschsprachigen Ausgaben zitiert. Wir danken den Verlagen für die freundliche Genehmigung. Die Quellen sind im Verzeichnis am Ende dieses Buches belegt. Alle anderen Zitate wurden frei übersetzt.

Genehmigte Lizenzausgabe für Verlagsgruppe Weltbild GmbH,
Steinerne Furt, 86167 Augsburg

Titel des Originals: 50 Psychological Classics

Ein Unternehmen von Süddeutscher Verlag | Mediengruppe

Aus dem Englischen übersetzt von Sabine Schilasky

Redaktion: Andrea Voß, Olching/Esting
Umschlaggestaltung: Atelier Seidel, Teising
Gesamtherstellung: GGP Media GmbH, Pößneck
Printed in the EU

ISBN 978-3-8289-5012-2

2009 2008
Die letzte Jahreszahl gibt die aktuelle Lizenzausgabe an.

Für Cherry

Inhalt

* Die Jahresangaben beziehen sich auf die erste Auflage der Originalausgabe des jeweiligen Werkes.

EINFÜHRUNG

Wie der Titel bereits sagt, stellt *Klassiker der Psychologie* 50 Bücher vor, in denen Hunderte von Ideen präsentiert werden, die wiederum innerhalb einer Spanne von über einhundert Jahren entwickelt wurden. Wir befassen uns im Folgenden mit einigen der faszinierendsten Fragen nach dem, was uns motiviert, was uns bestimmte Dinge fühlen oder tun lässt, wie unser Gehirn funktioniert und woher wir unser Ich-Gefühl beziehen. Ein bewussteres Herangehen an diese Fragen kann uns zu besserer Selbstkenntnis verhelfen, uns das Wesen des Menschen verständlicher, unsere Beziehungen stabiler und unser Wirken effizienter machen – kurz: es verändert unser Leben von Grund auf.

Klassiker der Psychologie befasst sich mit Schriften von so namhaften Persönlichkeiten wie Freud, Adler, Jung, Skinner, James, Piaget und Pawlow und geht darüber hinaus auch auf die Arbeiten zeitgenössischer Denker wie Gardner, Gilbert, Goleman und Seligman ein. Jedem einzelnen Buch ist ein Kapitel gewidmet, das die zentralen Ideen erläutert und sie vor dem theoretischen, sozialen und geschichtlichen Hintergrund betrachtet. Die Kombination aus Klassikern und neuen Titeln vermittelt den Lesern einen ersten Eindruck von Standardwerken, die sie auf jeden Fall in Grundzügen kennen sollten, selbst wenn sie sie nicht komplett lesen wollen, sowie von neueren Büchern, in denen die jüngsten wissenschaftlichen Erkenntnisse erläutert werden.

Der Schwerpunkt liegt auf der „Psychologie für Nicht-Psychologen“, also auf Büchern, die jeder lesen und für sich nutzen kann, sowie auf Werken, die ausdrücklich für ein breiteres Publikum verfasst wurden. Neben Psychologen finden sich auch Neurologen, Psychiater, Biologen, Kommunikationsexperten und Journalisten unter den Autoren, dazu ein Hafenarbeiter, ein Experte auf dem Gebiet der Aggressionsforschung und ein Romanautor. Da die Geheimnisse menschlichen Verhaltens zu wichtig sind, um die Betrachtung einer einzelnen Disziplin oder einer einzigen Perspektive zu überlassen, müssen wir für eine Vielzahl unterschiedlicher Stimmen aus den unterschiedlichsten Bereichen offen sein.

Das Buch konzentriert sich nicht vornehmlich auf die Psychiatrie, wenngleich die Werke von Psychiatern wie Oliver Sacks, Erik Erikson, R. D. Laing und Viktor Frankl ebenso aufgeführt sind wie die berühmter Therapeuten wie Carl Rogers, Fritz Perls und Milton Erickson. In *50 Klassiker der Psychologie* geht es weniger um Problembehebung als vielmehr darum, einige allgemeine Ideen darüber vorzustellen, warum Menschen so denken und handeln, wie sie es tun.

Obwohl manche Titel sich mit dem Unbewussten befassen, gilt das Hauptaugenmerk weder der Tiefenpsychologie noch den unterschiedlichen Konzepten von Psyche oder Seele. Einige der populärsten Autoren auf diesem Gebiet – unter anderem James Hillman (*The Soul's Code*), Thomas Moore (*Care of the Soul*), Carol Pearson (*The Hero Within*) und Joseph Campbell (*The Power of Myth*) – wurden bereits in den Bänden *50 Klassiker der Selbsthilfe* und *50 Klassiker der Spiritualität* vorgestellt, die näher auf die transformierende und spirituelle Seite der Psychologie eingehen.

Die Liste der 50 Klassiker der Psychologie erhebt keinen Anspruch auf Allgemeingültigkeit, sondern will lediglich einige der größten Namen und Werke aufführen. Jede Sammlung dieser Art unterliegt naturgemäß dem Verdacht der willkürlichen Auswahl und der Unvollständigkeit, weshalb dieses Buch auch keineswegs behauptet, alle Felder und Unterfelder der Psychologie abzudecken. Wir wollen hier nichts anderes, als einen Einblick in die faszinierendsten Fragen und Konzepte der Psychologie sowie ein Grundwissen über die Natur des Menschen bieten.

Eine neue Wissenschaft entsteht

Psychologie ist die Wissenschaft vom geistigen Leben.

William James

Wie der frühe Gedächtnisforscher Hermann Ebbinghaus (1850–1909) schrieb, „hat die Psychologie eine lange Vergangenheit, aber nur eine kurze Geschichte". Er meinte damit, dass die Menschen seit Jahrtausenden über menschliches Denken, über Gefühle, Intelligenz und Verhalten nachdenken. Doch die Psychologie als wissenschaftliche Disziplin, die sich auf Fakten statt auf Spekulation stützt, steckt noch in den Kinderschuhen. Und obwohl Ebbinghaus diese Feststellung vor hundert Jahren äußerte, wird die Psychologie nach wie vor als junge Wissenschaft angesehen.

Hervorgegangen ist sie aus zwei anderen Disziplinen, der Physiologie und der Philosophie. Als Vater der Psychologie gilt der Deutsche Wilhelm Wundt (1832–1920), weil er darauf bestand, sie als eigenständige Wissenschaft zu sehen, die empirischer arbeitet als die Philosophie und sich stärker auf das Denken konzentriert als die Physiologie. Wundt gründete um 1870 das erste experimentelle Psychologie-Labor und verfasste das umfassende Werk *Grundzüge der physiologischen Psychologie.*

Da Wundt heutzutage nur noch bei einem sehr spezialisierten Leserkreis Verbreitung findet, wurde er nicht in die Liste der Klassiker aufgenommen. Der amerikanische Philosoph William James (1842–1910) hingegen, der ebenfalls als „Gründervater" der modernen Psychologie angesehen wird, ist bis heute einem breiten Lesepublikum geläufig. William James, der Bruder des Romanciers Henry James, war zunächst ausgebildeter Mediziner, ehe er sich der Philosophie zuwandte. Doch wie Wundt vertrat auch er die Ansicht, dass dem Denken ein eigenes Studienfach gebührt. Dabei stützte er sich auf eine Theorie des deutschen Neuroanatomen Franz Gall, nach der alles Denken und alle mentalen

Prozesse biologisch begründet sind. James förderte die Verbreitung der herausragenden Idee, dass das Ich – mit all seinen Hoffnungen, Vorlieben, Wünschen und Ängsten – in jener weichen grauen Masse enthalten ist, die sich unter unserer Schädeldecke befindet. Seiner Auffassung nach fiel die Erklärung des Denkens als Produkt einer tieferen Kraft wie der Seele eher in den Bereich der Metaphysik.

James mag zur Definition der Parameter in der Psychologie beigetragen haben, doch erst durch die Schriften Sigmund Freuds geriet sie in den Mittelpunkt des öffentlichen Interesses. Freud wurde 1856, also vor 150 Jahren geboren. Seine Eltern erkannten früh den klugen Denker in ihm, aber nicht einmal sie hätten sich ausmalen können, welche Wirkung seine Ideen auf die Welt haben sollten. Nach der Schule sollte Freud ein Jurastudium beginnen, überlegte es sich jedoch in letzter Minute anders und schrieb sich für Medizin ein. Seine Arbeit zur Anatomie des Gehirns und mit Patienten, die unter „Hysterie" litten, führte ihn zu der Frage, inwieweit das Unbewusste das Verhalten beeinflusst. Und mit dieser Frage entstand sein Interesse an Träumen.

Heute ist es für uns selbstverständlich, dass der durchschnittlich gebildete Mensch mit psychologischen Konzepten wie dem Ich bzw. dem Ego und dem Unbewussten vertraut ist. Diese und zahlreiche andere Begriffe entstammen alle dem Vermächtnis Freuds – sei es nun zum Vor- oder Nachteil für die Wissenschaft als solche. Weit über die Hälfte der Titel, die in *50 Klassiker der Psychologie* behandelt werden, sind entweder von Freudianern oder Post-Freudianern verfasst worden oder aber fallen durch ihre erklärte Anti-Freud-Position auf. Mittlerweile ist es modern geworden, Freuds Arbeit als unwissenschaftlich abzutun und seine Schriften eher als literarische Schöpfung denn als echte Psychologie zu sehen. Doch ob diese Einschätzung richtig ist oder nicht, er ist dennoch die mit Abstand berühmteste Persönlichkeit im Bereich der Psychologie. Und wenngleich die Psychoanalyse – die von ihm begründete Gesprächstherapie zur Ergründung des Unbewussten – bei weitem nicht mehr so häufig praktiziert wird wie früher, bleibt das Bild des Wiener Arztes, der seinem auf der Couch liegenden Patienten die tiefsten Gedanken entlockt, nach wie vor das am ehesten präsente, sobald wir an Psychologie denken.

Manche Neurowissenschaftler propagieren ein Comeback Freuds. Seine Betonung des Unbewussten als wichtigstem Gestaltungsfaktor unseres Verhaltens konnte weder durch Bildgebungstechniken für die Gehirnfunktionen widerlegt werden noch von anderen Forschungen, und daher könnten einige seiner anderen Theorien immer noch wissenschaftlich erhärtet werden. Aber selbst wenn nicht, seine Position als originellster Denker der Psychologie dürfte er kaum so bald verlieren.

Die Reaktionen auf Freud schlugen sich am stärksten im Behaviorismus nieder. Iwan Pawlows berühmtes Hundeexperiment, mit dem er nachwies, dass Tiere nichts als die Summe ihrer konditionierten Reaktion auf Reize aus der Umwelt sind, inspirierte den führenden Vertreter des Behaviorismus, B. F. Skinner. Skinner schrieb, dass die Vorstellung vom autonomen Ich, das von inneren Motiven angetrieben wird, lediglich ein romantischer Mythos sei. Statt herausfinden zu wollen, was bei einem bestimmten Verhalten im Kopf eines Menschen vor sich geht („Mentalismus"), will Skinner ergründen, welche Umstände ihn zu diesem Verhalten veranlassen. Unsere Umwelt macht uns zu dem, was wir sind, und wir ändern unser Handeln in die Richtung, die uns vorteilhaft für unser Überleben erscheint. Wenn wir eine bessere Welt schaffen wollen, müssen wir die Gegebenheiten schaffen, die Menschen moralischer oder produktiver handeln lassen. Für Skinner beinhaltet dies eine Technologie des Verhaltens, bei der bestimmte Handlungen belohnt werden und andere nicht.

In den 1960ern trat die kognitive Psychologie auf den Plan, die denselben rigoros wissenschaftlichen Ansatz wie der Behaviorismus pflegte, dabei allerdings zu der Frage zurückkehrte, wie Verhalten ursprünglich im Kopf entsteht. Der Ausgangspunkt war der, dass zwischen den aus dem Umfeld empfangenen Reizen und der Reaktion in unserem Kopf bestimmte Prozesse ablaufen müssen. Die Forscher der kognitiven Richtung fanden heraus, dass das menschliche Denken eine große Interpretationsmaschine ist, die Muster entwirft und der Außenwelt einen Sinn verleiht, indem sie die Wirklichkeit gleichsam kartografiert.

Diese Arbeit veranlasste Therapeuten wie Aaron Beck, David D. Burns und Albert Ellis, sich in ihrer Arbeit an der Idee zu orientieren, dass unsere Gedanken unsere Gefühle prägen und nicht umgekehrt. Folglich können wir, indem wir unser Denken ändern, Depressionen überwinden oder einfach eine bessere Kontrolle über unser Verhalten erlangen. Diese Form der Psychotherapie hat inzwischen einen Großteil des Raumes eingenommen, den früher die freudsche Psychoanalyse bei der Behandlung von psychischen Problemen innehatte.

Eine neuere Entwicklung auf dem kognitiven Feld ist die „positive Psychologie", die eine Neuorientierung der Disziplin weg von den mentalen Problemen und hin zu einem Studium dessen anstrebt, was die Menschen glücklich, optimistisch und produktiv macht. Bis zu einem gewissen Grad wurde dieser Bereich bereits von dem Pionier der humanistischen Psychologie, Abraham Maslow, erschlossen, der über die selbstverwirklichte oder erfüllte Persönlichkeit schrieb. Auch Carl Rogers, der einst bemerkte, dass er die Welt recht pessimistisch sähe, jedoch im Hinblick auf die Menschen optimistisch sei, ist ein Vertreter dieses Denkens.

In den letzten 30 Jahren wurden sowohl die Verhaltens- als auch die kognitive Psychologie durch Fortschritte in der Hirnforschung bereichert. Die Behavioristen hielten es für falsch, schlicht zu beobachten, was im Gehirn passiert. Doch die Wissenschaft erlaubt uns heute einen Blick nach innen, der uns einen Überblick über die neuralen Wege und Synapsen eröffnet, die tatsächlich Handlungen steuern. Diese Forschung könnte am Ende unser Selbstverständnis revolutionieren, und das höchstwahrscheinlich zum Besseren. Denn wenngleich manche Menschen fürchten, dass die Reduzierung des menschlichen Wesens auf die Vernetzungen im Gehirn letztlich eine Dehumanisierung zur Folge haben kann, würde ein größeres Wissen über das Gehirn doch in Wahrheit nur unsere Wertschätzung für die entsprechenden Vorgänge vergrößern.

Das heutige Wissen um die Vorgänge im Gehirn versetzt uns in die Lage, zu William James' Definition der Psychologie als der „Wissenschaft vom geistigen Leben" zurückzukehren, nur dass wir nun unsere Kenntnisse auf Basis dessen erweitern können, was wir über die molekulare Ebene der Abläufe erfahren. Insofern schließt sich hier der Kreis, hatte die Psychologie doch ursprünglich ihre Wurzeln in der Physiologie. Und ironischerweise bringt uns gerade die Hinwendung zur Physiologie einige Antworten auf unsere größten philosophischen Fragen, wie etwa der nach dem Wesen des Bewusstseins, nach dem freien Willen, nach dem Entstehen von Erinnerungen und dem Erleben und Kontrollieren von Emotionen. Es könnte sich am Ende sogar herausstellen, dass das „Denken" und das „Ich" schlicht Illusionen sind, die sich der außergewöhnlichen Komplexität der neuralen Verknüpfungen und chemischen Reaktionen im Gehirn verdanken.

Wie sieht die Zukunft der Psychologie aus? Eventuell können wir uns nur in dem Punkt sicher sein, dass sie sich zu einer Wissenschaft entwickeln wird, die sich mehr und mehr auf das Wissen über die Hirnfunktionen stützt.

Eine kurze Literaturübersicht

Einer der Gründe dafür, dass sich die Psychologie als Studienfeld zunehmender Beliebtheit erfreut, ist der, dass ihre Vordenker – James, Freud, Jung und Adler – Bücher schrieben, die auch der durchschnittliche Leser verstand. Noch heute können wir uns einen beliebigen Titel von ihnen vornehmen und sind aufs Neue davon fasziniert. Obwohl einige der Ideenkonstrukte nicht gerade einfach sind, sprechen sie doch den Wissenshunger der Menschen an, die begreifen wollen, wie unser Denken funktioniert, was uns motiviert und was unser Verhalten prägt. So lässt sich vor allem in den letzten Jahren die Entstehung eines neuen goldenen Zeitalters in der psychologischen Populärliteratur ausmachen. Autoren wie Daniel Goleman, Steven Pinker, Martin Seligman und Mihaly Csikszentmihalyi reagieren auf das steigende Interesse der Leser.

Im Folgenden finden Sie eine kurze Einführung in die 50 hier behandelten Titel. Sie wurde in sieben eher unkonventionelle Kategorien unterteilt, die Ihnen helfen sollen, Literatur zu den Themen zu finden, die Sie am ehesten interessieren. Im Anhang ist unter der Überschrift „50 weitere Klassiker der Psychologie" eine Alternativliste aufgeführt. Auch diese Zusammenstellung erhebt durchaus keinen Anspruch auf Vollständigkeit, sondern soll Ihnen lediglich helfen, weitere Bücher zu entdecken, die vielleicht für Sie von Interesse sein könnten.

Verhalten, Biologie und Gene: eine Wissenschaft vom Gehirn

Louann Brizendine, *The Female Brain*

William James, *The Principles of Psychology*

Alfred Kinsey, *Das sexuelle Verhalten der Frau*

Anne Moir & David Jessel, *Brainsex. The Real Difference between Men and Women*

Jean Piaget, *Sprechen und Denken des Kindes*

Steven Pinker, *Das unbeschriebene Blatt. Die moderne Leugnung der menschlichen Natur*

V. S. Ramachandran, *Die blinde Frau, die sehen kann. Rätselhafte Phänomene unseres Bewußtseins*

Oliver Sacks, *Der Mann, der seine Frau mit einem Hut verwechselte*

Für William James war die Psychologie eine *Natur*wissenschaft, die sich auf die Hirnfunktionen stützt. Gleichwohl waren die seinerzeit verfügbaren Instrumente kaum geeignet für ein Studium dieses mysteriösen Organs. Heute gewinnt die Psychologie dank des technischen Fortschritts neue Erkenntnisse über das Gehirn an sich, weniger jedoch über das von ihm gesteuerte Verhalten.

Indem der Schwerpunkt nunmehr auf die Gehirnwissenschaft verlegt wird, tauchen zwangsläufig unbequeme Fragen auf, was die biologischen und genetischen Grundlagen von Verhalten betrifft. Ist unser Wesen relativ unveränderbar, oder sind wir unbeschriebene Blätter, die sich bereitwillig von ihrem Umfeld sozialisieren lassen? Der alte Streit um Ererbtes kontra Erworbenes hat eine neue Dimension angenommen. Die Genetik und die Evolutionspsychologie haben gezeigt, dass vieles von dem, was wir als die menschliche Natur bezeichnen, einschließlich Intelligenz und Persönlichkeit, bereits im Mutterleib festgelegt oder zumindest hormonell beeinflusst wurde. Wie Steven Pinker in *Das unbeschriebene Blatt. Die moderne Leugnung der menschlichen Natur* bemerkt, wird die wichtige Rolle, welche die Biologie für das menschliche Verhalten spielt, bisweilen aus kulturellen oder politischen Gründen verneint. Doch je mehr wir darüber erfahren, umso schwieriger wird es, diesen Standpunkt zu rechtfertigen. So ist Louann Brizendines Buch beispielsweise das Ergebnis langjähriger Forschungen über die Wirkung von Hormonen auf das weibliche Gehirn, und es beschreibt brillant, in welchem Maße Frauen in den verschiedenen Lebensstadien von ihrer Biologie geprägt werden.

Moir und Jessels *Brainsex* ist noch grundlegender und zeigt, wie viele unserer Verhaltenstendenzen der Sexualbiologie des Gehirns entspringen – und die wird größtenteils schon bei einem acht Wochen alten Fötus festgelegt. Selbst unsere über alles geschätzte Vorstellung vom Ich landet unter dem Mikroskop. So legt die heutige Neurowissenschaft nahe, dass das Ich am ehesten als eine Art Illusion zu verstehen ist, die das Gehirn kreiert. Die bemerkenswerten Schriften von Oliver Sacks zum Beispiel zeigen, dass das Gehirn beständig daran arbeitet, ein Gefühl vom „Ich“ als Kontrollinstanz zu schaffen und zu erhalten, wenngleich bislang kein eigentlicher Sitz des „Ich-Gefühls“ im Gehirn ausgemacht werden kann. Die Arbeit des Neurowissenschaftlers V. S. Ramachandran mit Phantomgliedern scheint zu bestätigen, dass das Gehirn über eine beachtliche Fähigkeit verfügt, ein Empfinden von kognitiver Einheit zu vermitteln, selbst wenn die Realität (vieler Ichs und vieler Bewusstseinsschichten) weit komplexer ist.

Jean Piaget hat niemals im Gehirnlabor geforscht, er widmete sich jedoch während seiner Jugend in den Schweizer Bergen dem ausgiebigen Studium von Schnecken. Seine früh zutage tretende Begabung für wissenschaftliche Beobachtungen übertrug er auf seine entwicklungspsychologischen Studien und stellte fest, dass sich Kinder eindeutig entlang einer klar erkennbaren Linie von Altersstadien entwickeln, vorausgesetzt sie erhalten die entsprechenden Stimuli aus ihrem Umfeld. Ein anderer ehemaliger Biologe, der spätere Sexualforscher Alfred Kinsey, hatte sich vorgenommen, die Tabus zu erschüttern, welche die männliche und weibliche Sexualität umgeben. Dies gelang ihm, indem er ausführte, wie sehr unsere Säugetierbiologie unser Sexualverhalten lenkt.

Piaget wie Kinsey kommen in ihren Arbeiten zu dem Ergebnis, dass die Biologie zwar stets einen dominanten Einfluss auf unser Verhalten ausübt, unser Umfeld jedoch wesentlich über die Äußerungsform entscheidet. Doch bei allen neuen Erkenntnissen über die genetischen oder biologischen Grundlagen unseres Verhaltens, dürfen wir nie zu dem Schluss kommen, dass unser menschliches Wesen von unserer DNS, unseren Hormonen oder unserer Gehirnstruktur vorbestimmt ist.

Im Gegensatz zu anderen Tieren sind wir uns unserer Instinkte bewusst, und folglich können wir versuchen, sie zu beeinflussen und zu steuern. Wir sind weder ganz Ererbtes noch ganz Erworbenes, sondern eine interessante Mischung aus beidem.

Das Unbewusste anzapfen: eine Weisheit anderer Art

Gavin de Becker, *Mut zur Angst*

Milton Erickson, *Meine Stimme begleitet Sie überallhin. Ein Lehrseminar*

Sigmund Freud, *Die Traumdeutung*

Malcolm Gladwell, *Blink! Die Macht des Moments*

Carl Gustav Jung, *Die Archetypen und das kollektive Unbewußte*

Zur Psychologie gehört mehr als der rationale, denkende Geist, und unsere Fähigkeit, das Unbewusste anzuzapfen, führt uns zu einem großen Wissensschatz. Freud versuchte zu zeigen, dass Träume nicht bloß sinnleere Halluzinationen sind, sondern ein Fenster zum Unbewussten, durch das wir unsere unterdrückten Wünsche sehen. Für ihn war der bewusste Geist gleichsam die Spitze eines Eisbergs, dessen unsichtbare Basis das Schwerkraftzentrum im Hinblick auf Motivation bildet. Jung ging noch weiter, indem er eine große subrationale Architektur (das „kollektive Unbewusste") entdeckte, die unabhängig vom Einzelnen existiert und fortwährend Bräuche, Kunst, Mythologie und Literatur hervorbringt. Für Jung wie für Freud bedeutete ein größeres Bewusstsein dessen, „was darunter liegt", eine verminderte Anfälligkeit dafür, im Leben ins Stolpern zu kommen. Das Unbewusste bietet ihrer Meinung nach eine Fülle von Information und Weisheit, die uns zugänglich ist, sobald wir richtig damit umgehen können. Entsprechend sahen beide ihre große Aufgabe darin, uns wieder mit unserem tieferen Ich zu verbinden.

Als Therapie war die „Tiefen-Psychologie" jedoch kaum mehr als mittelmäßig erfolgreich. Zudem scheint ihr Erfolg unmittelbar von den Erkenntnissen oder Techniken des jeweiligen Therapeuten abhängig zu sein. Milton Erickson beispielsweise, ein namhafter Hypnotherapeut, vertritt das Motto: „Es ist wirklich erstaunlich, wozu die Menschen imstande sind. Sie wissen bloß nicht, was sie alles können." Er versteht das Unbewusste auch als einen Quell weiser Lösungen und versetzt seine

Patienten in die Lage, diese Quelle anzuzapfen und so vergessene individuelle Kräfte wieder zu mobilisieren.

Die Intuition ist eine Art Brücke zwischen dem Bewussten und dem Unbewussten, also eine Form von Weisheit, die wir kultivieren können. Das illustriert Gavin de Becker in *Mut zur Angst* auf recht schaurige Weise. Er nennt zahlreiche Beispiele für unsere natürliche Fähigkeit zu wissen, was wir in kritischen Situationen, in denen es um Leben oder Tod geht, zu tun haben – vorausgesetzt wir sind bereit, unserer inneren Stimme zuzuhören und zu folgen. Malcolm Gladwells *Blink! Die Macht des Moments* betont ebenfalls die Kraft des „Denkens, ohne zu denken" und zeigt, dass die spontane Einschätzung einer Situation oder einer Person oft ebenso zutreffend ist wie die Sichtweise, zu der man nach einem längeren Zeitraum gelangt. Während Logik und Rationalität fraglos wichtig sind, nutzen kluge Menschen sämtliche Ebenen ihres Denkens und vertrauen ihren Gefühlen selbst dann, wenn ihnen deren Ursprung rätselhaft scheint.

Besser denken, sich besser fühlen: Glück und mentale Gesundheit

Nathaniel Branden, *The Psychology of Self-Esteem*

David D. Burns, *Feeling Good. Depressionen überwinden, Selbstachtung gewinnen*

Albert Ellis & Robert Harper, *A Guide to Rational Living*

Daniel Gilbert, *Ins Glück stolpern*

Fritz Perls, *Gestalt-Therapie. Grundlagen der Lebensfreude und Persönlichkeitsentfaltung*

Barry Schwartz, *Anleitung zur Unzufriedenheit. Warum weniger glücklicher macht*

Martin Seligman, *Der Glücks-Faktor. Warum Optimisten länger leben*

William Styron, *Sturz in die Nacht. Die Geschichte einer Depression*

Jahrelang war die Psychologie erstaunlich desinteressiert am Glücklichsein. Martin Seligman trug dazu bei, das Thema in die ernsthafte

Forschung und Beobachtung einzuführen. Mit seiner „positiven Psychologie" vermag er uns bisweilen unerwartete Rezepte für mentales Wohlbefinden zu geben. Barry Schwartz' Unterscheidung zwischen „Maximizern" und „Satisfizern" vermittelt uns die überraschende Erkenntnis, dass uns eine Einschränkung unserer Auswahlmöglichkeiten im Leben tatsächlich zu größerem Glück und mehr Zufriedenheit verhelfen kann. Dieselbe Richtung schlägt Daniel Gilbert in seinem Buch ein, wenn er betont, dass wir Menschen zwar die einzigen Tiere sind, die in die Zukunft blicken können, jedoch häufig Irrtümern im Hinblick darauf aufsitzen, was uns glücklich macht. Robert Thayers Arbeit führt vom Allgemeinen zum Besonderen, indem sie die physiologischen Ursachen für scheinbar unerklärliche Stimmungsschwankungen ausmacht und so Tausenden von Menschen dabei half, eine bessere Kontrolle über ihre aktuelle Gefühlslage zu bekommen. Die faszinierenden Erkenntnisse aller drei Bücher zeigen, dass das Glück niemals so einfach zu erreichen ist, wie wir es gern hätten.

Die Revolution der kognitiven Psychologie wirkte sich dramatisch auf das Verständnis von mentaler Gesundheit aus, und die beiden herausragenden Namen auf diesem Gebiet lauten David D. Burns und Albert Ellis. Ihr Mantra, dass Gedanken Gefühle erzeugen und nicht umgekehrt, versetzte viele Menschen in die Lage, mit Logik und Vernunft an den trüben Tümpel der Emotionen heranzugehen und so eine bessere Kontrolle über ihr Leben zu gewinnen. Zugleich helfen ihre Arbeiten auf dem Weg zum Glück, indem sie zeigen, dass die meisten von uns buchstäblich „entscheiden" können, glücklich zu sein, indem sie den Denken-Fühlen-Mechanismus durchschauen.

Das Konzept der Selbstachtung war in jüngster Zeit einiger Kritik ausgesetzt. Dennoch bleibt Nathaniel Brandens Grundlagenwerk überzeugend, das ausführt, dass Selbstachtung voraussetzt, eigene Prinzipien zu formulieren und nach ihnen zu handeln. Misslingt uns das, stürzen wir schnell in Selbsthass und Depressionen ab. Und wie William Styron in seinem klassischen Bericht über den eigenen Kampf gegen die Depression zeigt, bleiben uns die Gründe für solche Zustände oft verborgen. Damit kann es jeden treffen. Styron bezeichnet die Depression als den Krebs des Geistes: Wir sind kurz davor, ein Heilmittel zu finden, für jene, die nicht hinreichend schnell auf Medikamente oder Therapien ansprechen, dauert es jedoch zu lange.

Warum wir sind, wie wir sind: Studien zu Persönlichkeit und Ich

Isabel Briggs Myers, *Gifts Differing. Understanding Personality Type*
Erik Erikson, *Der junge Mann Luther. Eine psychoanalytische und historische Studie*
Hans Eysenck, *Dimensions of Personality*
Anna Freud, *Das Ich und die Abwehrmechanismen*
Karen Horney, *Unsere inneren Konflikte. Neurosen in unserer Zeit; Entstehung, Entwicklung und Lösung*
Melanie Klein, *Envy and Gratitude*
R. D. Laing, *Das geteilte Selbst. Eine existentielle Studie über geistige Gesundheit und Wahnsinn*

Seit jeher ist uns die Aufforderung „Erkenne dich selbst“ ein Begriff. In der Psychologie hat dieses Streben nach Selbsterkenntnis allerdings zahlreiche Facetten. Eysencks Arbeit über die extrovertierten und neurotischen Dimensionen der Persönlichkeit ebnete den Weg für zahlreiche andere Modelle. Zeitgenössische Psychologen gehen gemeinhin von fünf vorherrschenden Persönlichkeitsmerkmalen aus: Extraversion, Verträglichkeit, Gewissenhaftigkeit, Neurotizismus und Offenheit für Erfahrung. Heute können wir eine Vielzahl von Tests absolvieren, um unseren „Persönlichkeitstyp“ zu bestimmen. Und auch wenn es vernünftig sein mag, den Wert solcher Tests infrage zu stellen, verhelfen uns einige von ihnen doch zu recht wertvollen Einsichten. Die bekanntesten der modernen Testformen finden sich in der Sammlung von Isabel Briggs Myers.

Natürlich können wir an einem bestimmten Punkt unseres Lebens jemand anderes sein als an einem anderen. Erik Erikson prägte den Begriff „Identitätskrise". In seiner Psychobiografie des Reformators Martin Luther verdeutlicht er den Schmerz, der durch eine unsichere Identität entsteht, und zugleich die Kraft, die wir daraus schöpfen können, wenn wir schließlich erkennen, wer wir sind. Wie Gail Sheehy in ihrem Bestseller *In der Mitte des Lebens. Die Bewältigung vorhersehbarer Krisen* aus den 1970ern betont, durchlaufen wir als Erwachsene mehrere Krisen, die nicht nur ziemlich vorhersehbar sind, sondern auch als Wachstumschancen genutzt sein wollen.

Menschliche Wesen müssen manchmal mit scheinbar konkurrierenden Ichs umgehen. Anna Freud setzte dort an, wo ihr Vater mit der Psychologie des Ego aufhörte, und stellte fest, dass Menschen so ziemlich alles tun, um Schmerz zu vermeiden und ihr Ich-Gefühl zu bewahren. Das wiederum führt häufig dazu, dass sie psychologische Abwehrmechanismen entwickeln. Die Neo-Freudianerin Karen Horney glaubte, dass Kindheitserlebnisse zur Formung eines Ichs beitragen, das entweder „auf die Menschen zugeht" oder „von den Menschen weg". Diese Tendenzen sind eine Art Maske, die sich zu einer Neurose entwickeln können, sofern wir nicht bereit sind, uns hinter die Maske zu begeben. Denn darunter liegt das, was Horney das „echte, wahre Ich" nennt.

Melanie Klein konzentrierte sich darauf, wie sich infolge der Beziehung des Säuglings zu seiner Mutter im ersten Lebensjahr eine „schizoide" Persönlichkeit entwickeln kann. Allerdings schreibt sie auch, dass die meisten Menschen diese Problematik überwinden und später durchaus in der Lage sind, eine gesunde Beziehung zu sich selbst und anderen aufzubauen. Die meisten von uns haben ein starkes Ich-Gefühl, doch wie R. D. Laing in seiner bahnbrechenden Arbeit über Schizophrenie ausführt, mangelt es einigen an dieser Grundsicherheit. Folglich versuchen sie, das Vakuum mit falschen Ichs zu füllen. Gewöhnlich nehmen wir die Ich-Sicherheit als selbstverständlich, aber sobald wir das Ich-

Gefühl verlieren, lernen wir die Fähigkeit unseres Gehirns zu schätzen, ebendieses Gefühl hervorzubringen und dafür zu sorgen, dass wir uns mit uns selbst wohl fühlen.

Warum wir tun, was wir tun: Große Vordenker menschlicher Motivation

Alfred Adler, *Menschenkenntnis*
Viktor Frankl, *Der Wille zum Sinn*
Eric Hoffer, *Der Fanatiker*
Abraham Maslow, *The Farther Reaches of Human Nature*
Stanley Milgram, *Das Milgram-Experiment. Zur Gehorsamsbereitschaft gegenüber Autoritäten*
Iwan Pawlow, *Die bedingten Reflexe*
B. F. Skinner, *Jenseits von Freiheit und Würde*

Alfred Adler gehörte anfangs zum engsten Kreis um Freud, er zog sich jedoch zurück, weil er Freuds Auffassung von der Sexualität als Hauptmotor des menschlichen Verhaltens nicht teilte. Ihn interessierte vielmehr, wie uns unser frühestes Umfeld prägt. Seine berühmte Theorie der „Kompensation“ besagt, dass wir vor allem deshalb nach mehr Macht streben, weil wir so das wettzumachen versuchen, was wir in unserer Kindheit als Mangel erlebt haben.

Bezieht sich Adlers Theorie menschlichen Handelns auf Macht, stellt Viktor Frankl, der die Konzentrationslager der Nationalsozialisten überlebte, ihr eine eigene Existenzpsychologie entgegen. Nach seiner Logotherapie ist es die Aufgabe der menschlichen Spezies, nach einem tieferen Sinn zu suchen. Gemäß Frankl haben wir die Pflicht, selbst in den finstersten Zeiten nach einem Lebenssinn zu forschen, und ganz gleich, wie die Umstände sein mögen, uns bleibt stets ein Rest freien Willens.

Wie der Autodidakt Eric Hoffer in *Der Fanatiker* schrieb, lassen sich die Menschen allerdings auch gern von einer „größeren Sache“ vereinnahmen, um so die Verantwortung für ihr Leben abtreten zu können und den Banalitäten oder dem Elend der Gegenwart zu entkommen. Stanley Milgrams berühmtes Experiment zeigte, dass Menschen unter bestimmten Umständen eine erschreckende Bereitschaft beweisen, anderen Schmerzen zuzufügen, um sich so das Wohlwollen von Autoritäten zu sichern. Abraham Maslow, einer der Begründer der humanistischen Psychologie, geht ebenfalls nur von einer Minderheit selbstverwirklichter Individuen aus, die nicht schlicht gesellschaftskonform agieren, sondern sich ihren eigenen Weg suchen und leben, um ihr Potenzial auszuschöpfen. Diese Menschen sind allerdings nicht weniger repräsentativ für die menschliche Natur als die Masse der gedankenlosen Konformisten.

Während Dichter, Schriftsteller und Philosophen lange Zeit das innere Motiv feierten, welches das autonome menschliche Verhalten antreibt, definierte B.F. Skinner das Ich einfach als „ein Repertoire von Verhaltensweisen, das einer gegebenen Anhäufung von Eventualitäten angemessen ist“. Danach gäbe es so etwas wie die menschliche Natur gar nicht, und Gewissen und Moral ließen sich auf die Umwelt zurückführen, die uns zu moralischem Handeln anspornt. Skinners Vorstellungen basieren auf der Arbeit Iwan Pawlows, dessen Erfolge bei der Konditionierung von Hunden dazu führten, dass die Freiheit menschlichen Handelns infrage gestellt wurde.

Trotz der erheblichen Unterschiede im Verständnis von Motivation an sich bieten uns alle Werke wertvolle Erkenntnisse über die Beweggründe unseres tatsächlichen und unseres möglichen Handelns – zum Guten wie zum Schlechten.

Warum wir lieben, wie wir lieben: Die Dynamik von Beziehungen

Eric Berne, *Spiele der Erwachsenen. Psychologie der menschlichen Beziehungen*

Susan Forward, *Emotionale Erpressung. Wenn andere mit Gefühlen drohen*
John M. Gottman, *Die 7 Geheimnisse der glücklichen Ehe*
Harry Harlow, *The Nature of Love*
Thomas A. Harris, *Ich bin o.k. – Du bist o.k.*
Carl Rogers, *Entwicklung der Persönlichkeit. Psychotherapie aus der Sicht eines Therapeuten*

Die Liebe ist traditionell die Domäne der Poeten, Künstler und Philosophen, doch in den letzten 50 Jahren wurde das Terrain der Beziehungen zunehmend auch von Psychologen kartografiert. In den 1950ern bewiesen die legendären Experimente des Primatenforschers Harry Harlow, in welchem Maße Säuglinge auf die physische Aufmerksamkeit angewiesen sind, um zu gesunden Erwachsenen zu werden. Harlow ersetzte damals die echten Affenmütter durch Stoffaffen. Beachtenswert ist dabei, dass damals die Ansicht vorherrschte, intensiver Körperkontakt zwischen Mutter und Kind sei absolut schädlich.

Neuer als Harlows Beziehungsstudien sind die des Paarforschers John M. Gottman, der sich einen anderen Aspekt der Beziehungsdynamik vornahm und herausfand, dass die konventionellen Weisheiten darüber, was einer dauerhaften romantischen Partnerschaft förderlich ist, häufig falsch sind. Die wertvollste Information im Hinblick auf Erhalt oder Verlässlichkeit von Beziehungen entstammt der wissenschaftlichen Beobachtung von Paaren, die sich bis in kleinste mimische Veränderungen und willkürlich anmutende Bemerkungen erstreckte, wie sie typisch für alltägliche Unterhaltungen sind. Vergleichbar damit ist ein Buch von Susan Forward, auf das wir wohl alle schon lange gewartet haben. Es befasst sich mit dem sehr persönlichen Thema der emotionalen Erpressung. Psychologen wie Susan Forward geben uns Antworten darauf, wie wir uns vor diesem zerstörerischen Element in Beziehungen schützen können.

Die Pioniere der Pop-Psychologie, Eric Berne und Thomas Harris, verstanden unsere persönlichen Nahbegegnungen als „Transaktionen", die sich entsprechend der drei Ichs von Erwachsenem, Kind und Elternteil analysieren lassen. Bernes Feststellung, dass wir ständig Spiele miteinander spielen, mag recht zynisch anmuten, doch indem wir uns dieser Spiele bewusst werden, bekommen wir die Chance zur Veränderung.

Der Beitrag der humanistischen Psychologie zu besseren Beziehungen wird mit der Aufnahme des Werks von Carl Rogers gewürdigt, dessen Buch uns daran erinnert, dass Beziehungen nicht gedeihen können, wenn es kein Klima des Zuhörens und urteilsfreien Akzeptierens gibt. Für Rogers zeichnet sich der reife Mensch durch diese Form der Empathie aus.

An unserer Bestform arbeiten: Kreative Kraft und Kommunikationsfähigkeit

Robert Bolton, *People Skills. How to Assert Yourself, Listen to Others, and Resolve Conflicts*

Edward de Bono, *Laterales Denken*

Robert Cialdini, *Einfluß. Wie und warum sich Menschen überzeugen lassen*

Mihaly Csikszentmihalyi, *Kreativität. Wie Sie das Unmögliche schaffen und Ihre Grenzen überwinden*

Howard Gardner, *Abschied vom IQ. Die Rahmen-Theorie der vielfachen Intelligenzen*

Daniel Goleman, *EQ². Der Erfolgsquotient*

Douglas Stone, Bruce Patton & Sheila Heen, *Offen gesagt! Erfolgreich schwierige Gespräche meistern*

In der akademischen Welt tobt ein Streit über die wahre Natur von Intelligenz, im Arbeitsleben aber interessiert uns vor allem deren

Anwendung. Zwei der herausragenden Titel in diesem Bereich stammen von Daniel Goleman und Howard Gardner, die beide die These vertreten, Intelligenz sei mehr als nur ein hoher IQ. Ihnen zufolge gibt es eine ganze Bandbreite von „Intelligenzen", die sowohl emotionaler als auch sozialer Natur sind und zusammen darüber entscheiden, wie weit es ein Mensch im Leben bringt.

Im Gegensatz zum IQ lässt sich die Kommunikationsfähigkeit relativ leicht verbessern, wie Robert Boltons Buch zeigt, das sich seit Jahren großer Beliebtheit erfreut. Und in *Offen gesagt! Erfolgreich schwierige Gespräche meistern*, dem Ergebnis einer Harvard-Studie, geben Douglas Stone und seine Kollegen exzellente Ratschläge zum Verhalten in einigen der heikelsten Arbeitssituationen. Da das Leben oft auf den Ausgang solcher Begegnungen reduzierbar scheint, lohnt es sich, die Abläufe hinter dem Gesagten zu verstehen und zu lernen, in Auseinandersetzungen die Würde des anderen unangetastet zu lassen.

Einer der entscheidenden Faktoren für beruflichen Erfolg ist die Überzeugungsfähigkeit. Für Marketingexperten gehört Robert Cialdinis maßgebliches Werk zur Psychologie der Überzeugung zur Pflichtlektüre, aber es ist auch interessant, wenn man verstehen möchte, wie wir dazu gebracht werden, Dinge zu tun, die wir normalerweise nicht tun würden.

Eine andere Komponente des beruflichen Erfolgs ist die Kreativität. Als Edward de Bono in den 1960ern den Begriff des „lateralen Denkens" prägte, schien dieser Ansatz noch sehr neu und ungewohnt. In der heutigen Unternehmenskultur hingegen wird von uns allen erwartet, nicht in Schubladen zu denken. Auf einer breiteren Ebene wendet sich Mihaly Csikszentmihalyis *Kreativität. Wie Sie das Unmögliche schaffen und Ihre Grenzen überwinden* demselben Thema zu. Allerdings basiert dieses Buch auf einer systematischen Studie und zeigt, warum Kreativität wesentlich für ein reiches, sinnvolles Leben ist und weshalb die Menschen sich erst in ihren späteren Jahren voll entfalten können. Vor allem aber beschreibt das Buch viele Merkmale kreativer Persönlichkeiten, die wir uns aneignen können.

Psychologie und menschliche Natur

Auch gibt es für die Pflege der Menschenkenntnis keine Tradition. Es gibt noch keine Lehre über sie, sie befindet sich noch in demselben Zustand wie etwa die Chemie, als sie noch Alchemie war.

Alfred Adler

Jeder hat eine Theorie über die menschliche Natur. Jeder muss das Handeln anderer antizipieren, und das heißt, dass wir alle Theorien über die Triebfedern menschlichen Verhaltens brauchen.

Steven Pinker

William James definierte die Psychologie als die Wissenschaft vom geistigen Leben, aber sie ließe sich ebenso gut als die von der menschlichen Natur definieren. Etwa 80 Jahre später formulierte Alfred Adler die obige Erkenntnis. Und immer noch haben wir einen weiten Weg vor uns, bis wir eine Wissenschaft etabliert haben, die eine vergleichbare Verlässlichkeit aufweist wie, sagen wir, die Physik oder die Biologie.

Bis dahin brauchen wir alle Theorien darüber, wie die Menschen „ticken“. Um zu überleben und nach Höherem zu streben, müssen wir wissen, wer und was wir sind, und wir sollten die Motive anderer erkennen können. Der gängige Weg, auf dem wir dieses Wissen erlangen, ist der der Lebenserfahrung. Unsere Subjekteinschätzung lässt sich allerdings ungleich schneller fördern, indem wir lesen. Manche Menschen gewinnen ihre Einsichten aus der fiktiven Literatur, andere aus der Philosophie. Die Psychologie jedoch ist die einzige Wissenschaft, die sich ausschließlich dem Studium der menschlichen Natur widmet, und die zugehörige Populärliteratur – wie sie in dieser Sammlung aufgeführt ist – vermittelt dieses lebensnotwendige Wissen.

50
Klassiker der
Psychologie

Menschenkenntnis

1927

Das Gefühl der Minderwertigkeit, der Unsicherheit, der Unzulänglichkeit ist es, das die Zielsetzung im Leben erzwingt und ausgestalten hilft.

In der Eitelkeit ist deutlich jene nach oben führende Linie sichtbar, die anzeigt, daß sich ein Mensch im Gefühl der Unzulänglichkeit ein überlebensgroßes Ziel gesetzt hat und mehr sein will als die andern.

Es ist jedem Kind allein überlassen, wieweit es sich entwickeln und aus seiner Lektüre, wie aus seinen Erlebnissen Nutzanwendungen ziehen will. Auch gibt es für die Pflege der Menschenkenntnis keine Tradition. Es gibt noch keine Lehre über sie, sie befindet sich noch in demselben Zustand wie etwa die Chemie, als sie noch Alchemie war.

KURZ GESAGT

Was wir als Mangel empfinden, bestimmt, was wir im Leben werden.

ÄHNLICHE TITEL

Erik Erikson, *Der junge Mann Luther*

Anna Freud, *Das Ich und die Abwehrmechanismen*

Sigmund Freud, *Die Traumdeutung*

Karen Horney, *Unsere inneren Konflikte*

1. Alfred Adler

1902 begann eine Gruppe von Männern, die meisten von ihnen Ärzte und alle Juden, sich jeden Mittwoch in einer Wohnung in Wien zu treffen. Aus Sigmund Freuds „Psychologischer Mittwochs-Gesellschaft" sollte schließlich die Wiener Psychoanalytische Vereinigung hervorgehen, deren erster Vorsitzender Alfred Adler war.

Adler war das zweitwichtigste Mitglied in dem Wiener Zirkel und der Begründer der Individualpsychologie. Als Schüler Freuds betrachtete er sich nie. Und während Freud den Typ des imposanten Patriziers verkörperte, der aus einer hochgebildeten Familie kam und in einem Nobelviertel von Wien wohnte, war Adler der eher schlicht wirkende Sohn eines Getreidehändlers, der am Stadtrand aufgewachsen war. Freud war berühmt für seine Kenntnis der Klassiker und seine Antiquitätensammlung, wohingegen Adler sich sehr für eine bessere Gesundheitsversorgung der Arbeiterklasse, für Bildung und für Frauenrechte engagierte.

Zum legendären Bruch kam es 1911, da Adler sich immer mehr an Freuds Überzeugung störte, alle psychischen Störungen würden durch unterdrückte sexuelle Gefühle verursacht. Einige Jahre zuvor hatte Adler ein Buch mit dem Titel *Studie über Minderwertigkeit von Organen* herausgegeben, in dem er die These vertritt, dass die Wahrnehmung des eigenen Körpers ein wesentlicher Faktor für die Lebensziele der Menschen ist. Freud glaubte, dass die menschlichen Wesen ganz und gar vom unbewussten Geist angetrieben würden. Adler indes sah uns als soziale Wesen, die ihren Lebensstil am Umfeld und dem, was wir als Mangel wahrnehmen, ausrichten. Für ihn strebt der Einzelne von Natur aus nach persönlicher Macht und einem Gefühl von eigener Identität. Der gesunde Einzelne allerdings will sich darüber hinaus auch an die Gesellschaft anpassen und einen Beitrag zum Wohl aller leisten.

Kompensation von Schwäche

Wie Freud war auch Adler davon überzeugt, dass die menschliche Psyche in der frühesten Kindheit geprägt wird und Verhaltensmuster bis ins Erwachsenenalter erstaunlich konstant bleiben. Doch während Freud sich auf die kindliche Sexualität konzentrierte, interessierte Adler sich mehr dafür, wie Kinder versuchen, ihre Macht in der Welt zu vergrößern. Da es in einem Umfeld aufwächst, in dem jeder größer und mächtiger erscheint, will jedes Kind auf dem leichtesten Wege bekommen, was es braucht.

Adler ist bekannt für seine Idee von der „Geburtenfolge", also unserer Stellung in der Familie. Jüngste Kinder beispielsweise sind offensichtlich kleiner und weniger mächtig als alle anderen. „So wird der Jüngste meist ein Mensch sein, dem nur die beste Situation genügt, der ein Streben in sich entwickelt, alle andern zu überspringen." Der Entwicklungsweg des Kindes gabelt sich und bringt es entweder dahin, die Erwachsenen zu imitieren, um so selbst sicherer und mächtiger zu werden, oder bewusst Schwäche zu zeigen, um die Hilfe und Aufmerksamkeit der Erwachsenen zu gewinnen.

Kurz: Jedes Kind entwickelt sich so, wie es zur Kompensation seiner Schwäche am besten ist: „... ein Gefühl der Unzulänglichkeit, das seinen Träger zwingt, alle Kräfte zusammenzunehmen und größere Bewegungen als die sonst üblichen zu vollziehen", beschrieb Adler dieses Phänomen. Eine gute Erziehung sollte in der Lage sein, dieses Gefühl von Unterlegenheit aufzulösen, damit das Kind kein gestörtes Bedürfnis entwickelt, auf Kosten anderer gewinnen zu wollen. Wir gehen vielleicht davon aus, dass eine bestimmte geistige, körperliche oder sonstige Behinderung in der Kindheit zum Problem würde, dabei entscheidet einzig der Kontext darüber, was zur Begabung und was zur Belastung wird. Es kommt allein darauf an, ob wir eine Unzulänglichkeit als alles beherrschende *wahrnehmen.*

Das Bemühen der Psyche, unser Minderwertigkeitsgefühl zu verdrängen, prägt oft das ganze Leben. Und manche Menschen versuchen auf extreme Weise, ihre gefühlte Minderwertigkeit zu kompensieren. Adler erfand dafür als Begriff den berühmten „Minderwertigkeitskomplex“. Ein Komplex kann einen Menschen schüchterner oder zurückgezogener machen, ebenso gut aber auch das Bedürfnis hervorbringen, die wahrgenommene Minderwertigkeit durch Überlegenheitsstreben zu kompensieren. Hierbei handelt es sich um das „krankhafte Machtstreben“, das sich auf Kosten anderer Menschen und der Gesellschaft im Allgemeinen ausdrückt. Für Adler war Napoleon, ein kleiner Mann mit großer Wirkung auf die Welt, ein klassisches Fallbeispiel für dieses Machtstreben zur Kompensation eines Minderwertigkeitskomplexes.

Wie der Charakter geformt wird

Adlers Grundprinzip war, dass unsere Psyche nicht von Erbfaktoren, sondern von sozialen Einflüssen geprägt wird. Der „Charakter“ ist ein einzigartiges Wechselspiel zweier gegensätzlicher Kräfte: dem Bedürfnis nach Macht oder persönlichem Aufstieg und dem Streben nach einem Gemeinschaftsgefühl.

Die beiden Kräfte widersprechen einander, und jeder von uns ist einzigartig, weil wir alle sie in unterschiedlicher Weise annehmen oder ablehnen. So wäre zum Beispiel ein Streben nach Dominanz normalerweise dadurch beschränkt, dass wir die Erwartungen der Gemeinschaft erkennen, wodurch Eitelkeit oder Stolz in gewissen Grenzen gehalten werden. Wenn allerdings Ehrgeiz oder Eitelkeit überhandnehmen, kommt das psychische Wachstum eines Menschen zu einem abrupten Ende. Wie Adler es dramatisch formuliert: „Das Streben nach Macht und Überlegenheit wird überspitzt und ins Krankhafte gesteigert.“

Wenn die erste Kraft, das Gemeinschaftsgefühl und die Gemeinschaftserwartungen, ignoriert oder beleidigt wird, zeigt die betroffene Person entweder aggressive Charakterzüge wie Eitelkeit, Ehrgeiz, Neid, Eifersucht, Allmachtsfantasien oder Gier oder nicht-aggressive Züge wie Rückzug, Schüchternheit oder Mangel an sozialen Bindungen. Gewinnt eine dieser Kräfte die Oberhand, liegt das gemeinhin an einem tief verwurzelten Gefühl der Unvollkommenheit. Zugleich schaffen die Kräfte auch eine Intensität oder Spannung, die gewaltige Energien verleihen kann. Solche Menschen werden, „ihrem hochgesteckten Ziel entsprechend, zu großen, auffallenden Bewegungen ausholen", um diese Gefühle zu kompensieren, büßen jedoch aufgrund ihres übersteigerten Selbstgefühls einiges an Realitätssinn ein. Ihr Leben dreht sich nur noch darum, welchen Eindruck sie in der Welt hinterlassen und wie andere über sie denken. Obwohl sie ihrem Denken gemäß eine Art heroische Figur sind, erkennen andere, dass ihre Selbsterhöhung sie in Wahrheit davon abhält, die Möglichkeiten angemessen zu genießen, die ihnen das Leben bietet. Sie vergessen, dass sie menschliche Wesen mit sozialen Bindungen sind.

Feinde der Gesellschaft

Adler bemerkte, dass eitle oder stolze Menschen normalerweise versuchen, ihre Absichten vor anderen zu verbergen. Sie bezeichnen sich selbst einfach als „ehrgeizig" oder, noch harmloser, als „aktiv". Und sie maskieren ihre wahren Gefühle auf raffinierte Weise: Um zu zeigen, dass sie nicht eitel sind, achten sie vielleicht absichtlich wenig auf ihre Kleidung oder geben sich übertrieben bescheiden. Doch Adlers scharfer Beobachtung des eitlen Menschen entgeht nicht, dass für ihn alles am Ende auf eine Frage hinausläuft: „Welchen Nutzen habe ich davon?"

Adler fragte sich: Handelt es sich bei großen Errungenschaften schlicht um Eitelkeiten, die in den Dienst der Menschheit gestellt wurden? Ist Selbstüberhöhung eine notwendige Motivation für denjenigen, der die Welt verändern will, und sollte entsprechend in einem positiven Licht betrachtet werden? Seine Antwort lautete jedoch Nein. Eitelkeit spielt beim wahren Genius nur eine untergeordnete Rolle, und sie lenkt sogar vom Wert jeder Errungenschaft ab. Wahrhaft große Dinge, die der Menschheit dienen, werden nicht durch Eitelkeit ins Leben gerufen, sondern durch deren Gegenteil, das Gemeinschaftsgefühl. Wir alle sind bis zu einem gewissen Grad eitel, doch gesunde Menschen sind fähig, ihre Eitelkeit mit Beiträgen zum Wohle anderer zu verquicken.

Eitle Menschen erlauben sich von Natur aus nicht, gesellschaftlichen Bedürfnissen „nachzugeben". Sie konzentrieren sich so sehr darauf, ein bestimmtes Ansehen, eine Position oder ein Ziel zu erreichen, dass sie das Gefühl haben, von normalen Verpflichtungen gegenüber der Gemeinschaft oder Familie befreit zu sein, die andere für selbstverständlich nehmen. Infolgedessen werden sie häufig isoliert oder führen schlechte Beziehungen. Da sie so daran gewöhnt sind, sich selbst an die erste Stelle zu setzen, werden sie zu Experten in Sachen Schuldzuweisungen.

Das Zusammenleben erfordert das Einhalten gewisser Gesetze und Prinzipien, um die der Einzelne nicht herumkommt. Jeder von uns braucht die Geborgenheit der Gemeinschaft, um geistig und körperlich zu überleben. Wie Darwin bemerkte, leben schwache Tiere niemals allein. Adler stellte fest: „Der Mensch muß alle Beziehungen zur Außerwelt in seinem seelischen Organ zusammenfassen und ordnen, und dieses ist nun als Organ der Anpassung genötigt, auch alle jene Fähigkeiten zu entwickeln, die zur Sicherung des Individuums nötig sind, die zu seiner Existenz gehören." Menschen, die zwar äußerlich viel erreichen, aber jegliche Anpassungsbereitschaft vermissen lassen, fühlen sich wie ein Niemand und werden von ihrer Umwelt auch so wahrgenommen. Solche Menschen sind, wie Adler sagt, Feinde der Gesellschaft.

Zielorientierte Wesen

Eine zentrale Idee der adlerschen Psychologie ist die, dass Einzelne stets auf ein Ziel zustreben. Während Freud uns von dem angetrieben sah, was in unserer Vergangenheit geschah, nahm Adler eine teleologische Sicht ein und ging damit von einer Zielorientierung aus. Für ihn werden wir von unseren Zielen angetrieben, ob bewusst oder unbewusst. Die Psyche ist nicht statisch, sondern braucht ein Ziel – sei es ein egoistisches oder ein gemeinschaftsorientiertes –, auf dessen Verwirklichung sie sich beständig zubewegt. Wir leben nach der „Vorstellung" von dem Menschen, der wir sind, und dem, der wir werden. Naturgemäß sind diese Entwürfe von uns selbst nie faktisch korrekt, aber sie ermöglichen uns ein aktives Leben, in dem wir uns ständig auf etwas hin entwickeln.

Gerade diese Zielorientierung macht die Psyche geradezu unzerstörbar und resistent gegen Veränderung. Adler schrieb: „Es scheint das Schwerste für die Menschen zu sein, sich selbst zu erkennen und zu ändern." Vielleicht ist gerade das der Grund, weshalb die individuellen Wünsche im Gleichgewicht zum kollektiven Wissen der Gemeinschaft stehen sollten.

Zu guter Letzt

Mit seiner Betonung der Zwillingskräfte von persönlicher Macht und Gemeinschaftsgefühl wollte Adler erreichen, dass wir diese Kräfte verstehen und uns nicht unbewusst von ihnen formen lassen. Vielleicht erkennen wir in den Menschen, die er in seinem Buch beschreibt, etwas von uns selbst wieder. Möglicherweise haben auch wir uns in unseren Familien oder Gemeinschaften verkapselt und vergessen darüber den Karrieretraum, den wir einst hegten; oder vielleicht sehen wir uns selbst als „Könige der Welt", die imstande sind, soziale Konventionen zu ignorieren. In beiden Fällen herrscht ein Ungleichgewicht, das unweigerlich dazu führt, dass wir uns um unsere Möglichkeiten im Leben bringen.

Vieles in *Menschenkenntnis* erinnert eher an Philosophie als an Psychologie und ist überfrachtet mit Verallgemeinerungen zum menschlichen Charakter, die mehr anekdotisch als empirisch anmuten. Dieser Mangel an wissenschaftlicher Ausrichtung ist denn auch einer der Hauptkritikpunkte an Adlers Werk. Nichtsdestotrotz sind Ideen wie die vom Minderwertigkeitskomplex für uns alltäglich geworden.

Obgleich sowohl Freud als auch Adler akademische Karrieren anstrebten, ging es Adler außerdem um ein weit pragmatischeres Anliegen, das sich seinem sozialistischen Denken verdankte: Er wollte ein praktisches Verständnis davon vermitteln, wie die Kindheit unser Leben prägt, und dieses Verständnis sollte der Gesellschaft als Ganzes zugute kommen. Im Gegensatz zum elitären Freud vertrat Adler die Ansicht, dass die Kenntnis der menschlichen Natur nicht allein der Psychologie vorbehalten sein solle, sondern eine lebenswichtige Aufgabe für jeden sein müsse, da doch fehlendes Wissen auf diesem Gebiet so weitreichende negative Folgen habe. Dieser psychologische Ansatz war ungewöhnlich demokratisch. Daher verwundert es kaum, dass die Grundlage von *Menschenkenntnis* eine einjährige Vorlesungsreihe am Volksheim in Wien war. Dieses Buch ist so formuliert, dass es für jedermann lesbar und verständlich ist.

Über Alfred Adler

Adler wurde 1879 als zweites von sieben Kindern in Wien geboren. Nach einer schweren Lungenentzündung im Alter von fünf Jahren und dem Tod eines jüngeren Bruders nahm er sich vor, Arzt zu werden.

Er studierte Medizin an der Wiener Universität und schloss sein Studium 1895 ab. 1898 verfasste er eine Analyse über die Gesundheit und die Arbeitsbedingungen von Schneidern. Im Jahr darauf lernte er Sigmund Freud kennen. Adler gehörte bis 1911 der Wiener Psychoanalytischen Vereinigung an, von der er sich jedoch 1912 zusammen mit acht anderen Mitgliedern distanzierte. Er gründete mit ihnen den Verein für Individualpsychologie und veröffentlichte zu dieser Zeit auch sein einflussreiches Werk *Über den nervösen Charakter. Grundzüge einer vergleichenden Individual-Psychologie und Psychotherapie.* Adlers Karriere kam während des Ersten Weltkriegs zum Stillstand, als er Lazarettdienst leistete. Diese Erfahrung bestärkte ihn in seiner Antikriegshaltung.

Nach dem Krieg eröffnete er die erste von 22 Kliniken für Kinderpsychologie in Wien. Als die Behörden die Klinik 1932 schlossen, weil Adler Jude war, emigrierte er in die Vereinigten Staaten und nahm dort eine Professur am Long Island College of Medicine an. Seit 1927 las er als Gastprofessor an der Columbia University und wurde durch seine öffentlichen Vorlesungen in Europa und den USA bekannt.

Adler starb 1937 an einem Herzinfarkt. Zu der Zeit befand er sich gerade auf Vortragsreise in Europa und hielt sich im schottischen Aberdeen auf. Er hinterließ seine Frau Raissa, die er 1897 geheiratet hatte, und vier Kinder.

Zu den weiteren Büchern von Adler gehören *Lebenskenntnis, Praxis und Theorie der Individualpsychologie* und das bekannte *Der Sinn des Lebens.*

Praxiskurs NLP

1994

Dieses Buch wird Ihr Leben verändern. Wir sind dessen absolut sicher. Was Sie hier lesen, hat unser Leben nämlich schon verändert.

Sie wären überrascht, mit welchen inneren Bildern Menschen sich selbst zu motivieren versuchen. Vor ihrem geistigen Auge sehen sie kleine Dias, die dunkel die erledigte Arbeit zeigen, oder verschwommene Schwarzweißbilder von der Belohnung, die sie sich fürs Durchhalten versprechen. Kein Wunder, dass die Motivation nicht besonders stark ist. Nun können Sie ein prächtiges, ansprechendes Bild dessen schaffen, was Sie erreichen wollen und was Sie wert sind. Je schöner, ausgefeilter, farbiger, dreidimensionaler und klarer es wird, umso besser!

Kurz gesagt

Alle Menschen funktionieren perfekt. Programmieren Sie Ihre Gedanken, Taten und Gefühle um, dann verändert Ihr Leben sich von selbst.

Ähnliche Titel

Richard Koch, *Das 80-20-Prinzip*
Philip C. McGraw, *Lebensstrategien*
Maxwell Maltz, *Erfolg kommt nicht von ungefähr*
Anthony Robbins, *Das Robbins-Power-Prinzip*

2. Steve Andreas und Charles Faulkner

Der Science-Fiction-Autor Arthur C. Clarke schrieb einmal: »Jede ausreichend entwickelte Technologie ist nicht von Magie zu unterscheiden.« Dieses Zitat findet sich zu Beginn des Buches *Praxiskurs NLP*, während viele andere Titel zu diesem Thema so schließen. Die Neurolinguistische Programmierung ist eine Technik, die in weniger als zwanzig Jahren ihren Weg um die ganze Welt gefunden hat. Mit Hilfe von NLP-Techniken haben Menschen, die schon seit Jahren unter Phobien leiden, sich in wenigen Minuten befreit. Andere, die schon von Kindesbeinen an schreckliche Erinnerungen mit sich herumtragen, sind sie innerhalb kürzester Zeit losgeworden.

An die Vorstellung, dass Veränderungen Zeit brauchen und alles, was schön ist, auch etwas kostet, sind wir so gewöhnt, dass wir es gar nicht glauben können, wenn eine Methode das Gegenteil behauptet. Sogar die Autoren des hier vorgestellten Titels räumen ein: »Es hört sich nach Größenwahnsinn an. Es klingt so unwahrscheinlich, dass einige Menschen dies als Ausrede benutzen werden, sich nie damit auseinander zu setzen.« Wenn es um Psychologie geht, sitzen wir in einer Zeitschleife fest. Wir glauben immer noch an Freud, obwohl dessen Erkenntnisse vor mehr als hundert Jahren veröffentlicht wurden. Wie viele Menschen aber, so fragen Andreas und Faulkner, würden ein hundert Jahre altes Auto fahren?

Da die Kognitionswissenschaft inzwischen entscheidende Fortschritte gemacht hat und da es die Methoden der NLP gibt, ist die Frage, wie persönlicher Wandel sich vollzieht, längst kein Geheimnis mehr – es kann schnell gehen, zuverlässig sein und trotzdem Spaß machen.

NLP: die Anfänge

Richard Bandler war in den frühen siebziger Jahren des vergangenen Jahrhunderts Mathematikstudent an der University of California. Er hegte ein starkes Interesse für Informatik und Psychologie. Bandler lernte den Linguistikprofessor John Grinder kennen, und gemeinsam leiteten sie regelmäßige wöchentliche Therapiesitzungen, in denen sie Methoden und Stil des Begründers der Gestaltpsychologie, Fritz Perls, imitierten. Dieser Versuch, die Erfolge einer anderen Person nachzustellen, indem man ihr Verhalten und ihre Methoden imitiert (der deutsche Akzent, der Schnurrbart und das Kettenrauchen wurden schließlich als unnötiges Beiwerk wieder aufgegeben), führte zu einer Methode, die sie »menschliche Vollkommenheit nachbilden« nannten.

Eine Studie zum Thema Phobien brachte Bandler und Grinder zu der Einsicht, dass Menschen, die sich von ihrer Angst lösen können (die also die Angstpersönlichkeit geistig aus der Distanz zu betrachten lernen), diese Angst verlieren. Der klinische Hypnotiseur Milton Erickson schuf auf dieser Grundlage eine Vielzahl therapeutischer Techniken. Bandlers Doktorarbeit wurde zum ersten Band ihrer Seminare über *NLP – The Structure of Magic.*

Eine neue Technologie der Erfüllung

Im Wesentlichen geht es bei der Neurolinguistischen Programmierung darum, wie man die Art und Weise verändert, in der man über das Denken denkt. »Neuro« bezieht sich dabei auf das Nervensystem und die geistigen »Leiterbahnen« der fünf Sinne. »Linguistisch« bezieht sich auf die Sprache als solche, auf den Gebrauch von Wörtern, Sätzen, Körpersprache und Gewohnheiten, die unsere mentale Welt widerspiegeln. »Programmierung« ist hingegen ein Begriff, den man sich aus der Informatik geborgt hat. Zusammen ergibt dies Folgendes: eine neue Technik, die zeigt, dass Gedanken, Gefühle und Taten auf gewohnheitsmäßigen Programmierungen beruhen, die man manipulieren kann.

Der Praxiskurs NLP ist eine der besten Einführungen, die es zu diesem Thema gibt. Er wurde von einem Team von NLP-Trainern verfasst, das mit den Begründern des NLP in engem Kontakt steht. Das Buch ist gedanklich gut nachvollziehbar und bietet eine Menge Übungen bzw. »Gedankenexperimente«. Schon die ersten beiden Kapitel geben Ihnen Methoden an die Hand, die sofortige Veränderungen mit sich bringen. Lesen Sie das ganze Buch, machen Sie die Übungen und Sie besitzen die nötigen Instrumente, um auf Ihre Stimmung Einfluss zu nehmen, Ihr Verhalten und Ihre Erinnerungen zu ändern, Ihre Gedanken und Taten umzuprogrammieren und damit endlich nach Ihren ganz persönlichen Wertvorstellungen zu leben. Im Praxiskurs NLP geht es um:

* Die richtige Motivation
* Das Entdecken der eigenen Berufung
* Das Erreichen gesteckter Ziele
* Das Schaffen starker Beziehungen
* Die richtigen Überzeugungsstrategien
* Das Überwinden von Ängsten und Phobien
* Den Aufbau von Selbstvertrauen
* Wertschätzung und Selbstachtung
* Die Sicherung positiver geistiger Gewohnheiten
* Das Erreichen von Höchstleistungen

Die Prinzipien des NLP

1. Die Landkarte ist nicht das Land selbst. Wir reagieren nicht auf die Welt, wie sie ist, sondern auf die mentalen Bilder, die wir von ihr gespeichert haben. Wenn wir uns darum bemühen, die Landkarte ständig der Welt anzupassen, haben wir viel größere Chancen, das zu erreichen, was wir uns wünschen. Diese Strategie ist auf jeden Fall Erfolg versprechender als zu versuchen, die Welt nach unseren Vorstellungen umzukrempeln.

2. Jede Erfahrung hat eine Struktur. In unserer Art zu denken finden sich gewisse Muster. Indem wir sie verändern, ändern wir unsere Erfahrung und mit ihr auch die Art, wie wir über vergangene Ereignisse denken.

3. Wenn ein Mensch etwas Bestimmtes tun kann, dann kann das auch jeder andere. Wir können das Denken und Verhalten erfolgreicher Menschen nachahmen und ähnliche Ergebnisse erzielen wie sie.

4. Geist und Körper sind Teile des gleichen Systems. Unsere Gedanken beeinflussen unsere Atmung, unseren Muskeltonus etc., was wiederum das Denken prägt. Wenn Sie Ihr Denken kontrollieren können, haben Sie auch die Kontrolle über Ihren Körper.

5. Jeder Mensch verfügt über alle Ressourcen, die er braucht. Aus dem Lagerhaus unserer Gedanken, Erinnerungen und Empfindungen können wir uns alles holen, was wir zum Aufbau neuer mentaler Strukturen, die unseren Zielen besser dienen, brauchen.

6. Man kann nicht nicht kommunizieren. Alles an uns – der Ausdruck unserer Augen, unsere Körperhaltung, unsere Stimme, unsere Gewohnheiten – ist Art der Kommunikation. Stimmt das, was wir tun, nicht mit dem überein, was wir denken, wird dies jeder sofort bemerken.

7. Die Kommunikation beinhaltet das, was »ankommt«. Da jeder Mensch unsere Botschaft durch die Filter seiner mentalen Landkarte erfährt, müssen wir unsere Botschaft ständig auf unser Gegenüber einstellen, damit die Botschaft, die bei diesem ankommt, auch tatsächlich das aussagt, was wir hineingelegt haben.

8. Hinter jedem Verhalten steht eine positive Absicht. Gewalt geht meist auf Furcht oder einen Mangel an Selbstwertgefühl zurück, Kritik oder lautes Schimpfen zeugt häufig vom Bedürfnis, Anerkennung zu finden. Werfen Sie einen Blick hinter die Fassade, dann werden Sie die positiven Absichten hinter dem Verhalten der Menschen erkennen.

9. Menschen treffen stets die bestmögliche Wahl. Wir treffen unsere Entscheidungen auf Grund unserer Erfahrung. Mehr bzw. bessere Erfahrung erweitert also unseren Spielraum.

10. Wenn das, was Sie tun, nicht funktioniert, tun Sie etwas anderes. Machen Sie einfach etwas Neues. Nur wenn Sie bei dem bleiben, was Sie immer schon getan haben, werden Sie immer die gleichen Ergebnisse erzielen.

Im *Praxiskurs NLP* werden diese Grundsätze näher erläutert:

* Jeder Mensch hat eine »Motivationsrichtung«: hin zur Freude, zur Erlangung von Zielen oder zur Vermeidung von Schmerz. Das NLP-Team fand heraus, dass die meisten Menschen zur Schmerzvermeidung neigen. Ändern wir jedoch unsere Motivation so, dass wir sie auf das Positive ausrichten, dann konzentrieren wir uns auf unsere Möglichkeiten statt auf unsere Ängste. Das heißt nicht, dass wir die rosarote Brille aufsetzen, sondern nur, dass wir anders mit uns selbst umgehen. So könnten Sie beispielsweise, nachdem Sie Ihre üblichen negativen Kommentare abgegeben haben, Ihr positives Ziel laut bekräftigen. Diese Anordnung, bei der auf das Negative das Positive folgt, ist ein sehr wirksamer Motivationsmotor.
* Machen Sie sich den Unterschied zwischen einem Beruf und einer Berufung klar. Ein Beruf ist viel zu klein für einen Menschen. Eine

Berufung hingegen erfordert ein ganzes Leben, um ihr gerecht zu werden. Wenden Sie das NLP-Prinzip an, nach dem ein Mensch alles erreichen kann, was ein anderer bereits erreicht hat. Nehmen Sie die Erfolg versprechenden Einstellungen und Verhaltensweisen von Menschen an, die Sie bewundern, um Ihre eigenen Ziele zu erreichen. Der Regisseur Steven Spielberg, der Maler Michelangelo, die berühmte Hundeschlittenführerin Susan Butcher sowie der Medienmogul Ted Turner sind Beispiele für Menschen, die genau wissen, was sie wollen. NLP-Übungen helfen Ihnen, Ihre wahre Leidenschaft zu entdecken und Ihre Werte herauszufinden, sodass Sie um eine Berufung bald nicht mehr verlegen sein werden.

* Veränderungen finden von einem Augenblick auf den anderen statt. Sie sollten natürlich und einfach verlaufen. Ganz egal, wie oft Sie versuchen, Ihren Computer dazu zu bringen, etwas ganz Bestimmtes zu tun: Wenn Sie nicht die richtige Software haben oder kein Handbuch, aus dem Sie lernen können, wie Sie das Gerät bedienen, ist dieser Versuch zum Scheitern verurteilt. Und das menschliche Gehirn ist noch viel komplizierter als ein Computer. NLP dient uns hier als Handbuch, das die Sprache des Gehirns dazu nutzt, bestehende neuronale Pfade zu verändern bzw. neue anzulegen. NLP hängt nicht von der Kraft unseres Willens ab. Wenn Sie die technischen Details kennen, wird Veränderung zum Kinderspiel.

* Die Grundregel des NLP ist, dass wir nicht einfach nur unsere geistigen Inhalte verändern müssen, sondern unsere Art zu denken. Wir wählen eine andere Form, um die Vielzahl von Bildern, Gefühlen und Erinnerungen zu verarbeiten, die wir gespeichert haben, eine Form, die uns nützt statt uns zu schaden. So lässt sich eine negative Erinnerung vergleichsweise einfach verändern, indem wir ihr eine neue Bedeutung zuordnen: Wir können ein schönes Lied hören, wann immer sie uns einfällt. Oder wir können sie mit unserer Lieblingsfarbe übermalen bzw. sie in einen alten Schwarzweißfilm verwandeln oder uns vorstellen, wie

wir lachen statt zu weinen. Sobald diese neuen Assoziationen im Gehirn »gelegt« wurden, verändert sich unsere Art, diese Erinnerung wahrzunehmen, nicht nur blitzartig, sondern auch dauerhaft. Wann immer Sie sich darauf besinnen, wird die neue Assoziation auftreten. Versuchen Sie es, bevor Sie das Ganze als Unfug ablehnen.

* NLP weicht unsere Gewohnheit des »Entweder-Oder«-Denkens auf. Im NLP gibt es ein Sprichwort: »Wenn du nur eine Art kennst, etwas zu tun, bist du ein Roboter. Kennst du zwei, hast du ein Problem. Kennst du aber mindestens drei Wege, dann hast du den ersten Zipfel einer beginnenden Flexibilität in der Hand.« NLP bietet also ein breites Spektrum der Veränderung, aus dem wir nur zu wählen brauchen. Es gibt nur wenige Regeln, aber viele erfolgreiche Experimente.

* Jeder Mensch besitzt innere Stimmen. Machen Sie diese zu Helfershelfern statt sich weiter von ihnen sabotieren zu lassen. So können Sie beispielsweise aufbauende Musik auf Ihren geistigen CD-Player legen, wenn Sie schnell etwas benötigen, das Ihnen Vertrauen schenkt. Oder Sie üben sich darin, jedes Mal ein helles Lachen zu hören, wenn Sie auf ein Problem stoßen. Mit Hilfe solcher Methoden werden Sie in jedem Moment Ihres Lebens zum Herrn Ihrer Reaktionen. Dann können Sie auch konstruktiv mit Kritik umgehen.

* Das Unbewusste kennt keine Negationen. Wenn Sie sich selbst dauernd sagen: »Ich will Gewicht verlieren«, dann prägen Sie Ihrem Unbewussten den Begriff »Gewicht« ein, weil es sich unter Begriffen wie »verlieren« nichts Rechtes vorstellen kann. Professionelle Trainer von Abnehmgruppen raten ihren Teilnehmern immer, sich auf ein Wunschgewicht zu konzentrieren. Auf diese Art und Weise stellen sie den Körper darauf ein und er muss sich nicht ständig daran erinnern, dass er etwas »verlieren« soll. Auch im NLP lernen wir, unsere Wünsche positiv zu formulieren und uns auf das zu konzentrieren, was wir wollen, nicht auf das, was wir fürchten.

* Selbstvertrauen, Güte oder die Fähigkeit, die eigenen Wünsche erfüllt zu sehen, bevor sie Wirklichkeit werden, können Sie in einem Augenblick erlangen. Viele erfolgreiche Menschen nutzen die Techniken des NLP, ohne es zu wissen. Sie sehen, hören, fühlen, schmecken den Erfolg, noch bevor er eintritt. Das Gefühl, zu den Gewinnern zu gehören, zieht den Gewinn automatisch an. Malen Sie sich die Zukunft in den schönsten Farben, dann ziehen Sie sie auch an. Wer die Kunst der kreativen Visualisierung beherrscht, kennt die alte NLP-Maxime, nach der nicht jeder Träumer ein Sieger ist, aber jeder Sieger ein Träumer.

Zu guter Letzt

Eine psychologische Richtung, welche Geist und Körper als programmierbare Rechenmaschine betrachtet, eignet sich besonders für die technologie-orientierte Kultur, in der wir leben. Die Wirkung des NLP ist allerdings nicht technisch: Es intensiviert die Qualität unseres Lebens. Obwohl NLP aus Linguistik und Informatik hervorgegangen ist, geht es dabei letztlich darum, dem Menschen neue Möglichkeiten zu eröffnen.

In der traditionellen klinischen Psychologie werden Probleme immer beschrieben und analysiert. Man sucht verzweifelt nach ihren Ursachen. Die Neurolinguistische Programmierung dagegen konzentriert sich auf das Potenzial des Einzelnen und analysiert, wie das Gehirn bestimmte Ergebnisse hervorbringt. Wollte man NLP in einem Satz zusammenfassen, dann müsste dieser wohl lauten: »Alle Menschen funktionieren perfekt.« Unsere ganz persönlichen Gedanken, Gefühle und Taten haben uns zu dem gemacht, was wir heute sind. Wenn wir diesen »Input« ändern, werden wir auch andere Resultate erhalten – ein anderes Ich also.

Jeder von uns ist ein Bündel von Emotionen, Verhaltensweisen und Potenzialen. Um das zu erreichen, was im NLP »persönliche Kongruenz« genannt wird, müssen wir lernen, dieses Bündel zu akzeptieren, ja zu mögen. Dann stimmen Wünsche und Werte genau mit unseren Fähigkeiten überein.

Über Steve Andreas und Charles Faulkner

Steve Andreas war Industriechemiker, bevor er NLP-Trainer wurde und es um neue Methoden ergänzte. Mit seiner Frau Connirae gründete er 1979 in Colorado das NLP-Comprehensive-Institut, an dem die ersten NLP-Trainer-Zertifikate erworben werden konnten. Mit seiner Frau hat er zwei Bücher geschrieben: *Gewusst wie* und *Mit Herz und Verstand.* Er verfasste zahlreiche Artikel und produzierte Video- und Audio-Kurse in NLP. Außerdem schrieb er eine Biografie von Amerikas berühmtester Beziehungstherapeutin, Virginia Satir: *Virginia Satir – Muster ihres Zaubers.* Seinen akademischen Grad in Psychologie erwarb er an der Brandeis-Universität. Außerdem leitete er über dreißig Jahre lang den Verlag Real People Press, der sich auf Literatur zum Thema persönlicher Wandel spezialisiert hat.

Charles Faulkner entwickelte mehrere bahnbrechende Methoden zum intuitiven Sprachunterricht, ist jedoch auch durch seine Anwendung des NLP auf dem Gebiet der Finanzen bekannt geworden. Er bildete mehrere erfolgreiche Broker aus. Außerdem hat er einige bekannte Audio-Programme erstellt.

Der NLP-Praxiskurs hat noch mehrere Co-Autoren: Kelly Gerling, Tim Halbom, Robert McDonald, Gerry Schmidt und Suzi Smith. Das Buch entstand ursprünglich als Audio-Programm 1991.

Mut zur Angst

1997

Wie jede andere Kreatur auch, können Sie wissen, wann Sie sich in Gefahr befinden. Sie haben die Gabe eines brillanten inneren Schutzengels, der jederzeit da ist, um Sie vor Bedrohungen zu warnen und Sie durch riskante Situationen zu begleiten.

Obwohl wir gern glauben möchten, dass Gewalt eine Frage von Ursache und Wirkung ist, handelt es sich in Wahrheit um einen Prozess, eine Kette, in welcher das gewaltsame Ereignis nur ein Glied darstellt.

Für solche Männer ist Zurückweisung eine Bedrohung der Identität, der Persönlichkeit, des gesamten Ichs, und in diesem Sinne könnten ihre Verbrechen als Mord zum Schutz des Ichs bezeichnet werden.

KURZ GESAGT

Vertrauen Sie lieber Ihrer Intuition als der Technik, um sich vor Gewalt zu schützen.

ÄHNLICHE TITEL

Malcolm Gladwell, *Blink! Die Macht des Moments*

3. Gavin de Becker

„Wahrscheinlich beobachtete er sie schon eine Weile. Wir sind uns nicht sicher – aber was wir wissen, ist, dass sie nicht sein erstes Opfer ist." Mit dieser unheimlichen Zeile beginnt das Buch *Mut zur Angst.* Darin werden wahre Geschichten von Menschen erzählt, die Opfer oder beinahe Opfer von Gewalt wurden. In allen geschilderten Fällen haben die Betroffenen entweder auf ihre Intuition gehört und überlebt, oder sie haben nicht auf sie gehört und entsprechend teuer dafür bezahlt.

Normalerweise betrachten wir die Angst als etwas Schlechtes, doch de Becker versucht uns zu zeigen, dass sie ein Geschenk sein kann, das uns vor Schaden beschützt. *Mut zur Angst* handelt davon, wie wir uns in das Denken anderer Menschen versetzen, damit ihre Handlungen nicht zu furchtbaren Überraschungen für uns werden. Wenngleich es unangenehm sein kann, vor allem wenn es sich um das Denken eines potenziellen Mörders dreht, ist es immer noch besser, als auf die schmerzliche Art zu erfahren, was in dem anderen vor sich geht.

Bis zu seinem vierzehnten Lebensjahr hatte Gavin de Becker mehr Gewalt in seinem eigenen Zuhause erlebt als die meisten Erwachsenen in ihrem ganzen Leben. Aus reinem Überlebenswillen wurde er sehr gut darin, vorherzusagen, was in einer beängstigenden Situation als Nächstes geschehen würde, und er machte es sich zur Lebensaufgabe, gewalttätige Denkprozesse zu formulieren, damit auch andere die Zeichen erkennen können. De Becker wurde zum Experten für die Einschätzung von Gewaltrisiken und beschützte hochrangige Berühmtheiten, Regierungsmitglieder und Unternehmer. Außerdem wurde er zu einer Art Autorität in Sachen häusliche Gewalt.

De Becker ist kein Psychologe, aber sein Buch gibt uns mehr Einblick in das Wesen von Intuition, Angst und gewalttätigem Denken, als wir jemals in einem reinen Psychologietext finden dürften. *Mut zur Angst* ist packend wie ein guter Thriller, und es kann nicht nur Ihr Leben verändern, sondern es womöglich sogar retten.

Intuitive Sicherheit

Wie de Becker anmerkt, haben wir in der modernen Welt verlernt, uns zum Zwecke des Selbstschutzes unserer Instinkte zu bedienen. Die meisten von uns überlassen das Gewaltproblem der Polizei und dem Rechtssystem und glauben, sie würden uns schützen. Aber wenn wir die Behörden einschalten, ist es oft schon zu spät. Oder aber wir erwarten, dass die Technologie uns vor Gefahr bewahrt; je mehr Alarmanlagen und hohe Zäune wir haben, umso sicherer fühlen wir uns.

Dabei gibt es einen weit verlässlicheren Schutz: unsere Intuition oder unser Bauchgefühl. Für gewöhnlich besitzen wir alle Informationen, die nötig sind, um uns vor gewissen Menschen oder Situationen zu warnen. Wie andere Tiere auch verfügen wir über ein eingebautes Warnsystem. Häufig wird die Intuition von Hunden als Beispiel genannt, doch de Becker hält dagegen, dass die von menschlichen Wesen noch weit besser ist. Das Problem ist nur, dass wir weniger bereit sind, ihr zu vertrauen.

De Becker beschreibt weibliche Gewaltopfer, die erzählen: „Obwohl ich wusste, dass bei dem, was da vor sich ging, etwas nicht stimmte, habe ich mich nicht beizeiten entfernt." Irgendwie schaffte es der Angreifer, der ihnen mit ihren Einkaufstaschen half oder mit ihnen in den Aufzug stieg, diese Frauen dazu zu bringen, bei dem mitzumachen, was er wollte. De Becker geht davon aus, dass es einen „universellen Gewaltcode" gibt, den die meisten von uns automatisch erspüren. Nur leider erstickt das moderne Leben oft unsere Sensibilität. Entweder wir sehen die Signale überhaupt nicht, oder wir gestehen uns die Gefahr nicht ein.

De Becker vertritt die paradoxe These, dass „der Intuition zu vertrauen genau das Gegenteil von einem Leben in Angst" ist. Echte Angst lähmt uns nicht, sondern sie gibt uns Kraft und versetzt uns in die Lage, Dinge zu tun, zu denen wir normalerweise nicht fähig sind. In dem ersten Fall, mit dem er sich beschäftigt, wurde eine Frau in ihrer eigenen Wohnung gefangen gehalten und vergewaltigt. Als ihr Angreifer sagte, er würde in die Küche gehen, brachte sie irgendetwas dazu, ihm auf Zehenspitzen zu folgen. Und dann sah sie, wie er die Schubladen nach einem großen Messer durchsuchte – um sie zu töten. Sie rannte zur Tür und entkam. Was an diesem Bericht besonders fasziniert, ist die Erinnerung der Frau daran, dass sie keine Angst hatte. Echte Angst verbindet sich mit Intuition und ist eigentlich ein positives Gefühl, das einzig dazu da ist, uns zu retten.

Die gewalttätige Ader in jedem

De Becker lehnt die Vorstellung ab, dass es einen „kriminellen Geist" gibt, der bestimmte Menschen von uns restlichen trennt. Die meisten von uns würden sagen, dass sie nie einen anderen Menschen töten könnten, aber danach fügen sie das übliche „Es sei denn, ich muss jemanden beschützen, den ich liebe" an. Wir sind alle fähig, kriminelle Gedanken zu hegen und sogar kriminelle Handlungen zu begehen. Viele Mörder werden als „unmenschlich" beschrieben, dabei können sie doch, wie de Becker bemerkt, gar nichts anderes als menschlich sein. Wenn ein Mensch zu einer bestimmten Tat fähig ist, dann sind wir es unter gewissen Bedingungen alle. De Becker gönnt sich bei seiner Arbeit nicht den Luxus, Unterscheidungen wie „menschlich" und „Monster" zu treffen. Stattdessen achtet er darauf, ob jemand die Absicht hat oder die Fähigkeit besitzt, anderen Schaden zuzufügen. Er folgert: „In jedem finden sich Gewaltressourcen; was uns unterscheidet, ist lediglich unsere Sicht des Gerechtfertigten."

Eine Kette, keine isolierte Handlung

Warum begehen Menschen Gewalttaten? De Becker reduziert die Gründe auf vier Elemente:

* Rechtfertigung – die Person kommt zu dem Urteil, sie sei absichtlich schlecht behandelt worden.
* Alternativen – Gewalt scheint der einzige Weg zu sein, Wiedergutmachung oder Gerechtigkeit zu erlangen.
* Konsequenzen – der Täter beschließt, dass er mit dem wahrscheinlichen Ausgang seiner Gewalttat leben kann. Einem Stalker etwa wird es gleich sein, dass er für seine Tat ins Gefängnis wandert, solange er nur sein Opfer bekommt.
* Fähigkeit – der Betreffende vertraut auf seine Fähigkeit, seinen Körper, Kugeln oder Bomben zu seinem Zweck zu nutzen.

De Beckers Team überprüft diese „vorfallvorgeschalteten Indikatoren", wenn sie die Wahrscheinlichkeit von Gewalttaten durch jemanden voraussagen sollen, der einen Klienten bedroht. Wenn wir aufmerksam sind, so de Becker, kann Gewalt nie „aus heiterem Himmel kommen". Generell ist es tatsächlich eher unüblich, dass Menschen „durchdrehen", bevor sie einen Mord begehen. Normalerweise ist Gewalt, wie de Becker bemerkt, so vorhersehbar „wie Wasser, das sich dem Siedepunkt nähert".

Es hilft ebenfalls bei der Vorhersage von Gewalt, sie als einen *Prozess* zu begreifen, „in dem der gewaltsame Ausgang nur ein Glied ist". Während die Polizei nach einem Motiv sucht, gehen de Becker und sein

Team weiter, um die Geschichte der Gewalt oder die Gewaltabsicht zu finden, die der Tat meist vorausgehen.

Mut zur Angst enthält auch ein Kapitel über Gewalt in der Ehe. Darin steht, dass der Mord am Ehepartner meistens nicht aus der Hitze des Moments heraus begangen wird. Normalerweise ist es eine überlegte Entscheidung, in deren Vorfeld der Ehemann seiner Frau nachstellt und deren Zurückweisung zum Auslöser wird. Für solche Männer ist die Zurückweisung eine zu große Bedrohung ihres Ich-Gefühls und die Tötung der Partnerin scheint der einzige Weg, die eigene Identität wieder herzustellen. De Becker enthüllt in diesem Zusammenhang eine beängstigende Tatsache: Drei Viertel der Morde in Ehen ereignen sich, *nachdem* die Frau sich von ihrem Mann getrennt hat.

Wissen, woran man einen Psychopathen erkennt

Zu den typischen Merkmalen von gefährlichen Kriminellen gehören:

* Rücksichtslosigkeit und Prahlerei
* Engstirnigkeit
* keine Abscheu vor Dingen, die andere Menschen abschrecken
* ungewöhnliche Ruhe in Konfliktsituationen
* Kontrollwunsch

Welches ist die sicherste Voraussetzung für Gewalttätigkeit? De Beckers Erfahrung zufolge ist eine problematische oder missbrauchsgeprägte Kindheit ein wichtiger Faktor. In einer Studie über Serienmörder wurde nachgewiesen, dass 100 Prozent von ihnen als Kinder selbst Gewalt ausgesetzt waren, erniedrigt oder einfach vernachlässigt wurden. Robert Bardo, der die Schauspielerin Rebecca Shaeffer erschoss, durfte als Kind sein Zimmer nicht verlassen und wurde wie ein Haustier gefüttert. Er lernte nie, sich sozial zu verhalten. Solche Menschen entwickeln eine ziemlich gestörte Weltsicht – auf Kosten der Öffentlichkeit.

Gewalttätige Menschen können oft zugleich sehr gut die Signale verbergen, die sie als Psychopathen ausweisen. Sie geben sich alle Mühe, Normalität vorzugaukeln, damit sie auf den ersten Blick wie „gewöhnliche Typen" wirken. Warnsignale sind hier:

* Sie sind *zu* nett.
* Sie reden zu viel und erzählen uns unnötige Details, um uns abzulenken.
* Sie kommen auf uns zu und nie umgekehrt.
* Sie legen uns auf eine bestimmte Rolle fest oder beleidigen uns, damit wir reagieren und uns mit ihnen befassen müssen.
* Sie benutzen Techniken wie „erzwungene Teambildung", wobei sie das Wort „wir" benutzen, um sich und ihre Opfer so darzustellen, als säßen sie im selben Boot.
* Sie finden Wege, uns zu helfen, damit wir das Gefühl haben, in ihrer Schuld zu stehen (was de Becker als „emotionalen Kreditwucher" bezeichnet).
* Sie ignorieren unser Nein oder tun es ab. Lassen Sie sich niemals durch sie von Ihrer Weigerung abbringen, denn dadurch merken sie, dass sie das Sagen haben.

Wir müssen nicht paranoid leben. Die meisten Dinge, um die wir uns sorgen, geschehen nie. Dennoch ist es dumm, unser Heim oder Büro ganz und gar einem Sicherheitssystem oder der Polizei anzuvertrauen. Wie de Becker ausführt: Da es *Menschen* sind, die anderen Schaden zufügen, sind es auch die Menschen, die wir verstehen müssen.

Im Kopf des Stalkers

Mut zur Angst ist besonders fesselnd an jenen Stellen, an denen de Becker über Personen des öffentlichen Lebens schreibt, die seine Klienten sind, und über die Stalker, die versuchen, an sie heranzukommen. Berühmte Sänger oder Schauspieler werden praktisch durchgängig von drei oder vier Leuten verfolgt, die ihnen bergeweise Briefe schreiben oder versuchen, an den Sicherheitskräften vorbeizukommen. Nur eine kleine Zahl dieser Stalker wollen ihr Opfer wirklich töten (der Rest glaubt, eine Art „Beziehung" mit dem Star zu führen), aber der gemeinsame Faktor ist ein verzweifelter Wunsch nach Anerkennung.

Wir alle wünschen uns Anerkennung, Ruhm und eine gewisse Bedeutung, und indem sie einen Berühmten töten, werden die Stalker selbst berühmt. Mark Chapman und John Hinckley jr. beispielsweise sind Namen, die auf ewig mit denen ihrer Opfer, John Lennon und Ronald Reagan, verbunden bleiben. Für solche Menschen sind Attentate vollkommen logische Mittel zum Zweck. Sie bieten ihnen eine Abkürzung hin zum Ruhm, und psychotischen Menschen ist es gleich, ob die Aufmerksamkeit, die sie gewinnen, positiv oder negativ ist.

Das Bild vom Verrückten, der einem Filmstar oder einem Präsidenten nachstellt, regt die Fantasie der Öffentlichkeit an. Daher fragt de Becker zu Recht, warum wir so fasziniert von Stalkern sind, wohingegen wir weitestgehend ignorieren, dass allein in den USA alle zwei Stunden eine Frau von ihrem Ehemann oder Freund umgebracht wird. Übrigens gibt der Gewaltforscher nicht viel auf richterliche Verfügungen, nach denen sich jemand von seiner Expartnerin fernhalten soll, da sie seiner Meinung nach die Situation nur verschärfen. Gewalttätige Menschen leben auf, wenn sie sich aktiv engagieren können, und wenn sie ohnehin schon unausgeglichen sind, wird eine richterliche Verfügung keine Sicherheit garantieren.

Zu guter Letzt

Mut zur Angst ist ein sehr amerikanisches Buch, das im kulturellen Kontext von überbordendem Waffengebrauch und einer Gesellschaft geschrieben wurde, die weniger als andere auf sozialen Zusammenhalt setzt. Wenn Sie in einem englischen Dorf, einer japanischen Stadt oder sogar einer ruhigeren Gegend in den Vereinigten Staaten leben, kann Ihnen dieses Buch ein wenig paranoid vorkommen. Allerdings wirft auch de Becker den Abendnachrichten vor, sie würden sein Land weit gefährlicher erscheinen lassen, als es tatsächlich ist. Denn, wie er schreibt, ist die Wahrscheinlichkeit, an Krebs oder bei einem Autounfall zu sterben, weit höher als die, durch den gewaltsamen Angriff eines Fremden zu Tode zu kommen.

Seit den Anschlägen auf das New Yorker World Trade Center im Jahre 2001 sind wir nachgerade besessen von der Möglichkeit willkürlicher Gewalt. Dennoch ereignen sich die meisten Übergriffe und Morde nach wie vor im häuslichen Umfeld. Es kann Sie vor Schaden bewahren, wenn Sie die Zeichen erkennen, die diese Gewalt ankündigen. Was die persönliche Sicherheit angeht, leben Männer und Frauen laut de Becker in zwei unterschiedlichen Welten. Oprah Winfrey sagte ihrem Fernsehpublikum, dass „jede Frau in Amerika *Mut zur Angst* lesen sollte".

Beim Schreiben wurde de Becker vor allem von folgenden drei Büchern beeinflusst: *Whoever Fights Monsters* von dem Verhaltensforscher des FBI Robert Ressler, *Predicting Violent Behavior* von dem Psychologen John Monahan und *Without Conscience* von Robert D. Hare, das die Leser mitten hinein in das Denken von Psychopathen führt. Inzwischen gibt es eine Menge Literatur über die Psychologie von Gewalt, aber de Beckers Buch ist immer noch ein großartiges Einstiegswerk.

Über Gavin de Becker

De Becker gilt als Pionier auf dem Gebiet der Gefahreneinschätzung, der Vorhersage von und dem Umgang mit Gewalt. Seine Firma bietet Beratungs- und Schutzdienste für Unternehmen, Behörden und Einzelpersonen an. Er leitete das Team, das für die Sicherheit von Präsident Reagans Gästen zuständig war, und arbeitete bei offiziellen Besuchen ausländischer Staatsgäste mit dem Auswärtigen Amt der USA zusammen. Darüber hinaus entwickelte er das MOSAIC-System für den Umgang mit Drohungen gegen Richter des Obersten Gerichtshofes, Senatoren und Kongressabgeordnete. De Becker war auch bei vielen Prozessen als Berater tätig, einschließlich des Straf- und Zivilprozesses gegen O. J. Simpson.

Er ist leitendes Mitglied der School of Public Affairs an der University of California in Los Angeles (UCLA) und saß mit im Vorstand des Domestic Violence Council Advisory Board.

Weitere Bücher von ihm sind *Protecting the Gift* über die Sicherheit von Kindern sowie *Fear Less. Real Truth About Risk, Safety and Security in a Time of Terrorism.*

Spiele der Erwachsenen. Psychologie der menschlichen Beziehungen

1964

Der Vater kehrt von seinem Arbeitsplatz nach Hause zurück und tadelt seine Tochter, die ihm eine unverschämte Antwort gibt; oder die Tochter macht den Eröffnungszug, indem sie sich ihrem Vater gegenüber unverschämt benimmt, der Vater reagiert darauf mit einem Tadel. Ihre Stimmen werden lauter, und der Streit spitzt sich zu. Der Ausgang des Streits hängt davon ab, auf wessen Seite die Initiative liegt. Es gibt drei Möglichkeiten: a) der Vater zieht sich in das elterliche Schlafzimmer zurück und knallt die Tür hinter sich zu; b) die Tochter zieht sich in ihr Schlafzimmer zurück und knallt die Tür hinter sich zu; c) beide ziehen sich getrennt in ihre Schlafzimmer zurück und knallen die Türen hinter sich zu. In jedem Fall wird das Ende des „Tumult-Spiels" durch eine zuknallende Tür gekennzeichnet.

KURZ GESAGT

Menschen spielen Spiele als Ersatz für echte Intimität, und jedes Spiel, egal wie unerfreulich, bringt einem oder beiden Spielern einen bestimmten Gewinn.

ÄHNLICHE TITEL

Thomas A. Harris, *Ich bin o.k. – Du bist o.k.*
Karen Horney, *Unsere inneren Konflikte*
Fritz Perls, *Gestalt-Therapie*

4. Eric Berne

1961 veröffentlichte der Psychiater Eric Berne ein Buch mit einem sehr langweiligen Titel: *Die Transaktionsanalyse in der Psychotherapie: eine systematische Individual- und Sozial-Psychiatrie.* Es wurde zum viel zitierten Grundsatzwerk in diesem Bereich und verkaufte sich verhältnismäßig gut.

Drei Jahre später kam der Folgeband über dasselbe Konzept heraus, diesmal allerdings mit einem deutlich eingängigeren Ansatz. Mit seinem brillanten Titel und den witzigen Kategorien menschlicher Motivation sollte *Spiele der Erwachsenen. Psychologie der menschlichen Beziehungen* ein größeres Publikum ansprechen. Die erste Auflage von 3.000 Exemplaren verkaufte sich schleppend. Doch zwei Jahre später, größtenteils dank Mundpropaganda und aufgrund einiger bescheidener Werbemaßnahmen, waren bereits 300.000 Exemplare über den Ladentisch gewandert. Das Buch hielt sich zwei Jahre lang auf der Bestsellerliste der *New York Times* (was für ein Sachbuch ungewöhnlich ist), und Berne, der damals in den Fünfzigern war, kaufte sich ein neues Haus sowie einen Maserati und verheiratete sich neu. Nebenbei diente sein Buch als Vorbild für viele, die auf einmal reich wurden, indem sie populärwissenschaftliche Psychologie-Bestseller schrieben.

Wenngleich es ihm damals nicht bewusst war, läutete Berne mit *Spiele der Erwachsenen* einen Boom der psychologischen Populärliteratur ein, die inhaltlich zwischen reiner Selbsthilfe und akademischer Psychologie angesiedelt ist. Die Mainstream-Psychologen warfen Berne vor, zu seicht zu sein und sich beim Publikum anzubiedern, obwohl die ersten 50 oder 60 Seiten seines Buches in einem ziemlich ernsten, gelehrten Ton gehalten sind. Erst im zweiten Teil des Bandes wird der Ton lockerer, und dieser Teil ist der Grund, aus dem die meisten Menschen das Buch kaufen.

Bis heute wurden über fünf Millionen Exemplare verkauft, und der Originaltitel ist im Englischen zu einem festen Begriff geworden.

Streicheln und Transaktionen

Berne beginnt mit der Feststellung, dass Kleinkinder, denen der Körperkontakt vorenthalten wurde, Forschungen zufolge oft einen irreversiblen mentalen und physischen Verfall zeigen. Er wies auf Studien hin, die den Schluss nahelegen, dass sensorischer Entzug bei Erwachsenen zu temporären Psychosen führen kann. Erwachsene brauchen den physischen Kontakt ebenso sehr wie Kinder. Da er aber nicht ständig verfügbar ist, gehen wir Kompromisse ein und suchen stattdessen nach symbolischen, emotionalen „Streicheleinheiten" durch andere. Ein Filmstar beispielsweise bekommt Hunderte bewundernde Fanbriefe wöchentlich, während ein Wissenschaftler seine Bestätigung aus einer einzigen positiven Empfehlung von einer führenden Person auf seinem Fachgebiet bezieht.

Berne definiert Streicheln als die „Grundeinheit sozialer Verbindung". Ein Austausch von Streicheleinheiten ist eine Transaktion, daher auch der von ihm eingeführte Terminus der „Transaktionsanalyse", um die Dynamik sozialer Interaktion zu beschreiben.

Warum wir Spiele spielen

Berne beobachtete, dass menschliche Wesen aufgrund ihres Bedürfnisses nach Streicheleinheiten jede Form des sozialen Austausches – selbst die negative – als besser empfinden als gar keine. Dieser Wunsch nach Intimität ist auch der Grund, weshalb Menschen „Spiele" mitmachen. Sie sind ein Ersatz für echten Kontakt.

Er definierte ein Spiel als „eine fortdauernde Folge verdeckter Komplementär-Transaktionen, die zu einem ganz bestimmten, voraussagbaren Ergebnis führen". Wir spielen ein Spiel, um ein verborgenes Ziel zu erreichen, und jedes Mal gehört ein Gewinn dazu.

Die meiste Zeit sind sich die Leute nicht bewusst, dass sie Spiele spielen. Sie sind einfach ein normaler Teil der sozialen Interaktion. Diese Spiele ähneln sehr dem Poker, wo es zur Spielstrategie gehört, unsere wahren Gründe zu verbergen, um einen Gewinn zu erzielen – Geld. Im Arbeitsumfeld kann der Gewinn ein Vertragsabschluss sein. Menschen sprechen vom „Immobilienspiel", vom „Versicherungsspiel" oder vom „Spiel an der Börse" und erkennen damit unbewusst, dass ihre Arbeit eine ganze Reihe von Manövern erfordert, um einen Gewinn zu erbringen. Und in Beziehungen? Hier geht es zumeist um einen Gewinn in Form von emotioneller Befriedigung oder mehr Kontrolle.

Die drei Ichs

Die Transaktionsanalyse hat ihre Wurzeln in der freudschen Psychoanalyse, die Berne studierte und praktizierte. Einmal hatte er einen erwachsenen männlichen Patienten, der zugab, dass er eigentlich „ein kleiner Junge in der Kleidung eines Erwachsenen" sei. Während der folgenden Sitzungen fragte Berne ihn, ob nun der Junge oder der Erwachsene spreche. Diese und andere Erfahrungen brachten Berne zu dem Schluss, dass es in jeder Person drei Ichs oder „Ich-Zustände" gebe, die sich oft gegenseitig widersprechen. Sie werden unterschieden nach:

* den Einstellungen und dem Denken einer Elternfigur (Eltern-Ich)
* der Erwachsenen angemessenen Rationalität, Objektivität und Akzeptanz der Wahrheit (Erwachsenen-Ich)
* den Einstellungen und Fixierungen des Kindes (Kind-Ich)

Diese drei Ichs entsprechen im Groben dem freudschen Über-Ich (Eltern), Ich (Erwachsener) und dem Es (Kind).

Laut Berne befinden wir uns bei jeder sozialen Interaktion in einem der drei Ich-Zustände und können problemlos vom einen zum anderen wechseln. Wir legen beispielsweise die Kreativität, Neugier und den Charme eines Kindes an den Tag, aber auch dessen Unnachgiebigkeit und Trotzneigung. In jedem der Zustände können wir produktiv oder unproduktiv sein.

Wenn wir ein Spiel mit jemandem spielen, übernehmen wir einen Aspekt von einem der drei Ichs. Statt neutral, echt oder vertraut zu bleiben, um das zu bekommen, was wir wollen, halten wir es eventuell für nötig, wie ein befehlender Elternteil oder ein kokettierendes Kind zu handeln oder die weise, rationale Aura eines Erwachsenen anzunehmen.

Lasst die Spiele beginnen

Der Hauptteil des Buches ist ein Kompendium der vielen Spiele, die Menschen spielen. Beispiele dafür:

„Wenn du nicht wärst"

Dieses Spiel ist zwischen Eheleuten am häufigsten. Ein Partner beklagt sich, dass der andere ihn an dem hindert, was er wirklich im Leben tun will.

Berne vertrat die These, dass die meisten Menschen sich unbewusst Ehepartner suchen, die ihnen bestimmte Grenzen setzen. Als Beispiel führt er eine Frau an, die sich geradezu verzweifelt zu wünschen schien, tanzen zu lernen. Das Problem war, dass ihr Ehemann es hasste auszugehen, weshalb ihr gesellschaftliches Leben eher eingeschränkt war. Sie ging in einen Tanzkurs, stellte jedoch fest, dass sie furchtbare

Angst davor hatte, in der Öffentlichkeit zu tanzen, und brach den Kurs ab. Berne zeigt uns damit, dass das, was wir dem anderen vorwerfen, sich oft als unser Problem entpuppt. Das Spiel „Wenn du nicht wärst" ermöglicht uns, die Verantwortung dafür abzuschieben, uns unseren Ängsten und Unzulänglichkeiten zu stellen.

„Warum nicht – Ja, aber"

Dieses Spiel fängt damit an, dass jemand ein Problem in seinem Leben schildert und eine andere Person reagiert, indem sie konstruktive Vorschläge zur Lösung macht. Die erste Person sagt nun „Ja, aber ..." und geht dazu über, die vorgeschlagene Lösung zu bemängeln. Im Erwachsenenzustand würden wir eine Lösung prüfen und wahrscheinlich übernehmen, doch das ist nicht der Sinn des Gespräches. Der besteht vielmehr darin, dass die betreffende Person sich das Mitgefühl der anderen sichern will, weil sie sich (im Kindzustand) außerstande fühlt, angemessen mit der Situation umzugehen. Der Problemlöser wiederum bekommt damit die Möglichkeit, den weisen Elternpart zu spielen.

Holzbein

Wer dieses Spiel spielt, nimmt gewöhnlich eine defensive Haltung ein: „Was erwartest du von jemandem mit einem Holzbein/einer üblen Kindheit/einem Alkoholproblem?" Er benutzt irgendeines seiner Merkmale als Entschuldigung für einen Mangel an Kompetenz oder Motivation, damit er nicht die volle Verantwortung für sein Leben übernehmen muss.

Zu den von Berne beschriebenen anderen Spielen gehören:

* Lebensspiele – „Jetzt habe ich dich endlich, du Schweinehund"; „Sieh bloß, was du angerichtet hast"

* Ehespiele – „Frigide Frau“; „Du siehst, ich gebe mir wirklich Mühe“
* „Gute“ Spiele – „Weiser Mann“; „Die werden noch einmal froh sein, dass sie mich gekannt haben“

Jedes Spiel basiert auf einer Grundannahme auf der einen Seite und einem Verhalten des Gegenübers auf der anderen Seite, das heißt einer Reaktion, die letzteren in seinen Augen zum „Gewinner“ macht.

Die Spiele, die wir spielen, sind laut Berne wie ausgeleierte Tonbänder, die wir aus der Kindheit mitgebracht haben und wieder und wieder abspulen. Obwohl sie uns einengen und destruktiv sind, bieten sie doch auch eine Art Trost, da sie uns davon entbinden, uns ungelösten psychologischen Problemen zu stellen. Für manche Menschen ist das „Spielespielen“ zu einem grundlegenden Bestandteil ihrer selbst geworden. Viele Leute empfinden es als notwendig, Streit mit ihnen nahestehenden Menschen anzuzetteln oder Intrigen mit ihren Freunden zu schmieden, um Beziehungen für sich spannend zu halten. Berne warnt uns allerdings: Wenn wir zu viele und zu lange „üble“ Spiele veranstalten, wird das Ganze selbstzerstörerisch. Je mehr Spiele wir spielen, umso mehr erwarten wir von anderen, sie ebenfalls zu spielen. Und ein unermüdlicher Spieler kann am Ende zum Psychotiker werden, der zu viel in seine eigenen Motivationen und Vorurteile – und die anderer – hineinliest.

Zu guter Letzt

Wenngleich *Spiele der Erwachsenen* von vielen praktizierenden Psychiatern als zu populärwissenschaftlich und ungenau abgetan wurde, bleibt die Transaktionsanalyse doch einflussreich und fand Einzug ins Repertoire zahlreicher Psychotherapeuten und Berater, die mit schwierigen oder ausweichenden Patienten arbeiten müssen. Das Buch schien bahnbrechend, weil es die Präzision eines Psychologen in einen Bereich trug, der normalerweise den Romanciers und Dramatikern vorbehalten ist. So schrieb der Schriftsteller Kurt Vonnegut eine viel beachtete Rezension zu dem Buch, in der er ausführt, dass der Inhalt des Bandes die kreative Autorengilde noch lange Zeit inspirieren dürfte.

Bei der Lektüre sollten Sie berücksichtigen, dass *Spiele der Erwachsenen* ziemlich freudianisch ausgerichtet ist und viele der Spiele auf Freuds Ideen von Hemmungen, sexuellen Spannungen und unbewussten Impulsen basieren. Und natürlich ist das Buch in seiner Sprache und seiner sozialen Haltung den 1960er Jahren verhaftet.

Dennoch kann es bis heute eine anregende Lektüre sein, und es ist zweifellos ein Klassiker, wenn es um die einfache Erkenntnis geht, dass Menschen immer Spiele gespielt haben und es wahrscheinlich auch weiter tun werden. Wie Berne anmerkt, bringen wir unseren Kindern die Rituale und Prozeduren bei, die sie brauchen, um sich unserer Kultur anzupassen und im Leben zurechtzukommen. Wir verbringen eine Menge Zeit damit, ihre Schulen und Freizeitaktivitäten auszusuchen, doch wir bringen ihnen nichts über die von ihm beschriebenen Spiele bei. Dabei sind doch gerade diese Spiele ein nicht sehr erfreuliches, aber realistisches Spiegelbild der Dynamik in jeder Familie und jeder Institution.

Spiele der Erwachsenen mag manchem wie ein unnötig düsterer Blick auf die menschliche Natur erscheinen. Das aber war nicht Bernes Absicht. Er sagt uns, dass wir alle das Spielespielen hinter uns lassen können, sofern wir eine Alternative dazu kennen. Infolge unserer Erfahrungen in der Kindheit verlieren wir die natürliche kindliche Zuversicht, Spontaneität und Neugier und übernehmen stattdessen die elterlichen Vorstellungen. Indem wir uns der drei Ichs besser bewusst werden, können wir in einen Zustand zurückkehren, in dem wir uns wohler in unserer Haut fühlten. In diesem Zustand glauben wir nicht mehr, dass wir die Erlaubnis irgendeines anderen zum Erfolg brauchen, und wir sind viel weniger bereit, echte Vertrautheit durch Spiele zu ersetzen.

Über Eric Berne

Eric Bernstein wuchs in Montreal in Kanada auf. Sein Vater war Arzt und seine Mutter Schriftstellerin. Er machte 1935 seinen Abschluss in Medizin an der McGill University und ließ sich an der Yale University zum Psychoanalytiker ausbilden. Er wurde US-Bürger, arbeitete am Mt. Zion Hospital in New York und änderte 1943 seinen Namen in Eric Berne.

Während des Zweiten Weltkrieges arbeitete Berne als Militär-Psychiater und nahm hinterher seine Studien bei Erik Erikson (s. S. 156) am San Francisco Psychoanalytical Institute wieder auf. In den späten 1940ern zog er nach Kalifornien, wo er schon bald auf Distanz zur Psychoanalyse ging. Im Laufe der nächsten zehn Jahre ging die Transaktionsanalyse aus seiner Arbeit über die Ich-Zustände hervor. Berne gründete die International Transactional Analysis Association und kombinierte seine Arbeit in der Privatpraxis mit der an der Klinik. Er war darüber hinaus als Berater tätig.

Berne schrieb über eine Vielzahl von Themen. Neben seinem anderen Bestseller, *Was tun Sie, nachdem Sie „Guten Tag" gesagt haben?* (1957), der sich mit dem Konzept von „Lebensskripten" auseinandersetzt, veröffentlichte er 1957 *Was sagen Sie, nachdem Sie „Guten Tag" gesagt haben?*, 1963 *Struktur und Dynamik in Organisationen und Gruppen* und 1970 *Sprechstunden für die Seele*. Posthum erschien *Beyond Games and Scripts* (1976), und auch die Biografie von Elizabeth Watkins Jorgensen *Eric Berne: Master Gamesman* (1984) ist lesenswert.

Berne gab zu, ein gut entwickeltes Kind in sich zu tragen, und beschrieb sich einmal als „einen 56-jährigen Teenager". Er war ein begeisterter Pokerspieler, war dreimal verheiratet und starb 1970.

People Skills. How to Assert Yourself, Listen to Others, and Resolve Conflicts

1979

Obgleich die zwischenmenschliche Kommunikation die größte Errungenschaft der Menschheit ist, beherrscht das durchschnittliche menschliche Wesen sie nicht sonderlich gut. Mangelhafte Kommunikation aber führt zu Einsamkeit und Distanzierung von Freunden, Partnern, Ehepartnern und Kindern – und zu Ineffizienz im Beruf.

Kommunikationsfertigkeiten, ganz gleich wie ausgefeilt sie sein mögen, können kein Ersatz sein für Authentizität, Zuneigung und Verständnis. Aber sie helfen uns, diese Dinge effektiver zu vermitteln, als es die meisten von uns in der Vergangenheit vermochten.

KURZ GESAGT

Wenn Sie über soziale Kompetenz verfügen, bekommen Sie nicht nur, was Sie wollen, sondern Sie „kitzeln“ auch in Ihren Beziehungen das Beste aus sich und den anderen heraus.

ÄHNLICHE TITEL

Daniel Goleman, *EQ²*. *Der Erfolgsquotient*

Carl Rogers, *Entwicklung der Persönlichkeit*

Douglas Stone, Bruce Patton & Sheila Heen, *Offen gesagt!*

5. Robert Bolton

Oft sind die besten Bücher jene, die Autoren einfach schreiben mussten. Im Vorwort zu *People Skills. How to Assert Yourself, Listen to Others, and Resolve Conflicts* merkt Robert Bolton an, dass er sich wohl nie auf das Gebiet der Kommunikation vorgewagt hätte, wären seine eigenen Fähigkeiten im Umgang mit anderen nicht so dürftig gewesen.

Das Buch entstand über einen Zeitraum von sechs Jahren. In dieser Zeit leitete Bolton eine Beratungsfirma, und das von ihm zusammengestellte Material wurde von Tausenden von Klienten getestet, die bei ihm Kommunikationsworkshops gebucht hatten. Die Teilnehmer rekrutierten sich aus unterschiedlichen Bevölkerungsgruppen und verschiedenen Ebenen der Unternehmenshierarchien, von Führungskräften über das Pflegepersonal an Kliniken, von Inhabern kleiner Geschäfte bis hin zu Priestern und Nonnen.

Es gibt faktisch keinen Beruf, in dem soziale Kompetenz nicht den Unterschied zwischen Erfolg und Misserfolg ausmacht. Dennoch müssen wir uns fragen: Wenn wir Menschen auf den Mond schicken können und tödliche Krankheiten heilen, warum sind wir dann nicht auch alle hervorragende Kommunikatoren? Teils liegt es daran, dass wir einen Großteil unserer Kommunikationsfertigkeiten in der Familie erwerben. Und hier stehen die Chancen leider sehr gut, dass unsere Eltern keine Kommunikationsexperten waren und ihre Eltern ebenso wenig.

Wenn wir mit jemandem sprechen, fällt es uns schwer zuzuhören, ohne „unseren Senf" dazuzugeben. Und dabei handelt es sich noch um die hübschere Seite des Vorverurteilens. Die andere ist Kritik und Schubladendenken. Bei Menschen, die uns nahestehen, haben wir das Gefühl, wir müssten kritisch sein, weil sie sich sonst nie ändern würden. Bei anderen meinen wir, sie sofort mit Etiketten versehen zu müssen –

etwa „intellektuell", „flapsig", „Trottel" oder „Nervensäge". Doch sobald wir das tun, hören wir auf, uns unser Gegenüber wirklich anzusehen. Wir haben nur noch einen Typ vor uns. Unser „guter Rat" wiederum ist selten konstruktiv, weil er normalerweise die Intelligenz des anderen beleidigt.

Inzwischen haben wir uns womöglich so daran gewöhnt, auf Hindernisse zu stoßen, dass wir uns fragen, was bliebe, wenn wir sie alle aus unserem Kommunikationsstil entfernen könnten. Nun, was bleibt, ist die Fähigkeit, andere zu verstehen, mit ihnen zu fühlen und unsere Sorgen klar auszudrücken.

Zuhören

Sind Ihre Unterhaltungen ein Wettbewerb, der nach dem Motto abläuft „Wer als Erster Luft holt, ist zum Zuhörer verdammt"? Die wenigsten Menschen sind gute Zuhörer. Studien haben ergeben, dass „75 Prozent der mündlichen Kommunikation ignoriert, missverstanden oder schnell wieder vergessen werden".

Zwischen bloßem Hinhören und Zuhören besteht gemäß Bolton ein gewaltiger Unterschied. Das englische Wort „listening" für „zuhören" leitet sich vom angelsächsischen *hlystan* für „hören" und *hlosnian* für „gespanntes Abwarten" ab. Der Akt des Zuhörens ist demnach kein rein physischer, sondern ein Miteinander im *psychologischen* Sinne.

Zuhören ist keine einzelne Kompetenz. Es erfordert vielmehr eine ganze Reihe anderer Fertigkeiten, die im Folgenden aufgeführt sind.

Da sein

In der Kommunikationsforschung schätzt man, dass 85 Prozent unserer Kommunikation nonverbal abläuft. Daher ist die Fähigkeit des „da Seins", bei der es um den Grad geht, in dem wir für jemanden da sind, wenn er spricht, wesentlich für die gute Kommunikation. Sie sehen niemand anderen im Raum an, sondern vermitteln Ihrem Gegenüber durch Ihre Körperhaltung, durch Augenkontakt und Gesten, dass sie konzentriert sind. Sie hören „mit dem ganzen Körper" zu.

Bolton beschreibt, wie der Maler Norman Rockwell ein Porträt von Präsident Eisenhower anfertigte. Obwohl der Präsident inmitten seiner Amtsgeschäfte steckte und kurz vorm Wahlkampf stand, schenkte er Rockwell während der anderthalb Stunden, die er Modell saß, seine volle Aufmerksamkeit. Denken Sie an irgendeinen großartigen Kommunikator, den Sie kennen, und Sie werden feststellen, dass er sich genauso verhält: Er ist mit Kopf und Körper ganz und gar bei Ihnen.

Dem anderen folgen

Hierbei handelt es sich um unsere Fähigkeit, dem zu folgen, was uns jemand sagt. Zwar erteilen wir gewöhnlich gern Ratschläge oder bestärken den anderen, doch viel besser wäre es, einen „Türöffner-Satz" zu äußern oder Bereitschaft zum Zuhören zu signalisieren. Das kann folgendermaßen aussehen:

* Gehen Sie auf die Körpersprache des Gegenübers ein: „Du strahlst heute ja richtig."
* Fordern Sie die andere Person zum Sprechen auf: „Erzähl mir mehr davon." – „Möchtest du darüber reden?" – „Was geht dir gerade durch den Kopf?"

* Schweigen: Geben Sie anderen Raum, etwas zu sagen, wenn sie möchten.
* Unsere Körpersprache: Vermitteln Sie mit Ihrer Gestik und Mimik, dass Sie bereit sind zuzuhören.

Damit erweisen Sie dem anderen Respekt. Ihr Gesprächspartner kann nun entscheiden, ob er reden will oder nicht. Es wird kein Druck ausgeübt. Bolton bemerkt, dass viele Menschen sich anfangs unbehaglich fühlen, wenn geschwiegen wird. Aber mit ein bisschen Übung fällt es uns immer leichter, uns auch damit wohl zu fühlen.

Indem wir unsere Fähigkeit, dem anderen zu folgen, weiterentwickeln, lernen wir, genau zu erkennen, wie der Sprechende seine Situation einschätzt. Wir überwinden Blockaden und fördern alles zutage, was gesagt werden will. Und das wiederum ist für beide Parteien von Nutzen.

Paraphrasieren

Bolton definiert das Paraphrasieren als „knappe und präzise Reaktion auf den Sprecher, welche die Essenz des Gesagten in den Worten des Zuhörers wiedergibt". Wenn uns beispielsweise jemand seine Probleme schildert, fassen wir in unseren Worten und in einem Satz zusammen, was der andere gesagt hat. Auf diese Weise signalisieren wir nicht nur, dass wir zuhören, sondern auch, dass wir das Gesagte akzeptieren und Verständnis dafür haben. Anfangs ist uns vielleicht nicht recht wohl dabei, und wir fürchten eventuell, unser Gegenüber könnte sich fragen, was zum Teufel wir da eigentlich machen. Aber zumeist wird der Sprechende eher froh sein, dass wir seine Gefühle verstehen.

Reflektieren

Diese Form des Zuhörens funktioniert quasi wie ein Spiegel. Wir zeigen dem Sprechenden, dass wir seine Verfassung oder seine Gefühle begreifen. Bolton fordert uns auf, uns eine junge Mutter an einem Morgen vorzustellen, an dem alles schiefgeht. Das Baby schreit, das Telefon klingelt und der Toast verbrennt. Als ihr Ehemann es bemerkt, sagt er etwas wie „Gott, kannst du nicht mal Toast machen?“, und die Reaktion der Frau besteht wahrscheinlich darin, dass sie explodiert.

Stellen wir uns einen anderen Ablauf vor. Es geschieht genau dasselbe, aber der Ehemann sagt: „Ein echt harter Morgen, Liebling – erst das Baby, dann das Telefon und jetzt auch noch der Toast.“ Hier haben wir eine reflektierende Reaktion. Der Ehemann erkennt, was seiner Frau widerfährt, ohne zu urteilen oder zu kritisieren. Und jetzt stellen Sie sich vor, wie ungleich besser sie sich dabei fühlt!

Reflektieren funktioniert, weil Menschen nicht immer aussprechen wollen, was in ihnen vorgeht. Sie schleichen um den heißen Brei. Und nur durch Reflektieren sind wir imstande, ihre wahre Botschaft zu verstehen – nicht durch Reagieren. Psychologen unterscheiden hier zwischen dem dargestellten und dem eigentlichen Problem, also dem, was gesagt wird, und dem, was dahintersteckt. Deshalb müssen wir im Gespräch auch auf die *Gefühle* achten. Sie weisen uns die Richtung. Oft jedoch begehen wir den Fehler, nur die Worte allein verstehen zu wollen.

Viele Menschen klagen, das Reflektieren würde so viel Zeit und Mühe kosten. Das tut es kurzfristig auch, aber langfristig vermeiden wir damit jene großen Probleme, die infolge schlechter Kommunikation auftreten.

Selbstbehauptung

Bolton spricht gern vom Zuhören als dem *Yin* (dem Empfangenden) der Kommunikation und der Selbstbehauptung als dem *Yang* (dem aktiven Aspekt).

Aufgrund der dürftigen Kommunikationskompetenz, mit der die meisten von uns ausgestattet sind, wählen wir oft zwischen Nörgeln oder Aggression, wenn wir etwas wollen, oder wir meiden das Problem gleich ganz. Dieses Verhalten entspringt unserem alten „Kampf-oder-Flucht-Instinkt". Dabei haben wir noch eine dritte Alternative: die verbale Selbstbehauptung. Wir können unseren Standpunkt auch vertreten, ohne aggressiv zu werden. In den meisten Gesprächssituationen ist dies das wirksamste Mittel, und dennoch benutzen es die wenigsten von uns, oder sie nutzen es falsch.

Der Sinn der Selbstbehauptung besteht darin, eine Veränderung zu erreichen, ohne dabei in den Bereich der anderen Person einzudringen. Dabei ist keine Macht oder Überredung im Spiel, da die Betonung einzig auf dem Ergebnis liegt. Wir können sehr wütend bleiben, was die andere Person an dem erkennt, was wir sagen, aber zugleich vermeiden wir jedwede Feindseligkeit oder Aggressivität. Nun ist es an dem anderen, zu entscheiden, wie er auf die Botschaft reagiert. Wir behalten also unsere Würde und haben gleichzeitig einen großen Schritt in Richtung dessen gemacht, was wir wollen.

Konfliktvermeidung und Kontrolle

Eigentlich wünschen wir uns im Leben Situationen, in denen jeder gewinnt. Bolton aber konfrontiert uns mit der unbequemen Wahrheit, dass immer eine Person gewinnen und eine verlieren muss, solange wir Probleme einzig mit Blick auf deren Lösung angehen. Um zu erreichen, dass beide gewinnen, dürfen wir uns nicht auf die Lösung konzentrieren, sondern sollten vielmehr darauf achten, was jede der beteiligten Personen braucht.

Bolton arbeitete beispielsweise mit einer Gruppe von Nonnen zusammen, die sich einen Wagen teilte. Da mehrere Nonnen ein Auto brauchten, um Besuche zu machen und zu Versammlungen zu fahren, kam es immer wieder zu Problemen. Wenn eine der Nonnen den Wagen gerade benutzte, hatten die anderen eben Pech. Bolton fragte sie, was jede von ihnen eigentlich brauchte. Sie kamen zu dem Ergebnis, dass sie ein *Transportmittel* benötigten und die Nutzung des Gemeinschaftsfahrzeugs nur eine von mehreren Lösungen wäre. Denn plötzlich tauchten auch viele andere Alternativen auf.

Wie das alte Sprichwort sagt: „Ein klar definiertes Problem ist ein halb gelöstes." Bolton bietet eine Schritt-für-Schritt-Technik zur Identifizierung von Bedürfnissen an, die dann zur Lösung führt. Mit dieser Methode können wir überraschend befriedigende Antworten auf Fragen finden, die uns bisher unlösbar schienen. Voraussetzung ist allerdings, dass wir zuerst einmal gelernt haben, richtig hinzuhören und zu erkennen, was andere wirklich brauchen, um glücklich zu sein.

Zu guter Letzt

People Skills ist bereits seit einem Vierteljahrhundert auf dem Markt und verkauft sich immer noch sehr gut. Was ist das Geheimnis seines anhaltenden Erfolgs? Erstens weist das Buch eine solide intellektuelle Grundlage auf, da es sich auf die Ideen und Konzepte der Besten ihres Fachs wie Carl Rogers, Sigmund Freud und Karen Horney bezieht. Zweitens beschränkt sich das Werk auf das Wesentliche und versucht nicht, jeden Aspekt zwischenmenschlicher Beziehungen abzudecken. Stattdessen konzentriert es sich auf die drei wichtigsten, erlernbaren

Fertigkeiten: zuhören, sich behaupten und Konfliktlösung. Wenngleich das Buch recht ausführlich erscheint und es inhaltlich viele Wiederholungen gibt, enthält es doch einige höchst brauchbare Tipps und Techniken, die sich sofort anwenden lassen.

People Skills fordert uns an keinem Punkt auf, unsere Persönlichkeit zu verändern, damit wir alle zu überall beliebten und knuddeligen „Sozialperfektionisten" werden. Stattdessen stellt es uns wissenschaftlich erforschte Techniken vor, mit deren Hilfe wir unsere Kommunikationsfähigkeit deutlich verbessern können. Wir verstehen auf einmal, was andere tatsächlich sagen, und wir lernen auszusprechen, was wir wirklich wollen.

Und sollten wir nach wie vor der Meinung sein, dass Kompetenz im Umgang mit anderen vor allem bedeutet, sie in unserem Sinne manipulieren zu können, dann erinnert uns Boltons Buch eindringlich an die drei Säulen des Respekts, auf denen wahrhaft gute Beziehungen ruhen: Empathie, Liebe ohne Besitzanspruch und Unverfälschtheit.

Über Robert Bolton

Robert Bolton leitete das Unternehmen Ridge Associates, eine 1972 gegründete Firma für Fortbildung und Unternehmensberatung. Ridge Associates war auf Kommunikation am Arbeitsplatz und soziale Kompetenzen spezialisiert. Vorher hatte Bolton Trainingsprogramme für das New York State Department of Mental Hygiene entworfen und außerdem eine psychiatrische Klinik gegründet.

Sein zweites Buch, das er gemeinsam mit seiner Frau Dorothy Grover Bolton verfasste, heißt *People Styles at Work. Making Bad Relationships Good and Good Relationships Better* und erschien 1996.

Laterales Denken

1970

Laterales Denken ist wie der Rückwärtsgang bei einem Wagen. Man würde nie versuchen, eine Strecke ausschließlich im Rückwärtsgang zu fahren. Andererseits braucht man ihn und muss wissen, wie man ihn benutzt, um manövrierfähig zu sein und aus einer Sackgasse herauszukommen.

Der Sinn des Denkens ist nicht, recht zu haben, sondern effektiv zu sein.

KURZ GESAGT

Effektiver denken zu lernen ist nicht schwer, und es kann unsere Fähigkeiten in der Problembewältigung erheblich verbessern.

ÄHNLICHE TITEL

Mihaly Csikszentmihalyi, *Kreativität*

6. Edward de Bono

Wer den Namen Edward de Bono hört, assoziiert damit unweigerlich den Begriff „Denken". Keiner ist so berühmt dafür, andere zur Verbesserung ihrer Effizienz und zur Änderung ihrer bisherigen Denkschemata bewegt zu haben, wie er.

De Bonos frühe Werke zählen zu den ersten auf dem Gebiet der Populärpsychologie. Obwohl sein Schreibstil nicht unbedingt spritzig ist, wurden seine bisherigen Bücher allein aufgrund der inhaltlichen Qualität alle zu Bestsellern. De Bono prägte in seinem Buch *The Use of Lateral Thinking* (1967) den Terminus „Laterales Denken", der mittlerweile sogar im *Oxford English Dictionary* aufgeführt ist. Allerdings ist *Lateral Thinking – Creativity Step by Step* (deutsche Ausgabe: *Laterales Denken*) das Buch, das einem breiteren Lesepublikum vertraut ist und in England und den USA bis heute verkauft wird.

Was ist laterales Denken?

Als de Bono in den 1960ern mit dem Schreiben begann, gab es keine praktischen, standardisierten Methoden, wenn es darum ging, neue Erkenntnisse zu gewinnen. Nur wenige Menschen galten als „kreativ", während der Rest sich auf eingefahrenen und etablierten geistigen Schienen bewegte. De Bono bewarb das laterale Denken als erstes „Erkenntniswerkzeug", das jeder für die Problemlösung nutzen kann.

Die Idee vom lateralen Denken entspringt de Bonos Studien über das Denken. Er fand heraus, dass das Gehirn nicht wie ein Computer funktioniert, sondern vielmehr „ein spezielles Umfeld ist, innerhalb dessen sich Wissen zu Mustern ordnet". Der Verstand sucht fortwährend nach derartigen Mustern und denkt in Mustern. Er sortiert sich selbst und ordnet neue Informationen gemäß dem, was er bereits weiß. Wie de Bono feststellte, müssen neue Ideen daher erst einmal mit alten kämpfen, bevor sie angenommen werden können. Also suchte er nach Möglichkeiten, neue Ideen über spontane Einsichten zu vermitteln und so Konflikte mit den alten zu umgehen.

Laterales Denken ist ein Prozess, der uns in die Lage versetzt, unsere Muster umzustrukturieren, unseren Geist zu öffnen und das Denken in Klischees oder festen Bahnen zu vermeiden. Im Grunde handelt es sich hierbei um Kreativität, allerdings ohne das Mystische, das ihr bisweilen anhaftet. Es ist eine einfache Methode, um kreativere Ergebnisse aus dem Umgang mit Informationen zu gewinnen. Was ist Humor anderes, fragt de Bono, als die plötzliche Restrukturierung von vorhandenen Mustern? Mittels dieses Überraschungsmoments befreien wir uns von der Versklavung durch die alten Muster.

Laterales Denken ist das Gegenteil von „vertikalem Denken". In unserer Kultur, vor allem aber in unserem Bildungssystem, liegt der Schwerpunkt auf der Anwendung von Logik, nach der eine richtige Aussage zur nächsten führt und schließlich zur „richtigen" Lösung. Dieses vertikale Denken ist zumeist auch sinnvoll, es versagt jedoch, wenn wir eine besonders schwierige Situation vor uns haben, denn hier verhindert es den Gedankensprung, den wir vollführen müssten – manchmal müssen wir uns jedoch vom Schubladendenken lösen. Oder, wie de Bono es formuliert: „Vertikales Denken wird benutzt, um dasselbe Loch noch tiefer zu graben. Laterales Denken nutzt man, um an einer anderen Stelle zu graben."

Laterales Denken ersetzt das vertikale nicht, sondern ergänzt es. Wir wenden es immer dann an, wenn wir alle Möglichkeiten unserer normalen Denkmuster ausgeschöpft haben.

Techniken kreativer Denker

De Bono weist ausdrücklich darauf hin, dass es nicht reicht, laterales Denken zu verstehen. Wir müssen es auch üben. Deshalb besteht ein Großteil seines Buches aus Techniken, mit denen wir uns in einen lateralen Denkzustand versetzen. Dazu gehören:

* Alternativen ausdenken – bessere Lösungen erfordern zunächst einmal eine größere Auswahl an verfügbaren Lösungen.
* Abwegige Annahmen – auch wenn wir annehmen müssen, dass die meisten Dinge normal funktionieren, bleiben wir in unseren Denkmustern verhaftet, wenn wir unsere Annahmen niemals infrage stellen.
* Quoten – lassen Sie sich eine von vornherein begrenzte Zahl von Ideen zu einem Problem einfallen. Oft ist die letzte oder neueste Idee die brauchbarste.
* Analogien – versuchen Sie herauszufinden, inwiefern die gegebene Situation einer auf den ersten Blick gänzlich anderen ähnelt. Dieser Weg zum besseren Denken hat sich inzwischen häufig bewährt.
* Umgekehrtes Denken – kehren Sie Ihr Denken über etwas um, indem Sie sich das Gegenteil davon ansehen, und Sie werden überrascht sein, wie viele neue Ideen Sie damit freisetzen.
* Finden Sie die beherrschende Idee – das ist keine leichte Übung, dafür aber eine extrem wertvolle, weil sie Ihnen zu erkennen hilft, worauf es in einem Buch, einem Gespräch oder einer Präsentation wirklich ankommt.
* Brainstorming – an sich kein laterales Denken, aber es bietet den Rahmen für diese Art von Denken.
* Aufgeschobene Urteile – behalten Sie eine Idee so lange bei, bis sie feststellen können, ob sie funktioniert, selbst wenn sie auf den ersten Blick wenig attraktiv wirkt.

Einer der zentralen Punkte bei de Bono besteht darin, dass laterale Denker nicht den Anspruch haben, immer im Recht zu sein. Vielmehr steht für sie die Effizienz im Vordergrund. Sie wissen, dass der Wunsch, auf Anhieb das Richtige zu finden, oft verhindert, dass sich neue Ideen formen. Schließlich ist es sehr gut möglich, dass diese neuen Ideen sich an irgendeinem Punkt als falsch erweisen und dennoch großartige Ergebnisse hervorbringen. Es kommt vor allem darauf an, dass genügend Ideen hervorgebracht werden, denn einige werden immer falsch sein, andere aber richtig.

Das glorreiche Offensichtliche

De Bono schreibt: „Es ist typisch für einsichtige Lösungen und neue Ideen, dass sie, nachdem sie erst einmal gefunden wurden, offensichtlich erscheinen."

Brillante und zugleich offensichtliche Ideen schlummern im Verborgenen unseres Verstandes und warten nur darauf, geweckt zu werden. Unser Denken in gewohnten Gleisen hält uns davon ab, sie zu aktivieren, weil es uns veranlasst, bei den vertrauten Etiketten, Klassifizierungen und Schubladen zu bleiben – was de Bono als die „Arroganz der etablierten Muster" bezeichnet.

Um zu anderen Ergebnissen zu kommen, müssen wir Informationen anders zusammenstellen. Denn was eine Idee originell macht, ist nicht unbedingt das Konzept an sich, sondern die Tatsache, dass die meisten anderen Menschen nicht darauf kamen, weil sie in konventionellen Bahnen denken.

Wir pflegen einen Geniekult und glorifizieren berühmte Gestalten wie Einstein, die ihren Ruhm einzig dem Umstand verdanken, dass die meisten anderen nicht gelernt haben, besser zu denken. Bei denjenigen, die sich ständig im lateralen Denken üben, werden die originellen Ideen niemals aufhören zu sprudeln.

Zu guter Letzt

Obwohl de Bonos Bücher die Vorgänger vieler flott und ansprechend geschriebener „Mind-Power-Titel" sind, die wir heute in den Buchläden finden, ist *Laterales Denken* eher in einem trockenen Stil gehalten. Doch im Gegensatz zu den meisten Seminar-Gurus, die ihm folgten, verfügt de Bono über einen Abschluss in Psychologie und einen in Medizin, weshalb sein Ansatz theoretischer und strenger wirkt als der anderer.

Falls Sie de Bono bisher nicht viel abgewinnen konnten, ist die Wahrscheinlichkeit groß, dass Sie bereits ein lateraler Denker sind. Aber jeder kann besser denken lernen, und de Bonos Bücher sind ein guter Ausgangspunkt dafür.

Manche Leute belächeln de Bonos Wortschöpfungen – wie etwa „po" als Vereinfachung für seine Lehren –, doch er dürfte uns mehr als irgendjemand sonst dazu angeregt haben, über das Denken nachzudenken. Damit hat er etwas Wichtiges erreicht, denn es sind doch neue und bessere Ideen, die für den Fortschritt in der Welt sorgen.

Über Edward de Bono

De Bono wurde 1933 auf Malta als Sohn eines Medizinprofessors und einer Journalistin geboren. Er besuchte das St. Edward's College und machte seinen Abschluss in Medizin mit 21 an der Royal University of Malta. Er bekam ein Rhodes-Stipendium für Christ Church in Oxford, wo er seinen MA in Psychologie und Physiologie sowie seinen Doktor in Medizin machte. Er schloss ein Doktorat in Cambridge ab und lehrte an den Universitäten von Oxford, Cambridge und Harvard. Seit 1976 arbeitet er ausschließlich als Sachbuchautor.

De Bono hat in vielen großen Unternehmen und Behörden gearbeitet, er hat Lehrer und Schüler unterrichtet und ist ein bekannter Redner. Er hat über 60 Bücher geschrieben, von denen hier nur einige Titel genannt werden können: *The Mechanism of Mind* (1969), *Po. Beyond Yes and*

No (1973), *Große Denker* (1976), *Das Sechsfarben-Denken* (1986), *Der Klügere gibt nicht nach* (1990), *How to Be More Interesting* (1997) und *Der kluge Kopf* (2004).

The Psychology of Self-Esteem

1969

Kein Werturteil ist dem Menschen wichtiger und kein Faktor entscheidender für seine psychische Entwicklung und Motivation, als das Urteil, das er über sich selbst fällt.

Glück oder Freude sind der Gefühlszustand, der sich aus dem Erlangen des eigenen Wertes ergibt. Leiden ist der Gefühlszustand, der aus der Negierung oder Zerstörung des eigenen Wertes hervorgeht.

Das Selbstwertgefühl wird nicht innerhalb eines Tages, einer Woche oder eines Monats vernichtet. Vielmehr kollabiert das Selbstwertgefühl infolge von Unvernunft und einer ganzen Reihe von Versäumnissen und Vermeidungen – einer langen Zeit, in der wir unseren Verstand nicht richtig benutzten.

KURZ GESAGT

Selbstachtung erwerben wir uns auf natürlichem Wege, indem wir uns für ein Leben nach den Regeln der Vernunft und unseren eigenen Prinzipien entscheiden.

ÄHNLICHE TITEL

Albert Ellis & Robert A. Harper, *A Guide to Rational Living*
Susan Forward, *Emotionale Erpressung*

7. Nathaniel Branden

Dieses Buch machte die Idee des Selbstwerts populär. Bis dahin hatten die meisten Psychologen zwar bereits erkannt, dass unsere Selbstwahrnehmung wichtig ist und unser Verhalten sowohl im Beruf als auch in der Liebe beeinflusst, aber die wenigsten hatten sich damit befasst, warum das so ist. *The Psychology of Self-Esteem* versucht, zu den Wurzeln der persönlichen Wertschätzung vorzudringen und herauszufinden, was sie erhöht und was sie vermindert.

Nathaniel Branden war Schüler und Geliebter von Ayn Rand, einer bekannten russisch-amerikanischen Philosophin und Autorin der Romane *Atlas Shrugged* und *The Fountainhead.* Demzufolge ist sein Buch für eine Arbeit über Psychologie sehr philosophisch und an den Vorstellungen Rands über Rationalismus und Individualismus orientiert.

The Psychology of Self-Esteem geht von der These aus, dass wir rationale Wesen sind und die totale Kontrolle über unser Schicksal haben. Wenn wir diese Idee akzeptieren und die Verantwortung dafür übernehmen, sehen wir uns naturgemäß in einem besseren Licht. Gelingt es uns jedoch nicht, diese Verantwortung für unser Leben und Handeln zu übernehmen, ist unser Selbstwertgefühl in Gefahr.

Viele Leser finden dieses Buch recht anstrengend zu lesen, besonders die erste Hälfte, aber es ist einer der frühesten Klassiker des Genres Populärpsychologie und besitzt bis heute die Macht, unser Denken zu ändern.

Konzeptuelle Wesen

Viele Seiten des Buches widmet Branden der Erläuterung des Unterschieds zwischen Menschen und Tieren. Dabei geht es ihm hauptsächlich um die Feststellung, dass andere Lebewesen zwar eine Bewusstheit oder zumindest eine Wahrnehmung haben können, dass jedoch nur die Menschen einen *konzeptuellen* Rahmen brauchen, um sich selbst zu erkennen. Andere Tiere können grüne Objekte zwar sehen, aber nur wir besitzen eine Vorstellung von „grün". Hunde können einzelne Personen erkennen, aber sie können nichts mit dem Begriff „Menschheit" anfangen. Einzig die Menschen können nach dem Sinn des Lebens fragen. Da dieses begriffliche Denken nicht automatisch abläuft, ist Denken für uns ein *Wahlakt*.

Branden lehnt die beiden zu seiner Zeit vorherrschenden psychologischen Schulen ab. Die freudsche Psychoanalyse verwarf er, weil sie Menschen zu „instinktgesteuerten Marionetten" machte, den Behaviorismus, weil er sie zu „stimulusabhängigen Maschinen" reduzierte. Keine von beiden wurde dem eindrucksvollen konzeptuellen Verstand gerecht, der uns Selbstwahrnehmung und die Fähigkeit zur Auseinandersetzung beschert. Branden erinnert an einen Ausspruch Ayn Rands: „Dein Bauch, deine Lunge und dein Herz funktionieren automatisch, dein Verstand nicht." Wir haben die Macht, unser eigenes Bewusstsein zu formen, um unsere Ziele zu erreichen.

Wir sind zum Denken geschaffen, und das müssen wir auch tun, um uns selbst zu achten. Wenn wir unser Bewusstsein dämpfen, passiv oder ängstlich sind, töten wir nach und nach unser größtes Geschenk. Am Ende hassen wir uns. Um uns selbst zu lieben, müssen wir unsere Denkfähigkeit würdigen.

Gefühle und Selbstwert

Waren Sie jemals in einer Situation, in der Ihnen Ihr Verstand sagte, Sie müssten etwas tun, aber Sie konnten sich vom Gefühl her nicht dazu bringen? Psychische Reife ist gemäß Branden die Fähigkeit, das Denken an Prinzipien auszurichten und nicht an Gefühlen. Psychische Unreife bedeutet, dass man sich vom Moment und von seinen Gefühlen hinreißen lässt und so den Überblick verliert. Wenn wir Denken und Wissen Gefühlen opfern, die sich nicht rational rechtfertigen lassen, untergraben wir damit unseren Selbstwert, so Branden.

Nur wenn wir rational an unsere Gefühle herangehen, können wir uns von lähmenden Selbstzweifeln, Depressionen und von Angst befreien. Das heißt nicht, dass wir zu Robotern oder kalten Menschen werden müssen, sondern dass wir uns einfach darüber im Klaren sind, dass unsere Gefühle einer größeren persönlichen Lebensphilosophie untergeordnet sein sollten. Neurosen treten dann auf, wenn wir zulassen, dass unsere Gefühle unser Denken und Handeln diktieren. Es ist unmöglich, glücklich *und* zugleich unvernünftig zu sein, sagt Branden. Wer sein Leben unter Kontrolle hat, erweist sich bei näherem Hinsehen als jemand, der vernünftig lebt.

Wir stellen uns Glück als ein Gefühl vor, allerdings ist es eines, das aus *Werten* entspringt, die bewusst gewählt und entwickelt wurden – wir sind glücklich, wenn wir erreichen oder erfüllen, was uns am wichtigsten ist. Leugnen oder verwässern wir diese Werte, dann leiden wir. Branden bemerkt, dass Angst vor allem dann auftritt, „wenn jemand nicht so über ein Problem nachgedacht hat, wie er es hätte sollen“. Und dadurch, dass derjenige das Denken unterließ, „setzte er sich selbst außerstande, der Realität zu begegnen“.

Physischer Schmerz ist ein Mechanismus, der unserem körperlichen Überleben dient. Branden aber geht weiter und sagt, dass auch psychischer Schmerz einen biologischen Zweck erfüllt: Wenn wir uns ängstlich, schuldig oder deprimiert fühlen, dann verrät uns das, dass sich unser Bewusstsein in einem ungesunden Zustand befindet. Um diesen Zustand zu korrigieren, müssen wir uns unserer Individualität versichern und unseren Wert einschätzen, vielleicht sogar einen neuen Selbstwert ausbilden. Opfern wir jedoch die Vernunft unseren Gefühlen, dann verlieren wir das Vertrauen in unser eigenes Urteilsvermögen.

Wir sind keine Opferlämmer

Menschen mit einem großen Selbstwertgefühl lassen sich von objektiven Fakten leiten. Sie haben einen intakten Realitätsbezug und versuchen stets, sich selbst treu zu bleiben.

Das Gegenteil ist bei Menschen der Fall, deren Leben ihnen nicht wirklich selbst gehört, die ständig nur darauf abzielen, Erwartungen, Bedingungen und Werte anderer zu erfüllen. Sie wollen um jeden Preis als „normal" angesehen werden und fühlen sich schrecklich, wenn andere sie zurückweisen. Branden nennt solche Menschen „soziale Metaphysiker", weil sich ihre Lebensphilosophie ganz und gar um andere und nicht um sie selbst dreht. Natürlich würden sie selbst ihren Lebensstil als „praktisch" bezeichnen, und sie halten ihre Aufopferung für ziemlich vernünftig. Dennoch bewegen sie sich mit jedem Schritt weiter weg von der Wirklichkeit und näher auf den Verlust ihres wahren Ichs zu.

Zu guter Letzt

Branden räumt mit der gängigen Vorstellung auf, die Selbstwert als „Wohlfühlphänomen" betrachtet, und beschreibt ihn stattdessen als ein tiefes Bedürfnis, das sich nicht mit seichten Mitteln befriedigen lässt. Selbstwert muss von innen kommen, und wie ein Muskel wird er stärker, je mehr wir ihn entwickeln. Je mehr Entscheidungen wir im Einklang mit unserem höchsten Gut treffen, umso besser fühlen wir uns natürlich. Je mehr „Ich-sollte-Überlegungen" wir in unserem Leben zulassen (Ich sollte dies oder jenes tun, weil ...), umso mehr Rechtfertigungen brauchen wir. Wir hüllen uns in einen Mantel von Entschuldigungen, während in unserem Innern langsam jede Zuversicht schwindet.

Falls Sie ein sehr selbstbewusster Mensch sind und alles gut läuft, wird Ihnen *The Psychology of Self-Esteem* kaum viel sagen können. Lesen Sie das Buch hingegen in Phasen, in denen Sie schwierige Entscheidungen zu fällen haben, dann kann es durchaus hilfreich sein. Wenn Sie nach einem praxisnäheren und weniger philosophischen Werk über Selbstwert suchen, gefällt Ihnen unter Umständen eines der weiteren Werke von Branden besser, zum Beispiel *Die 6 Säulen des Selbstwertgefühls* oder *The Art of Living Consciously.*

Über Nathaniel Branden

Der Autor wurde 1930 im kanadischen Ontario als Nathan Blumenthal geboren. Er besuchte die University of California, Los Angeles, wo er seinen BA-Abschluss in Psychologie machte. Anschließend promovierte er in Psychologie an der New York University.

Erstmals begegnete Branden Ayn Rand 1950. Später wurde er zur Führungsgestalt ihrer „Kollektive" oder ihres inneren Zirkels, zu dem außerdem seine Frau Barbara Branden sowie Alan Greenspan, der spätere Chef der amerikanischen Notenbank, gehörten. Ende der 1950er gründete Branden das Nathaniel Branden Institute, um den Objektivismus zu fördern, und er galt als die zweite Stimme dieser Bewegung. Obwohl er über 20 Jahre jünger war als sie, hatte Branden eine längere Liebesbeziehung zu Rand – allerdings erst nachdem sich beide die Zustimmung ihrer jeweiligen Ehepartner gesichert hatten. Ihre romantische und berufliche Beziehung endete 1968, als Rand von Brandens Affäre mit der Schauspielerin Patricia Scott erfuhr. Sein Buch *My Years with Ayn Rand* vermittelt einen guten Einblick in jene Zeit, und obwohl Branden seither den um Rand betriebenen Personenkult kritisierte, reflektiert sein Werk nach wie vor viele ihrer Ideen.

Branden schrieb mehrere Bücher mit Rand zusammen, unter anderem *The Virtue of Selfishness* (1964) und *Capitalism. The Unknown Ideal* (1966). Weitere Titel von Branden: *The Psychology of Romantic Love* (1980), *Honoring the Self* (1983) und *Taking Responsibility* (1996).

Branden lebt heute in Los Angeles, wo er als Psychotherapeut arbeitet und Selbstwertseminare abhält.

Gifts Differing: Understanding Personality Type

1980

Wir können nicht mit Sicherheit davon ausgehen, dass das Denken anderer Menschen nach denselben Prinzipien funktioniert wie unser eigenes. Allzu oft denken andere Menschen, mit denen wir in Kontakt kommen, anders als wir, haben andere Werte oder interessieren sich für andere Dinge.

Fortgeschrittene Introvertierte können ziemlich gut mit ihrer Umwelt umgehen, falls es notwendig ist, aber ihre besten Leistungen erbringen sie in ihren Köpfen – bei der Reflexion. Desgleichen können fortgeschrittene Extrovertierte recht gut mit Ideen umgehen, erbringen jedoch ihre besten Arbeiten, wenn sie nach außen gewandt agieren – beim Handeln. Bei beiden bleibt die natürlich Präferenz stets dieselbe, so wie bei Rechtshändern und Linkshändern.

KURZ GESAGT

Wenn Sie den Persönlichkeitstyp eines Menschen kennen, verstehen Sie auch dessen Verhalten.

ÄHNLICHE TITEL

Hans Eysenck, *Dimensions of Personality*

Carl Gustav Jung, *Die Archetypen und das kollektive Unbewußte*

8. Isabel Briggs Myers

Der Myers-Briggs-Typindikator (MBTI) ist ein Test zur Einstufung des Persönlichkeitstyps, den es bereits seit den 1940ern gibt. Er trug mit zur Entwicklung psychometrischer Testmethoden bei, wie sie heute von einigen Arbeitgebern bei der Einstellung verwendet werden. Der Ursprung des Tests ist recht interessant. Es wird berichtet, dass Isabel Briggs einmal in den Weihnachtsferien einen Freund mit nach Hause brachte, Clarence Myers. Obwohl Isabels Eltern den jungen Mann mochten, fiel ihrer Mutter Katherine auf, dass er anders war als die Mitglieder der Familie. Katherine begann daraufhin, sich für die Idee zu begeistern, Menschen nach Persönlichkeitstypen zu „sortieren". Sie las Autobiografien und entwickelte eine Grundtypologie mit „meditativen", „spontanen", „führenden" und „sozialen" Typen. Dann stieß sie auf C. G. Jungs Buch *Psychologische Typen*, das zur theoretischen Grundlage eines Lebenswerks werden sollte, welches später von ihrer Tochter Isabel Briggs Myers weitergeführt wurde.

Wenngleich Isabel nie offiziell Psychologie studierte, erweiterte sie mit Unterstützung des Leiters der örtlichen Bank ihr Wissen über Statistik und Personaltests, und so entstand 1944 die erste Form des Typindikators. Briggs Myers überredete Schuldirektoren in Pennsylvania, diese Tests ihren Schülern vorzulegen. Außerdem fand sie unter Medizinstudenten und Auszubildenden in der Krankenpflege zahlreiche freiwillige Probanden. Eine private Testfirma hörte vom MBTI und veröffentlichte ihn 1957. Größere Verbreitung fand er jedoch erst seit den 1970ern. Seitdem haben sich Millionen von Menschen dem MBTI unterzogen, meist wird er als Ausbildungs- und Berufseignungstest genutzt, er wird aber auch in der Eheberatung und in der Persönlichkeitsentwicklung eingesetzt. Im Laufe der Jahrzehnte wurde der Test immer weiter verfeinert. Dennoch bleibt er Katherine Briggs‘ ursprünglicher Absicht treu, herauszufinden „warum Menschen sind, wie sie sind“.

Gifts Differing. Understanding Personality Type ist Isabel Briggs Myers‘ persönliche Darstellung ihrer Arbeit. Sie schrieb das Werk mit Hilfe ihres Sohnes Peter Briggs Myers und stellte es kurz vor ihrem Tod fertig. Wenn Sie sich für die Ideen interessieren, die hinter der Persönlichkeitstypologie stecken, dann sollten Sie dieses Buch lesen.

Falls Sie den „echten“ MBTI-Test machen (der aus Ja- oder Nein-Antworten besteht), werden Ihre persönlichen Präferenzen am Ende in Form eines Vierbuchstabencodes ausgegeben, zum Beispiel ISTJ oder ESFP. Dann folgen eine Zusammenfassung der Hauptunterschiede zwischen den 16 Typen und Informationen dazu, wie sich dieses Wissen in der Praxis anwenden lässt.

Wahrnehmungsarten: Sensing or Intuiting (Sensorik oder Intuition)

Jung stellt in *Psychologische Typen* zwei entgegengesetzte Möglichkeiten vor, wie Menschen die Welt sehen. Manche Leute können die Realität nur mit ihren fünf Sinnen erkennen („sensorische“ Typen), während andere auf eine interne Bestätigung dessen angewiesen sind, was real oder wahr ist, sich also auf ihr Unbewusstes verlassen. Dies sind die „intuitiven“ Typen.

Sensorische Menschen gehen in dem auf, was um sie herum ist, sie achten ausschließlich auf Fakten und finden es eher uninteressant, sich mit Ideen oder Abstraktionen zu befassen. Intuitive Menschen verweilen gern in der unsichtbaren Welt der Ideen und Möglichkeiten. Sie misstrauen der physischen Realität eher. Die Menschen neigen dazu, die von ihnen bevorzugte Form der Wahrnehmung von frühester Kindheit an zu nutzen und im Laufe ihres Lebens zu verfeinern.

Urteilsarten: Thinking or Feeling (Denken oder Fühlen)

Nach dem Verständnis von Jung und Briggs Myers kommen Menschen auf zwei Arten zu einem Schluss oder Urteil: über das Denken unter Verwendung eines unpersönlichen Abstraktionsprozesses oder über das Fühlen. Bei Letzterem entscheiden sie danach, was ihnen etwas bedeutet.

Normalerweise bleiben die Menschen bei ihrer einmal festgelegten Präferenz. Die rational ausgerichteten verlassen sich ganz und gar auf ihre Methode und halten die emotional gepolten für irrational und subjektiv. Die wiederum wundern sich, wie die Rationalen in einer Sache objektiv sein können, die ihnen wichtig ist – was macht sie nur so kalt und unpersönlich?

Ein Kind, das den emotionalen Modus vorzieht, entwickelt sich normalerweise zu einem Erwachsenen, der gut mit zwischenmenschlichen Beziehungen zurechtkommt, während eines, das die rationale Ausrichtung wählt, eher zu jemandem heranwächst, dessen Stärken im Nutzen, Sortieren und Kombinieren von Fakten und Ideen liegt.

Die vier Präferenzen

Aus den vier Kategorien Sensing (S – *Ahnen)*, Intuition (N), Thinking (T – *Denken*) und Feeling (F – *Fühlen*) entstehen die vier Grundpräferenzen, die bestimmte Werte, Bedürfnisse, Gewohnheiten und Merkmale hervorbringen:

ST – Ahnen plus Denken
SF – Ahnen plus Fühlen
NF – Intuition plus Fühlen
NT – Intuition plus Denken

ST-Menschen richten sich gern ausschließlich nach Fakten, die sie über ihre Sinne verifizieren können. Sie sind praktisch veranlagt und arbeiten am besten in Bereichen, in denen abstrakte Analysen gefragt sind, wie etwa in der Chirurgie, in der Rechtswissenschaft, in der Buchhaltung oder mit Maschinen.

SF-Menschen verlassen sich ebenfalls auf ihre Sinne, gründen ihre Schlussfolgerungen allerdings eher darauf, welche Gefühle bestimmte Fakten bei ihnen hervorrufen, anstatt diese Fakten kühl zu analysieren. Sie sind „soziale Menschen" und finden sich eher in Bereichen wieder, in denen sie menschliche Wärme vermitteln können, wie etwa in der Pflege, in der Lehre, in sozialen Berufen, im Verkauf und im Dienstleistungsgewerbe.

NF-Menschen neigen ebenfalls zu Warmherzigkeit und Freundlichkeit, doch statt sich auf die gegebene Situation oder die Fakten zu konzentrieren, interessieren sie sich mehr dafür, wie sich Dinge verändern lassen oder welche zukünftigen Möglichkeiten sich abzeichnen. Sie mögen Arbeiten, bei denen ihre Kommunikationsgabe ebenso gefragt ist wie ihr Wunsch, Dinge zu verbessern. Daher finden wir sie an Hochschulen, in Kirchen, in der Werbung, der Beratung oder Psychologie, in der Dichtung und in der Forschung.

NT-Menschen konzentrieren sich auch auf Möglichkeiten, nutzen aber zugleich ihre Fähigkeit zur rationalen Analyse, um Ergebnisse zu erzielen. Sie sind am ehesten in Berufen anzutreffen, in denen – vor allem technischer – Erfindungsreichtum bei der Problemlösung gefordert ist, wie etwa in der Wissenschaft, bei der Arbeit mit Computern, in der Mathematik oder in Finanzberufen.

Extraversion und Introversion

Die Vorliebe für Extraversion (nach außen gewandtes Leben) oder Introversion (stärkeres Interesse an der inneren Welt der Ideen) hängt von den obigen Präferenzen ab. Sie können zum Beispiel ein extrovertierter NT-Typ sein oder ein introvertierter sensorisch-fühlender Typ, das heißt ein ENT oder ein ISF. Der erste Buchstabe des Codes, E oder I, steht für Ihre Extraversions- beziehungsweise Introversions-Präferenz.

Extrovertierte neigen dazu, sich schnell zu bewegen und Situationen unmittelbar beeinflussen zu wollen. Introvertierte hingegen lassen sich Zeit, ihre Erkenntnisse zu entwickeln, bevor sie sie der Welt aussetzen. Extrovertierte fühlen sich wohl, wenn sie inmitten der Ereignisse Entscheidungen fällen können, wohingegen Introvertierte Zeit zum Nachdenken brauchen, ehe sie handeln. Keiner von beiden Typen trifft zwangsläufig bessere Entscheidungen als der andere. Sie fühlen sich lediglich mit unterschiedlichen (Lebens-)Stilen wohl.

Dominante und auxiliäre Prozesse

Wenngleich jeder von uns mehrere der genannten Seinsformen vorzieht, dominiert doch immer eine gegenüber der anderen. Bei NT-Typen finden sich sowohl intuitive als auch rationale Präferenzen, aber wenn sie das Rationale attraktiver finden, wird es zu ihrer dominanten Präferenz. Sie mögen dann etwas intuitiv als richtig empfinden, müssen es aber mithilfe objektiven Denkens bestätigen. Da Denken ein Urteilsprozess ist, bildet „Judgment“ (Urteil) das letzte Element dieses Persönlichkeitstyps. Die Betreffenden sind mithin ENTJs. Ein anderer möglicher Endbuchstabe wäre P für „Perception“ (Wahrnehmung), der für ein starkes Bedürfnis steht, Dinge besser zu verstehen.

Die Notwendigkeit eines dominanten Prozesses ist vollkommen verständlich, da das Ich naturgemäß Einheitlichkeit anstrebt. Jung aber ging noch weiter, indem er behauptete, jeder Mensch brauche außerdem noch einen „auxiliären Prozess“. Bei Introvertierten ist das aus seiner Sicht die Extraversion, die sie brauchen, um ein „öffentliches Gesicht aufzusetzen“, wenn es nötig ist. Bei Extrovertierten ist die Introversion vonnöten, um für ihr Innenleben zu sorgen. In beiden Fällen führt eine zu seltene Nutzung des auxiliären Prozesses dazu, dass die Betroffenen ein Leben in einem der Extreme führen und entsprechend leiden. Briggs Myers bemerkte, dass Introvertierte in unserer extrovertiert-orientierten Gesellschaft eher mit negativen Folgen rechnen müssen, wenn sie ihre auxiliäre Extraversion nicht hinreichend entwickeln, als Extrovertierte, die sich zu wenig um ihr Inneres kümmern.

Ziel der Persönlichkeitstypisierung ist es, die Wahrnehmungs- und Urteilsfähigkeit zu fördern, die beide durch die Nutzung der auxiliären Merkmale unterstützt werden. Briggs Myers stellte fest: „Wahrnehmung ohne Urteil ist rückgratlos; Urteil ohne Wahrnehmung ist blind. Introversion ohne jede Extraversion ist unpraktisch; Extraversion ohne Introversion ist oberflächlich.“

Bessere Beziehungen dank Typerkennung

Menschen kommen nicht immer gut miteinander aus, was den Schluss nahelegt, dass wir oft nicht verstehen oder schätzen, wie andere die Welt sehen. Ein rational ausgerichteter Mensch etwa unterschätzt das Urteilsvermögen eines gefühlsgeleiteten, weil er nicht versteht, wie sein Gegenüber ohne den Einsatz von Logik zu guten Entscheidungen gelangt. Der rational Orientierte zweifelt am anderen, weil er seine eigenen Gefühle als zu schwankend und zu unzuverlässig erlebt. Dabei hat der emotionale Typ seinen dominanten Prozess zu einem solchen

Grade kultiviert, dass er ihm gute Wahrnehmungen und Urteile liefert, auch wenn das beim rationalen Typ nicht der Fall ist.

Desgleichen muss ein sensorischer Typ auf Basis dessen wahrnehmen und urteilen, was er sieht, hört, riecht und fühlt, weshalb ihm die Ansichten und Schlussfolgerungen des intuitiven Typs unverständlich erscheinen, der einfach „weiß“, ob etwas gut oder schlecht ist. Dem Intuitiven wiederum kommt es vor, als würde sich der sensorische Typ ohne jedwede Inspiration abplagen, die doch aus seiner Sicht so „Leben spendend“ ist. Nehmen wir ein Beispiel: Der rationale Typ denkt, dass der emotionale Typ zu viel redet. Wenn ein Vertreter der rationalen Ausrichtung mit jemandem spricht, will er Informationen. Daher sollte der emotionale Typ darauf achten, präzise zu sein, wenn er etwas von seinem Widerpart will.

In all diesen Fällen gelingt es den jeweiligen Typen nicht zu erkennen, dass die dominanten Prozesse des anderen durchaus funktionieren, und zwar sogar gut. Wenn man jemandem vermittelt, dass seine Art von Wahrnehmung oder sein Urteil völlig falsch sind, entspricht das dem Versuch, dem Gras klarzumachen, dass es nicht grün sein soll.

Unterschiedliche Typen im Beruf

Im Arbeitsleben können Sie einiges an Reibung vermeiden, wenn Sie eine ungefähre Vorstellung davon haben, wie Ihre Kollegen denken. Außerdem werden Sie es eher schaffen, Ihre Ideen erfolgreich zu vermitteln. Beides gelingt Ihnen, wenn Sie wissen, dass:

* Sie ein Problem bei einem sensorischen Typ sehr schnell darlegen müssen, wenn Sie eine Lösung von ihm wollen.
* Sie einen intuitiven Typen nur für eine Sache interessieren können, wenn Sie ihm eine reizvolle Möglichkeit in Aussicht stellen.

* Sie einem rationalen Typen eine logische Schilderung der Situation bieten und ihm sagen müssen, welche Resultate Sie sich vorstellen.
* Sie dem emotionalen Typ die Lage mit Betonung auf die Bedeutung darstellen müssen, die sie für die Beteiligten hat.

Bei allen Typen ist zu beachten, dass Sie sich nie auf die Beteiligten konzentrieren sollten, sondern auf das Problem. Wenn wir wissen, welche Beiträge wir von wem erwarten können, gibt es weniger Konflikte, ein geringeres Risiko, dass jemand sein Gesicht verliert, und eine bessere Chance, zu einer optimalen Lösung zu gelangen.

Zu guter Letzt

Isabel Briggs Myers' Mangel an formeller psychologischer Qualifikation hatte zur Folge, dass sie vom psychologischen Establishment nie vollends akzeptiert wurde. Manche stellten ihre Interpretation Jungs infrage und wollten so gleich die ganze Methodologie der Identifizierung von Persönlichkeitstypen als unfundiert abtun. Jung selbst war davon abgekommen, seine allgemeinen Prinzipien auf einzelne Individuen anzuwenden, und Skeptiker behaupten, dass die Typenerklärungen überhaupt zu vage seien und damit auf jeden zuträfen oder auf niemanden. Urteilen Sie selbst. Wenn Sie den Test oder eine seiner Varianten machen, stellen Sie eventuell fest, dass Sie eine erstaunlich akkurate Beschreibung von sich selbst erhalten.

Briggs Myers kam im Selbsttest zu dem Ergebnis, ein INFP-Typ (introvertiert-intuitiv-fühlend-wahrnehmend) zu sein. Sie bemerkte, dass Introvertierte oft am meisten von diesem Test profitieren. Da drei von vier Menschen extrovertiert sind und auf jeden intuitiven drei sensorische Typen kommen, leben wir in einer „Extrovertierten-Welt". Introvertierte Menschen sehen sich also als der weniger häufige Typ schnell dem

Druck ausgesetzt, etwas sein zu müssen, was sie nicht sind. Der MBTI erlaubt ihnen möglicherweise zum ersten Mal, sich im Einklang mit sich zu fühlen.

Eine der faszinierenden Erkenntnisse in *Gifts Differing* ist, dass die Kenntnis und Entwicklung unseres Persönlichkeitstyps entscheidender für den Erfolg im Leben sein kann als unser IQ. Isabel Briggs Myers war der Ansicht, dass Persönlichkeitstypen ebenso angeboren sind wie Rechts- oder Linkshändigkeit. Wer als Linkshänder versucht, zum Rechtshänder zu werden, provoziert buchstäblich Stress und Probleme, wohingegen wir unsere Chance auf Erfüllung, Glück und Produktivität erheblich verbessern können, indem wir uns an unseren Stärken orientieren.

Über Isabel Briggs Myers

Briggs wurde 1897 geboren und zu Hause in Washington, D.C., von ihrer Mutter ausgebildet. Ihr Vater, Lynam Briggs, war Physiker und über zehn Jahre lang Direktor des National Bureau of Standards. Isabel heiratete 1918 Clarence Myers und machte im Jahr darauf ihren Abschluss am Swarthmore College mit einem BA in Politikwissenschaften.

Ihre Tests mit über 5.000 Medizinstudenten wurden an der George Washington School of Medicine durchgeführt. Zwölf Jahre später stellte sie in einer Folgestudie fest, dass die meisten Studenten den Weg eingeschlagen hatten, den ihre Testergebnisse nahegelegt hatten (Forschung, allgemeine Praxis, Chirurgie, Verwaltung). An den Tests der Pflegeschüler nahmen über 10.000 Probanden teil. Der MBTI wurde erstmals 1957 vom Educational Testing Service veröffentlicht.

Isabel Briggs Myers starb 1980. Ihre Arbeit wird heute von der Myers & Briggs Foundation fortgesetzt.

Peter Briggs Myers wurde 1926 geboren und war ein Rhodes Scholar in Physik. Er war Wissenschaftler, Administrator und Leitender Personaldirektor an der National Academy of Science. Seit Teenagertagen hatte er bei der Entwicklung des MBTI mitgewirkt. Heute ist er Vorstandsvorsitzender der Myers & Briggs Foundation und ein Treuhänder des Myers-Briggs Trust.

The Female Brain

2006

Über neunundneunzig Prozent der männlichen und weiblichen genetischen Codierung stimmen exakt überein. Bei 30.000 Genen im menschlichen Genom sind die Variationen zwischen den Geschlechtern gering. Aber diese wenigen Unterschieden beeinflussen jede einzelne Zelle unseres Körpers – von den Nerven, die Vergnügen oder Schmerz registrieren, bis hin zu den Neuronen, die Wahrnehmung, Gedanken, Gefühle und Emotionen weiterleiten.

So wie Frauen eine achtspurige Superautobahn für das Weiterleiten von Emotionen haben, während Männer über einen kleinen Feldweg verfügen, besitzen die Männer den Chicagoer O'Hare-Flughafen als Verkehrsknoten für Gedanken an Sex, während Frauen einen kleinen Landeplatz für Privatflugzeuge haben.

KURZ GESAGT

Männer und Frauen erleben die Welt unterschiedlich, weil die Geschlechtshormone bei beiden unterschiedlich stark sind.

ÄHNLICHE TITEL

Anne Moir & David Jessel, *Brainsex*
Steven Pinker, *Das unbeschriebene Blatt*
Gail Sheehy, *In der Mitte des Lebens*
Robert E. Thayer, *The Origin of Everyday Moods*

9. Louann Brizendine

Als Medizinstudentin stieß Louann Brizendine auf internationale Studien, die besagten, dass das Verhältnis von depressiven Frauen zu Männern mit derselben Symptomatik bei 2 : 1 liegt. Da sie das College zu einer Zeit besuchte, als die feministische Bewegung auf ihrem Höhepunkt war, betrachtete sie, wie viele andere auch, diesen Befund als Resultat der „patriarchialischen Unterdrückung der Frau". Dann jedoch fiel ihr auf, dass die Depressionsraten bei Jungen und Mädchen bis zum Beginn der Pubertät gleich hoch waren. Also fragte sie sich: Könnten die hormonellen Veränderungen, die Mädchen in ihren frühen Teenagerjahren durchmachten, sie auf einmal anfälliger für depressive Verstimmungen werden lassen?

Später arbeitete Brizendine als Psychiaterin mit Frauen, die außergewöhnlich stark unter dem prämenstruellen Syndrom litten, und war erstaunt darüber, in welchem Ausmaß das weibliche Gehirn von den dramatischen Veränderungen in der Hormonchemie beeinflusst wird. Wie sie feststellte, steuerten sie das Verhalten der Frauen ebenso sehr, wie sie ihre Realität prägten. 1994 gründete Brizendine die Women's Mood and Hormone Clinic in San Francisco – eine der ersten Kliniken dieser Art. In *The Female Brain* hat Brizendine ihre eigenen medizinischen Studien und die neuesten Erkenntnisse zahlreicher anderer Disziplinen zusammengefasst. Das Buch ist das Ergebnis von 20 Jahren Arbeit als Neuropsychiaterin. Sie stellt die relative Stabilität der männlichen hormonellen Hirnzustände den weiblichen gegenüber, die von einem oft komplizierten Chemie-Cocktail bestimmt sind und sich bei den Übergängen aus der Kindheit in die Adoleszenz, von dort ins frühe Erwachsenenalter, dann in die Mutterschaft und schließlich in die Menopause erheblich verändern. Das Buch zeigt auf brillante Weise, warum die Hirnzustände und die jeweiligen chemischen Abläufe bei der Frau Gegenstand einer gesonderten, unabhängigen Forschung sein sollten und weshalb sich Verallgemeinerungen über das menschliche Verhalten zumeist auf *männliches* Verhalten beziehen.

The Female Brain enthält faszinierende Kapitel über das weibliche Gehirn im Zustand der Verliebtheit, die Neurobiologie von Sex, das „Mommy-Gehirn" (wie sich das Denken der Frau durch die veränderte Hirnchemie während der Schwangerschaft verändert) und das reife weibliche Gehirn nach der Menopause. Wir konzentrieren uns hier auf einige von Brizendines Erkenntnissen bezüglich des weiblichen Gehirns in Kindheit und Pubertät.

Grundsätzliche Unterschiede

Selbst wenn man die Unterschiede in der Körpergröße berücksichtigt, ist das männliche Gehirn immer noch etwa 9 Prozent größer als das weibliche. Diese Tatsache wurde einst dahingehend interpretiert, dass Frauen weniger klug seien als Männer. In Wahrheit aber haben Männer und Frauen exakt dieselbe Zahl an Hirnzellen, nur sind sie bei Frauen dichter zusammengepackt.

In dem Hirnbereich, der für Sprache und Hören zuständig ist, weisen Frauen sogar elf Prozent mehr Neuronen auf als Männer, und der Hippocampus, jener Teil, der mit dem Gedächtnis assoziiert wird, ist bei Frauen ebenfalls größer. Auch das Zentrum, das für die Beobachtung der Mimik anderer Menschen zuständig ist, ist im Verhältnis zum männlichen größer. Im Bezug auf Sprache, emotionale Intelligenz und Erinnerungsfähigkeit haben Frauen damit einen natürlichen Vorteil.

Männer hingegen weisen mehr Prozessoren in der Amygdala auf, jenem Teil des Gehirns, der Angst und Aggression regelt. Das erklärt vielleicht, warum Männer eher schnell in Rage geraten und zu gewaltsamem Handeln als Reaktion auf unmittelbare physische Gefahr neigen. Die Gehirne von Frauen wurden gleichfalls dafür gerüstet, mit möglicherweise lebensbedrohlichen Situationen umzugehen, aber anders. Das weibliche Gehirn erlebt dasselbe Geschehen als stressintensiver als das männliche, und dieser Stress ist eine Art, alle möglichen Risiken für die Kinder oder den Bestand der Familie zu berücksichtigen. Wie Brizendine anmerkt, betrachtet eine moderne Frau einige unbezahlte Rechnungen eventuell als Katastrophe, weil sie ihr wie eine Bedrohung für das Überleben der Familie erscheinen.

Hirnscans und neue bildgebende Technologien erlauben es heute, die Hirnfunktionen in Echtzeit zu beobachten. Wir sehen auf dem Bildschirm, wie verschiedene Gehirnareale aufleuchten, je nachdem ob wir verliebt sind, uns Gesichter ansehen, ein Problem lösen, sprechen oder Angst haben. Und diese leuchtenden Punkte sind bei Männern und Frauen unterschiedlich. Frauen benutzen tatsächlich andere Hirnbereiche und andere Kreisläufe als Männer, um dieselben Aufgaben zu erledigen. Dies betrifft die Problemlösung, das Sprechen, die Verarbeitung von Sprache sowie das allgemeine Erleben der Welt.

Noch ein anderer grundlegender Unterschied ist beachtenswert: Studien haben ergeben, dass Männer im Durchschnitt alle 52 Sekunden an Sex denken, während Frauen es einmal am Tag tun. Weiß man, dass der Teil des Gehirns, in dem sexuelle Gedanken und sexuelles Verhalten entsteht, bei Männern zweieinhalbmal größer ist als bei Frauen, überrascht das nicht.

Das Gehirn des weiblichen Babys

Bis zum Alter von acht Wochen sehen die Gehirne von weiblichen und männlichen Föten gleich aus – „das Weibliche ist die Standardeinstellung der Natur“, wie Brizendine bemerkt. Mit acht Wochen wird das Gehirn des männlichen Fötus mit Testosteron geflutet, das z. B. Zellen ausschaltet, die für Kommunikation zuständig sind. Darüber hinaus fördert Testosteron das Wachstum der Zellen, die mit Sex und Aggression zu tun haben. Fortan unterscheidet sich das männliche Gehirn biochemisch deutlich vom weiblichen, und bis zum Ende der ersten Schwangerschaftshälfte sind die Unterschiede zwischen dem männlichen und dem weiblichen Gehirn größtenteils festgelegt.

Kommt ein weibliches Baby auf die Welt, ist es programmiert, Gesichter zu erkennen und Klänge immer besser wahrzunehmen. In den ersten drei Monaten nimmt die Fähigkeit des kleinen Mädchens zum Augenkontakt um 400 Prozent zu. In demselben Zeitraum entwickelt sich dieselbe Fähigkeit bei Jungen überhaupt nicht.

Es ist allgemein bekannt, dass Mädchen gewöhnlich früher anfangen zu sprechen als Jungen, was sie ihren besser entwickelten Sprachzentren im Gehirn verdanken. Das setzt sich bis ins Erwachsenenalter fort. Frauen sprechen durchschnittlich 20.000 Wörter pro Tag, Männer nur etwa 7.000. (Wie Brizendine anmerkt, ist diese Fähigkeit der Frauen „nicht immer erwünscht gewesen", und in einigen Kulturen versieht man die Zungen von Frauen mit Klemmen, um sie vom Plappern abzuhalten.)

Ein anderer wichtiger Unterschied während der Säuglingsphase besteht darin, dass weibliche Babys empfindsamer auf die nervliche Verfassung ihrer Mütter reagieren. Es ist wichtig, dass der weibliche Säugling keine überlastete Mutter hat, da seine eigene Fähigkeit zur Säuglingspflege sonst später, wenn das Mädchen erwachsen ist, beeinträchtigt wäre. Mit diesem Wissen lässt sich möglicherweise auch der Teufelskreis stressiger Mutter-Säuglings-Beziehungen durchbrechen.

Das Gehirn des weiblichen Teenagers

In der Pubertät verändern sich das Denken und Verhalten eines Mädchen entsprechend der Pegelfluktuation von Östrogen (einem der „Wohlfühl"-Hormone), Progesteron (dem „Valium des Gehirns") und Cortisol (dem Stresshormon) in seinem Gehirn. Weitere wichtige Hormone, die jetzt produziert werden, sind Oxytocin (das in uns das Bedürfnis nach Verbundenheit, Liebe und Übereinstimmung weckt) und Dopamin (das die Genusszentren des Hirns stimuliert).

Die Wirkung dieser Hormone besteht darin, dass ein weiblicher Teenager ein großes Bedürfnis nach Klatsch, Shopping, Geheimnisaustausch und Experimentieren mit Kleidung und Frisuren entwickelt – nach allem, was mit Verbundenheit und Kommunikation zu tun hat. Weibliche Teenager hängen dauernd am Telefon, weil sie tatsächlich kommunizieren *müssen*, um ihren Stresspegel zu senken. Ihr verzücktes Kreischen beim Anblick von Freundinnen und die dementsprechende Panik davor, von ihnen fallen gelassen zu werden, sind ebenfalls Symptome dieser Veränderungen. Der Dopamin- und Oxytocin-Schub, den Mädchen erleben, ist „die dickste, fetteste neurologische Belohnung neben einem Orgasmus, die man bekommen kann", merkt Brizendine an.

Warum genau ist der Verlust einer Freundin für den weiblichen Teenager so katastrophal, und warum bedeutet ihm die soziale Gruppe so viel? Physiologisch erreicht das Mädchen jetzt das optimale Alter zum Kinderkriegen und ist evolutionär darauf geeicht, nun ein engmaschiges soziales Netz zu brauchen. Denn wenn es ein kleines Kind bei sich hat, ist es nicht imstande, wegzurennen oder anzugreifen, wie es ein Mann könnte. (Die „Kämpfe-oder-Flieh-Reaktion" bei Gefahr ist eher bei Männern zu beobachten als bei Frauen.) Enge soziale Bindungen verändern das weibliche Gehirn auf sehr positive Weise, und jeder Verlust einer solchen Beziehung löst eine hormonelle Veränderung aus, durch die das Gefühl von Verlassensein oder Verlust noch verstärkt wird.

Die Intensität von pubertären Freundschaften unter Mädchen hat also einen biochemischen Grund.

Das Selbstvertrauen und die Fähigkeit des weiblichen Teenagers, mit Stress umzugehen, ist darüber hinaus dem Zyklus unterworfen. Brizendine hat viele „Problemmädchen" behandelt, die überdurchschnittliche Hormonveränderungen durchmachten. Die frechsten und aggressivsten Mädchen hatten oft einen hohen Pegel an Androgenen, also jenen Hormonen, die mit Aggression assoziiert werden. Bei einem normalen Pegel können die Androgene dafür sorgen, dass ein Mädchen stärker an Machtgewinn interessiert ist, ob innerhalb der Gruppe oder über Jungen.

Weshalb werden männliche Teenager oft grüblerisch und einsilbig? Das Testosteron, das ihr Gehirn flutet, verursacht nicht nur „Schübe von Masturbationszwang", sondern mindert auch das Verlangen nach Kommunikation oder sozialen Kontakten, sofern sie nicht mit Mädchen oder Sport zusammenhängen.

Alles in allem veranlassen die unterschiedlichen hormonellen Hirnveränderungen Mädchen und Jungen, sich in unterschiedliche Richtungen zu bewegen. Jungen beziehen ihr Selbstwertgefühl aus der Unabhängigkeit von anderen, während die Mädchen es aus der Intensität ihrer sozialen Bindungen gewinnen.

Zu guter Letzt

Brizendine begann ihre berufliche Laufbahn als Psychiaterin und wechselte später in die Neurologie. Wahrscheinlich war sie deshalb wenig gewillt, über psychologische oder soziologische Ideen zu spekulieren, die nicht direkt etwas mit der Funktionsweise des Gehirns zu tun haben. Wenngleich sie erklärte Feministin ist, weist sie deutlich darauf hin, dass politische Korrektheit beim Verständnis von Verhalten keine Rolle spielt und auch keine spielen sollte. Wir mögen imstande sein, unsere kulturelle Haltung oder die Politik zu verändern, um die Welt zu verbessern, aber zuerst einmal müssen wir die Gegebenheiten der Hirnbiologie begreifen, die das sehr unterschiedliche Verhalten von Männern und Frauen prägt.

Brizendine schaltet sich damit in die Debatte ein, die der Präsident der Harvard University, Lawrence Summers, auslöste, als er sagte, der Grund für die unterschiedliche Erfolgsbilanz von Frauen und Männern in der Mathematik und der Naturwissenschaft läge in den natürlichen Gehirnunterschieden der Geschlechter. Sie stellt fest, dass Jungen und Mädchen bis zur Pubertät exakt gleich gut in diesen Fächern sind. Doch sobald das Testosteron das Verhalten der Jungen bestimmt, werden sie extrem wettbewerbsorientiert und sind außerdem bereit, viele Stunden allein zu studieren oder am Computer zu arbeiten. Die Östrogenflut im weiblichen Gehirn bewirkt, dass die Mädchen sich sehr viel stärker für soziale Bindungen und ihr Gefühlsleben interessieren und folglich eher nicht stundenlang allein dasitzen und über mathematische Rätsel nachdenken oder zu den Klassenbesten werden wollen. Auch als Erwachsene werden Frauen durch ihre Gehirnchemie in ihrem Wunsch nach Kommunikation und Kontakt bestärkt, was sie weniger geneigt macht, jener einsamen Arbeit nachzugehen, die in den meisten mathematischen, naturwissenschaftlichen oder technischen Berufen gefordert ist. Auf den Punkt gebracht besagt Brizendines Theorie: Es liegt nicht an mangelnder Begabung, dass Frauen in diesen Bereichen eher selten sind, sondern an den durch das Gehirn geprägten Einstellungen zu dieser Form von Arbeit.

Zugleich sagt Brizendine: „Die Biologie hat großen Einfluss auf unsere Wirklichkeit, aber sie sperrt uns nicht darin ein." Das heißt: Wenn wir über die physiologischen oder genetischen Kräfte Bescheid wissen, die uns prägen, können wir sie entsprechend berücksichtigen. Durch Verfügbarkeit von Östrogen in Pillenform und die Tatsache, dass wir Hormone ersetzen können (*The Female Brain* enthält einen umfangreichen Anhang über Hormonersatztherapien), haben Frauen heute eine bessere Kontrolle über ihr tägliches Erleben. Vielleicht bewirken solche Behandlungsmöglichkeiten am Ende noch weit mehr im Leben der Frauen als die Antibabypille.

Ohne Anhang und Fußnoten umfasst *The Female Brain* gerade einmal 200 Seiten. Und da das Buch eine ausgesprochen lesbare und oft witzige Synthese der jüngsten Forschungen zum Thema bietet, wird es wohl noch viele Jahre gelesen werden. Die zahlreichen neuen Erkenntnisse über das männliche Gehirn, die nebenher in den Text einfließen, dürften das Buch zu einer interessanten Lektüre für jeden machen.

Über Louann Brizendine

Brizendine studierte von 1972 bis 1976 an der Berkeley University in Kalifornien und machte dort ihren ersten Abschluss in Neurobiologie. Anschließend belegte sie Medizin an der Yale University und von 1982 bis 1985 Psychiatrie an der Harvard Medical School.

Nach einer kurzen Lehrtätigkeit in Harvard nahm sie 1988 eine Stelle am Langley Porter Psychiatric Institute der University of California in San Francisco an, wo sie 1994 ihre *Women's Mood and Hormone Clinic* eröffnete. Bis heute kombiniert sie ihre Forschungstätigkeit mit klinischer Praxis und Lehre, wobei sie sich vor allem mit den Auswirkungen von Stimmungen, Energie, sexuellen Funktionen und Hormoneinflüssen auf das Gehirn befasst.

Feeling Good. Depressionen überwinden, Selbstachtung gewinnen

1980

Wenn Sie bereit sind, ein wenig Zeit in sich selbst zu investieren, können Sie lernen, Ihre Stimmungen wirksamer zu kontrollieren – genau wie ein Athlet, der ein tägliches Konditionstraining absolviert und so größeres Durchhaltevermögen und Stärke entwickelt.

Welches ist der Schlüssel, der Sie aus Ihrem emotionalen Gefängnis befreit? Ganz einfach: Ihre Gedanken verursachen Gefühle, daher können Ihre Gefühle nicht beweisen, dass Ihre Gedanken richtig sind. Unangenehme Gefühle weisen lediglich darauf hin, dass Sie etwas Negatives denken und daran glauben. Ihre Gefühle folgen Ihren Gedanken ebenso zuverlässig wie ein Entenküken seiner Mutter.

KURZ GESAGT

Gefühle sind keine Fakten; Sie können Ihre Gefühle ändern, indem Sie Ihr Denken ändern.

ÄHNLICHE TITEL

Nathaniel Branden, *The Psychology of Self-Esteem*
Albert Ellis & Robert A. Harper, *A Guide to Rational Living*
Martin Seligman, *Der Glücks-Faktor*
William Styron, *Sturz in die Nacht*

10. David D. Burns

Der Statistik zufolge machen ständig 5,3 Prozent der Bevölkerung in den USA eine Depression durch, und das Risiko, ebenfalls zu erkranken, beträgt bei Erwachsenen sieben bis acht Prozent, wobei es für Frauen noch höher ist. Vor vierzig Jahren lag das Durchschnittsalter beim ersten depressiven Schub bei 29,5 Jahren, heute hat es sich auf 14,5 Jahre halbiert. Und obwohl die Zahlen weltweit variieren, hat die Häufigkeit depressiver Erkrankungen seit 1900 überall dramatisch zugenommen.

David Burns schreibt, dass die Depression vor den 80er Jahren des letzten Jahrhunderts der Krebs der psychologischen Welt war – weit verbreitet, aber schwer zu behandeln. Die Tabus, die diese Krankheit begleiten, verschlimmerten das Problem für die meisten Menschen noch. Wie beim Krebs galt auch hier das Finden einer „Heilmethode" als Heiliger Gral. Alles wurde ausprobiert, von freudianischer Psychoanalyse bis hin zur Schockbehandlung, allerdings ohne nennenswerte Resultate.

Burns half, eine neue Behandlungsmethode einzuführen: die kognitive Therapie. *Feeling Good. Depressionen überwinden, Selbstachtung gewinnen* ist sein Versuch zu erklären, wie diese Therapie funktioniert und was sie anders macht. Das Buch wurde zum Bestseller, weil es die kognitive Therapie erstmals einem breiten Publikum vorstellte und weil es auch für Menschen, die nicht an Depression leiden, überraschend lesbar und brauchbar ist. Es bietet allen Lesern lebensverändernde Einsichten in die Wechselwirkung zwischen unserem Denken und unseren Gefühlen.

Der kognitive Weg

Als Psychiater an der University of Pennsylvania arbeitete Burns mit Aaron T. Beck zusammen. Dieser Pionier der kognitiven Psychologie war überzeugt, dass die meisten Depressionen oder Angstattacken schlicht aus unlogischem und negativem Denken resultierten. Ihm fiel der große Unterschied zwischen der Gefühlswelt von depressiven Menschen und ihren tatsächlichen Lebensumständen auf. Während sie sich häufig als Versager empfanden oder ihr Leben als verpfuscht betrachteten, konnten sie doch oft bemerkenswerte Erfolge vorweisen. Becks Schlussfolgerung war daher, dass Depressionen etwas mit Problemen im Denken zu tun haben müssen. Folglich ging er davon aus, dass man nur die verqueren Gedanken entwirren müsste, um wieder in den Normalzustand zurückzugelangen.

Becks drei Prinzipien der kognitiven Therapie:

* Alle unsere Gefühle werden von unseren „Kognitionen" oder Gedanken hervorgebracht. Wie wir uns zu einem beliebigen Zeitpunkt fühlen, hängt ganz davon ab, woran wir gerade denken.
* Depressionen sind ein konstantes Hegen negativer Gedanken.
* Die Mehrzahl der negativen Gedanken, die einen emotionalen Aufruhr in uns hervorrufen, sind schlicht falsch oder zumindest Verdrehungen der Wahrheit, aber wir akzeptieren sie unreflektiert.

Burns klang das alles ein bisschen zu offensichtlich und zu simpel, doch als er Becks neue, als kognitive Therapie bezeichnete Gesprächsbehandlung bei Depressionen ausprobierte, staunte er, wie viele seiner chronisch kranken Patienten von ihren destruktiven Gefühlen befreit wurden. Menschen, die wenige Wochen zuvor noch selbstmordgefährdet waren, freuten sich auf einmal darauf, ihr Leben wieder neu zu ordnen.

Die schwarze Magie wird durchschaut

Die revolutionäre Idee der kognitiven Therapie besteht darin, dass Depressionen keine emotionalen Störungen sind. Die schlechten Gefühle, die wir während der Depression haben, entspringen negativen Gedanken, weshalb sich die Behandlung mit dem Infragestellen und Verändern dieser Gedanken befassen muss.

Burns zählt zehn „kognitive Verzerrungen" auf, zu denen das Alles-oder-nichts-Denken, die Überverallgemeinerung, die Entwertung des Positiven, das vorschnelle Schlüsseziehen und die Selbstetikettierung gehören. Indem wir diese Verzerrungen verstehen, gelangen wir zu der Erkenntnis, dass „Gefühle keine Fakten sind", sondern lediglich Spiegelbilder unserer Gedanken.

Wenn das stimmt, sollten wir dann unseren Gefühlen trauen? Sie scheinen gültig zu sein, die „Wahrheit" – wenn wir ihnen diesen Status zuerkennen, wäre das laut Burns aber so, als würde man vor den Zerrspiegeln auf Jahrmärkten stehen und glauben, dass sie unseren Körper richtig abbilden. Er schreibt: „Unangenehme Gefühle weisen nur darauf hin, dass Sie etwas Negatives denken und es glauben." Folglich sieht er Depression als „eine solch mächtige Form der schwarzen Magie".

Weil die Gedanken vor den Gefühlen kommen, beweisen unsere Gefühle gar nichts im Hinblick auf die Richtigkeit unserer Gedanken. Gefühle sind überhaupt nichts Besonderes, erst recht nicht jene, die auf Zerrbildern beruhen. Burns fragt: Wenn wir in einer großartigen Stimmung sind, entscheiden dann unsere guten Gefühle über unseren Selbstwert? Wenn nicht, wie können wir dann behaupten, dass die Gefühle, die wir haben, wenn wir uns niedergeschlagen fühlen, es tun?

Burns sagt nicht, dass alle unsere Gefühle Entstellungen der Wirklichkeit sind. Wenn wir beispielsweise echte Traurigkeit oder Freude empfinden, sind dies gesunde und normale Reaktionen. Echte Traurigkeit, etwa wegen des Verlustes eines Angehörigen, kommt aus der

„Seele", wohingegen Depression immer aus dem Denken kommt. Sie ist keine angemessene Reaktion auf das Leben, sondern eine Krankheit, die durch falsches, festgefahrenes Denken hervorgerufen wird.

Ein neues Selbstbild schaffen

Burns verweist auf den Teufelskreis der Depression: Je schlechter wir uns fühlen, umso verzerrter werden unsere Gedanken, und dieses Denken stürzt uns noch tiefer in die dunklen Gefühle, die wir in Bezug auf uns selbst hegen. Beinahe all seine Patienten betrachteten ihre Situation als hoffnungslos. Sie glaubten tatsächlich, schlechte Menschen zu sein, und die Gespräche, die sie mit sich selbst führten, waren wie eine zerkratzte Schallplatte, die immer wieder bei Selbstbeschuldigung und Selbstverdammung hängen blieb. Depressive Menschen fühlen sich selbst dann mies, wenn sie geliebt werden, eine Familie, einen guten Job usw. haben. Wir können „alles" haben, doch sobald uns die Selbst-Liebe und -Wertschätzung abhanden kommen, fühlen wir uns als nichts.

Kognitive Therapeuten lassen sich mit ihren Patienten oft auf ein munteres Vor-und-zurück-Spiel ein und versuchen so, das Irrationale oder die Fehlerhaftigkeit der Beteuerungen zu veranschaulichen. Am Ende lernen die Patienten, ihre falsche Selbstsicht infrage zu stellen. Und damit fangen sie bereits an, sich besser mit sich selbst zu fühlen.

Zu guter Letzt

Funktionieren die Ideen von *Feeling Good* tatsächlich? Um diese Frage zu klären, haben Forscher zwei Gruppen beobachtet: Eine sollte das Buch innerhalb eines Monats lesen, die andere nicht. Die „Leser" verzeichneten nicht nur eine deutliche Besserung ihrer depressiven

Symptome im Vergleich mit der Kontrollgruppe, sondern die Wirkung war auch nachhaltig, denn die Symptome blieben fortan aus. Vielleicht liegt der Schlüssel für diesen verblüffenden Erfolg darin, dass das Buch uns nicht den Eindruck vermittelt, dass „an uns gearbeitet“ wird. Stattdessen gibt es uns die Mittel, uns selbst zu verändern.

„Verschreibt“ man Patienten mit mentalen Erkrankungen Bücher wie *Feeling Good*, nennt sich das „Bibliotherapie“, und Burns‘ Buch rangiert ganz oben auf der Liste. Aber kann das Lesen bei Menschen mit Depressionen wirklich denselben Heilerfolg haben wie Medikamente oder eine Psychotherapie, ja, vielleicht sogar einen größeren? Nun, ein Versuch lohnt sich allemal. Wie Burns selbst in seinem Vorwort zur überarbeiteten Ausgabe von 1991 schreibt, kostet sein Buch ungefähr so viel wie zwei stimmungsaufhellende Prozac-Pillen, und es hat keine Nebenwirkungen.

Der große Vorteil der kognitiven Therapie besteht gerade darin, dass gar keine Medikamente genommen werden müssen. Dennoch erläutert Burns im letzten Kapitel von *Feeling Good*, dass die effektivste Behandlung bei schweren Krankheitsverläufen eine Kombination aus kognitiver Therapie und Antidepressiva ist. Hier hilft die Therapie, die negativen Gedankenmuster der Patienten zu durchbrechen, während die Medikamente die Gesamtstimmung heben.

Burns weist darauf hin, dass die Grundidee der kognitiven Therapie – dass unsere Gedanken unsere Gefühle und unsere Stimmung beeinflussen und nicht umgekehrt – schon sehr alt ist: Bereits in der Antike vertrat der Philosoph Epiktet die Ansicht, dass nicht Ereignisse unseren Geisteszustand bestimmen, sondern unsere Entscheidungen darüber, wie wir diese Ereignisse empfinden wollen. Dieses Geheimnis teilen alle glücklichen Menschen, und die Umsetzung dieses Wissens ist eine Fertigkeit, die jeder erwerben kann.

Über David D. Burns

Burns besuchte das Amherst College und machte seinen MD an der Stanford University. Er schloss seine Psychiatrieausbildung an der University of Pennsylvania ab, wo er am Medical Center als Acting Chief of Psychiatry fungierte. 1975 gewann er für Forschungen über Hirnchemie den A. E. Bennett Award, der von der Society of Biological Psychiatry verliehen wird.

Burns war Gastdozent an der Harvard Medical School und arbeitet gegenwärtig als Adjunct Clinical Professor für Psychiatrie und Verhaltensforschung an der Stanford University School of Medicine.

Feeling Good wurde schon über vier Millionen Mal verkauft. Neben dem Folgeband *The Feeling Good Handbook* veröffentlichte Burns *Love Is Never Enough*, ein Buch über Beziehungen, sowie *Ten Days to Self-Esteem* und *When Panic Attacks.*

Einfluß. Wie und warum sich Menschen überzeugen lassen

1984

Welche Faktoren sind es, die einen Menschen dazu bringen, Ja zu einem anderen zu sagen? Und mit welchen Techniken lassen sich diese Faktoren am besten nutzen, um Zustimmung zu erhalten? Ich habe mich gefragt, wieso ein Anliegen, das auf bestimmte Weise vorgetragen wird, auf Ablehnung stößt, während dieselbe Bitte, wenn sie ein wenig anders geäußert wird, erfolgreich ist.

KURZ GESAGT

Lernen Sie die Techniken psychologischer Einflussnahme kennen, und Sie vermeiden, zu ihrem Opfer zu werden.

ÄHNLICHE TITEL

Gavin de Becker, *Mut zur Angst*
Malcolm Gladwell, *Blink! Die Macht des Moments*
Eric Hoffer, *Der Fanatiker*
Stanley Milgram, *Das Milgram-Experiment*
Barry Schwartz, *Anleitung zur Unzufriedenheit*

11. Robert Cialdini

Einfluß. Wie und warum sich Menschen überzeugen lassen wurde über eine Million Mal verkauft und in über 20 Sprachen übersetzt. In seiner Einleitung gesteht Robert Cialdini, dass er stets eine leichte Beute für Verkäufer, Vertreter und Spendensammler war. Ihm fiel es nie leicht, Nein zu sagen, wenn sie an sein Geld wollten. Als experimentierfreudiger Sozialpsychologe begann er, die Methoden aufzudecken, die jemanden dazu bringen, einer Sache zuzustimmen, für die er sich normalerweise nicht interessieren würde. Im Rahmen seiner Recherche meldete Cialdini sich für verschiedene Verkaufstrainingsprogramme an, die in Zeitungen annonciert waren, um aus erster Hand alles über Überzeugungs- und Verkaufstechniken zu lernen. Er ging in Werbe-, Public-Relations- und Fundraising-Agenturen, um sich bei den Profis die Geheimnisse der „Psychologie der Zustimmung“ abzuschauen.

Das Ergebnis ist ein Klassiker über Marketing und Psychologie, der uns zeigt, warum wir so empfänglich für Überredungskünste sind, und uns dabei eine Menge über das menschliche Wesen verrät.

Unsere Bänder zum Spielen bringen

Cialdini beginnt mit der Erläuterung des Bemutterungsinstinkts von Truthennen. Truthennen sind sehr beschützende, gute Mütter, doch ihr Bemutterungsinstinkt wird, wie man herausfand, nur durch eine einzige Sache ausgelöst: den „Tschiep-tschiep-Laut“ ihrer Küken. Das Frettchen ist der natürliche Feind des Truthahns, und wenn eine Truthenne eines sieht, begibt sie sich sofort in Angriffsstellung. Das tut sie selbst dann, wenn es sich um eine ausgestopfte Attrappe handelt. Sobald jedoch dasselbe ausgestopfte Frettchen so präpariert wird, dass es den Lockruf der Truthahnküken von sich gibt, geschieht etwas Seltsames: Die Truthenne wird zur hingebungsvollen Beschützerin des Frettchens!

Wie dumm die Tiere doch sind, mögen Sie jetzt vielleicht denken. Man drückt einen Knopf, und sie handeln auf eine bestimmte Weise, selbst wenn diese Reaktion vollkommen idiotisch ist. Aber Cialdini erzählt uns nur vom Verhalten der Truthenne, um uns auf die unangenehme Wahrheit über die automatischen Reaktionen der *Menschen* vorzubereiten. Auch wir haben „vorprogrammierte Bänder", die normalerweise hilfreich sind – indem sie beispielsweise unser Überleben sichern, ohne dass wir groß nachdenken müssen –, aber auch zu unseren Ungunsten arbeiten können, sofern wir ihre Auslöser nicht kennen.

Cialdini beschreibt ein halbes Dutzend „Einflusswaffen", also Methoden, die uns zu automatischem Handeln bringen und unsere normalen rationalen Entscheidungsprozesse umgehen. Die Psychologen nennen solche leicht auszulösenden Verhaltensweisen „feste Aktionsmuster". Wer den Auslöser kennt, kann mit ziemlicher Wahrscheinlichkeit vorhersagen, wie jemand reagieren wird.

Ein passenderer Untertitel für *Einfluß* wäre: *Wie man automatische Reaktionen bei Menschen auslöst, bevor sie rational über einen Vorschlag nachdenken können.* Zu den sechs Grundwaffen, die Menschen dazu bringen, Ja zu sagen, ohne nachzudenken, gehören nach Cialdini Reziprozität, Konsistenz, soziale Bewährtheit, Sympathie, Autorität und Knappheit.

Ein Gefallen wird immer erwidert

Die Regel der Reziprozität findet sich in jeder Kultur und besagt, dass wir für alles, was uns gegeben wird, etwas zurückgeben, sei es ein Geschenk, eine Einladung, ein Kompliment oder irgendetwas anderes.

Erweisen Sie lieber jemandem einen Gefallen, den Sie mögen? Die meisten von uns würden das bejahen, aber psychologische Studien haben ergeben, dass der Sympathiefaktor keine Rolle spielt. Wir fühlen uns immer verpflichtet, einen Gefallen zu erwidern, ganz gleich, wie sympathisch wir die betreffende Person finden. Wir fühlen uns Einzelnen oder Organisationen verpflichtet, die uns etwas geben, selbst wenn es sich um eine Kleinigkeit handelt, und auch dann noch, wenn wir die Gabe gar nicht wollten. Cialdini erwähnt die Taktik der Hare-Krishna-Bewegung, Blumen oder kleine Bücher auf der Straße oder an Flughäfen zu verteilen. Obwohl die meisten Leute die Blumen oder Bücher nicht wollten und oft versuchten, sie direkt zurückzugeben, fühlten sie sich in dem Augenblick zu einer Spende verpflichtet, in dem sie den Gegenstand in der Hand hielten. Direkte Spendenaufrufe per Post, die von Wohltätigkeitsorganisationen versandt werden, haben gewöhnlich eine Erfolgsquote von weit weniger als 20 Prozent. Diese Quote erhöht sich allerdings drastisch, wenn den Briefen ein Geschenk beigelegt ist, etwa kleine Adressetiketten mit dem Namen und der Anschrift des Empfängers.

Aber nicht nur die Verpflichtung zur Gefälligkeitserwiderung wirkt ziemlich zuverlässig, sondern auch die Annahmeverpflichtung. Unsere Unfähigkeit, Nein zu sagen, macht uns zusammen mit unserem Widerwillen, als jemand gesehen zu werden, der einen Gefallen nicht erwidert, zur leichten Beute von raffinierten Verkäufern. Deshalb warnt Cialdini: Seien Sie sich das nächste Mal, wenn Sie ein unerwünschtes „Geschenk" bekommen, darüber im Klaren, dass es nichts mit Wohlwollen zu tun hat. Vielleicht können Sie es dann eher annehmen und nichts zurückgeben, ohne ein schlechtes Gewissen zu haben.

Er führt den berühmten Watergate-Einbruch als Beispiel an, der Nixons Präsidentschaft zu Fall brachte. Rückblickend betrachtet war der Einbruch dumm, riskant, unnötig (Nixon hätte die nächste Wahl so oder so gewonnen) und teuer. Aber das republikanische Wiederwahl-Komitee hatte dem Unternehmen zugestimmt, um eines seiner extremeren

Mitglieder zu beschwichtigen. G. Gordon Liddy hatte zuvor zwei weit abwegigere, teurere Vorschläge gemacht, bei denen sogar Überfall und Kidnapping im Spiel waren. Als er also zurückruderte und stattdessen einen kleinen Einbruch ins Hauptquartier der Demokraten vorschlug, fühlte sich das Komitee verpflichtet, Ja zu sagen. Wie es das Komitee-Mitglied Jeb Magruder später formulierte: „Wir wollten ihn nicht mit leeren Händen nach Hause schicken." Seien Sie daher auf der Hut vor dem Reziprozitätsimpuls.

Konsistenz

Menschen sind gern konsistent. Wir fühlen uns besser, wenn wir zu dem stehen, was wir tun. Haben wir uns erst für etwas entschieden, tun wir alles, was wir können, um diese Entscheidung zu rechtfertigen. Warum sind wir so? Ein Grund ist der soziale Druck. Niemand mag Menschen, die von einer Idee zur nächsten, von einem Gemütszustand zum nächsten springen. Wir möchten als jemand gesehen werden, der weiß, was er will. Leider ist diese Einstellung ein Glücksfall für Verkäufer aller Art. Sie sind sich des inneren Drucks sehr wohl bewusst, der uns befiehlt, nur ja nicht unsere Meinung zu ändern. Und sie nutzen ihn weidlich aus. Wenn Anrufer von Wohltätigkeitsorganisationen mit der Frage eröffnen „Wie geht es Ihnen heute, Frau ...?", bekommen sie in neun von zehn Fällen eine positive Antwort. Und fahren sie dann mit der Bitte um eine Spende für die unglücklichen Opfer einer Katastrophe oder einer Krankheit fort, können wir schlecht plötzlich umschwenken und unfreundlich, mürrisch oder ablehnend gegenüber Menschen werden, denen es doch schlecht geht. Wir wollen konsistent sein, also fühlen wir uns verpflichtet, etwas zu spenden.

Verkäufer wissen, dass man jemanden nur zu einer kleinen Zusage bewegen muss, um sein Selbstbild für sie arbeiten zu lassen. Deshalb nennen uns skrupellose Autohändler anfangs einen sehr niedrigen Preis für ein Auto, der uns in den Verkaufsraum lockt. Dort folgen dann die ganzen Extras, und am Ende ist der Wagen überhaupt nicht mehr günstig. Bis dahin allerdings fühlen wir uns schon zum Kauf verpflichtet. Ein anderer Trick von Verkäufern besteht darin, Kunden zum Ausfüllen von Bestellformularen oder Kaufverträgen zu bringen. Das verringert die Chance, dass sie es sich noch anders überlegen, deutlich. Öffentliche Zusagen haben eine gewaltige Macht.

Cialdini zitiert Emersons berühmten Ausspruch: „Eine närrische Konsistenz ist der Kobold kleiner Geister." Denken Sie vor allem dann, wenn Ihnen jemand etwas verkaufen will, an Ihre natürliche Neigung zur Konsistenz, und Sie werden von einem dubiosen Geschäft Abstand nehmen können. Vertrauen Sie Ihrem Bauchgefühl über den Wert einer Sache, bevor Sie dem Druck zur Konsistenz nachgeben – und bevor Sie eine Verpflichtung eingehen.

Soziale Bewährtheit

Warum gibt es bei Fernseh-Comedies immer noch das Gelächter aus dem Hintergrund, obwohl es von den kreativen Köpfen dieser Sendungen als Beleidigung empfunden wird und die meisten Zuschauer angeben, sich daran zu stören? Ganz einfach, weil Forschungen ergeben haben, dass die Zuschauer Witze lustiger finden, wenn sie andere Leute lachen hören, auch wenn dieses Lachen unecht ist.

Menschen wollen „soziale Bewährtheit". Andere müssen etwas zuerst getan haben, bevor sie sich damit wohl fühlen, es selbst zu tun. Cialdini nennt ein sehr finsteres Beispiel dafür, nämlich den berühmten Fall von Catherine Genovese, einer Frau, die 1964 in den Straßen von Queens, New York City, ermordet wurde. Obwohl ihr Mörder sie im Laufe einer halben Stunde dreimal attackierte, obwohl sie schrie und sich wehrte, bevor er sie schließlich umbrachte, und unglaublicherweise 38 Leute sahen, was vor sich ging, schritt niemand ein. Haben wir es hier bloß mit herzlosen New Yorkern zu tun? Vielleicht. Andererseits schienen die Zeugen selbst geschockt, weil sie nichts unternahmen. Und schließlich stieß man auf die Antwort. Jeder von ihnen dachte, *jemand anderes* würde etwas tun, und deshalb tat keiner etwas. Ein Mensch in einer verzweifelten Lage hat eine größere Chance, Hilfe zu bekommen, wenn nur eine andere Person in der Nähe ist, als wenn mehrere zugegen sind, schreibt Cialdini. In einer Menschenmenge oder auf einer belebten Straße sind die Menschen weniger geneigt zu helfen, wenn sie sehen, dass sonst auch niemand zu Hilfe eilt. Wir brauchen die „soziale Bewährtheit", ehe wir handeln.

Lange bevor der Begriff allgemein bekannt wurde, sprach Cialdini schon vom Phänomen der „Nachahmungssuizide". Der berühmteste Fall von sozialer Bestätigung im Zusammenhang mit Selbstmorden war der entsetzliche Massenselbstmord 1978 in Jonestown, Guyana, wo sich 910 Angehörige des People's Temple von Jim Jones das Leben nahmen, indem sie vergiftete Limonade tranken. Wie war es möglich, dass so viele Menschen so bereitwillig in den Freitod gingen? Die meisten der Sektenmitglieder waren in San Francisco angeworben worden, und Cialdini vermutet, dass die Isolation in dem fremden Land noch die natürliche Neigung verstärkte, „zu tun, was die anderen von uns wollen".

Werbung und Marketing setzen ebenfalls auf den Wunsch nach sozialer Bestätigung, wenngleich mit vergleichsweise harmloseren Folgen. Unser Widerstreben, ein Produkt zu kaufen, ehe es nicht von vielen anderen Menschen benutzt wird, ist oft ein hilfreiches Indiz für Qualität, aber die Verkäufer umgehen diese Hürde einfach. Denken wir allein an die so genannten „Empfehlungen", die selbst dann noch Einfluss auf unsere Kaufentscheidungen haben, wenn sie von Schauspielern kommen.

Nichts verpassen

G. K. Chesterton sagte: „Wir lernen etwas zu lieben, indem wir erkennen, dass wir es verlieren könnten." Es liegt in der Natur des Menschen, etwas höher zu bewerten, wenn es rar ist. Wir lassen uns sogar eher durch den Gedanken an Verlust motivieren als durch den, stattdessen etwas Gleichwertiges zu gewinnen. Einzelhändler wissen das und arbeiten deshalb ständig mit der Formulierung „nur noch wenige Stück auf Lager", damit wir fürchten, nicht mehr bekommen zu können, was wir vielleicht sowieso nicht wollen.

Wenn ein Film oder Buch zensiert wird oder auf dem Index landet, so Cialdini, schnellt die Nachfrage danach normalerweise in die Höhe. Egal was es ist, sobald uns gesagt wird, wir sollten etwas nicht haben, gewinnt es an Reiz. Seinem „Romeo-und-Julia-Effekt" gemäß intensivieren Teenagerpaare ihre Beziehungen weit mehr, wenn beide Elternpaare gegen die Verbindung sind und es schwierig für die Jugendlichen wird, sich zu sehen.

Wir sollten uns unserer Reaktion auf Knappheit bewusst sein, weil sie unsere Fähigkeit zum klaren Denken beeinflusst. Wir tun unsinnige Dinge und lassen uns z. B. auf Bieterkriege ein, um dann für etwas bezahlen zu müssen, das wir uns nicht leisten können. Wir fallen Verkäufern zum Opfer, die „nur noch ein Stück auf Lager" haben, oder Immobilienmaklern, die uns von „einem Arzt und seiner Frau" erzählen, die „von außerhalb kommen und sich auch für das Haus interessieren". Achten Sie darauf, nüchtern abzuwägen, welchen Wert eine Sache für Sie hat, statt sich von der Angst gefangen nehmen zu lassen, Sie könnten etwas verpassen.

Zu guter Letzt

Wenn Sie etwas über die anderen beiden Einflusskategorien, Sympathie und Autorität, erfahren wollen, sollten Sie sich das Buch kaufen. Ein Hinweis soll hier jedoch noch gegeben werden: In Bezug auf Autorität verweist Cialdini auf Stanley Milgrams berühmtes Experiment über die menschliche Neigung, Autoritäten selbst dann zu respektieren, wenn die Autoritätsfigur äußerst fragwürdig ist.

Obwohl Cialdini viele heilsame und oft erschreckende Lektionen über unsere Anfälligkeit für psychologische Techniken bietet, sollte uns deren Kenntnis nicht unbedingt dazu verleiten, schlecht über die menschliche Natur zu denken. Die beste Methode, die Wirksamkeit von Überzeugungstaktiken auf das Unbewusste zu mindern, ist die, mehr Menschen über diese Methoden aufzuklären – und in diesem Punkt erweist *Einfluß* der Menschheit einen großen Dienst.

Eine interessante Ergänzung der überarbeiteten Auflage sind die Briefe von Lesern, die selbst die im Buch beschriebenen Manipulationstechniken kennengelernt haben oder ihnen aufgesessen sind und davon berichten. *Einfluß* ist eine gute Einführung in die Praktiken der Verkäufer, aber noch wichtiger sind die Informationen über unser Entscheidungsverhalten. Lassen Sie sich von jemandem manipulieren, der Ihre mentalen oder emotionalen Saiten zum Klingen bringt, oder denken Sie rational?

Über Robert Cialdini

Cialdini machte seinen Doktor in Psychologie an der University of North Carolina und absolvierte hinterher eine Ausbildung an der Columbia University. Außerdem arbeitete er als Gastdozent an der Ohio State University und der Stanford University.

Er gilt als eine der weltweit führenden Autoritäten zum Thema Einfluss und Überzeugung und lehrt derzeit als Regents‘ Professor für

Psychologie an der Arizona State University. Darüber hinaus leitet er die Unternehmensberatungsfirma Influence At Work.

Cialdini hat auch das Buch *Influence. Science and Practice* geschrieben, in dem es um Überzeugungs- und Zustimmungsprinzipien in Gruppen geht.

Kreativität. Wie Sie das Unmögliche schaffen und Ihre Grenzen überwinden

1996

Die wahre Geschichte der Kreativität ist schwieriger und weniger erforscht, als viele oberflächlich optimistische Berichte uns glauben machen wollen. So möchte ich zum Beispiel zeigen, daß eine Idee oder ein Produkt, das die Bezeichnung „kreativ" verdient, aus dem Zusammenwirken vieler Einflüsse und nicht nur aus der Genialität des einzelnen erwächst ... Und eine wahrhaft kreative Errungenschaft ist so gut wie nie das Ergebnis einer schlagartigen Erkenntnis, eines plötzlich aufflackernden Lichts in der Dunkelheit, sondern das Resultat jahrelanger harter Arbeit.

Kreativität ist aus mehreren Gründen eine zentrale Sinnquelle in unserem Leben. Erstens sind die meisten interessanten, bedeutsamen und menschlichen Phänomene ein Ergebnis der Kreativität. Wir teilen 98 Prozent unserer genetischen Ausstattung mit den Schimpansen ... Ohne Kreativität wäre es in der Tat äußerst schwierig, den Menschen vom Affen zu unterscheiden.

KURZ GESAGT

Wahre Kreativität kann sich erst entfalten, wenn wir das Medium oder die Domäne beherrschen, in dem bzw. der wir arbeiten.

ÄHNLICHE TITEL

Edward de Bono, *Laterales Denken*
Martin Seligman, *Der Glücks-Faktor*

12. Mihaly Csikszentmihalyi

Bevor er sich der Kreativität zuwandte, verfasste der Psychologe Mihaly Csikszentmihalyi (spricht sich „Tschiksentmihei“) ein hochgerühmtes Buch mit dem Titel *Flow*. Darin schrieb er, dass es ein Fehler sei, dem Glück als solchem hinterherzujagen. Vielmehr sollten wir erkennen, wann wir wahrhaft glücklich sind – was wir tun, wenn wir uns stark und „wahr“ fühlen –, und genau das häufiger tun. Flow-Aktivitäten gehen wir zum reinen Vergnügen oder zur intellektuellen Befriedigung nach, statt um irgendeinen ihnen innewohnenden Lohn zu erzielen. Beispielsweise wollen Sie vielleicht ein Schachspiel gewinnen, aber Sie spielen es, weil es Ihren Verstand vollkommen gefangen nimmt. Sie sind vielleicht ein guter Tänzer, aber das Lernen und Tanzen an sich sind der eigentliche Gewinn dabei.

Csikszentmihalyi nahm diese Ideen und wandte sie auf die Frage an, wie manche Menschen wahrhaft kreativ werden. Dabei interessierte ihn nicht das, was er als das „kleine c“ in „creativity“ bezeichnet und was man braucht, um einen Kuchen zu backen, Vorhänge auszusuchen oder die fantasievolle Kindersprache zu beherrschen. Er wollte stattdessen wissen, was das ganze Umfeld oder den Bereich menschlichen Strebens verändert. Wahrhaft kreative Menschen besitzen die Fähigkeit, unser Sehen, unser Verstehen, unsere Wertschätzung und unser Tun fundamental zu verändern, sei es, indem sie eine neue Maschine erfinden oder neue Songs schreiben, und Csikszentmihalyi wollte wissen, was sie so anders macht.

Kreativität. Wie Sie das Unmögliche schaffen und Ihre Grenzen überwinden ist die Ausbeute von 30 Jahren Arbeit über Kreativität. Es gibt eine Fülle von Wie-Sie-kreativer-werden-Büchern und -Seminaren, und viele der Bücher sind eher schwammig gehalten. Dieses hingegen zählt zu den wenigen, die das Thema ernsthaft behandeln und die Komplexität kreativer Menschen und Prozesse erfassen.

Das Studium der Kreativen

Zu Beginn von *Kreativität* informiert uns Csikszentmihalyi über das, was er die erste systematische Studie von lebenden Kreativen nennt. Dazu gehören Interviews mit 91 Menschen, deren Einfluss in ihren jeweiligen Bereichen als bahnbrechend gilt. Ihre Tätigkeitsfelder sind die Kunst, die Wirtschaft, das Recht, die Politik, die Medizin und die Wissenschaft (unter den Wissenschaftlern finden sich 14 Nobelpreisträger). Die Liste enthält so illustre Namen wie Mortimer J. Adler, Philosoph; John Bardeen, Physiker; Margaret Butler, Mathematikerin; Subrahmanyan Chandrasekhat, Astrophysiker; Barry Commoner, Biologe; Natalie Davis, Historikerin; Gyorgy Faludy, Dichter; Nadine Gordimer, Schriftstellerin; Stephen Jay Gould, Paläontologe; Hazel Henderson, Ökonomin; Ellen Lanyon, Künstlerin; Ernst Mayr, Zoologe; Brenda Milner, Psychologin; Ilya Prigogine, Chemiker; John Reed, Bankier; Jonas Salk, Biologe; Ravi Shankar, Musiker; Benjamin Spock, Kinderarzt, und Eva Zeisel, Keramikdesignerin.

Die Anschaffung von *Kreativität* lohnt sich schon allein, um über all diese Leute zu lesen, von denen einige richtiggehend berühmt sind und andere auf ihren Gebieten als Koryphäen gelten. Fast alle Befragten waren über 60, was Csikszentmihalyi die Möglichkeit gab, ihre gesamte berufliche Entwicklung zu überblicken und einiges über die Geheimnisse reifer kreativer Erfolge zu erfahren.

Kreativität im Kontext

Csikszentmihalyi geht davon aus, dass die allgemeine Vorstellung vom kreativen Individuum als demjenigen, das große Erkenntnisse, Entdeckungen, Werke oder Erfindungen in der Isolation hervorbringt, falsch ist. Vielmehr sieht er Kreativität als das Ergebnis einer komplexen Interaktion zwischen einem Menschen und dessen Umfeld oder Kultur, das auch vom Zeitlauf abhängig ist.

Wären beispielsweise große Renaissancekünstler wie Ghiberti oder Michelangelo nur 50 Jahre früher geboren, hätte die Kultur des künstlerischen Mäzenatentums gefehlt, um ihre großen Begabungen zu fördern oder zu prägen. Oder denken wir an einzelne Astronomen: Ihre Entdeckungen hätte es nicht gegeben, wären ihnen nicht z. B. im Bereich der Teleskope und des durch sie erschlossenen Wissens über das Universum Jahrhunderte technischer Entwicklung vorausgegangen.

Csikszentmihalyi will damit darauf hinaus, dass wir ebenso viel Aufmerksamkeit auf das Umfeld verwenden sollten wie auf die Menschen, die in ihm arbeiten. Denn nur so können wir schlüssig erklären, wie Fortschritte entstehen. Einzelne sind nur „ein einzelnes Glied in einer Kette, eine einzelne Phase eines Prozesses", wie er schreibt. Hat Einstein die Relativitätstheorie wirklich „erfunden"? „Erfand" Edison die Elektrizität? Das ist ungefähr so, als würde man sagen, der Funke ist für das Feuer verantwortlich, wo doch das Feuer naturgemäß viele Elemente benötigt.

Kreativität braucht außerdem ein empfängliches Publikum, das die Errungenschaften würdigt. Eine Kreation verschwindet, wenn sie nicht anerkannt wird. „Memen" sind das kulturelle Äquivalent von Genen, also Dinge wie Sprache, Sitten, Gesetze, Lieder, Theorien und Werte. Wenn sie stark sind, überleben sie. Wenn nicht, gehen sie verloren. Kreative Menschen streben danach, Memen zu schaffen, die einen

Einfluss auf ihre Kultur haben. Und je größer der Schaffende, umso langlebiger und einflussreicher sind die Memen.

Erstens: Lieben Sie Ihre Arbeit

Kreative Durchbrüche kommen nie aus heiterem Himmel. Sie sind fast immer das Resultat langjähriger, harter Arbeit und sorgfältiger Beobachtung. Viele kreative Entdeckungen sind Glücksfälle, vor allem die wissenschaftlichen, aber normalerweise kommt das „Glück" nach Jahren detailorientierter Arbeit in dem Bereich, in dem die Entdeckung gemacht wird. Csikszentmihalyi erzählt von der Astronomin Vera Rubin, die entdeckte, dass die Sterne in einigen Galaxien nicht alle in derselben Richtung rotieren – manche bewegen sich im Uhrzeigersinn, andere entgegen dem Uhrzeigersinn. Diese Entdeckung hätte sie nicht gemacht, hätte sie keinen Zugang zu einer neuen Form von besserer Spektralanalyse gehabt. Und diesen Zugang verdankte sie der Tatsache, dass sie bereits für ihre anspruchsvollen Beiträge in ihrem Arbeitsgebiet bekannt war. Rubin hatte nicht vorgehabt, eine große Entdeckung zu machen. Diese Entdeckung war das Ergebnis sorgfältiger Sternbeobachtung und Rubins Liebe zur Arbeit. Sie hatte lediglich vorgehabt, Daten zu sammeln und zu notieren, aber ihre Hingabe war es, die die überraschenden Funde zutage brachte. Wahrhaft kreative Menschen arbeiten um der Arbeit willen, und wenn sie eine große Entdeckung machen oder berühmt werden, ist das natürlich ein angenehmer Bonus. Was sie jedoch mehr als alle Preise oder Belohnungen antreibt, ist der Wunsch, eine Ordnung zu finden oder zu schaffen, wo vorher keine war.

Seien Sie erst ein Meister, dann ein Schaffender

Weit verbreitet ist das Bild vom kreativen Menschen als einem Genie, das alle Normen, Dogmen und Traditionen ablehnt. Dieser Eindruck ist allerdings falsch, da jeder, der echte Veränderungen bewegt, zunächst einmal ein Meister auf seinem Gebiet war, was bedeutet, dass er oder sie sich anfangs das Wissen und die zugehörigen Fertigkeiten aneignen musste. Erst später, wenn die betreffende Person zum Meister auf ihrem Gebiet geworden ist, erlaubt die Beherrschung der „Regeln", diese zu beugen oder zu brechen, um etwas Neues zu schaffen. Kurz: Um Neues zu tun, müssen Sie zuerst einmal das Alte gut gemacht haben.

Allgemeine Merkmale von Kreativität

Zu Csikszentmihalyis weiteren Erkenntnissen gehören:

* Die Idee vom leidenden Kreativen ist größtenteils ein Mythos. Die meisten Befragten waren sehr glücklich mit ihrem Leben und ihrer kreativen Leistung.
* Erfolgreiche kreative Menschen tendieren dahin, zwei Dinge im Überfluss zu besitzen: Neugier und Antrieb. Sie sind vollkommen fasziniert von ihrem Thema, und während andere durchaus brillanter sein mögen als sie, entscheidet bei ihnen der bloße Wille über den Erfolg.
* Kreative Menschen nehmen ihre Intuition ernst, suchen nach Mustern, wo andere nur Unordnung wahrnehmen, und sind in der Lage, Zusammenhänge zwischen getrennten Wissensfeldern auszumachen.
* Kreative Menschen werden oft als arrogant wahrgenommen, doch das liegt gewöhnlich daran, dass sie einen Großteil ihrer Aufmerksamkeit ihrer spannenden Arbeit widmen.

* Obwohl kreative Menschen überall kreativ sein können, zieht es sie in Bereiche, in denen sie leichter ihren Interessen nachgehen können, Gleichgesinnte treffen und Anerkennung für ihre Arbeit bekommen.
* Ein schönes oder anregendes Umfeld hilft Menschen mehr, zu kreativen Denkern zu werden, als der Besuch eines „Kreativitäts-Seminars".
* Bei vielen berühmten Kreativen scheint die Schule nicht viel bewegt zu haben, und selbst am College waren sie meist keine Überflieger. Viele Menschen, die später als Genies galten, waren als Kinder nicht besonders herausragend. Aber was sie immer im größeren Maß als andere besaßen, war Neugier.
* Viele Kreative waren entweder Halbwaisen oder hatten wenig Kontakt zum Vater. Zugleich hatten sie oft eine sehr engagierte und liebevolle Mutter, die viel von ihnen erwartete.
* Die meisten Kreativen fallen in zwei Familienkategorien: Sie waren entweder arm oder benachteiligt, aber ihre Eltern spornten sie trotzdem zu schulischen oder beruflichen Leistungen an, oder sie wuchsen in Familien mit Intellektuellen, Experten, Schriftstellern, Musikern etc. auf. Nur zehn Prozent entstammten der Mittelschicht. Fazit: Um ein erfolgreicher Kreativer zu werden, ist es besser, in einer Familie aufzuwachsen, die intellektuelle Bemühungen würdigt, als in einer, die die Annehmlichkeiten des Mittelschichtslebens feiert.
* Kreative sind bescheiden und stolz zugleich. Sie geben sich selbstlos ihrem Fachgebiet und den dort möglichen Errungenschaften hin, besitzen aber auch das Selbstvertrauen, selber viel beitragen zu können und einen Eindruck zu hinterlassen.
* Die „kreative Persönlichkeit" ist ein Mythos. Was allen kreativen Menschen gemeinsam zu sein scheint, ist Komplexität – sie „neigen dazu, die gesamte Bandbreite menschlicher Möglichkeiten in sich zu tragen".

Zu guter Letzt

Csikszentmihalyi zufolge machen wir es uns zu leicht, wenn wir Kreative als eine privilegierte Elite betrachten. Vielmehr ist ihr Leben beispielgebend dafür, dass wir alle imstande sein sollten, eine Arbeit zu finden, die uns erfüllt und die wir lieben. Wie er anmerkt, entstammten die meisten der von ihm Befragten keinem privilegierten Hintergrund, sondern mussten gegen ökonomische oder familiäre Widerstände ankämpfen, um das zu tun, was sie wollten. Einige der Befragten empfanden es sogar als ihre größte Errungenschaft, dass sie sich ein Leben oder einen Beruf entgegen den sozialen Erwartungen gewählt haben.

Warum soll uns Kreativität überhaupt interessieren? In seiner Arbeit über das Flow-Erlebnis fand Csikszentmihalyi heraus, dass sie am ehesten dann eintritt, wenn Menschen damit beschäftigt sind, „etwas Neues zu entwerfen oder zu entdecken". Wir sind am glücklichsten, wenn wir kreativ sind, weil wir uns selbst darin verlieren und das Gefühl bekommen, Teil von etwas Größerem zu sein. Wir sind sogar darauf programmiert, Befriedigung und Vergnügen in der Entdeckerfreude und der Kreativität zu finden, weil sie unser Überleben als Spezies sichern. Neue Ideen sind nötiger denn je, wenn dieser Planet überleben soll. Und höchstwahrscheinlich kommen sie von wahrhaft kreativen Menschen.

Über Mihaly Csikszentmihalyi

Mihaly Csikszentmihalyi wurde 1934 in Fiume an der Adria geboren. Sein Vater war ungarischer Konsul in der damals zu Italien gehörenden Stadt. Der Familiennamen bedeutet so viel wie „heiliger Michael von Csik", einer ursprünglich ungarischen Provinz.

Csikszentmihalyi verbrachte seine Jugend in Rom und half im Restaurant der Familie mit, während er nebenher eine klassische Ausbildung erhielt. Nach der Schule arbeitete er als Fotograf und Reisebürokaufmann. 1958 schrieb er sich an der University of Chicago ein, wo er seinen BA- und PhD-Abschluss machte. Wenngleich ihn die Ideen C. G. Jungs mehr ansprachen, musste er Verhaltenspsychologie studieren, und erst später, als er schon Professor in Chicago war, konnte er seine Theorien über Flow, Kreativität und das Ich entwickeln.

Seit 1999 lehrt Csikszentmihalyi an der Claremont Graduate University in Kalifornien, wo sein Quality of Life Research Center die Aspekte der positiven Psychologie erforscht.

Zu seinen weiteren Veröffentlichungen gehören: *Das Flow-Erlebnis. Jenseits von Angst und Langeweile im Tun aufgehen* (1975), *Dem Sinn des Lebens eine Zukunft geben* (1993) und *Lebe gut! Wie Sie das Beste aus Ihrem Leben machen* (1997).

A Guide to Rational Living

1961

Sie können nicht erwarten, in Ihrem Leben immerfort glücklich zu sein. Es ist Ihnen kaum vorbestimmt, für immer frei von körperlichen Schmerzen zu sein. Aber ein außergewöhnlicher Mangel an geistigem und emotionellem Leid könnte durchaus Ihr Los sein – sofern Sie ihn für möglich halten und an dem arbeiten, woran Sie glauben.

Der Mensch ist ein einzigartiges, sprachschöpfendes Wesen und fängt von frühester Kindheit an zu lernen, seine Gedanken, Wahrnehmungen und Gefühle in Worte und Sätze zu fassen ... Wenn dem so ist (und wir haben keine gegenteiligen Beweise), dann sind all die Phrasen und Sätze, die wir uns immerzu selbst sagen, gewöhnlich dazu vorgesehen, zu unseren Gedanken und Gefühlen zu werden.

KURZ GESAGT

Wenn wir wissen, wie wir durch bestimmte Gedanken negative Gefühle hervorbringen, vor allem irrationale, dann kennen wir das Geheimnis, nie wieder zutiefst unglücklich zu werden.

ÄHNLICHE TITEL

Nathaniel Branden, *The Psychology of Self-Esteem*
David D. Burns, *Feeling Good*
Albert Ellis, *Training der Gefühle*
Martin Seligman, *Der Glücks-Faktor*

13. Albert Ellis & Robert A. Harper

A Guide to Rational Living ist einer der Dauerbrenner der Populärpsychologie und verkaufte sich über eine Million Mal. Seit er vor über 40 Jahren erschien, sind viele „inspirierende“ Titel gekommen und gegangen, doch dieser verändert Leben bis heute.

Durch das Buch wurde die Öffentlichkeit auf eine neue Form der Psychologie aufmerksam, die „Rational Emotive Psychology“ (RET), die sich gegen die Vorherrschaft der orthodoxen freudianischen Psychoanalyse wandte und eine Revolution in der Psychologie auslöste. Nach der RET gehen Gefühle nicht, wie von Freud postuliert, aus unterdrückten Wünschen und Bedürfnissen hervor, sondern entspringen unmittelbar unseren Gedanken, Ideen, Einstellungen und Überzeugungen. Nicht das mysteriöse Unbewusste beeinflusst unsere psychische Gesundheit maßgeblich, sondern die alltäglichen Aussagen, die wir uns selbst gegenüber machen. Sie stehen für unsere Lebensphilosophie, die sich jedoch unschwer ändern lässt, wenn wir bereit sind, neue Inhalte für das zu finden, was wir uns gewohnheitsmäßig selbst einreden.

Dass wir in der Lage sein sollen, uns selbst aus unseren Gefühlsverwirrungen „herauszureden“, klingt zunächst unglaubwürdig, aber Ellis‘ Konzepte und vier Jahrzehnte kognitiver Psychologie haben gezeigt, dass die Theorie tatsächlich funktioniert.

Achten wir auf unsere inneren Sätze

Menschliche Wesen sind, wie Ellis und Harper schreiben, sprachschöpfende Tiere. Wir neigen dazu, unsere Emotionen und Ideen in Worte und Sätze zu fassen. Daraus entstehen unsere Gedanken und Gefühle. Wenn wir also in erster Linie das sind, was wir uns selbst einreden, dann setzt jede persönliche Veränderung zuerst einmal voraus, dass wir uns unsere inneren Gespräche genauer ansehen. Nützen sie uns, oder untergraben sie unser Selbstwertgefühl?

Gesprächstherapie zielt darauf ab, „Fehler in der Logik" zu entlarven, die wir für wahr halten. Erleben wir beispielsweise schreckliche Furcht oder Angst, werden wir aufgefordert, die Spur zu jenen Ursprungsgedanken zurückzuverfolgen, die unsere gegenwärtige Angst ausgelöst haben. Unweigerlich stoßen wir dann auf Sätze wie „Wäre es nicht schrecklich, wenn ..." oder „Ist es nicht furchtbar, dass ich ...". Genau an diesem Punkt müssen wir einschreiten und uns selbst fragen, warum es eigentlich so schrecklich wäre, wenn dies oder jenes geschähe oder ob unsere gegenwärtige Situation wirklich so schlimm ist, wie wir sie uns selbst darstellen. Und selbst wenn es so wäre, wird sie es ewig bleiben?

Diese Art der Selbstbefragung mutet erst einmal naiv an, aber wir fangen dadurch an zu erkennen, wie sehr unsere inneren Sätze unser Leben steuern. Wenn wir nämlich ein Ereignis als „Katastrophe" etikettieren, dann wird es gewiss auch eine. Wir können nicht anders, als unseren inneren Aussagen gerecht werden, ob sie nun gut, schlecht oder neutral sind.

Nie wieder zutiefst unglücklich

Wie kommt es, dass die Menschen den Weltraum eroberten, die meisten von uns aber außerstande sind, sich selbst aus einer schlechten Stimmung zu befreien? Mit dem materiellen Fortschritt scheint die Zahl der

Neurosen und Psychosen in der Gesellschaft noch zugenommen zu haben. Folglich besteht die größte Herausforderung für die Menschen von heute darin, ihr emotionales Leben in den Griff zu bekommen.

In einem Kapitel mit der Überschrift „Die Kunst, nie wieder zutiefst unglücklich zu sein" schreiben Ellis und Harper, dass Unglücklichsein und Depression immer dieselben Geisteszustände sind, da sie selbsterhaltend sind. Wenn wir zum Beispiel nach dem Verlust eines Angehörigen oder eines Jobs niedergeschlagen sind, ist das ziemlich verständlich. Lassen wir allerdings zu, dass dieses Gefühl anhält, gewinnt es an Stärke. Es steigert sich immer weiter, bis wir uns „elend mit unserem eigenen Elend" fühlen, statt zu versuchen, die Situation rational zu betrachten. Wie in *A Guide to Rational Living* steht, ist es „nachgerade unmöglich, einen Gefühlsausbruch zu bekommen, ohne ihn durch wiederholte Gedanken zu provozieren". Etwas bleibt in unserem Kopf nur so lange „schlecht", wie wir uns sagen, dass es das ist. Wenn wir kein negatives Gefühl mehr verursachen, wie könnte es dann Bestand haben? Körperlichen Schmerz können wir natürlich nicht einfach ignorieren, aber sobald er vorbei ist, gibt es keine automatische Verknüpfung mehr zwischen Stimulus und Gefühl.

Schon in den 60er Jahren des letzten Jahrhunderts konstatierte Ellis, dass die medikamentöse Behandlung von Depressionen problematisch sei, weil die Patienten dazu neigen, erneut depressiv zu werden, wenn sie die Medikamente absetzen. Eine permanente Veränderung setzt für ihn voraus, dass die Patienten ihr Denken ändern, um sich selbst im Bedarfsfall verbal aus den negativen Gefühle heraushelfen zu können. Er bemerkte in diesem Zusammenhang auch ganz treffend, dass es manche Menschen insgeheim genießen, deprimiert zu sein, weil sie dann nichts tun müssen, um ihre Lage zu verändern. In manchen Fällen müssen wir bewusst entscheiden, nicht depressiv zu sein, und unsere Gefühle werden sich entsprechend wandeln.

Zu guter Letzt

Sind menschliche Wesen rational oder irrational? Gemäß Ellis und Harper sind wir beides. Wir haben Verstand, aber wir lassen uns dennoch zu kindischem, voreingenommenem und egoistischem Verhalten hinreißen. Der Schlüssel zu einem guten Leben liegt darin, der irrationalsten Sphäre unseres Lebens, der Welt der Gefühle, mit Rationalität zu begegnen.

Mit dem Hauptgewicht auf der Disziplinierung unseres Denkens und dem Finden des Mittelwegs zwischen zwei Extremen ähnelt der rational-emotive Ansatz in einigen Zügen dem Buddhismus. Für beide gilt als unerheblich, was in der Vergangenheit geschah. Es kommt auf die Gegenwart an und darauf, was wir tun können, um sie zu verbessern. Ellis entdeckte diese Weisheit schon als Junge für sich. Weil seine Mutter manisch-depressiv war und sein Vater häufig geschäftlich verreisen musste, übernahm er die Verantwortung für seine jüngeren Geschwister und sorgte z. B. dafür, dass sie jeden Tag ordentlich angezogen in die Schule gingen. Als er mit Nierenproblemen im Krankenhaus lag, besuchten ihn seine Eltern nur selten. Ellis erkannte, dass wir nicht an Situationen verzweifeln müssen, es sei denn, wir lassen es zu, und dass es jederzeit möglich ist, unsere Reaktionen zu kontrollieren. Wenngleich seine Therapieform auf den ersten Blick recht unsensibel anmuten mag, vertritt sie eigentlich eine sehr optimistische Menschensicht.

A Guide to Rational Living hilft jedem zu verstehen, wie Emotionen entstehen, und vor allem, wie ein angemessen glückliches und produktives Leben für jeden möglich ist, der auf seine Gedanken achtet und sie diszipliniert. Die Themen, die das Buch abdeckt, sind der Wunsch nach Bestätigung, die Überwindung von Angst und Versagensangst und der Weg, „wie man trotz Enttäuschung glücklich sein kann“. Passend zum Inhalt ist auch der Schreibstil der Autoren klar und direkt. Die englischsprachige Ausgabe ist mittlerweile in der dritten Auflage erschienen und enthält ein neues Kapitel über Forschungsergebnisse, die die Prinzipien und die Techniken der RET bestätigen.

Über Albert Ellis

Ellis wurde 1913 in Pittsburgh in Pennsylvania geboren und wuchs in New York City auf. Nach seinem Abschluss in Betriebswirtschaft an der City University of New York versuchte er erfolglos, als Geschäftsmann Karriere zu machen. Auch als Schriftsteller scheiterte er.

Nachdem er einige Artikel über menschliche Sexualität verfasst hatte, kam Ellis 1942 zum Programm für klinische Psychologie an der Columbia University. Hier machte er 1943 seinen Master-Abschluss und eröffnete eine Teilzeitpraxis als Berater in Familien- und Sexualitätsfragen. Er promovierte 1947 und lehrte an der Rutgers University und an der New York University. Außerdem arbeitete er als leitender klinischer Psychologe an der Northern New Jersey Mental Hygiene Clinic.

Ellis' Ideen setzten sich beim Establishment der amerikanischen Psychologen nur langsam durch, doch heute gilt er zusammen mit Aaron Beck als Vater der kognitiven Verhaltenstherapie. Das 1959 gegründete Institute for Rational-Emotive Therapy verbreitet seine Ideen bis heute. Emmet Velten hat mit *The Lives of Albert Ellis* eine ausführliche Biografie über Ellis geschrieben.

Ellis hat über 600 wissenschaftliche Artikel und mehr als 50 Bücher verfasst. Eine kleine Auswahl: *How to Live with a Neurotic*, *Liebe als Kunst und Wissenschaft*, *Lieben ohne Schuldgefühl*, *The Art and Science of Rational Eating* und *Training der Gefühle. Wie Sie sich hartnäckig weigern, unglücklich zu sein.*

Robert A. Harper ist ehemaliger Präsident der American Association of Marriage Counselors und der American Academy of Psychotherapists. Er hat einen Doktortitel der Ohio State University und leitete seit 1953 eine Privatpraxis in Washington, D.C. Er schrieb auch *Creative Marriage* (ebenfalls mit Albert Ellis) und *45 Levels to Sexual Understanding and Enjoyment* (mit Walter Stokes).

Meine Stimme begleitet Sie überallhin. Ein Lehrseminar

1982

Liest man diese Anekdoten im so genannten Wachzustand, tut man sie eventuell als „klischeehaft", „kitschig" oder „interessant, aber nicht erhellend" ab. Im hypnotischen Zustand jedoch, in dem alles, was der Therapeut sagt, einen höheren Sinn bekommt, kann eine Geschichte oder ein einzelnes Wort innerhalb einer Geschichte einen „Mini-Satori" auslösen – das Zen-Wort für Erleuchtung. (Sidney Rosen)

Es ist wirklich erstaunlich, wozu die Menschen fähig sind. Sie wissen nur nicht, was sie alles können. (Milton Erickson)

KURZ GESAGT

Das Unbewusste ist ein Quell weiser Lösungen und vergessener persönlicher Stärke.

ÄHNLICHE TITEL

Robert Cialdini, *Einfluß*
Sigmund Freud, *Die Traumdeutung*
Carl Gustav Jung, *Die Archetypen und das kollektive Unbewusste*
Fritz Perls, *Gestalt-Therapie*
Carl Rogers, *Entwicklung der Persönlichkeit*

14. Milton Erickson (hrsg. von Sidney Rosen)

Sigmund Freud experimentierte mit Hypnose, tat sich jedoch schwer damit, seine Patienten in Trance zu versetzen und sie dazu zu bringen, seine Vorschläge anzunehmen. Milton Erickson, der 45 Jahre nach Freud geboren wurde, schöpfte das Potenzial der Hypnose in vielfacher Hinsicht aus und machte sie zu einem brauchbaren Werkzeug der Psychologie. Mit ihrer Hilfe können oft sofortige Veränderungen bei Menschen bewirkt werden, die seit Jahren unter Komplexen und Phobien leiden.

Vielleicht liegt der Grund, weshalb Freud an der Hypnose scheiterte und Erickson einen solch großen Erfolg hatte, in der Dynamik der psychotherapeutischen Beziehung. Nach konventioneller Auffassung sind Ärzte Heiler, weil sie das entsprechende Wissen besitzen. Die Patienten sind die Unwissenden, die geheilt werden müssen. Als junger Arzt in psychiatrischen Heilanstalten übernahm Erickson diese Auffassung zunächst, begann allerdings später, die Arzt-Patient-Beziehung eher als eine zwischen zwei Menschen zu sehen, die gemeinsam daran arbeiten, Lösungen im Unbewussten zu suchen. Indem er sich selbst in Trance versetzte, wurde Ericksons Stimme zu der seines Patienten („Meine Stimme wird Sie begleiten", sagte er seinen Patienten vorher), und gewann dadurch große Suggestionskraft.

Die Erickson-Methode

Ericksons Geheimnis waren seine „Lehrmärchen", bei denen es sich nicht um Märchen im klassischen Sinne handelte, sondern um Anekdoten aus seinem Familienleben oder Fälle aus seiner Praxis, die eine besondere Bedeutung für das jeweilige Problem eines Patienten hatten. Für gewöhnlich enthielten die Episoden ein Schreck- oder Überraschungselement und waren dazu gedacht, ein „Aha-Erlebnis" zu provozieren, das es dem Patienten ermöglichte, sich außerhalb der festgefahrenen Bahnen seiner Gedanken zu bewegen. Anstatt zu sagen, „Ich weiß, was nicht stimmt, und schlage Ihnen Folgendes vor ...", ließ Erickson seine Patienten die Botschaft der Anekdoten entschlüsseln und so das jeweilige Problem selbst lösen.

Ein Alkoholiker, der zu Erickson kam, schien ein hoffnungsloser Fall zu sein. Seine Eltern waren Alkoholiker, seine Großeltern mütterlicher- wie väterlicherseits waren Trinker und sogar seine Frau und sein Bruder hatten ein Alkoholproblem. Erickson hätte ihn zu den Anonymen Alkoholikern schicken können, doch bei dem Umfeld des Mannes – er arbeitete bei einer Zeitung, wo, wie er sagte, das Trinken noch gefördert wurde –, war Erickson sicher, dass er anders vorgehen sollte. Er forderte den Mann auf, in den örtlichen botanischen Garten zu gehen, sich dort hinzusetzen und einfach die Kakteen anzusehen, die „drei Jahre auf Wasser verzichten können, ohne einzugehen". Viele Jahre später meldete sich die Tochter des Mannes bei Erickson und erzählte ihm, dass ihr Vater und ihre Mutter seit der „Kaktusbehandlung" trocken geblieben seien. Das Bild vom Kaktus, der gedeiht und dabei wenig „zu trinken" braucht, hatte offensichtlich gewirkt.

Erickson gab zu, dass diese Behandlungsmethode in keinem Lehrbuch stand, aber genau das war ja die Besonderheit seines Therapiestils: Wir sind alle anders, und wir reagieren auf das Heilverfahren, das uns am meisten berührt. Bisweilen schienen seine Anekdoten eher wie ein Koan (eine Zen-Meditationsaufgabe) oder ein Rätsel zu sein und ergaben rational betrachtet keinen richtigen Sinn. Wenn man sie im Wachzustand hörte, konnte man sie leicht für kitschig oder nichtssagend halten. Aber in der Trance konnten die pathetische Sprache, die bedeutsamen Pausen und das Überraschungselement eine plötzliche Verbindung zum Unbewussten bewirken, die Veränderungen auslöste.

Erickson erlaubte dem Psychiater Sidney Rosen, viele seiner Märchen mit Kommentaren versehen zu einem Buch zusammenzustellen. Wenngleich *My Voice Will Go With You* inzwischen über 20 Jahre alt ist, handelt es sich nach wie vor um eine wunderbare Einführung in die Arbeit Ericksons, die seinen fast magischen und einzigartigen Beitrag zur Psychologie vortrefflich einfängt. Im Folgenden finden Sie eine kurze Zusammenfassung einer Handvoll Anekdoten mit einer Interpretation ihrer Bedeutung. Es lohnt sich allerdings auf jeden Fall, das Buch zu kaufen, um auch die anderen Lehrmärchen kennenzulernen.

Eine Beziehung herstellen

Bei der Arbeit mit Patienten war es Erickson wichtiger, eine Beziehung zu ihnen herzustellen, als jede Menge Informationen über ihren Hintergrund zu bekommen. Er beobachtete sehr aufmerksam, wie jemand auf eine Anekdote reagierte, wobei er genau auf die Körpersprache, die Atmung und die Mimik achtete.

Eines Sommers zog Erickson als Buchverkäufer von Tür zu Tür, um etwas Geld für seine Studiengebühren dazuzuverdienen. Er besuchte einen Farmer, der jedoch kein Interesse an Büchern hatte. Er interessierte sich ausschließlich für seine Schweinezucht. Erickson gab es auf, ihm Bücher verkaufen zu wollen, und begann, eines der Schweine am Rücken zu kratzen. Da er selbst auf einer Farm aufgewachsen war, wusste er, dass Schweine das mochten. Der Farmer war angenehm überrascht und sagte: „Wer Schweine mag und weiß, wie man sie am Rücken kratzt, ist jemand, den ich kennenlernen möchte". Er bat den jungen Erickson, zum Abendessen zu bleiben, und kaufte schließlich doch noch ein paar Bücher.

Erickson erzählte die Geschichte, um zu zeigen, dass wir mit allem, was wir tun, kommunizieren – wir können nicht *nicht* kommunizieren. Wenn wir Urteile fällen müssen wie der Farmer, müssen wir dabei unser Unbewusstes einbeziehen. Gefühle und Ahnungen sind meist richtig, und wir müssen die „ganze" Situation in uns aufnehmen und berücksichtigen.

Spiegeln

Eine verwandte Technik ist die des Spiegelns. Indem er mit dem „mitging", was der Patient sagte, konnte Erickson ihn objektiver sehen lassen, wie er handelte.

In einer psychiatrischen Klinik, in der er arbeitete, gab es zwei Patienten, die behaupteten, Jesus Christus zu sein. Er brachte sie dazu, sich gemeinsam auf eine Bank zu setzen und miteinander zu reden. Indem sie das Irreale in der Behauptung des anderen erkannten, konnten sie im nächsten Schritt die Lächerlichkeit ihrer eigenen erkennen. Und als eine Klinik einen neuen Anbau plante, holte sich Erickson einen anderen „Jesus", um bei den Zimmererarbeiten zu helfen. Der Mann konnte ja schlecht leugnen, dass Jesus ein Zimmermann gewesen war, ehe er zum Messias wurde. Dieses ungewöhnliche „Heilmittel" brachte den Mann wieder in die Realität zurück und in Kontakt zu anderen.

Ruth war ein hübsches 12-jähriges Mädchen mit einer einnehmenden Persönlichkeit. Alle anderen erledigten gern alles Mögliche für sie, weil sie sie so mochten. Leider neigte Ruth auch dazu, anderen unvermittelt gegen das Schienbein zu treten, ihre Kleider zu zerreißen oder ihnen heftig auf die Füße zu treten und dabei sogar die Zehen zu brechen. Eines Tages hörte Erickson, dass Ruth wieder auf einer der Stationen tobte. Als er hinkam, riss sie gerade die Tapeten von den Wänden, doch er sagte ihr nicht, dass sie aufhören solle – stattdessen begann er, ebenfalls alles um sich herum zu verwüsten, die Decken von den Betten zu zerren und die Fenster einzuschlagen. „Gehen wir woanders hin“, sagte er, „das macht Spaß.“ Er ging auf den Flur. Als er eine Schwester traf, riss er ihr die Kleider herunter, sodass sie nur noch in BH und Unterhose dastand. Daraufhin sagte Ruth: „Dr. Erickson, so etwas dürfen Sie nicht machen.“ Sie brachte der Schwester eine Decke, damit sie ihre Blöße bedecken konnte. Nachdem ihr so ihr eigenes Verhalten vorgeführt worden war, hörte sie auf, sich so extrem zu benehmen. (Die Schwester, die „zufällig“ auf dem Flur erschienen war, hatte der Inszenierung übrigens vorher zugestimmt.)

Indirekte Logik

Wenn jemand mit einem Kontroll- oder Suchtproblem zu Erickson kam, wurde er meist nicht mit der Aufforderung konfrontiert, mit dem aufzuhören, was Probleme bereitete, sondern Erickson empfahl, es noch intensiver zu tun. Einem Mann, der weniger essen und mit dem Rauchen und Trinken aufhören wollte, riet er nicht, eines davon zu reduzieren. Stattdessen wies er ihn an, sein Essen, seine Zigaretten und seinen Alkohol nicht in den nächstgelegenen Läden zu kaufen, sondern in Supermärkten, die mindestens eine Meile entfernt waren. Die vielen langen Wege würden ihn von allein darauf bringen, seine Gewohnheiten zu hinterfragen.

Eine Frau, die 180 Pfund wog und ihr Gewicht auf 130 Pfund reduzieren wollte, pendelte nach zahllosen Diäten ständig zwischen abnehmen und zunehmen. Erickson versprach, ihr zu helfen, wenn sie zunächst ein Versprechen abgab. Sie stimmte zu, und er forderte sie auf, erst einmal *zuzunehmen*, bis sie 200 Pfund wiegen würde. Anfangs sträubte sie sich, doch als sie bei 200 Pfund angekommen war, wünschte sie sich so verzweifelt, die „Erlaubnis“ zum Abnehmen zu bekommen, dass sie problemlos ihr Wunschgewicht von 130 Pfund erreichte.

Diese Beispiele für Ericksons „indirekte“ Logik zeigen seine Philosophie: Man bringt einen Menschen nur dazu, wirklich etwas zu verändern, wenn man erreicht, dass er die Veränderung als „eigene“ empfindet. Solche Richtungswechsel sind stets wirksamer und dauerhafter als die, die durch Überredung oder Erklärungen erreicht werden.

Den Blickwinkel verändern

Eine Frau kam zu Erickson, die es hasste, in Phoenix, Arizona, zu leben. Ihr Mann wollte in den Ferien nach Flagstaff (einer anderen Stadt in Arizona) reisen, doch sie wollte lieber in Phoenix bleiben und es weiterhin *hassen*, als woanders hinzufahren und auszuspannen. Erickson motivierte sie, darüber nachzudenken, warum sie Phoenix so ablehnte und weshalb sie sich mit ihren Gedanken selbst bestrafte. Während einer Hypnosesitzung forderte er sie auf, gedanklich nach Flagstaff zu fahren und nach einem „Farbenblitz“ Ausschau zu halten. Dabei hatte er nichts Bestimmtes im Kopf, aber er machte sie neugierig, und als sie ihren Farbenblitz (in Gestalt eines roten Vogels vor grünem Hintergrund) sah, war sie begeistert.

Die innere Weisheit

Die entscheidende Erkenntnis, die man aus Ericksons Arbeit gewinnen kann, besteht darin, dass in jedem von uns „etwas Wissendes“ ist. Er glaubte, dass jeder Mensch einen gesunden, kraftvollen Wesenskern besitzt und dass die Hypnose ein nützliches Instrument ist, um uns wieder von diesem Ich leiten zu lassen.

Er veranschaulichte dies durch eine Anekdote aus seiner Kindheit. Eines Tages verirrte sich ein Pferd auf das Land der Familie, und niemand wusste, wem es gehörte. Es hatte kein Brandzeichen. Milton beschloss, auf das Pferd zu steigen und es zur Straße zurückzubringen. Doch statt mit ihm von Farm zu Farm zu reiten, ließ er sich von dem Pferd führen. Als das Tier zurück auf das Land seines Besitzers trottete, fragte man ihn dort, woher er gewusst habe, dass es dorthin gehörte. Er antwortete: „*Ich* wusste es nicht, aber das *Pferd* wusste es. Ich habe nur dafür gesorgt, dass es auf der Straße blieb."

Das „Pferd" ist natürlich der unbewusste Verstand, der jedes Problem lösen und uns zu unserem wahren, starken Selbst zurückbringen kann, wenn wir uns in Trance Zugang zu ihm verschaffen. Erickson glaubte, dass die meisten unserer Beschränkungen selbst auferlegt sind. Aus seiner Sicht ist es vor allem der bewusste Verstand, der diese Barrieren errichtet. Indem wir uns den Inhalt des Unbewussten zugänglich machen und neu formen, können wir auch unser Leben neu formen. Es liegt bei uns, uns selbst neu mit Informationen zu programmieren, die eine bessere Annäherung an die Realität bieten, und nicht in negativen oder verqueren Denkmustern stecken zu bleiben.

Zu guter Letzt

Ericksons Fähigkeit, die winzigen Hinweise in der Mimik und der Körpersprache von Menschen wahrzunehmen, veranlasste viele zu der irrigen Annahme, er sei ein Hellseher. Als er mit 17 Jahren an Kinderlähmung erkrankte, konnte er sich kaum bewegen, und da er nichts anderes tun konnte, begann er damit, seine zahlreichen Geschwister zu beobachten und zu analysieren. Er bemerkte, dass sie manchmal etwas sagten, aber etwas anderes meinten, und bei dieser Kommunikation war weit mehr als bloß Sprache im Spiel. So baute er seine berühmte Begabung, in Menschen wie in einem Buch zu „lesen“, immer weiter aus.

Falls Sie je bei einem Hypnotiseur waren, um mit dem Rauchen aufzuhören, abzunehmen oder sich von einer Phobie kurieren zu lassen, sind Sie selbst ein Beweis dafür, dass Hypnose heutzutage eine angesehene Methode ist. Diesen Umstand verdanken wir vor allem Erickson. Seine Idee der „kurzen Therapie“ – dass Veränderungen in einem Moment eintreten können und die Leute nicht Jahre mit der Psychoanalyse verbringen müssen – ist aus der psychotherapeutischen Landschaft nicht mehr wegzudenken. Seine Nachfolger Richard Bandler und John Grinder haben Ericksons Techniken noch um die neurolinguistische Programmierung (NLP) erweitert, eine verschlüsseltere Version, die vornehmlich von Unternehmens- und Einzeltrainern zur Steigerung der Arbeitseffizienz eingesetzt wird.

Wie Rosen zeigt, war Ericksons Ansatz allerdings alles andere als theoretisch. Für ihn waren die Menschen eine geschichtenerzählende Spezies. Ein Märchen, eine Sage oder eine Anekdote sind stets die wirksamste Methode, um Erkenntnisse über das Leben und persönliche Veränderungen zu vermitteln.

Über Milton Erickson

Erickson wurde 1901 in Aurum, Nevada, geboren. Er war farbenblind, unmusikalisch und Legastheniker. Als er noch ein Junge war, zog seine Familie in einem Planwagen nach Wisconsin, wo sie eine Farm aufbaute.

Erickson studierte Psychologie an der University of Wisconsin, wo er lernte, Menschen zu hypnotisieren. Er machte seinen Abschluss in Medizin am Colorado General Hospital und arbeitete als Assistent der Psychiatrie am Rhode Island State Hospital. Von 1930 bis 1934 war er am

Worcester State Hospital tätig und wurde zum Chefarzt der Psychiatrie. Es folgten Klinikarbeit und Lehraufträge in Eloise, Michigan. Dort heiratete er seine zweite Frau Elizabeth. Er brachte bereits drei Kinder aus erster Ehe mit und bekam noch fünf gemeinsame mit Elizabeth.

1948 übersiedelte Erickson aus gesundheitlichen Gründen nach Phoenix, wo seine „Wunderkuren" ihm Patienten aus ganz Amerika brachten. Er hypnotisierte den Schriftsteller Aldous Huxley und zählte sowohl die Anthropologin Margaret Mead als auch den Philosophen Gregory Bateson zu seinen Freunden. Erickson gründete die American Society of Clinical Hypnosis und war Mitglied der American Psychological and Psychiatric Associations.

Erickson starb 1980. Seine Asche wurde auf dem Squaw Peak in Phoenix ausgestreut, den er seine Patienten oft im Rahmen der Behandlung besteigen hatte lassen.

Sidney Rosen ist klinischer Assistenzprofessor in der psychiatrischen Abteilung des New York University Medical Center. Er veranstaltete Workshops über Ericksons Techniken und schrieb das Vorwort zu dessen Buch *Hypnotherapy: An Exploratory Casebook* (1979), das Erickson zusammen mit Ernest L. Rossi schrieb.

Der junge Mann Luther. Eine psychoanalytische und historische Studie

1958

Ich habe die Hauptkrise der Jugend „Identitätskrise" genannt. Sie tritt in dem Lebensabschnitt auf, in dem jeder Jugendliche aus dem, was noch von der Kindheit her in ihm wirksam ist, und aus den Hoffnungen, die er auf das vorgeahnte Erwachsensein setzt, eine zentrale Ausrichtung für sich finden muss.

Vieles von dem, was Martin dem Teufel erzählte, nachdem er gelernt hatte, kein Blatt mehr vor den Mund zu nehmen, war zweifellos von einem gewaltigen Vorrat gestauten Zorns gespeist. Er hatte ihn aus dem aufgespeichert, was er seinem Vater und seinen Lehrern nicht hatte sagen dürfen. Bei passender Gelegenheit schleuderte er das alles dem Papst entgegen – und zwar mit Vehemenz.

KURZ GESAGT

Identitätskrisen sind nötig, wenn auch schmerzhaft, um ein stärkeres, kontrollierteres Ich hervorzubringen.

ÄHNLICHE TITEL

Nathaniel Branden, *The Psychology of Self-Esteem*
William James, *The Principles of Psychology*
Gail Sheehy, *In der Mitte des Lebens*

15. Erik Erikson

Falls Sie je von sich gesagt haben, Sie hätten eine „Identitätskrise", dann bedanken Sie sich bei dem Psychologen Erik Erikson, denn er hat den Begriff erfunden. Eriksons Konzentration auf die Identität geht auf seinen eigenen Hintergrund zurück. Er war das Ergebnis einer kurzen Affäre, die seine unverheiratete, jüdische Mutter mit einem unbekannten Dänen hatte, und wuchs als Erik Homberger in Deutschland auf. Der Nachname war der seines Stiefvaters. In der Schule wurde er gehänselt, weil er Jude war, während man ihn in der Synagoge damit aufzog, dass er wie ein „nordischer Gott" aussah – er war groß, blond und blauäugig. Als seine drei Halbschwestern geboren wurden, intensivierte sich noch sein Gefühl, ein Außenseiter zu sein. In seinen späten 30ern änderte er mit der Annahme der amerikanischen Staatsbürgerschaft seinen Nachnamen in Erikson, was ihn der skandinavischen Namensgebung gemäß als seinen eigenen Sohn auswies.

Obwohl Erikson sich vor allem mit der Formung der Identität während der Adoleszenz befasste, war sein größter Beitrag doch die Feststellung, dass die Frage „Wer bin ich?" in einem durchschnittlichen Menschenleben mehrfach auftaucht. Freud machte fünf Stufen der psychologischen Entwicklung vom Kleinkindalter bis zu den Teenagerjahren aus. Erikson aber ging noch weiter und sah sich den gesamten Lebenszyklus an, den er in acht „psychosoziale" Stufen von der Geburt bis ins hohe Alter unterteilte. Wenn eine der Phasen endet, erleben wir eine Krise, da unsere Identität infrage gestellt wird. An diesen Punkten können wir zwischen Wachstum und Stagnation wählen. Jede dieser Entscheidungen legt, wie Erikson sagt, einen Eckstein für die Struktur unserer Erwachsenenpersönlichkeit. Er maß erstmals all diesen Wendepunkten eine große

Bedeutung bei und räumte so mit dem alten Mythos auf, dass das Leben ab 20 in einer langen, flachen und stabilen Bahn verläuft.

Erikson ist noch aus einem anderen Grund berühmt. Wenngleich Freud eine gefeierte Studie über Leonardo da Vinci verfasste, waren es doch Eriksons Bücher über Gandhi und Martin Luther, die das neue Genre der „Psychobiografie" begründeten, der Anwendung von psychologischer Analyse auf die Leben berühmter Personen. Mit Luther fand Erikson ein Beispiel für die Identitätskrise par excellence, die er in *Der junge Mann Luther. Eine psychoanalytische und historische Studie* beschrieb.

Luthers Geschichte in Kürze

Das christliche Europa beschäftigte sich während der Kindheit und Adoleszenz Luthers hauptsächlich mit dem „Jüngsten Gericht", jener letzten Abrechnung mit dem Leben, in der alle Sünde gegen das Gute abgewogen wird. Die Menschen lebten in der ständigen Angst vor der Hölle und beteten ohne Unterlass für die Seelen der Verstorbenen. Die öffentliche Folter von Kriminellen war ebenso an der Tagesordnung wie Stockschläge und Peitschenhiebe für Schulkinder. Das alles beherrschende Lebensthema war Gehorsam: gegenüber den Älteren, gegenüber der Kirche, gegenüber Gott.

In diese „Weltstimmung von Schuld und Traurigkeit" hinein, wie Erikson sie beschrieb, wurde 1483 Martin Luther geboren. Sein Vater kam aus einer Bauernfamilie, hatte es durch harte Arbeit aber zum Besitzer einiger Anteile an einer Mine gebracht. Hans Luther schuf Rücklagen für die Ausbildung seines Sohnes, für den er eine Laufbahn als hochrangiger Rechtsgelehrter plante. Martin Luther sollte die Familie endgültig in einen höheren Stand heben. Folgsam besuchte der Sohn die Lateinschule, wo er sich gut machte, und ging mit 17 an die Universität.

1505 machte er seinen Abschluss und schrieb sich als Rechtsstudent ein. In diesem Sommer jedoch wurde er, als er zu Hause war, während eines Gewitters beinahe vom Blitz getroffen. Da er ohnehin Vorbehalte gegen den für ihn vorgesehenen Lebensweg hatte, nahm er dieses Ereignis als Zeichen und schwor, Mönch zu werden. Obwohl seine Eltern verzweifelt waren, trat er noch im selben Jahr ins Augustinerkloster von Erfurt ein.

Zunächst verlief alles sehr gut, und er genoss die Atmosphäre im Kloster. Allerdings wurde er, wie jeder junge Mann, von sexuellen Gedanken geplagt und deshalb von Schuldgefühlen fast verzehrt. Wie viele Luther-Biografen erzählen, hatte er im Chor der Klosterkirche eine Art Panikattacke, während der er ausrief: „Ich bin *nicht!*“ Erikson sieht diesen Zwischenfall als Indiz für eine klassische Identitätskrise. Luther hatte seine säkulare Karriere (von Heirat ganz zu schweigen) hinter sich gelassen, die sein Vater sich gewünscht hatte, und nun schien das Kloster auch nicht der richtige Weg zu sein, obgleich er sich verzweifelt bemühte, seinem Gelübde treu zu bleiben. Er war in einem schrecklichen Niemandsland der Identität gefangen. Was immer er zu sein glaubte, ihm wurde schmerzlich klar, dass er es nicht war.

Dennoch blieb Martin der Kirche treu und stieg rasant auf. Er wurde Doktor der Theologie, und bereits 1515 war er Vikar und für elf Klöster zuständig. Während der ganzen Zeit aber wuchs die Kluft zwischen seinem Verständnis von echter Spiritualität und seiner Wahrnehmung der Kirche. Gemäß der mittelalterlichen katholischen Doktrin verlangten Sünden nach weltlicher Bestrafung, die durch „gute Taten“ umgangen werden konnte. Den Aufwand konnte man sich sparen, indem man „Ablass“ kaufte. Die Kirche bot entsprechende Papierblättchen an und sicherte sich damit zusätzliche Einnahmen. Dieses Problem war für Luther aber nur die Spitze des Eisbergs. Er war zu der radikalen Überzeugung gelangt, dass die Autorität der Bibel („Wort Gottes“) weit wichtiger war als die irgendeiner Institution.

Die Situation verschärfte sich drastisch, als er im Oktober 1517 ein Dokument an die Türen der Burgkirche von Wittenberg nagelte (ein üblicher Platz für öffentliche Bekanntmachungen) – seine berühmten „95 Thesen" –, in dem er aufzählte, in welchen Bereichen die Kirche reformiert werden müsste. Der Inhalt des Papiers schlug ein wie eine Bombe, hätte aber wohl nie die Wirkung erzielt, die es hatte, wäre nicht kurz zuvor die Druckerpresse erfunden worden. Durch sie war es möglich geworden, dass diese und spätere Schriften Luthers schnell und weit verbreitet werden konnten. Jeder, der sich am Status quo störte, vom Bauern bis zum Prinzen, hatte jetzt etwas gefunden, wofür er sich engagieren konnte. Luther wurde berühmt, und seine Rebellion läutete die prostestantische Reformation ein.

Eriksons Interpretation

Rebellion manifestiert sich gewöhnlich in jüngeren Jahren, doch Luther war schon 34, als er sich deutlich gegen die Kirche aussprach. Eriksons Erklärung dafür ist, dass junge Menschen erst intensiv an etwas glauben müssen, ehe sie sich dagegen wenden. Luther wollte verzweifelt an die göttliche Autorität der Kirche glauben. Er wäre vielleicht nie zu ihrem lautesten Kritiker geworden, hätte er nicht zuvor die Erfahrung vollkommener Hingabe und Bindung durchgemacht. Erikson merkt an, dass große Persönlichkeiten in der Geschichte häufig lange Zeit in einer Art Passivzustand verharren. Zwar haben sie bereits in jungen Jahren das Gefühl, einst einen großen Eindruck in der Welt zu hinterlassen, doch unbewusst warten sie darauf, dass sich ihre besondere Wahrheit in ihrem Geist formt, bis sie zur rechten Zeit die größte Wirkung erzielen. Das war bei Luther der Fall.

Erikson beschäftigt sich ausführlich mit der Psychoanalyse der Beziehung zwischen Luther und seinem Vater. Wie er folgert, lässt sich Luthers

Mut, sich gegen die Heilige Römische Kirche zu stellen, nur im Kontext seines anfänglichen Ungehorsams gegenüber dem Vater verstehen. Auch wenn es überraschen mag, vermutet Erikson, dass Luther nicht von Natur aus rebellisch war. Vielmehr lenkte ihn seine einmalige Auflehnung gegen einen wichtigen Menschen in seinem Leben auf eine Bahn generellen Ungehorsams.

Eriksons faszinierendste These besagt, dass Luther die Welt mittels einer theologischen Position veränderte, die sich in erster Linie durch seinen Kampf gegen seine eigenen Dämonen und durch seine Identitätskrise ausbildete. War er Luther, der gute Mönch, Luther, der gute Sohn, oder Luther, der große Reformer?

Erikson vergleicht bedeutende Identitätskrisen mit einer „zweiten Geburt", eine Idee, die er von William James übernahm. Während Einmal-Geborene sich „ziemlich schmerzlos anpassen und in die Ideologie ihrer Zeit einfügen", sind Zweimal-Geborene oft gequälte Seelen, die in der völligen Umkehr ihrer Erfahrungen Heilung und neue Richtungsweisung suchen. Das Positive an Zweimal-Geborenen ist, dass sie, wenn sie sich erfolgreich verändern, das Potenzial besitzen, die ganze Welt mit sich zu reißen. Luther brauchte eine Weile, um herauszufinden, wer er war, aber als ihm das gelungen war, konnte ihn nicht einmal mehr der Papst aufhalten.

Die Bedeutung von Auszeiten

Erikson maß der Fähigkeit einer Gesellschaft, jugendliche Identitätskrisen auszuhalten, eine extrem große Bedeutung bei. Er schrieb über das Konzept des „Moratoriums", eines Zeitraums oder eines Ereignisses, das eine Kultur bewusst schafft, damit junge Menschen „sich selbst finden" können, bevor sie sich endgültig in die Erwachsenenwelt begeben. Heute können wir ein „freiwilliges Jahr" zwischen Schule und Studium machen. Zu Luthers Zeit gab ein längerer Aufenthalt im Kloster vielen jungen Männern die Gelegenheit, sich darüber klar zu werden, „wer man ist und wer man sein wird".

Was wäre geschehen, wenn Luther dem Wunsch seines Vaters entsprechend Rechtsgelehrter geworden wäre? Er wäre im konventionellen Sinne vielleicht sogar erfolgreich in seinem Metier gewesen, hätte aber eventuell nie sein Potenzial ausgeschöpft.

Erikson merkt an, dass die wahre Krise im Leben eines Menschen oft gegen Ende 20 auftritt, wenn er erkennt, dass er sich einem Weg verpflichtet hat, in dem er „sich" nicht wiederfindet, obwohl er seine Entscheidung möglicherweise anfangs voller Enthusiasmus getroffen hatte. Gerade der Erfolg hat ihn in ein Loch gestoßen, aus dem er nur unter Aufbietung all seiner psychischen Kraft wieder herauszuklettern vermag.

Erikson will klarmachen, dass die ganze Gesellschaft leidet, wenn Menschen sich an wesentlichen Lebenspunkten unter Druck gesetzt fühlen, die Stagnation dem Wachstum vorzuziehen. Alle selbstreflektierenden Kulturen sind sich über die Existenz der jugendlichen Identitätskrise im Klaren und fangen sie auf. Und wenngleich diese Krisen kurzfristig Probleme und Ärger verursachen, können die neuen Ideen und Stärken, die an diesen persönlichen Wendepunkten freigesetzt werden, eine echte Verjüngung mit sich bringen, von der nicht nur die Betroffenen profitieren, sondern die ganze Gemeinschaft.

Luthers letzte Krise

Selbst auf dem Höhepunkt seines Ruhms und seiner Macht schrieb Luther immer noch an seinen Vater und versuchte, seine Taten zu verteidigen und zu rechtfertigen – und wie sein Vater wurde er in den mittleren Jahren mehr und mehr zu einem Reaktionär. Der Brandstifter führte ein Leben voller Bequemlichkeiten, wurde zum Fürsprecher des deutschen Fürstentums und forderte die Bauern auf, sich mit ihrem niedrigen Status abzufinden. Was seine Einstellungen und Gewohnheiten anging, blieb er bis zum Tod eher ein „Provinzmensch", statt ein Mann von Welt zu werden. Er wurde genau das, was sein Vater sich immer gewünscht hatte: einflussreich, wohlsituiert und verheiratet.

Man sollte meinen, dass dies die glücklichste Zeit in Luthers Leben war. Doch sie führte zu dem, was Erikson die Krise der „Generativität" im reifen Erwachsenenalter nennt. Jetzt fragen sich die Betroffenen: „Hat sich alles, was ich geschaffen habe, wirklich gelohnt? Würde ich es wieder tun, oder habe ich all diese Jahre verschwendet?" Luthers erste Krise war eine reine Identitätskrise. Diese hier war, wie Erikson schrieb, eine der Integrität. Obwohl er ein „großer Mann" war, musste auch Luther diese Phase durchmachen, die jeder ältere Erwachsene unweigerlich durchlebt.

Erikson will darauf hinaus, dass das Identitätsproblem niemals ganz gelöst ist. Wenn ein Aspekt in uns Ganzheit erlangt, bleibt da immer noch ein größeres Ich, das versucht, unser Erleben zu verstehen. Luthers Leben kann daher als charakteristische Abfolge von Aussagen darüber betrachtet werden, „was er *nicht* ist". In gewisser Weise ist das die einfache Hälfte der Identitätsbildung. Denn danach bleibt uns immer noch die Aufgabe zu entscheiden, was wir *sind.*

Zu guter Letzt

Wie wir den Entwurf von uns selbst im Laufe des Lebens verändern, ist eine der faszinierendsten Fragen in der Psychologie, weil Identität – wer oder was wir zu sein glauben oder zumindest zu sein hoffen – so grundlegend ist.

Identitätskrisen werden oft heruntergespielt, andere betonen, wie normal es ist, dass man sie durchmacht. Dabei trifft auf uns alle zu, was Erikson über Luther in dieser Situation schrieb: „Er benimmt sich, als würde die Menschheit mit seinem eigenen Beginn als Individuum von Neuem anfangen ... Für ihn beginnt und endet die Geschichte mit ihm." Das mag sich wie die Selbstverliebtheit eines Adoleszenten anhören, dabei müssen wir uns an allen möglichen Punkten unseres Lebens entscheiden, wo wir im Bezug auf die Welt stehen. Wenn die Gesellschaft nicht alles tut, um bei einer erfolgreichen Bewältigung der großen Wendepunkte im Leben zu helfen, wird der Preis dafür nicht bloß in zunehmenden psychischen Problemen bestehen, sondern auch im Verlust von Potenzial.

Die offensichtliche Gefahr von Psychobiografien besteht darin, dass wir zu viel in die Kindheit eines Menschen und deren Auswirkung auf das spätere Leben hineinlesen. Dennoch sieht Erikson überzeugende Verbindungen zwischen einer harten Kindheit und einem dominanten Vater auf der einen Seite und dem Geist der Zeit, in der Luther lebte, auf der anderen. Er zeigt auf, dass Luthers persönliche Krise nicht von den sozialen Veränderungen um ihn herum zu trennen ist. Die gesamte Reformation kann als Luthers persönliche Krise angesehen werden, die eben auf globaler Ebene durchlebt wurde. Es war zum Beispiel Luthers eigenes Gewissen, das ihn dazu veranlasste, die Kirche an zweite Stelle hinter die direkte Beziehung des Menschen zu Gott zu stellen. Und als wahrer Gläubiger, der beharrlich den Glauben über die „guten Taten" stellte, formte er das Christentum neu.

Psychologie ist wichtig, sagt Erikson, weil die Geschichte im Wesentlichen nichts anderes ist als die Manifestierung individueller psychischer Gegebenheiten.

Über Erik Erikson

Erik wurde 1902 in Frankfurt geboren und zunächst von seiner Mutter allein aufgezogen, bis sie seinen Kinderarzt Theodor Homberger heiratete. Die Familie zog nach Karlsruhe, wo Eriks drei Schwestern geboren wurden. Nach der Schule reiste er ein Jahr lang durch Europa, ehe er sich an der Kunsthochschule einschrieb. Er unterrichtete einige Zeit Kunst in Wien, wo er seine Frau Joan Serson kennenlernte, die für den Rest ihres Lebens mit ihm zusammenarbeitete. 1927 begann er ein Studium der Psychoanalyse am Wiener Institut für Psychoanalyse, arbeitete unter Anna Freud und spezialisierte sich auf Kinderpsychologie.

1933 zog Erik in die USA und änderte seinen Nachnamen in Erikson. Er unterrichtete drei Jahre lang an der Harvard Medical School und wurde zu Bostons erstem Kinderanalytiker. In Harvard wurde er stark von seiner Freundschaft zu den Anthropologen Ruth Benedict, Gregory Bateson und Margaret Mead beeinflusst. Später lehrte er an der Yale University, der Memminger Foundation, dem Center for Advanced Study in the Behavioral Sciences in Palo Alto, Kalifornien, und im Mount Zion Hospital in San Francisco. Eriksons bekannte Studien über die Lakota- und die Yurok-Indianer entstanden während seiner Tätigkeit an der University of California in Berkeley. Nachdem er Berkeley verlassen hatte, arbeitete er viele Jahre in einer privaten Praxis, bevor er nach Harvard zurückkehrte.

Eriksons Durchbruch war sein Werk *Kindheit und Gesellschaft* (1950), eine umfassende Studie über Individuen und Kulturen, für die er den Pulitzer-Preis und den National Book Award bekam. Zu seinen weiteren Büchern gehören: *Jugend und Krise* (1968), *Gandhis Wahrheit* (1970) und *Der vollständige Lebenszyklus* (1985). Erikson starb 1994.

Dimensions of Personality

1947

Die Persönlichkeit wird zu einem Großteil von den Genen bestimmt. Der Mensch ist, was das zufällige Arrangement der Gene seiner Eltern hervorbringt, und während das Umfeld zwar etwas dazu beitragen kann, das Gleichgewicht neu zu ordnen, ist sein Einfluss doch begrenzt. Die Persönlichkeit sitzt im selben Boot wie die Intelligenz. Beide sind dem überwältigend starken genetischen Einfluss ausgesetzt. Und die Rolle des Umfelds beschränkt sich zumeist darauf, kleine Veränderungen und vielleicht eine Art Maskierung zu bewirken.

KURZ GESAGT

Alle Persönlichkeiten können nach zwei oder drei grundlegenden, biologisch determinierten Dimensionen bemessen werden.

ÄHNLICHE TITEL

Isabel Briggs Myers, *Gifts Differing*
Iwan Pawlow, *Die bedingten Reflexe*
Steven Pinker, *Das unbeschriebene Blatt*

16. Hans Eysenck

Eysenck war einer der streitbarsten und produktivsten Psychologen des 20. Jahrhunderts. In über 50 Jahren Tätigkeit schrieb er 50 Bücher und über 900 Fachartikel und eröffnete für eine Vielzahl von Bereichen eine neue Sichtweise. Er wurde in Deutschland geboren, musste allerdings in den 30er Jahren des letzten Jahrhunderts nach Großbritannien fliehen, da er sich offen gegen die Nationalsozialisten gewandt hatte. Als er 1997 starb, war er zu einem der meistzitierten Forscher in der Psychologie geworden.

Dimensions of Personality war Eysencks erstes Buch und ist in einem trockenen, akademischen Stil gehalten. Weil es jedoch erstmals in der Wissenschaft das Konzept von Introvertiertheit und Extrovertiertheit vorstellte, legte es den Grundstein für 50 Jahre Arbeit auf dem Gebiet der Persönlichkeitsunterschiede.

Die zwei Dimensionen

Wenngleich Eysenck die antike griechische Unterteilung der Menschentypen in vier verschiedene Gruppen von Temperamenten beibehielt – die Sanguiniker, die Choleriker, die Phlegmatiker und die Melancholiker –, war er ganz offensichtlich auch der von C. G. Jung vertretenen Unterscheidung in die Dimensionen introvertiert und extrovertiert verhaftet. Vor allem aber bestand er darauf, dass jede Studie über Persönlichkeitsunterschiede objektiv und statistisch fundiert sein müsse. *Dimensions of Personality* baut auf der Faktorenanalyse auf, einer Forschungsmethode, die es Eysenck ermöglicht, aus einer großen Menge von Beobachtungsdaten Schlüsse über Persönlichkeitsunterschiede zu ziehen. Er hatte während des Krieges im Mill Hill Emergency Hospital in London gearbeitet und bezog viele kriegsmüde Soldaten in seine Studie ein. Die Männer mussten einen ganzen Katalog von Fragen über ihre üblichen Reaktionen in bestimmten Situationen beantworten und sich selbst bewerten. Aufgrund der gesammelten Antworten teilte Eysenck die Befragten nach Dimensionen oder „Obermerkmalen" wie extrovertiert, introvertiert oder neurotisch ein.

Eysenck war überzeugt, dass diese Obermerkmale genetisch bedingt und in unserer Physiologie festgelegt sind, vor allem im Gehirn und im zentralen Nervensystem. Hierin ließ er sich von Iwan Pawlow inspirieren. Die Quelle der Extrovertiertheit oder Introvertiertheit sind für Eysenck die unterschiedlichen Erregungsstufen des Gehirns. Die neurotische Dimension hingegen ist für ihn ein Aspekt des Nervensystems, der für emotionale Reaktionen auf Ereignisse zuständig ist.

Später nahm Eysenck noch eine weitere Dimension hinzu, den Psychotizismus. Obwohl sie ein Hinweis auf geistige Instabilität sein kann, verweist eine Zuordnung in diese Dimension zunächst einmal darauf, wie groß die Wahrscheinlichkeit ist, dass der Betreffende gegen ein System rebelliert oder unbeherrscht und rücksichtslos reagiert. Im Gegensatz zur Dimension der Extrovertiertheit bzw. der Introvertiertheit, die die Sozialfähigkeit misst, bestimmt die psychotizistische Messung, in welchem Maß jemand als sozialisiertes Wesen in Übereinstimmung mit Konventionen lebt oder im Extremfall zum asozialen Psychotiker oder Soziopathen wird.

Gemeinsam wurden die drei Dimensionen von Psychotizismus-Extrovertiertheit-Neurotizismus als PEN-Modell bekannt. Zu den Merkmalen gehören:

Extrovertiertheit

* Das Gehirn des Extrovertierten ist im Gegensatz zur allgemeinen Erwartung *weniger* erregbar als das des Introvertierten.
* Weil innen weniger passiert, sucht der Extrovertierte naturgemäß nach Stimulation von außen und Kontakt zu anderen, um sich wirklich lebendig zu fühlen.
* Extrovertierte gehen direkter auf Ereignisse zu, weil sie weniger besorgt darüber sind, wie sie persönlich wahrgenommen werden.
* Extrovertierte sind im Allgemeinen auch lebhafter und optimistischer, können aber auch rastlos, risikofreudig und unzuverlässig sein.

Introvertiertheit

* Das Gehirn des Introvertierten ist erregbarer, was ihn anfälliger für Stimmungsschwankungen macht und ihm ein intensives Innenleben beschert.
* Aufgrund der inneren sensorischen Überlastung meiden Introvertierte aus Selbstschutz zu viel sozialen Austausch, der für sie eine mentale Anstrengung bedeutet. Oder sie brauchen einfach nicht viel soziale Interaktion, weil ihr Innenleben so reich ist.
* Weil sie Dinge intensiver zu erleben scheinen, reagieren Introvertierte stärker und besorgter auf das Leben.
* Sie sind im Vergleich allgemein reservierter, ernster und pessimistischer und können Probleme mit ihrem Selbstwert sowie Schuldgefühle entwickeln.

Neurotizismus

* Neurotizismus ist ein Hinweis darauf, wie sehr wir dazu neigen, uns aufzuregen, nervös zu werden, besorgt, ängstlich oder gestresst zu sein.
* Hohe Werte in dieser Dimension besagen nicht, dass die Betreffenden neurotisch sind, sondern nur, dass ihr Gehirn diese Prädisposition für Neurosen aufweist. Ein niedriger Wert weist auf mehr emotionelle Stabilität hin.
* Menschen mit neurotizistischer Prädisposition reagieren überzogen auf Stimuli, während Menschen ohne diese Anlage ruhiger sind und die Dinge nüchterner betrachten.
* Introvertierte Menschen mit dieser Prädisposition sind anfälliger für Phobien oder Panikattacken, weil sie sich übertrieben bemühen, die Stimulation zu kontrollieren, die sie von außen bekommen. Extrovertierte neigen dazu, die Wirkung von Ereignissen unterzubewerten, und können Leugnungsneurosen entwickeln oder vermehrt verdrängen.

Zu guter Letzt

Auch wenn Eysencks Arbeiten über die biologische Grundlage der Persönlichkeit teilweise kritisiert wurde, wuchs ihr Ansehen in der Forschung. Steven Pinker weist in *Das unbeschriebene Blatt* auf Studien an eineiigen Zwillingen, die getrennt aufwuchsen, hin, die zeigen, dass nur ein kleiner Teil der Persönlichkeit auf Sozialisation zurückgeht. Der Rest ist durch die Gene bestimmt.

Heute gibt es viele andere Modelle für Persönlichkeitstypen – einschließlich des allgemein verwendeten Fünf-Faktoren-Modells von Extraversion, Verträglichkeit, Gewissenhaftigkeit, Neurotizismus und Offenheit für Erfahrung –, doch Eysenck war der Erste, der sich die Mühe machte, statistisch an das Problem heranzugehen. Es ist unwahrscheinlich, dass Persönlichkeitsforschung je zu einer exakten Wissenschaft wird, aber seine Arbeit bildete die Grundlage für ein besseres Menschenverständnis, da sie nicht auf bloßen sozialen Beobachtungen oder allgemeiner Erfahrung beruhte.

Da Eysenck sowohl ein ernsthafter Wissenschaftler als auch Autor populärpsychologischer Bücher war, trug er maßgeblich zum besseren öffentlichen Verständnis psychologischer Fragen bei. In den 50er Jahren des letzten Jahrhunderts lancierte er einen berühmten Angriff auf die wissenschaftliche Gültigkeit der Psychoanalyse, indem er auf den fehlenden Nachweis ihres Erfolgs bei Neurosen hinwies. Dadurch verhalf er zugleich der Psychotherapie zu höherem Ansehen in der Wissenschaft.

Eysenck ist auch als Intelligenzforscher bekannt, der sich gegen die Lehre der sozialen Konditionierung wandte und den Standpunkt vertrat, dass Intelligenz vor allem erblich und genetisch bedingt sei. Sein 1971 erschienenes Buch *Vererbung, Intelligenz und Erziehung*, in dem er darlegte, dass IQ-Unterschiede von der Abstammung abhängig sind, führte zu Demonstrationen und einem berühmten Eklat, als Eysenck vor einer Vorlesung verprügelt wurde. Eysenck befasste sich außerdem mit Astrologie, hielt paranormale Phänome für durchaus möglich und vertrat die These, dass nikotinsuchtbedingte Krebserkrankungen mit der Persönlichkeit zusammenhängen. Darüber hinaus fand er Hinweise auf eine mögliche biologische Prädisposition für kriminelles Verhalten.

Trotz aller Kontroversen machte die American Psychological Society Eysenck in Anerkennung seiner Beiträge zur psychologischen Wissenschaft gegen Ende seines Lebens zum William James Fellow auf Lebenszeit.

Über Hans Eysenck

Eysenck wurde 1916 in Deutschland geboren und wuchs nach der Scheidung seiner Eltern bei seiner Großmutter auf.

Als junger Mann lehnte er sich gegen das nationalsozialistische Regime auf und verließ Deutschland. Fortan lebte er in England, wo er 1940 an der University of London in Psychologie promovierte. Während des Zweiten Weltkriegs arbeitete er als Psychiater am Mill Hill Emergency Hospital und war von 1945 bis 1950 Psychologe am Maudsley Hospital. Er gründete und leitete außerdem die psychologische Abteilung am University of London Institute of Psychiatry. Diesen Posten hatte er bis 1983 inne.

Eysenck starb 1997.

Emotionale Erpressung. Wenn andere mit Gefühlen drohen

1997

Im Allgemeinen ist es vor allem eine bestimmte Person … die ihr Opfer so nachhaltig manipuliert, daß es vollkommen zu vergessen scheint, wie ein Erwachsener sich angemessen verhält. Obwohl es vielleicht in anderen Bereichen seines Lebens geschickt und erfolgreich ist, in der Gesellschaft dieses Menschen ist das Opfer verwirrt und fühlt sich machtlos. Der Manipulator hat sein Opfer um den kleinen Finger gewickelt.

Und vielleicht noch schlimmer ist, jedesmal, wenn man vor der emotionalen Erpressung kapituliert, verliert man die Verbindung zur eigenen Integrität, zu jenem inneren Kompaß, der den Menschen dabei unterstützt festzulegen, welcher Art seine Werte und sein Verhalten sein sollten.

KURZ GESAGT

Wir bewahren unsere Integrität nur, indem wir uns dem Kontrollverhalten anderer widersetzen.

ÄHNLICHE TITEL

Nathaniel Branden, *The Psychology of Self-Esteem*
Anna Freud, *Das Ich und die Abwehrmechanismen*
John M. Gottman, *Die 7 Geheimnisse einer glücklichen Ehe*

17. Susan Forward

Falls Sie jemals etwas getan haben, was Sie nicht tun wollten, zu dem Sie sich jedoch verpflichtet fühlten, um eine Beziehung aufrechtzuerhalten, dann ist dieses Buch das richtige für Sie. Vor der Lektüre von Susan Forwards Bestseller *Emotionale Erpressung. Wenn andere mit Gefühlen drohen* ist Ihnen vielleicht gar nicht klar, wie wirkungsvoll emotionale Manipulation sein kann.

Dabei ist die Erpressung selbst, so beunruhigend sie auch sein mag, nur ein Symptom von weit tiefer liegenden Problemen, die sowohl im Erpresser als auch im Erpressten liegen. Warum hat jemand das Gefühl, dass Drohung oder Einschüchterung das einzige Mittel sind, um das zu bekommen, was er will? Warum lassen sich die Opfer zu Opfern machen?

Was ist emotionale Erpressung?

Die meisten von uns hatten schon einmal jemanden in ihrem Leben – einen Ehepartner, ein Kind oder einen Kollegen –, dem wir deshalb nachgaben, weil wir keinen Ärger in der Beziehung wollten. Oder wir befinden uns aktuell im konstanten offenen Konflikt mit einem solchen Menschen, weil wir uns gegen den Druck wehren, etwas zu tun, was wir für falsch halten.

Ein emotionaler Erpresser handelt nach der unausgesprochenen Drohung: „Wenn du nicht machst, was ich will, wirst du leiden." Diese Menschen kennen uns sehr gut und nutzen ihr Wissen über unsere Schwächen, um uns gefügig zu machen. In einer normalen Beziehung ist das Verhältnis von Geben und Nehmen ausgewogen. Mal bekommen wir, was wir wollen, mal bekommt der andere, was er will. Dem emotionalen Erpresser hingegen ist es eigentlich egal, ob wir glücklich sind, solange er bekommt, was *er* will.

Erpresser hüllen uns in einen „Nebel“ aus Angst-, Pflicht- und Schuldgefühlen, der es bisweilen schwierig macht zu erkennen, wie wir tatsächlich behandelt werden. Wenn Angst und Schuld im Spiel sind, scheint es uns oft, als seien *wir* das Problem und nicht derjenige, der uns zu manipulieren versucht. Wenn ein Ehepartner, Kollege, Freund oder Verwandter eines der folgenden Dinge tut, warnt uns Forward, sind wir potenzielle Erpressungsopfer:

* Sie drohen damit, uns das Leben schwerzumachen, wenn wir nicht tun, was sie wollen.
* Sie deuten an, dass sie leiden, weil wir nicht nachgeben.
* Sie machen uns für unser Wohlverhalten große Versprechungen, die sie allerdings nie halten.
* Sie ignorieren oder verwerfen unsere Gedanken und Gefühle zu einem Thema.
* Sie vermitteln uns, wir seien irgendwie schlecht, wenn wir ihnen nicht nachgeben.
* Sie benutzen Geld oder Zuneigung als Belohnung, die sie gewähren oder entziehen, je nachdem, ob wir ihnen geben, was sie wollen.

Oft pumpen die Erpresser umso mehr „Nebel“ in die Beziehungen, je mehr wir uns ihren Forderungen widersetzen. Wir reagieren verwirrt oder verärgert auf das Geschehen, aber wir scheinen außerstande, entschlossen zu handeln. Schließlich sind wir doch nicht die Unvernünftigen, oder?

Forward nennt sechs Stufen der emotionalen Erpressung:

* Der Erpresser stellt eine Forderung.
* Der Erpresste leistet Widerstand.

* Der Erpresser übt Druck aus, etwa „Ich will nur das, was für uns am besten ist“ oder „Liebst du mich denn nicht?“.
* Der Manipulierte widersetzt sich weiter, also droht der Erpresser; „Wenn du dich nicht auf diese Weise an mich binden kannst, sollten wir vielleicht darüber nachdenken, ob es an der Zeit ist, andere Menschen kennenzulernen“.
* Unterwerfung: Der Erpresste will die Beziehung nicht gefährden und gibt nach.
* Wiederholung: Der Erpresser hat gesehen, dass das Muster funktioniert, und hat somit eine Grundlage für künftige Manipulationen.

Der letzte ist der wichtigste Schritt, denn nun weiß der Erpresser, dass sein Verhalten funktioniert. Er hat ein Manipulationsmuster entdeckt, und wir sind die Opfer.

Im Kopf des Erpressers

Warum ist es Erpressern so wichtig, sich durchzusetzen, dass sie sogar so weit gehen, uns zu bestrafen, wenn wir nicht nachgeben? In einem Kapitel über das Innenleben des Erpressers erklärt Forward, dass es sich bei ihnen gewöhnlich um frustrierte Menschen handelt. Sie haben das Gefühl, zu drastischen Mitteln greifen zu müssen, um Dinge zu bekommen, die ihnen wirklich wichtig sind. Ihre Partner sind oft erstaunt, wie unnachgiebig der andere plötzlich werden kann. Die normalen Kompromisse einer vertrauten Beziehung werden durch dogmatische Entscheidungen ersetzt. Menschen, die klammern, wütend werden oder uns fortwährend auf die Probe stellen, tun das, weil sie sich auf diese Weise vor möglichem Verlust schützen wollen. Auch wenn wir dabei das Gefühl bekommen, etwas falsch zu machen, sind es meist eher

Probleme aus der Vergangenheit, die zurückkehren und durch die gegenwärtige Beziehung geistern.

Indem sie uns bestrafen, glauben die Erpresser, eine Ordnung aufrechtzuerhalten oder uns eine Lektion zu erteilen, und ihre sture Haltung gibt ihnen eine gewisse Sicherheit. Nun hat die Strafe, die sie austeilen, unweigerlich auch unerwünschte Folgen. Sie erreichen ihr Ziel nicht. Ihre Opfer werden nicht gefügiger, sondern lehnen die Situation als solche ab und ziehen sich zurück.

Erpressung tritt vielfach in Form von Bedürftigkeit oder Besitzanspruch auf. Wenn wir auf eine Geschäftsreise gehen müssen oder beschließen, einen Wochenendkurs zu belegen, sorgt der daheimgebliebene Partner für massive Schuldgefühle. Er lässt uns wissen, wie einsam und deprimiert er ist, wenn wir nicht da sind. Natürlich tut er uns leid, doch unser Mitgefühl verstärkt, wie Forward schreibt, nur das manipulative Verhalten. Wollen wir selbst gesund bleiben, müssen wir eine Grenze ziehen und erkennen, dass unser Verhalten vollkommen normal ist, die Forderungen des anderen jedoch unvernünftig sind, selbst wenn sie scheinbar aus Liebe gestellt werden.

Es gibt viele verschiedene Stile der emotionalen Erpressung. Manche Menschen sprechen aggressive Drohungen aus, andere lassen ruhig durchblicken, was passieren wird, wenn sie ihren Willen nicht bekommen. Wieder andere konfrontieren uns mit der „Schweigebehandlung", bis wir herausgefunden haben, was sie wollen, und im verzweifelten Wunsch nach Wiederherstellung der normalen Beziehung nachgeben.

Laut Forward gilt: Je enger die Beziehung, umso angreifbarer werden wir für Erpresser. Nur wenigen von uns fällt es leicht, standhaft zu bleiben, wenn man uns mit finanziellen Einbußen, Scheidung, Wutanfällen oder sogar körperlicher Misshandlung droht. Und wer würde, auf einer subtileren Ebene, schon ohne Probleme eine Bitte ablehnen, wenn sie von der flehenden Frage „Liebst du mich denn nicht?" begleitet wird? Eine Tochter, die gerade im schwierigen Stadium des Drogenentzugs ist, weiß, dass ihre Mutter ihr für einen Hauskauf Geld leihen wird, wenn sie droht: „Wenn du es mir nicht gibst, werde ich wieder so wie früher."

Forward rät uns, vor allem daran zu denken, dass emotionale Erpressung „sich so *anhört*, als habe sie etwas mit dem Opfer zu tun, sich so *anfühlt*, als habe sie etwas mit dem Opfer zu tun, doch tatsächlich meistens *überhaupt nichts mit dem Opfer zu tun hat*. Vielmehr hat sie ihren Ursprung im unsicheren Inneren des Erpressers, das er zu stabilisieren sucht."

Die Auswirkungen emotionaler Erpressung

Es gibt einen Unterschied zwischen familiären Konflikten und Auseinandersetzungen, wie sie in den meisten Beziehungen auftreten, und einem Manipulations*muster*. Während Erstere uns die Möglichkeit bieten, uns mit den gegensätzlichen Auffassungen auseinanderzusetzen und dann wieder auf den grundsätzlich festen emotionalen Boden der Beziehung zurückzukehren, beinhaltet Letzteres immer auch das versuchte oder tatsächliche „Kleinmachen" des anderen. Eine Person bestätigt ihre Macht auf Kosten der anderen. Forward stellt fest, dass selbst sehr heftige Auseinandersetzung nicht zwangsläufig Beleidigungen oder Verletzungen der Persönlichkeit des anderen mit sich bringen müssen. In einem gesunden Konflikt muss niemand den anderen emotional verprügeln.

Erpresser versuchen stets, ihre Motive als den unseren überlegen darzustellen. Sie vermitteln uns, dass mit uns etwas nicht stimmt, dass wir zum Beispiel egoistisch seien oder gefühlskalt. Sie sind Meister der Verdrehung und bringen ihre unvernünftigen Forderungen so vor, als seien sie „offensichtlich" für alle das Beste. Wer anderer Meinung ist, ist ein wenig verrückt oder ein schlechter Mensch.

Diese Verbiegung der Realität zehrt an der Beziehung und raubt ihr alles Angenehme, Wohlwollende und Vertraute. Was übrig bleibt, ist eine leere Hülle, aus der alles Vertrauen und alle Zuneigung verschwunden sind. Die Zahl der Themen, über die wir gemeinsam reden können, nimmt beständig ab, je größer die Kluft wird. Wir finden uns in ein Leben voller Vermeidung ein, in dem wir uns wie auf rohen Eiern bewegen. Wie Forward poetisch formuliert: „Was einst ein anmutiger Tanz der Fürsorge und Nähe war, hat sich in einen Maskenball verwandelt, dessen Teilnehmer mehr und mehr Anteile ihres wahren Selbst voreinander verborgen halten."

Jedes Mal, wenn wir kapitulieren, hören wir auf, unserem „inneren Kompass" zu vertrauen, der uns normalerweise sagt, was wir tun müssen, um unsere Integrität zu wahren. Je mehr wir zu dem Menschen werden, den sich der Erpresser wünscht, umso mehr verlieren wir uns selbst aus dem Blick.

Warum wir verwundbar sind

Viele Menschen, die erpresst wurden und bei Forward Hilfe suchten, sprachen davon, sich wie in einem „schwarzen Loch" zu fühlen. Der Gedanke, dass der Partner sie verlassen könnte, war ihnen so unerträglich, dass sie sich in destruktives Denken flüchteten – sie waren bereit, fast alles zu tun, um den Partner zu halten. Wie Forward schreibt: „Menschen, die vieles in ihrem Leben mit Bravour meistern, weigern sich unter Zuhilfenahme scharfsinnig ausgedachter Argumente, selbstschädigende Verhaltensmuster zu verändern."

Diese Verlustangst ist die Mutter der meisten anderen Ängste, und Erpresser brauchen nichts weiter zu tun, als sie in uns zu schüren, und schon bekommen sie, was sie wollen. Aber unsere Integrität und unser innerer Friede hängen davon ab, Ängsten entgegenzutreten. Diesem Thema widmet sich Forward im zweiten Teil von *Emotionale Erpressung*. Sie bietet uns Hilfsmittel und Techniken an, mit deren Hilfe wir unsere emotionalen „wunden Punkte“ erkennen und uns so gegen Erpressungsversuche schützen können. Wir lernen, wie wir unseren Standpunkt vertreten, wie wir uns den wahren Problemen zuwenden, Grenzen setzen und dem Erpresser sagen, dass sein Verhalten inakzeptabel ist.

Zu guter Letzt

Dies ist nur eine Schilderung der wichtigsten Inhalte von *Emotionale Erpressung.* Schon der erste Teil, „Emotionale Erpressung verstehen“, ist den Kaufpreis wert, doch der zweite Teil ist noch weit wertvoller. Hier geht Forward über die Beschreibung der emotionalen Erpressung hinaus und zeigt uns, wie wir uns gegen sie wehren und sie bezwingen.

Leider enthält das Buch keine Quellenliste oder Bibliografie. Es wäre interessant zu wissen, von welchen Menschen Forward sich beeinflussen ließ oder ob sie all ihre Erkenntnisse ihrer Therapiepraxis verdankt. Ihre Gedanken zur emotionalen Struktur und Geschichte von Erpressern erinnern an die Arbeiten von Karen Horney über neurotische Tendenzen, die wir in der Kindheit entwickeln, um uns sicherer zu fühlen, und dann unangebrachterweise im Erwachsenenleben beibehalten.

Forwards Bücher – sie schrieb auch den aufschlussreichen Titel *Liebe als Leid. Warum Männer ihre Frauen hassen und Frauen gerade diese Männer lieben* – haben Millionen Menschen geholfen, und *Emotionale Erpressung* ist ein hervorragendes Beispiel dafür, was für einen großen Beitrag ein gutes Selbsthilfebuch zur Psychologie leisten kann. Nach dem Lesen werden Sie die Komplexität menschlichen Verhaltens und menschlicher Emotionen, die in jedem von uns steckt, umso mehr zu schätzen wissen. Viele der im Buch Zitierten sagen, ihre Partner könnten sowohl „die wunderbarsten, liebevollsten Menschen auf der Welt“ als auch die kaltherzigsten und egoistischsten Erpresser sein. Tatsache ist, dass die menschliche Natur beides vorsieht. Aber wir sollten niemals Erpressung in unseren Beziehungen dulden, denn selbst wenn sie diesen Würgegriff eine ganze Weile aushalten, so weicht doch letztlich alles Leben aus ihnen. Lassen Sie nicht zu, dass das mit Ihren Beziehungen geschieht.

Über Susan Forward

Susan Forwards Karriere in der Psychologie begann, als sie Volontärin am Neuropsychiatrischen Institut der University of California in Los Angeles (UCLA) war. Sie schrieb sich ein, machte einen Master-Abschluss in psychiatrischer Sozialarbeit an der UCLA und später ihren Doktor. Sie betreibt seit vielen Jahren eine private Therapiepraxis und arbeitet außerdem im Süden Kaliforniens mit vielen psychiatrischen und medizinischen Instituten zusammen.

Ihr erstes Buch, *Vergiftete Kindheit* (1978), machte sie zur Autorität beim Thema Kindesmissbrauch. Danach folgten *Liebe als Leid. Warum Männer ihre Frauen hassen und Frauen gerade diese Männer lieben* (1986) und *Toxic Parents* (1989), das ebenfalls zum Bestseller wurde. Zu ihren weiteren Veröffentlichungen gehören *Die dunkle Seite der Liebe*, *Money Demons* und *When Your Lover Is a Liar*, das sie, wie *Emotionale Erpressung*, zusammen mit Donna Frazier schrieb.

Forward ist eine aus den Medien bekannte Rednerin und trat schon bei großen Prozessen als Gutachterin auf. Als Therapeutin von Nicole Simpson war sie Zeugin im O.-J.-Simpson-Prozess.

Der Wille zum Sinn

1969

Wenn Sie mich fragen, wie ich mir die Heraufkunft des Sinnlosigkeitsgefühls erkläre, dann kann ich nur sagen, im Gegensatz zum Tier sagt dem Menschen kein Instinkt, was er muß, und im Gegensatz zum Menschen in früheren Zeiten, keine Tradition, was er soll – und nun scheint er nicht mehr recht zu wissen, was er will. So kommt es denn, daß er entweder nur will, was die anderen tun – und da haben wir den Konformismus –, oder aber, er tut nur, was die anderen von ihm wollen – und da haben wir den Totalitarismus.

KURZ GESAGT

Das bewusste Akzeptieren von Leid oder Schicksal lässt sich in eine unserer größten Errungenschaften wandeln.

ÄHNLICHE TITEL

Nathaniel Branden, *The Psychology of Self-Esteem*

18. Viktor Frankl

Frankls bekanntestes Werk ist ... *trotzdem Ja zum Leben sagen* (siehe *50 Klassiker der Selbsthilfe*), ein ergreifender Bericht über seine Zeit in einem nationalsozialistischen Konzentrationslager und seine Mitgefangenen, die entweder einen starken Überlebenswillen entwickelten oder ihr Leben aufgaben. Viele Leser schätzen dieses Werk als Gegenmittel gegen die Langeweile und Sinnleere des modernen Lebens.

Während dieses Buch bereits einige Erklärungen zu Frankls Philosophie vom Sinn – die Logotherapie, vom lateinischen *logos* = Sinn – enthält, widmet sich *Der Wille zum Sinn* ganz und gar den Grundlagen seiner Philosophie. Das macht das Werk zu einer recht anspruchsvollen, aber höchst lohnenswerten Lektüre.

Frankls Therapieansatz wird manchmal als die dritte Schule der Wiener Psychotherapie nach Freuds Psychoanalyse und Adlers Individualpsychologie angesehen. *Der Wille zum Sinn* betont deutlich die Unterschiede zwischen Frankls Ideen und den anderen beiden Schulen. Darüber hinaus lehnt er die behavioristische Schule und deren Versuch ab, menschliche Wesen auf komplexe Produkte ihres Umfelds zu reduzieren.

Der blinde Fleck der Psychologie

Frankl war der Meinung, dass die Psychologen die multidimensionale Beschaffenheit der menschlichen Natur verkennen. Er leugnete nicht, dass Biologie oder Konditionierung uns prägen, aber er bestand darauf, dass es Raum für den freien Willen gibt. Wir entscheiden, ob wir bestimmte Werte entwickeln, einen bestimmten Weg im Leben einschlagen oder in schwierigen Situationen unsere Würde bewahren.

Frankl bestritt, dass sich Dinge wie Liebe und Gewissen auf „bedingte Reaktionen“ oder die Resultate biologischer Programmierung reduzieren lassen. Als Neurologe stimmte er grundsätzlich zu, dass wesentliche Aspekte des Menschen mit einem Computer vergleichbar sind. Dennoch betonte er, dass wir nicht wie eine Maschine funktionieren. Wir mögen Probleme haben, die mit dem Verhältnis der Chemikalien in unserem Körper zusammenhängen, oder mentale Schwierigkeiten wie Agoraphobie, aber wir haben noch eine dritte Beschwerdengruppe (die er die „noogenen Neurosen“ nannte), die sich auf moralische oder spirituelle Konflikte bezieht. Ein konventioneller Psychiater kann sie nicht behandeln und missversteht vielleicht vollkommen, warum der Patient zu ihm gekommen ist – der eventuell weit mehr davon hätte, einen Priester oder Rabbi aufzusuchen. Frankl fragte sich: Kann man derselben Berufssparte, die Johanna von Orleans als Schizophrene abgetan hätte, zutrauen, Urteile über Themen wie Schuld, Gewissen, Tod und Würde zu fällen?

Die Antwort der Logotherapie

Frankl betrachtete seine Psychologie als existenzielle, doch im Gegensatz zum Existenzialismus von Albert Camus oder Jean-Paul Sartre, der die Sinnlosigkeit des Lebens postuliert, ist die Logotherapie grundsätzlich optimistisch. Ihr Ziel ist es, die Menschen davon zu überzeugen, dass das Leben immer einen Sinn hat, auch wenn er uns nicht klar ersichtlich ist. In schwierigen oder schmerzlichen Lebenssituationen erkennen wir den Sinn vielleicht nicht gleich, aber später können wir es, wenn wir infolge des Geschehenen innerlich gewachsen sind.

Die größte menschliche Errungenschaft ist nicht Erfolg, wie Frankl sagt, sondern die Fähigkeit, einem unveränderlichen Schicksal mit großem Mut zu begegnen. So verwandelte eine sterbende Frau, die Frankl im Krankenhaus betreute, ihre Verzweiflung wegen ihres bevorstehenden Todes in die Anschauung, dass ihr Mut im Tode vielleicht ihr wichtigstes Erlebnis werden könnte. Statt eines „sinnlosen“ frühen Todes fand sie Sinn in der selbstbestimmten würdevollen Art ihres Sterbens.

Frankl behauptet, die „existentielle Leere“, die so viele Leute empfinden, sei keine Neurose, sondern etwas sehr Menschliches. Sie signalisiert uns, dass unser Wille zum Sinn lebendig ist. Frankl zitiert den Autor Franz Werfel, der den Durst als sichersten Beweis für die Existenz von Wasser sieht.

Verantwortung und Schuld

Frankl hielt einst einen Vortrag im berüchtigten Gefängnis von San Quentin. Die Gefangenen liebten ihn, weil er weder vorgab, dass sie alle wunderbare Menschen seien, noch sagte, sie seien wegen ihrer Gene Opfer der Gesellschaft. Stattdessen sah er sie als freie und verantwortliche Menschen, die Entscheidungen gefällt hatten, die sie in ihre derzeitige Lage gebracht hatten. Er betrachtete die Schuld als real existierende.

Frankl forderte häufiger, man solle an der Westküste Amerikas eine Verantwortungsstatue aufstellen, sozusagen als Gegenstück zur Freiheitsstatue an der Ostküste. Wir leben in einem Zeitalter des Relativismus, in dem alle wahren Werte und aller Sinn, der unabhängig von unserem Urteil existiert, verwässert wird. Doch indem wir uns entscheiden, frei von solchen allgemeingültigen Vorgaben zu leben, beschneiden wir uns mit der Zeit tatsächlich in unserer Freiheit.

Gewissen

Falls Sie ... *trotzdem Ja zum Leben sagen* gelesen haben, werden Sie vielleicht überrascht sein zu erfahren, dass Frankl die Möglichkeit gehabt hätte, den Konzentrationslagern zu entkommen. Als er in Wien lebte, wurde ihm in seiner Eigenschaft als Neurologe ein Visum für die Vereinigten Staaten angeboten – allerdings nur für ihn und nicht für seine Eltern. Da er wusste, welches Schicksal ihnen bevorstand, brachte er es nicht übers Herz, ohne sie zu gehen.

Jeder Mensch, schrieb er, kommt mit einem einzigartigen Sinnpotenzial auf die Welt, das er erfüllen kann. Es ist uns überlassen, ob wir diesen Sinn begreifen und akzeptieren oder lieber meiden wollen. Es gibt keinen höchsten „Sinn des Lebens“, sondern lediglich individuelle „Lebenssinne“ für individuelle Menschen. Abstrakt nach dem Sinn des Lebens zu fragen bringt nichts, wir müssen diese Frage an unser eigenes Leben mit seinen einzigartigen Problemen und Herausforderungen stellen. Die Einzigartigkeit des Sinns ist das Gewissen.

Zu guter Letzt

Am Ende von *Der Wille zum Sinn* stellt Frankl die Frage, die sich im Laufe der Lektüre förmlich aufdrängt: Wenn es der Logotherapie allein um den Sinn geht, was unterscheidet sie dann von der Religion? Seine Antwort ist, dass die Religion per se von der Rettung handelt, wohingegen es der Logotherapie um die geistige Gesundheit geht.

Ungeachtet dieses Unterschieds baut seine Form der Psychologie auf ein spirituelles Vertrauen in den höchsten Sinn, was Frankl für viele Menschen verdächtig machte. Nichtsdestotrotz war Frankl promovierter Neurologe und Psychiater und hatte zwei Konzentrationslager überlebt. Folglich war er weit davon entfernt, ein Mystiker oder Träumer zu sein.

Dass die Menschen einen Willen zum Sinn haben, lässt sich schwerlich leugnen, selbst wenn wir anzweifeln, dass dieser höchste Sinn vom Leben selbst geboten wird.

Während Freud vom Streben nach Vergnügen oder Sex schrieb und Adler vom Machtstreben, glaubte Frankl daran, dass der menschliche Wille nach Sinnhaftigkeit eine mindestens genauso starke Kraft in uns ist, die uns gleichermaßen prägt. Wir mögen vom Streben angetrieben sein, doch der Sinn *zieht* uns an. Und wenngleich Frankl den Einfluss der Biologie und der Konditionierung auf unsere Entwicklung nicht leugnet, besteht er doch darauf, dass es immer Raum für freien Willen gibt – die freie Wahl, bestimmte Werte zu entwickeln oder Lebenswege einzuschlagen ebenso wie das Bewahren unserer Würde in schwierigen Situationen. Für Frankl kann die Psychologie nur etwas erreichen, wenn sie diesen Willen zum Sinn ebenso berücksichtigt wie das Streben nach Vergnügen oder den Machtinstinkt.

Über Viktor Frankl

Frankl wurde 1905 in Wien geboren, studierte Medizin an der dortigen Universität und schloss sein Studium mit einem Doktortitel ab. Während der 30er Jahre des letzten Jahrhunderts arbeitete er auf der Station für Suizidgefährdete am Allgemeinen Krankenhaus in Wien und gründete nebenher eine private psychiatrische Praxis. Von 1940 bis 1942 leitete er die Neurologie am Rothschild-Hospital.

1942 wurden Frankl, seine Eltern und seine Frau Tilly ins Konzentrationslager Theresienstadt deportiert. Seine Familie überlebte das Lager nicht, doch Frankl, der zwischenzeitlich nach Dachau verlegt worden war, wurde 1945 von der amerikanischen Armee befreit.

Nach seiner Rückkehr nach Wien schrieb Frankl *... trotzdem Ja zum Leben sagen* und wurde zum Leiter der Wiener Neurologischen Polyklinik ernannt. Diese Position hatte er bis 1971 inne. 29 Ehrendoktortitel wurden ihm verliehen, und er lehrte als Gastprofessor in Harvard und an anderen amerikanischen Universitäten sowie an der Medizinischen Hochschule der Universität Wien.

Zu seinen weiteren Büchern gehören *Ärztliche Seelsorge* (1983), *Das Leiden am sinnlosen Leben* (1983) und *Der unbewusste Gott* (1988).

Frankl starb 1997 in derselben Woche wie Mutter Teresa und Prinzessin Diana.

Das Ich und die Abwehrmechanismen

1936

In allen diesen Konfliktsituationen sträubt sich das Ich dagegen, ein Stück des eigenen Es zu akzeptieren. Das Abwehrende und das Abgewehrte bleiben also jedesmal konstant, die variablen Faktoren sind die Mächte, unter deren Druck das Ich die Abwehraktionen ausführt. In letzter Linie dient jede einzelne Abwehrhandlung immer wieder der Sicherung des Ichs und der Ersparung von Unlust.

KURZ GESAGT

Wir tun beinahe alles, um Kränkung zu vermeiden und unser Ich-Gefühl zu bewahren, und dieser Zwang führt oft dazu, dass wir psychische Abwehrmechanismen entwickeln.

ÄHNLICHE TITEL

Alfred Adler, *Menschenkenntnis*
Eric Berne, *Spiele der Erwachsenen*
Sigmund Freud, *Die Traumdeutung*
Karen Horney, *Unsere inneren Konflikte*
V. S. Ramachandran, *Die blinde Frau, die sehen kann*

19. Anna Freud

Anna Freud war das jüngste der sechs Kinder Sigmund Freuds und das einzige, das es zu eigenem Ansehen als Psychologin brachte. Bis sie 14 wurde, hatte sie alle Bücher ihres Vaters gelesen und war entschlossen, in seine Fußstapfen zu treten. Obgleich sie unweigerlich als „Papis Liebling" etikettiert wurde, gilt sie als Pionierin in zwei wichtigen Bereichen: der Psychologie vom Ich und der Kinderpsychoanalyse.

Während sich Sigmund Freud hauptsächlich auf das Unbewusste (Es) konzentrierte, räumte Anna dem Ich eine größere Bedeutung ein, insbesondere in Bezug auf Therapie und Psychoanalyse. Ihre Arbeit befasst sich mit der Interaktion von Ich, Es und Über-Ich, und das Verständnis dieser Interaktion führte sie schließlich zur Erkundung der Abwehrmechanismen. Durch ihre Arbeit mit Kindern und Jugendlichen demonstrierte sie ihrem Vater, warum sich die psychoanalytische Praxis mit ihnen so sehr von der mit Erwachsenen unterschied.

Das Ich und die Abwehrmechanismen ist ihr bekanntestes Buch. Obwohl sie darin von einer gewissen Vertrautheit des Lesers mit der psychoanalytischen Terminologie ausgeht, können auch Laien dieses Buch lesen. Zudem lockern einige interessante Fallstudien die Theorie angenehm auf. Anna Freud benutzt viele klassische Freud-Termini wie „Mutterhass", „Penisneid" und „Kastrationsangst", die der heutige Leser nicht allzu wörtlich nehmen sollte. Dahinter jedoch verbirgt sich eine spannende Erklärung für die Art, wie Menschen sich verhalten, und trotz der jüngsten Kritik an der freudschen Psychologie bleibt Anna Freuds Erklärung zum Entstehen und Wirken von Abwehrmechanismen überzeugend.

Was ist ein Abwehrmechanismus?

Der Begriff „Abwehr“ wurde im Zusammenhang mit Psychologie erstmals 1894 von Sigmund Freud benutzt. Er wollte damit, wie Anna Freud sagte, den Kampf des Ichs gegen Kränkungen oder unerträgliche Vorstellungen oder Wirkungen ausdrücken, die zu Neurosen führen können. Das Ich entwickelt einen Abwehrmechanismus, um sich vor der Überwältigung durch unbewusste Bedürfnisse wie dem nach Sex oder Aggression zu schützen. Die Arbeit des Psychoanalytikers besteht darin, den Patienten diese Zwänge bewusst zu machen. Dazu kann auch die Isolierung der Kränkung gehören, die der Patient erlebte, als er erstmals mit den unbefriedigten Impulsen konfrontiert war.

Das Ich ist stets mit der Gefahr konfrontiert, vom Unbewussten „eingeholt“ zu werden. Es versucht vielleicht, die unbewussten Zwänge intellektuell zu verdrängen, sie zu unterdrücken, sie auf andere zu projizieren oder sie zu leugnen. Gelingt es jemandem, Abwehrmechanismen gegen Angst und Kränkung zu entwickeln, dann hat das Ich laut Freud die Schlacht zwischen den „drei Instanzen“ Ich, Es und Über-Ich gewonnen. Verlieren wir den Kampf hingegen zugunsten des unbewussten Instinkts oder der gesellschaftlichen Zwänge, dann verliert vor allem unser Ich. Das Ich bemüht sich fortwährend, eine Harmonie zwischen sich selbst, dem Unbewussten und der Außenwelt herzustellen, was allerdings der geistigen Gesundheit nicht immer zuträglich ist. Manchmal kann es sogar geschehen, dass das Ich „gewinnt“, die Person als Ganzes jedoch verloren hat, weil der Sieg zur Erhaltung des Ichs einen Abwehrmechanismus nötig machte.

Sklave des Über-Ichs

Während das Ich den normal denkenden Verstand und das Es das Unbewusste repräsentiert, ist das Über-Ich in der freudschen Terminologie jener Teil von uns, der auf die Gesellschaft oder die gesellschaftlichen Regeln reagiert.

Tritt ein natürlicher Instinkt zutage, will das Ich ihn befriedigen, doch das Über-Ich lässt es nicht zu. Das Ich unterwirft sich dem „höheren" Über-Ich, behält allerdings das Problem. Es beginnt, gegen den Impuls anzukämpfen und den Schmerz zu mindern, den dessen Nichtbefriedigung verursacht. Dazu entwirft es einen Abwehrmechanismus, der ihm erlaubt, die Unterwerfungsentscheidung zu verstehen.

Wie Freud schreibt, ist das Über-Ich „der Störenfried, der kein freundliches Übereinkommen zwischen Ich und Trieb zustande kommen läßt. Es präsentiert Idealforderungen, die die Sexualität verpönen und die Aggression für unsozial erklären." Die Entsagung dieser Triebe kann bedeuten, dass die Instinkte einfach außer Sichtweite gedrängt werden. Und was das Ich nicht in sein Ich-Gefühl integrieren kann, drückt es als ungesunden Persönlichkeitszug oder Neurose anderswo aus. Wenn das Ich zu einem bloßen Ausführungsinstrument für die Wünsche des Über-Ichs wird, entwickeln wir uns zu der Art von verschlossenen, allzeit anständigen Menschen, die in beständiger Angst vor den eigenen Trieben leben.

Freud beschreibt eine Frau, deren Leben in so großem Maße von ihrem sehr starken Über-Ich bestimmt wurde, dass sie ihre selbstverweigerten natürlichen Impulse in andere Lebensbereiche „projizierte". Als Kind war sie eine leidenschaftliche „Möchte-auch-Ruferin", die bestimmte Dinge oder Kleider forderte, um genauso gut wie andere Kinder oder besser zu sein. Ihre Wünsche bedeuteten ihr alles. Als Erwachsene wird sie zu einer unverheirateten und kinderlosen Erzieherin, „in der Kleidung eher ärmlich und unauffällig". Sie tritt bescheiden auf und zeigt keinen Ehrgeiz. Was ist geschehen? An irgendeinem Punkt fühlte sie die Notwendigkeit, sich den Werten und Maßstäben der Gesellschaft anzupassen und ihre natürlichen Wünsche zu unterdrücken. Folglich schlug sie ins andere Extrem aus. Statt sich um ihre eigenen Bedürfnisse zu kümmern, verbrachte sie ihre Zeit damit, sich liebevoll anderer Menschen anzunehmen. Sie interessierte sich sehr für das Liebesleben ihrer Freundinnen und sprach gerne mit ihnen über Kleidung, wenngleich sie sich selbst keines dieser Vergnügen zugestand. Ihr Abwehrmechanismus gegen die Wahrnehmung, dass ihre Bedürfnisse zu stark waren, bestand darin, dieselben Bedürfnisse durch andere Menschen zu erfüllen. Ihr Ich und ihr Es hatten die Schlacht gegen das Über-Ich ganz und gar verloren, und dies war die einzige Form, in der sie sich überhaupt noch ausdrücken konnte.

Unterdrückung

Dieses Beispiel für eine Projektion der Wünsche auf die Außenwelt ist, wie Anna Freud erklärt, noch eine verhältnismäßig gesunde Abwehr. Eine ungleich stärkere und oft weit schädlichere ist die Unterdrückung, weil sie die meiste Kraft kostet, wenn sie aufrechterhalten werden soll.

Sie erzählt von einem Mädchen, das mit lauter Brüdern aufwuchs und der Mutter die vielen Schwangerschaften verübelte, woraus sich ein echter Hass entwickelte. Da sie diese Gefühle unterdrückte, weil sie ahnte, dass sie nicht „nett" waren, versuchte ihr Ich sich zu schützen, indem es genau die gegenteilige Reaktion zeigte: übertriebene Zuneigung zur Mutter und Sorge um ihre Sicherheit. Der Neid und die Eifersucht des Mädchens wurden in Selbstlosigkeit und Rücksicht auf andere verwandelt. Obwohl ihr diese Abwehr bei der Eingliederung ins Familienumfeld half, führte die Unterdrückung ihrer natürlichen Gefühle dazu, dass sie die normalen Reaktionen und die alterstypische Munterkeit verlor.

In einem weiteren Beispiel entwickelt ein junges Mädchen die Fantasie, seinem Vater den Penis abzubeißen, doch um diese Gedanken abzuwehren, schuf ihr Ich eine Abneigung gegen das Beißen schlechthin, was Essprobleme zur Folge hatte.

In beiden Fällen war das Ich zwar insofern „friedlich", als es keine inneren Konflikte mehr zu lösen hatte, aber auf einer anderen Ebene litten die Mädchen weiter, weil sie ihre Konflikte nur unterdrückten. Unterdrückung ist die gefährlichste Form der Abwehr, wie Freud feststellte, weil sie dem Bewusstsein einen ganzen Bereich unseres Trieblebens entzieht und so die Persönlichkeit tötet.

Kindliche Abwehrmechanismen

Nicht alle Abwehrmechanismen sind zwangsläufig schlecht. Sie können auch schlicht die Art und Weise sein, wie jemand mit echter äußerer Gefahr umgeht. Als Anna Freud sich mit den Abwehrmechanismen von Kindern beschäftigte, fiel ihr auf, dass sie sich selbst als vergleichsweise schwach in einer Welt von mächtigen Erwachsenen und Gefahren wahrnehmen und das in Fantasien und Rollenspielen zu kompensieren versuchen. Wenn ein Kind sich von einem Bild, etwa dem eines Geistes oder gewalttätigen Mannes, bedroht fühlt, übernimmt es die Merkmale dieses externen Objekts, indem es selbst vorgibt, ein Geist zu sein, oder sich als Cowboy oder Räuber verkleidet. Es wechselt von der passiven in die aktive Rolle. Auf diese Weise holt es sich Macht aus seinem Umfeld zurück.

Freud analysierte Kindergeschichten, in denen ein Junge und ein Mädchen es schaffen, einen bösen alten Mann zu zähmen, der reich oder mächtig oder furchteinflößend ist, wie etwa in *Little Lord Fauntleroy.* Das Kind rührt an das Herz des Mannes, wie noch niemand zuvor es konnte, und daraufhin verwandelt er sich in ein wahrhaft menschliches Wesen.

In anderen Geschichten werden wilde Tiere gezähmt oder Bestien menschlich gemacht. All diesen Fantasien ist eine Umkehr der Realität gemeinsam. Sie können Kindern helfen, mit ihrem Mangel an Macht in realen Beziehungen umzugehen, beispielsweise in der Vater-Sohn-Beziehung. Und sie helfen den Kindern, sich mit der Wirklichkeit zu versöhnen, gerade weil sie ihnen erlauben, sie zu leugnen.

Das pubertäre Ich

Anna Freud stellte fest, dass Teenager häufig asoziales Verhalten zeigen und sich von den Familien zu isolieren versuchen. Ein weiteres Merkmal des Adoleszenten ist dessen stetig verändertes Auftreten. In keinem anderen Lebensabschnitt verändern sich Menschen so schnell, wechseln mit einer solchen Ernsthaftigkeit den Kleidungs- oder Haarstil oder binden sich mit einer solchen Intensität an bestimmte Parteien oder religiöse Ideale. Gleichzeitig begreifen Heranwachsende sich als den Nabel der Welt und zeigen entsprechend narzisstische Züge. Sie „identifizieren" sich mit Dingen und Menschen, statt diese klar zu sehen und sie als das zu schätzen, was sie sind.

Freud bemerkte, dass in jeder Lebensphase, in der ein erhöhter Sexualtrieb vorhanden ist, auch die Gefahr von neurotischen oder psychotischen Störungen zunimmt, sofern das Ich nicht imstande ist, diese Triebe angemessen zu verarbeiten. Für das Ich stellen erhöhte Triebe eine Gefahr dar, und es reagiert darauf, indem es alles tut, um sich selbst zu sichern. Das war Freuds Erklärung für den adoleszenten Egoismus – mit ihm verteidigen Teenager ihre Identität gegen eine ganze Fülle von neuen und mächtigen Gefühlen, die aus dem Nichts zu kommen scheinen.

Zu guter Letzt

Anna Freud gab unumwunden zu, dass eine Beschreibung der unterschiedlichen Abwehrmechanismen als Reaktion auf Ängste und Unsicherheiten keine exakte Wissenschaft ist. Wie könnte sie es auch sein, wenn wir uns doch in die Katakomben des Geistes begeben, zu den Wünschen und Bedürfnissen, und uns mit dem Umgang mit sozialem Druck befassen? Der freudianischen Psychologie wurde häufiger Unwissenschaftlichkeit vorgeworfen, und in mancher Hinsicht zu Recht. Psychoanalytiker wurden durch Psychotherapeuten und kognitive Psychologen ersetzt, die sich weniger für die Vergangenheit oder die Sehnsüchte der Patienten interessieren. Ihre Aufgabe besteht darin, irrige Denkweisen zu korrigieren, die zu unbefriedigenden Gefühlen oder Verhaltensformen geführt haben.

Obwohl auch das alles schön und gut ist, werden wir vielleicht einige Aspekte der freudianischen Psychologie vermissen: ihre Betrachtung menschlicher „Lust und Aggression", ihr großes Wissen über Träume und mythische Symbole und ihre Betonung des Streits zwischen Ich, Es und Über-Ich. Diese Konzepte bleiben hilfreich, und was die Abwehrmechanismen betrifft, sind sie doch real genug, dass wohl die meisten von uns unschwer mindestens einen eigenen benennen könnten. Auch die Neurologie hat erst kürzlich deren Existenz bestätigt (siehe Ramachandran, S. 408. Eventuell kann die Psychoanalyse also ihre wissenschaftliche Gültigkeit doch noch belegen. Anna Freud trug vor allem dazu bei, die Theorien ihres Vaters in die Praxis umzusetzen, und sollte dessen Psychologie einst ein Comeback erleben, wird ihre Arbeit gewiss an Einfluss gewinnen.

Über Anna Freud

Anna Freud wurde 1895 in Wien geboren. Sie stand ihrem Vater von Anfang an sehr nahe, galt als rastlose Schülerin und las gern und viel.

Dank der zahlreichen ausländischen Gäste in ihrem Elternhaus lernte sie bereits als Kind mehrere Fremdsprachen. Ihre ältere Schwester Sophie wurde als die „Schöne“, Anna als die „Kluge“ in der Familie angesehen.

Anna machte 1912 ihren Schulabschluss und nach ausgedehnten Italienreisen ihr Examen als Grundschullehrerin. Neben ihrer Arbeit als Lehrerin übersetzte sie die Werke ihres Vaters und wurde so gewissermaßen zur Schülerin Sigmunds. 1918 machte sie eine Psychoanalyse bei ihrem Vater, und 1922 wurde sie vom Internationalen Psychoanalytischen Kongress als Mitglied aufgenommen. Ein Jahr später begann sie, als Psychoanalytikerin in Berlin zu praktizieren, kehrte jedoch nach Wien zurück, als ihr Vater an Gaumenkrebs erkrankte, und pflegte ihn bis zu seinem Tod im Jahr 1939.

Von 1927 bis 1934 stand sie der Internationalen Psychoanalytischen Vereinigung vor und baute ihre Kinderanalyse-Praxis weiter aus. 1935 wurde sie Direktorin des Psychoanalytischen Instituts in Wien und half von 1937 an beim Aufbau eines Horts für arme Kinder. Als Österreich sich den Nationalsozialisten anschloss, organisierte Anna den Umzug der Freuds nach England. Dort gründete sie die Hampstead War Nursery für Kinder alleinstehender Mütter und 1947 die Hampstead Child Therapy Clinic, ein weltweit bekanntes Zentrum für Kinderpsychologie.

Anna war nie verheiratet und sah ihre Aufgabe darin, das Vermächtnis ihres Vaters zu erhalten und weiterzuführen. Mehrere amerikanische Universitäten, an denen sie Vorlesungen und Seminare abhielt, verliehen ihr Ehrendoktortitel. Nach ihrem Tod im Jahr 1982 wurde ihr Londoner Haus zum Freud-Museum umgebaut.

Die Traumdeutung

1900

Der Traum gibt sich nie mit Kleinigkeiten ab; um Geringes lassen wir uns im Schlaf nicht stören. Die scheinbar harmlosen Träume erweisen sich als arg, wenn man sich um ihre Deutung bemüht; wenn man mir die Redensart gestattet, sie haben es „faustdick hinter den Ohren".

Wovon die Tiere träumen, weiß ich nicht. Ein Sprichwort, dessen Erwähnung ich einem meiner Hörer danke, behauptet es zu wissen, denn es stellt die Frage: „Wovon träumt die Gans?" und beantwortet sie: „Vom Kukuruz (Mais)". Die ganze Theorie, daß der Traum eine Wunscherfüllung sei, ist in diesen zwei Sätzen enthalten.

KURZ GESAGT

Träume enthüllen die Wünsche des Unbewussten und dessen großes Wissen.

ÄHNLICHE TITEL

Alfred Adler, *Menschenkenntnis*

Anna Freud, *Das Ich und die Abwehrmechanismen*

Carl Gustav Jung, *Die Archetypen und das kollektive Unbewußte*

20. Sigmund Freud

Wenigen Menschen ist bekannt, dass Freud eher ein Spätzünder war. Obwohl er in der Schulzeit meist der Klassenbeste war, brauchte er acht Jahre für sein Studium der Medizin und anderer Fächer, bevor er seinen Abschluss machte. Auch seine Annäherung an die Neurologie ging langsam vonstatten. Zunächst schrieb er Artikel über Sprachstörungen, die Wirkung des Kokains als Narkotikum und zerebrale Lähmungen bei Kindern, ehe er sein Interesse auf die Psychopathologie verlegte. Doch sein Ehrgeiz, ein namhafter Forscher auf dem Gebiet der Medizin zu werden, kollidierte mit seinem Wunsch, seine Verlobte Martha Bernays zu heiraten. Um ihr ein Heim zu bieten, musste er die medizinische Praxis anstelle der Forschung wählen.

Infolgedessen erschien *Die Traumdeutung*, das Buch, mit dem er sich einen Namen machte, erst, als er bereits Mitte vierzig war, und selbst dann dauerte es noch über zehn Jahre, bevor es berühmt wurde. Das Werk, das zu einem der einflussreichsten in der Geschichte werden sollte, erschien zunächst in einer Auflage von 600 Exemplaren, und es brauchte acht Jahre, bis alle verkauft waren. Die wenigen Rezensionen, die dazu geschrieben wurden, waren meist kritisch, und erst 1913 wurde es erstmals von A. A. Brill ins Englische übersetzt.

Das Buch gibt einen halb autobiografischen Einblick in die Welt des Bürgertums im Wien des späten 19. Jahrhunderts und zeigt uns den Menschen hinter dem „großen Mann", der gern mit seinen Kindern zusammen war, Urlaub in den Alpen machte, mit Freunden und Kollegen verkehrte und nach beruflichem Erfolg strebte. Besonders lesenswert sind die Beschreibungen und Analysen der Träume selbst (die meisten sind Träume seiner Patienten, doch ein paar sind auch Freuds eigene), die oft über ein Dutzend Seiten gehen und nebenbei Freuds großes Wissen über Mythologie, Kunst und Literatur illustrieren.

Die Traumdeutung ist eine medizinische und wissenschaftliche Annäherung an ein Thema, das sich bisher einer Analyse entzogen hatte, und schuf damit die Wissenschaft vom Unbewussten. Nach der Fertigstellung des Buches schrieb Freud, Erkenntnisse wie diese würden dem Menschen höchstens einmal im Leben beschert. Erst nach 40 Jahren konnte er sein ursprüngliches Vorhaben verwirklichen, und dabei markierte es erst den Anfang seiner Karriere.

Die Quellen der Träume

Es ist erstaunlich, wie viel schon vor Freud über Träume geschrieben worden war. Entsprechend beginnt er sein Buch mit einer ausführlichen Übersicht über die Literatur, geht zurück bis zu Aristoteles und würdigt auch zeitgenössische Größen wie Louis Alfred Maury, Karl Friedrich Burdach, Yves Delage und Ludwig Strumpel. Freud fasst seine Lektüreergebnisse wie folgt zusammen: „Das wissenschaftliche Verständnis des Traumes ist nämlich trotz mehrtausendjähriger Bemühung sehr wenig weit gediehen."

Von der Vorstellung der Träume als „göttlichen Eingebungen" gelangte man zu der eher wissenschaftlich-pragmatischen Ansicht, sie seien schlicht Folgen von „sinnlicher Erregung". Wir hören beispielsweise im Schlaf ein Geräusch von außen und weben es in unseren Traum ein, um es zu erklären. Dieser Deutung nach sind weit verbreitete Träume wie der, nackt zu sein, eine Folge davon, dass unsere Bettdecke heruntergerutscht ist, Träume vom Fliegen werden vom Heben und Senken des Brustkorbs beim Atmen verursacht und so fort.

Freud jedoch glaubte nicht, dass Träume mit sinnlichen Reizen zu erklären sind. Physische Stimuli während des Schlafs könnten zwar durchaus das Thema unseres Traums beeinflussen, aber sie können ebenso gut ignoriert und nicht in den Traum aufgenommen werden. Viele Träume weisen zu viele ethische oder moralische Komponenten auf, als dass sie auf bloße physische Ursachen zurückzuführen wären.

Freuds Interesse an Träumen ergab sich ursprünglich aus seiner Arbeit mit psychotischen Patienten. Er erkannte, dass die Trauminhalte dieser Patienten gute Indikatoren für ihren Geisteszustand und wie andere Symptome deutbar waren. Bis er mit dem Schreiben von *Die Traumdeutung* begann, hatte Freud über 1.000 Träume klinisch interpretiert.

Seine Schlussfolgerungen waren unter anderem:

* Träume benutzen vorzugsweise Eindrücke aus den letzten Tagen, rekurrieren allerdings auch auf frühe Kindheitserinnerungen.
* Träume verwenden eine andere Methode der Erinnerungsselektion als der wache Verstand – das Unbewusste konzentriert sich gewöhnlich nicht auf große Ereignisse, sondern erinnert das Triviale oder Unbemerkte.
* Obwohl sie in dem Ruf stehen, willkürlich oder absurd zu sein, weisen doch alle Träume ein einheitliches Motiv auf, das voneinander losgelöste Menschen, Ereignisse und Empfindungen in „eine Geschichte" bündelt.
* Träume handeln immer vom Ich.
* Träume können mehrere Bedeutungsebenen haben und eine Vielzahl von Ideen in einem einzelnen Bild zusammenfassen. Desgleichen können Ideen verlagert werden (ein vertrauter Mensch wird zu jemand anderem, ein Haus bekommt einen neuen Zweck etc.).
* Fast alle Träume sind „Wunscherfüllungen", d. h., sie enthüllen eine tief verwurzelte Absicht oder eine Sehnsucht, die erfüllt werden wollen, oft auch einen Wunsch aus der frühesten Kindheit.

Während manche Autoren überzeugt waren, dass die Erinnerung an alltägliche Ereignisse die vornehmliche Ursache von Träumen sind, gelangte Freud zu dem Schluss, dass sowohl die physischen Erlebnisse während des Schlafens als auch die Erinnerungen an das Geschehen während des Tages wie „ein allezeit bereitliegendes Material zu Zwecken irgendwelcher anderer Darstellung verwendet wird". Sie sind also nicht die *Ursache* des Traums, sondern einfach Elemente, die von der Psyche zu seiner Schaffung benutzt werden.

Die versteckte Botschaft

Nachdem er zu dem Schluss gekommen war, dass Träume jener Bereich sind, in dem sich das Unbewusste selbst ausdrücken kann, und sie vor allem die Erfüllung von Wünschen darstellen, fragte sich Freud, warum der Wunsch so verschleiert abgebildet wird, verhüllt von seltsamen Symbolen und Bildern. Woher kommt die Notwendigkeit, Offensichtlichkeit zu vermeiden?

Die Antwort fand sich in der Tatsache, dass viele unserer Wünsche unterdrückt sind und nur eine Chance haben, in unser Bewusstsein zu gelangen, wenn sie irgendwie maskiert sind. Ein Traum kann wie das Gegenteil dessen anmuten, was wir uns wünschen, weil wir uns gegen viele unserer Wünsche wehren oder sie lieber verdecken. Folglich kann der Traum das Problem nur äußern, indem er das Gegenteil davon anspricht. Freud erklärt dieses Phänomen der „Traumentstellung" mittels einer Analogie: Der politische Schriftsteller mag einen Machthaber kritisieren, aber damit bringt er sich in Gefahr. „Der Schriftsteller hat die Zensur zu fürchten, er ermäßigt und entstellt darum den Ausdruck seiner Meinung." Bezogen auf Träume bedeutet das, dass uns unsere Psyche eine Botschaft womöglich nur dann vermitteln kann, wenn sie diese zensiert und damit leichter verdaulich macht oder sie als etwas anderes verkleidet. Der Grund für das schnelle Vergessen der Träume liegt für Freud darin, dass das bewusste Ich die Wirkung des Unbewussten in seiner Domäne, dem Wachzustand, reduzieren will.

Eine der zentralen Thesen Freuds ist die, dass Träume immer um das Ich kreisen. Wenn andere Menschen im Traum auftauchen, sind sie oft nur Symbole von uns selbst oder sie symbolisieren, was eine andere Person *uns* bedeutet. Wenn eine fremde Gestalt in seiner Traumlandschaft erschien, stand sie für Freud für einen Aspekt seiner selbst, der im wachen Bewusstsein nicht ausgedrückt werden konnte. Er beschäftigte sich mit all den Geschichten von historischen Figuren, denen im Traum weise Ratschläge gegeben wurden, die sich im Nachhinein als richtig erwiesen. Träume können sehr eindrucksvoll Befehlsbotschaften vermitteln, die im wachen Bewusstsein eher unterdrückt werden – und diese Information betrifft immer den Träumenden, nicht die Familie, die Gesellschaft oder irgendeinen anderen sozialen Einfluss.

Alles dreht sich um Sex

Freuds psychoanalytische Erfahrung brachte ihn zu der Überzeugung, dass Neurosen auf unterdrückte sexuelle Wünsche zurückgehen und Träume ebenfalls Ausdruck dieser unterdrückten Gefühle seien. In *Die Traumdeutung* belegt Freud erstmals anhand der Ödipussage von Sophokles seine These von der universellen Tendenz des Kindes, sich sexuell zu einem Elternteil hingezogen zu fühlen und deshalb den anderen auslöschen zu wollen – was später als „Ödipuskomplex“ bezeichnet wurde.

Freud erzählt dazu von einem bezeichnenden Erlebnis während seiner Kindheit. Eines Abends brach er, bevor er ins Bett ging, eine Grundregel seiner Eltern und benutzte den Nachttopf in deren Schlafzimmer. Sein Vater hielt ihm eine Standpauke, in der unter anderem der Satz fiel: „Aus dem Buben wird nichts werden." Diese Bemerkung muss ihn schwer getroffen haben, gab Freud zu, denn Bezüge auf diese Szene waren bis ins Erwachsenenalter ein wiederkehrendes Motiv in seinen Träumen, gewöhnlich im Zusammenhang mit seinen Leistungen. In einem der Träume war es nun beispielsweise Freuds Vater, der vor ihm urinierte. Wie Freud sagt, war es, als wolle er seinem Vater sagen: „Siehst du, ich bin doch noch etwas geworden." Dieser Konkurrent um die Zuneigung der Mutter wurde jetzt, zusammen mit dem beschämenden Bild vom Urinieren, auf seinen Platz verwiesen.

Gemäß Freuds Kosmologie gelang es der Zivilisation nur knapp, unsere Instinkte zu überdecken, und Sex ist einer der stärksten davon. Träume sind deshalb viel mehr als sinnleere Nachtunterhaltung. Sie enthüllen uns unsere unbewussten Motive und sind so der Schlüssel zum Verständnis des menschlichen Wesens.

Zu guter Letzt

Freud war berühmt für seinen Ausspruch, es gebe drei große beschämende Ereignisse in der Menschheitsgeschichte: Galileos Entdeckung, dass die Erde nicht der Mittelpunkt des Universums ist, Darwins Entdeckung, dass die Menschen nicht der Mittelpunkt der Schöpfung sind, und seine eigene Entdeckung, dass wir unser Denken nicht in dem Maße beherrschen, wie wir gern glauben würden.

Dieser Angriff auf die Idee vom freien Willen führte, insbesondere in Amerika, zwangsläufig zu heftiger Ablehnung, und als Ergebnis wurde die Psychoanalyse insgesamt als unwissenschaftlich abgetan. Wenngleich Freud Atheist war, warf man der Psychoanalyse oft vor, die Aura einer Religion anzunehmen und eine veritable „Kultur der Couch" zu schaffen, die Woody Allen so treffend karikierte. Kritiker behaupteten nicht nur, dass die freudsche Therapie zu abhängig vom Analysierenden sei, sondern dass es ihr auch an standardisierten Vorgehensweisen und verifizierbaren Ergebnissen mangle. Alles in allem gebe es deshalb zu wenig Beweise dafür, dass sie tatsächlich Heilerfolge verzeichnen könne. Die Neurologie verwarf sogar den Gedanken, dass Träume mit Wünschen oder Absichten zusammenhängen könnten. In diesem Klima wurden Freuds Werke stillschweigend von den Literaturlisten der Psychologieseminare gestrichen, und die Zahl der professionellen Psychoanalytiker sank. In den frühen 1990ern fühlte sich das *Time*-Magazin sogar zu der Titelfrage veranlasst: „Ist Freud tot?"

Wenn Sie heute einen Psychologen oder Psychiater aufsuchen, werden Sie vielleicht gar nicht mehr nach Ihren Träumen oder Ihrer Vergangenheit gefragt. Angesichts der präzisen Methoden der kognitiven Psychologie zur Veränderung des Geisteszustands gelten beide Fragen als irrelevant. Darüber vergessen die heutigen Therapeuten sehr schnell, wie viel sie Freud verdanken. Immerhin war er es, der die „Gesprächstherapie" durch Zuhören und Analysieren der Patientengedanken erfand und erkannte, dass Menschen von ihrem irrationalen Inneren sabotiert werden können. Zudem haben jüngste Forschungen an der Royal London School of Medicine nahegelegt, dass Freuds Ideen zu Träumen nicht gänzlich abwegig waren. Hirnscans zeigen, dass Träume nicht bloß das Nebenprodukt willkürlicher Neuronenfeuer sind, sondern dass die limbischen und paralimbischen Bereiche im Gehirn, die Emotionen, Wünsche und Motive steuern, während des Schlafs sehr aktiv sind. Träume haben also eine höhere mentale Funktion in Bezug auf Motive – auch wenn noch zu prüfen wäre, ob das ein Beweis für die Richtigkeit der freudschen Theorie ist, dass sie zur Wunscherfüllung da sind.

Können wir kurz nach Freuds 150. Geburtstag überhaupt etwas Konkretes über sein Vermächtnis sagen? Seine „Entdeckung" des Unbewussten mag die intellektuelle Landschaft und unsere Vorstellungskraft bereichert haben, doch sein größtes Verdienst dürfte wohl darin liegen, das Thema Psychologie für jedermann faszinierend und zugänglich gemacht zu haben. Er gab uns die Möglichkeit, in unsere *eigene* Gedankenwelt zu schauen, und das macht seine Ideen so spannend.

Über Sigmund Freud

Sigmund wurde 1856 als Sigismund Schlomo Freud in Freiberg in Mähren (heute Pribor in der Tschechischen Republik) als erstes von fünf Kindern seiner Eltern Jacob und Amalia geboren, die aus der Westukraine kamen. Die Familie zog 1859 nach Leipzig und ein Jahr später nach Wien.

Sigismunds Eltern erkannten früh, wie intelligent ihr Sohn war, ließen ihn in Latein und Griechisch unterrichten und richteten ihm ein eigenes Studierzimmer ein. Er sollte eigentlich Rechtswissenschaften an der Wiener Universität studieren, überlegte es sich jedoch in letzter Minute anders und schrieb sich 1873 als Medizinstudent ein. Nach seinem Abschluss im Jahre 1881 verlobte er sich mit Martha Bernays und nahm eine Stelle am Allgemeinen Krankenhaus in Wien an, wo er sich auf Zerebralanatomie spezialisierte. Später arbeitete er unter J. M. Charcot an der Pariser Nervenklinik Salpêtrière. Gemeinsam mit dem österreichischen Psychologen Josef Breuer verfasste er Studien über die Hysterie (1893).

Nach dem Tod seines Vaters im Jahr 1896 durchlebte Freud eine Phase tiefer Reflexion und intensiver Studien. Er macht eine Selbstanalyse und begann mit der Arbeit an *Die Traumdeutung*. Wenige Monate nach der Veröffentlichung dieses Buches erschien *Die Psychopathologie des Alltagslebens*, die erstmals die Idee verbaler Fehlleistungen („freudsche Fehlleistung") einführt, durch die sich das Unbewusste verrät. 1902 wurden die ersten „Mittwochs-Gesellschaften" abgehalten, bei denen sich gleichgesinnte jüdische Wissenschaftler trafen, und Freud wurde zum Professor für Psychopathologie an der Wiener Universität ernannt. 1905 veröffentlichte er *Drei Abhandlungen zur Sexualtheorie* und *Der Witz und seine Beziehung zum Unbewussten*. Die Psychoanalyse wuchs zu einer internationalen Bewegung, die ihr erstes großes Treffen 1908 in Wien abhielt.

1920 starb Freuds zweite Tochter Sophie, die gerade mit ihrem dritten Kind schwanger war, während einer Grippeepidemie. In dasselbe Jahrzehnt fallen die Veröffentlichungen von *Jenseits des Lustprinzips* (1920), *Das Ich und das Es* (1922), *Selbstdarstellung* (1925) und *Die Zukunft einer Illusion* (1927), das sich gegen die Religion wandte. Freuds langer Essay *Das Unbehagen in der Kultur* befasst sich mit seinen Gedanken zur menschlichen Aggression und dem „Todesinstinkt". Zusammen mit Albert Einstein schrieb er 1933 *Warum Krieg?*.

Nachdem die Nationalsozialisten 1938 Österreich annektiert hatten und die Psychoanalyse verbannten, übersiedelte Freud mit seiner Familie nach London. Dort starb er 1939 an Gaumenkrebs, einer Folge seines starken Zigarrenkonsums.

Abschied vom IQ. Die Rahmen-Theorie der vielfachen Intelligenzen

1983

Wenn wir den Gesamtkomplex der menschlichen Kognition erfassen wollen, müssen wir meiner Meinung nach ein weit größeres und umfassenderes Arsenal an Kompetenzen als gewohnt in Betracht ziehen.

Wären die Kritiker bereit, auch Sprache und logisches Denken als Talente zu betrachten und sie von dem Podest herunterzuholen, auf dem sie zur Zeit noch stehen, dann würde ich mich gern damit begnügen, von multiplen Talenten zu sprechen. Aber ich lehne strikt jeden Versuch ab, eine Unterscheidung zwischen Intelligenz und Talent als Vorwand zu benutzen, um den Umfang bedeutender Fähigkeiten des Menschen zu leugnen oder zu mindern.

KURZ GESAGT

Viele Intelligenzformen werden in IQ-Tests überhaupt nicht angesprochen.

ÄHNLICHE TITEL

Mihaly Csikszentmihalyi, *Kreativität*

Daniel Goleman, *EQ². Der Erfolgsquotient*

Jean Piaget, *Sprechen und Denken des Kindes*

21. Howard Gardner

Als der Harvard-Psychologe Howard Gardner vor über 20 Jahren *Abschied vom IQ. Die Rahmen-Theorie der vielfachen Intelligenzen* schrieb, hatte ein Großteil der Öffentlichkeit die Messung der Intelligenz über IQ-Tests längst akzeptiert. Ein hoher IQ oder Intelligenzquotient besagte, dass man klug war und einem bestimmte Möglichkeiten im Leben offen standen, und ein niedriger hieß, dass man ein bisschen langsam war und entsprechend weniger Möglichkeiten hatte.

Gardners Buch machte die Idee populär, dass die logisch-mathematische oder „allgemeine" Intelligenz, die normalerweise im IQ-Test gemessen wurde, eventuell kein guter Maßstab für das Potenzial eines Menschen ist. IQ-Tests mochten eine halbwegs schlüssige Vorhersage darüber zulassen, wie jemand in welchen Schulfächern zurechtkam, sie sagten jedoch nichts darüber, ob der Betreffende in der Lage sein könnte, eine Symphonie zu komponieren, einen Wahlkampf zu gewinnen, einen Computer zu programmieren oder eine Fremdsprache zu lernen. Gardner ersetzte die Frage „Wie klug sind Sie?" durch die klügere und weiterreichende „*Wie* sind Sie klug?".

Wir wissen intuitiv, dass unsere schulischen Leistungen nichts über unseren Erfolg im Leben aussagen, und jeder kennt sehr schlaue Menschen, die es nicht besonders weit gebracht haben. Desgleichen wären wir schwer davon zu überzeugen, dass große Persönlichkeiten wie Mozart, Henry Ford, Gandhi oder Churchill einzig wegen ihres hohen IQs zu dem wurden, was sie waren. *Abschied vom IQ* bietet uns eine Sicht der Intelligenz, die sich gegen die konventionelle Sicht wendet und zugleich dem entspricht, was wir bereits wissen: dass wir alle auf unterschiedliche Weise intelligent sind und Erfolg davon abhängt, wie wir diese Intelligenz im Laufe des Lebens verfeinern und anwenden.

Verschiedene Arten von Intelligenz

Gardner behauptet, dass jedes menschliche Wesen eine einzigartige Mischung aus sieben „Intelligenzen" besitzt, anhand derer es mit der Welt kommuniziert und nach Erfüllung sucht. Diese „Denkrahmen" beinhalten zwei Intelligenzarten, die gewöhnlich in der traditionellen Erziehung geschätzt werden, drei, die normalerweise mit Kunst assoziiert werden, und zwei, die er als „personale Intelligenzen" bezeichnen.

Linguistische Intelligenz

Hierzu gehören die Würdigung der Sprache, die Fähigkeit, eine neue Sprache zu erlernen, und die Fähigkeit, Sprache zur Erlangung bestimmter Ziele zu nutzen. Wer bei dieser Form der Intelligenz hohe Werte erreicht, mag ein überzeugender Rhetoriker oder ein Geschichtenerzähler sein, der andere unterhält, um sich so einen Vorteil zu verschaffen. Schriftsteller, Dichter, Journalisten, Anwälte und Politiker finden sich am häufigsten unter den Menschen mit hoher linguistischer Intelligenz.

Logisch-mathematische Intelligenz

Hier geht es um die Fähigkeit, Probleme zu analysieren, mathematische Aufgaben zu lösen und wissenschaftlich an Themen heranzugehen. Gemäß Gardner gehört dazu auch die Fähigkeit, Muster zu erkennen, schlüssig zu argumentieren und logisch zu denken. Neben der linguistischen Kompetenz wird diese Intelligenzform in IQ-Tests vorrangig angesprochen. Die logisch-mathematische Intelligenz wird oft mit Wissenschaftlern, Forschern, Mathematikern, Computerprogrammierern, Buchhaltern und Ingenieuren assoziiert.

Musikalische Intelligenz

Menschen mit musikalischer Intelligenz denken in Kategorien wie Klang, Rhythmus und musikalischen Mustern. Dazu gehört auch die Begabung zum Musizieren, Singen, Komponieren und Erkennen von musikalischen Mustern. Typische Berufe, in denen diese Intelligenz zum Einsatz kommt, sind die des Musikers, des Discjockeys, des Sängers, des Komponisten und des Musikkritikers.

Körperlich-kinästhetische Intelligenz

Hierzu zählt die Fähigkeit, komplizierte Bewegungsabläufe zu steuern und zu koordinieren und sich in der Bewegung auszudrücken. Das beinhaltet den Einsatz von Körpersprache oder Mimik ebenso wie die Begabung zum Schauspiel und eine große Bandbreite von sportlichen Betätigungen. Die körperlich-kinästhetische Intelligenz ist vor allem bei Sportlern, Tänzern, Jongleuren und Turnern ausgeprägt, aber auch in Berufen gefragt, in denen Balance und Koordination wichtig sind, etwa bei Feuerwehrleuten.

Räumliche Intelligenz

Dies ist die Fähigkeit, Objekte akkurat im Raum wahrzunehmen und eine Vorstellung davon zu haben, „wo die Dinge hinpassen". Bildhauer und Architekten brauchen ein hohes Maß an räumlicher Intelligenz, ebenso wie Navigatoren, Bildkünstler, Innenarchitekten und Ingenieure.

Interpersonale Intelligenz

Interpersonale Intelligenz ist die Fähigkeit, die Absichten, Beweggründe und Wünsche anderer zu erkennen. Sie kommt vor allem im Aufbau von Beziehungen zum Tragen. Pädagogen, Marketingleute, Verkäufer, Berater und Politiker sind Beispiele für Menschen mit hoher interpersonaler Intelligenz.

Intrapersonale Intelligenz

Dies ist die Fähigkeit, das Ich mit seinen Gefühlen und Motiven wahrzunehmen. Die intrapersonale Intelligenz hilft uns, effiziente Arbeitsmodelle für uns selbst zu entwickeln und unsere Selbsteinschätzung zu nutzen, um unser Leben zu strukturieren. Schriftsteller und Philosofien verfügen oft über eine hohe intrapersonale Intelligenz.

Wie wir lernen

Gardners Theorie stellt eine große Herausforderung für die herkömmlichen Erziehungsmodelle dar. Wenn wir nämlich die Idee akzeptieren, dass jeder Mensch eine einzigartige Kombination dieser Intelligenzen aufweist, brauchen wir ausgefeilte Erziehungs- und Bildungssysteme, damit jedes einzelne Potenzial ausgeschöpft werden kann. Gardner gesteht ein, dass die Psychologie nicht direkt auf die Erziehungs- und Bildungspolitik einwirken kann und weitere Studien nötig wären, um die Existenz der multiplen Intelligenzen zu untermauern. Dennoch stellt er generell fest, dass ein Bildungssystem, in dem die Besonderheit jedes Kindes berücksichtigt wird, an sich nichts Schlechtes sein kann.

Zu guter Letzt

Wird man zukünftig unseren „IQ" messen, oder kann Gardners Idee das gegenwärtige System der Intelligenzmessung ablösen, wie der berühmte SAT-Test für Collegebewerber in Amerika? Den meisten Menschen ist gar nicht klar, dass wir seit über 100 Jahren mit Intelligenztests leben. Die ersten Messversuche unternahmen die französischen Psychologen Alfred Binet und Theodore Simon im Jahr 1905. Diese Tests sind eine relativ einfache und billige Methode, um eine große Anzahl von Menschen nach ihren „Verdiensten" einzuordnen, und erfreuen sich daher nach wie vor großer Beliebtheit. Doch die Idee der multiplen Intelligenzen wird so lange nicht verschwinden, wie Menschen das Gefühl haben, ihre wahren Werte seien gar nicht erkannt worden.

Im Grunde kommt es nicht auf das Ergebnis eines vermeintlich objektiven Intelligenztests an, sondern darauf, ob wir uns für fähig halten, etwas zu tun, und die Disziplin aufbringen, dieses Ziel zu verfolgen. Gardner spricht hier von der „Fähigkeit, Probleme innerhalb unseres Umfelds zu lösen". Die Menschen, die wir am meisten bewundern, sind in gewisser Weise klug und haben ihre Denk- wie Handlungsweisen verfeinert. Sie verfügen nicht über bloße Intelligenz, sondern über *Urteilsvermögen.*

Vielleicht lautet die Lehre aus Gardners Buch daher, dass wir aufhören sollten, uns darum zu sorgen, wie wir in willkürlichen Messungen unserer Gehirnleistungen abschneiden. Denn die wahrhaft Klugen sind jene Menschen, die ihre Stärken und Schwächen kennen und ihr Leben an diesem Wissen orientieren. Es besteht ein gewaltiger Unterschied zwischen dem Besitz von geistigen, körperlichen oder sozialen Fähigkeiten und der tatsächlichen, erfolgreichen Anwendung.

Über Howard Gardner

Howard Gardner wurde 1943 geboren. Seine Eltern waren vor den Nationalsozialisten nach Amerika geflohen. Gardner studierte anfangs Geschichte an der Harvard University. Nach einem Jahr an der London School of Economics nahm er 1966 am Doktorandenprogramm für Entwicklungspsychologie der Harvard University teil und gehörte anschließend dem Forschungsteam zum Project Zero an (einer Langzeitstudie über die intellektuelle und kreative Entwicklung des Menschen). Sein Interesse an der Kognitionsforschung war vor allem durch seinen Tutor Erik Erikson beeinflusst.

Gardner ist zurzeit Hobbs Professor of Cognition and Education an der Harvard Graduate School of Education, Professor für Neurologie an der Boston University School of Medicine und außerordentlicher Professor des Harvard Zero Project. Er hat mehrere Ehrendoktortitel verliehen bekommen und zahlreiche akademische Preise gewonnen.

Zu seinen weiteren Büchern gehören *Der ungeschulte Kopf. Wie Kinder denken* (1994), *Intelligenzen. Die Vielfalt des menschlichen Geistes* (2002), *The Disciplined Mind. Beyond Facts and Standardized Tests* (1999) und *Changing Minds. The Art and Science of Changing Our Own und Other People's Minds* (2004).

Ins Glück stolpern

2006

Bevor wir entscheiden können, ob ein anderer wirklich glücklich ist oder das nur behauptet, müssen wir uns zuerst anschauen, ob wir uns im Prinzip über unsere Gefühle täuschen können. Wir können uns in vielerlei Hinsicht irren – beispielsweise in Bezug auf den Preis von Sojabohnen, die Lebensspanne von Hausmilben, die Entstehensgeschichte von Flanell –, aber können wir auch unsere eigene emotionale Erfahrung falsch einschätzen?

KURZ GESAGT

Angesichts der Art und Weise, wie unser Gehirn arbeitet, sind unsere Voraussagen darüber, wie wir uns in der Zukunft fühlen werden, nicht immer korrekt, und das bezieht sich auch auf unsere Vorhersagen darüber, was uns glücklich macht.

ÄHNLICHE TITEL

Barry Schwartz, *Anleitung zur Unzufriedenheit*
Martin Seligman, *Der Glücks-Faktor*

22. Daniel Gilbert

Als Junge hockte Daniel Gilbert gern Stunden über einem Buch mit optischen Täuschungen wie dem Neckerwürfel und dem berühmten Kelch-/Gesichter-Bild. Er war fasziniert davon, wie leicht sich das Auge und das Gehirn täuschen lassen.

Als er viele Jahre später Psychologe wurde, interessierten ihn besonders die häufigen Fehler und „Ausfüllübungen", die unser Gehirn macht, um uns schneller ein Bild der Realität zu liefern. Genauso wie wir beim Sehen voraussagbare Fehler machen können, begehen wir sie auch bei unserer *Voraussicht.* Das heißt, wir verbringen die meiste Zeit damit, Dinge zu tun, von denen wir hoffen, dass sie uns in der Zukunft glücklich machen werden. Allerdings ist unser Verständnis dieser Zukunft und unseres erwarteten emotionalen Befindens darin alles andere als zuverlässig, wie Gilbert feststellt.

Obwohl die Menschen sich seit Jahrtausenden mit der Frage der Voraussicht beschäftigen, behauptet Gilbert, *Ins Glück stolpern* sei das erste Buch, das die Ideen aus der Psychologie, der Neurologie, der Philosophie und der Verhaltensforschung zusammenfasst, um die Antwort zu finden. Zwar wagt sich der Autor damit in einen recht komplexen Bereich der Psychologie vor, doch es gelingt ihm, den Stoff zu einer faszinierenden und oft amüsanten Lektüre zu machen. Sein Stil erinnert an Bill Bryson, und die Leser dürfen sich darauf freuen, mindestens ein- oder zweimal pro Seite zu lachen.

Voraussagemaschinen

Laut Gilbert fällt in den meisten Psychologiebüchern irgendwann der Satz: „Der Mensch ist das einzige Tier, das ...“ Er vervollständigt ihn, indem er sagt, der Mensch sei das einzige Tier, das fähig ist, über die Zukunft nachzudenken. Eichhörnchen *scheinen* es zu tun, wenn sie Eicheln für den Winter vergraben, dabei registriert ihr Gehirn lediglich eine Abnahme des Tageslichts, die sie dazu veranlasst. Es handelt sich also nicht um ein Bewusstsein, sondern um einen rein biologischen Instinkt. Die Menschen hingegen sind sich nicht nur der Zukunft bewusst, sondern wir sind regelrechte „Voraussagemaschinen“, die sich beinahe genauso sehr damit beschäftigen, was kommt, wie damit, was ist. Warum ist das so?

Vor Millionen Jahren erlebte die Menschheit eine rapide Zunahme ihrer Gehirnmasse innerhalb relativ kurzer Zeit. Aber nicht alle Teile ihres neuen Gehirns waren anschließend größer als vorher. Den höchsten Zuwachs verzeichnete die Region der Frontallappen über den Augen, der teilweise dafür verantwortlich war, dass unsere Vorfahren eine dramatisch fliehende Stirn aufwiesen, während unsere Stirn beinahe senkrecht ist – wir brauchten den Platz für die Abermillionen neuer Hirnzellen.

Lange Zeit nahm man an, dass die Frontallappen keine bestimmte Funktion hätten, doch die Beobachtung von Patienten mit Schädigungen in diesem Bereich ergab, dass sie Probleme beim Planen und seltsamerweise auch eine stark verminderte Anfälligkeit für Ängste aufwiesen. Wie hingen diese beiden Symptome zusammen? Sowohl Planung als auch Ängste beziehen sich auf das Zukunftsdenken. Eine Schädigung der Frontallappen hat zur Folge, dass die Patienten in einer permanenten Gegenwart leben und sich folglich nicht mit Pläneschmieden beschäftigen, was wiederum bedeutet, dass sie auch keine Angst vor der Zukunft haben können.

Das enorme Wachstum der menschlichen Frontallappen brachte dem Menschen mithin einen klaren Überlebensvorteil: die Fähigkeit, sich unterschiedliche Zukunftsentwicklungen auszumalen, zwischen ihnen zu wählen und damit das Umfeld zu kontrollieren. Wir können Voraussagen darüber treffen, was uns in Zukunft glücklich macht.

Fehlerhafte Voraussagen

Gemäß Gilbert ist es dem Gehirn möglich, alle persönlichen Erfahrungen, Erinnerungen und Wissensinhalte zu „verstauen", weil wir nicht alles komplett behalten, sondern von jeder Erfahrung nur einige Fetzen aufheben. Wir erinnern uns nur an diese Teile, und das Gehirn „ergänzt den Rest", um die Erinnerung vollständig erscheinen zu lassen.

Auch kann das Gehirn bei der Wahrnehmung raffinierte Abkürzungen wählen. Der deutsche Philosoph Immanuel Kant behauptete, dass Wahrnehmungen wie Porträts seien, die uns mehr über das Geschick des Künstlers (als Wahrnehmender) verraten als über sein Modell. Das Gehirn schafft *Interpretationen* der Realität, macht das jedoch so gut, dass wir sie gar nicht als bloße Interpretationen erkennen.

Ebenso wie unsere Erinnerungen und unsere Wahrnehmungen fehlerhaft sein können, erhalten wir oft auch dann kein komplettes Bild, wenn es darum geht, uns die Zukunft auszumalen. Dazu nämlich bedienen wir uns zahlreicher Details, von denen wir uns gleichfalls lediglich *vorstellen*, dass sie oft auftreten. Oft machen weniger die Ereignisse, deren Eintreten wir für wahrscheinlich halten, die Vorhersagen fehlerhaft, sondern die Umstände, die wir *auslassen* und die dennoch eintreten. Wie viele psychologische Experimente zeigten, ist der menschliche Verstand nicht sonderlich gut darauf vorbereitet, die *Abwesenheit* von Dingen zu bemerken. Doch unser Gehirn beherrscht brillante Ergänzungstricks, die dafür sorgen, dass wir unsere Interpretationen als Fakten sehen und unhinterfragt annehmen.

Wissen wir wirklich, was uns glücklich macht?

Gilberts Hauptthese zum Glück ist die, dass es subjektiv ist. Er erzählt von den siamesischen Zwillingen Lori und Reba, die am Kopf zusammengewachsen sind und sich den Blutkreislauf sowie Teile des Hirngewebes teilen. Dennoch gehen sie ihrem Leben nach und sagen jedem, der sie fragt, sie seien sehr glücklich. Die meisten Menschen, die das hören, würden sagen, diese Zwillinge wüssten überhaupt nicht, was Glück ist. Damit unterstellen sie allerdings, dass Glück nur für den „einzelnen" Menschen möglich ist. Ebenso überschätzen sie, wie schlecht sie sich fühlen würden, wenn sie erblinden würden. Dabei leben Blinde ihr Leben weiter, tun die meisten der Dinge, die auch Sehende tun, und können genauso glücklich und zufrieden sein wie jeder andere.

Was uns glücklich macht, färbt unsere Wahrnehmung dessen, was Glück ist, doch selbst die ändert sich im Laufe unseres Lebens immer wieder. Verliebte können sich nie vorstellen, dass sie in zehn Jahren ganz anders zueinander stehen können, und frischgebackene Mütter denken nicht über ihre berufliche Zukunft nach, solange sie die erste starke Bindung zu ihrem Baby spüren. Es gibt einen neurologischen Grund für diese Wahrnehmungsfehler. Wenn wir uns Dinge in der Zukunft ausmalen, nutzen wir die sensorischen Hirnteile, die wir auch beim Erleben realer Ereignisse in der Gegenwart aktivieren. Wir gehen generell irrational an künftige Ereignisse heran, ohne sorgfältig das Für und Wider abzuwägen. Stattdessen spielen wir sie im Geiste durch, um zu sehen, welche *emotionale* Reaktion wir bekommen. Was wir uns als künftig Geschehendes vorstellen, wird von dem definiert, was wir *jetzt* fühlen. Woher wissen wir, was uns in 20 Jahren glücklich macht?

Kurz gesagt: Das menschliche Gehirn kann sich die Zukunft ziemlich gut vorzustellen, aber es ist nicht perfekt, und deshalb tut sich immer wieder eine Kluft auf zwischen dem, wovon wir glaubten, dass es uns glücklich macht, und dem, was uns tatsächlich glücklich macht. Wir können unser Leben also dem Geldverdienen widmen und dann feststellen, dass es sich nicht gelohnt hat, aber wir können auch angenehm von Menschen, Situationen oder Ereignissen überrascht werden, von denen wir sicher waren, dass sie uns unglücklich machen würden.

Zu guter Letzt

Gilberts ganzes Buch widmet sich den Schwierigkeiten, unsere künftigen Gefühlszustände vorauszusagen, und bietet am Ende keine Lösung dafür an, wie Glück „planbar" wird? Seine mehr oder minder niederschmetternde Antwort ist, dass wir nur so am besten herausfinden können, wie wir uns mit einem künftigen Lebensverlauf (einem bestimmten Beruf, einem Umzug in eine bestimmte Stadt, Kinder bekommen) fühlen werden, indem wir Menschen mit dieser Erfahrung nach ihrem Empfinden fragen. Da wir Kontrollwesen sind und sehr von unserer Einzigartigkeit überzeugt, widerstrebt es uns naturgemäß, uns auf die Erfahrungen anderer zu verlassen. Dennoch ist diese Strategie, so wenig spannend sie sich auch ausnehmen mag, die beste, um uns Zufriedenheit und Wohlergehen zu sichern. Verlassen wir uns hingegen allein auf unsere Voraussage von Glück, können wir bestenfalls darüber stolpern.

Über Daniel Gilbert

Daniel Gilbert ist Professor der Psychologie an der Harvard University und außerdem Direktor des Hedonic Psychology Laboratory in Harvard. Er hat zahlreiche, weithin beachtete Artikel im Bereich Sozialpsychologie veröffentlicht und ist Herausgeber des *Handbook of Social Psychology.*

Blink! Die Macht des Moments

2005

Sie wogen nicht die verschiedensten Beweise und Gegenbeweise gegeneinander ab. Stattdessen bezogen sie nur das ein, was sie auf einen Blick wahrnehmen konnten. Diese Denkweise beschreibt Gerd Gigerenzer, Kognitionspsychologe und Leiter des Berliner Max-Planck-Instituts für Bildungsforschung, als „schnell und einfach". Sie warfen einfach einen kurzen Blick auf die Statue, und irgendwo in ihrem Gehirn lief augenblicklich eine Reihe von Prozessen ab. Noch bevor sie einen bewussten Gedanken formuliert hatten, spürten sie etwas, ähnlich wie die Testpersonen, die plötzlich feuchte Hände bekamen ... Sie wussten nicht, warum sie es wussten. Aber sie wussten es.

Wenn wir uns selbst und unser Verhalten besser verstehen wollen, dann müssen wir uns eingestehen, dass eine Spontanentscheidung genauso gut sein kann wie monatelange rationale Analyse.

KURZ GESAGT

Einschätzungen, zu denen wir aus dem Moment heraus gelangen, können ebenso gut sein wie solche, die wir nach langer Überlegung erreichen.

ÄHNLICHE TITEL

Gavin de Becker, *Mut zur Angst*

Robert Cialdini, *Einfluß*

23. Malcolm Gladwell

Malcolm Gladwell ist eine Berühmtheit auf dem Buchmarkt. Seit 1996 schreibt er für das Magazin *The New Yorker* und wurde dem breiten Publikum erstmals bekannt, als er *The Tipping Point* veröffentlichte. Hier legte er dar, wie kleine Ideen oder Trends eine kritische Masse erreichen und in den Mainstream gelangen.

Blink! Die Macht des Moments ist Gladwells zweiter Bestseller und eher ein reines Psychologiebuch. Es stützt sich auf die Forschungen von Timothy Wilson, einem Professor an der University of Virginia, der über das „adaptive Unbewusste" schrieb. Das adaptive Unbewusste ist jener Teil unseres Denkens, der uns zu guten Entscheidungen gelangen lässt, obwohl wir nicht wissen, wie wir sie fällen. Außerdem beruft sich Gladwell auf Gary Klein, einen kognitiven Psychologen, der sich auf Entscheidungsfindung unter Druck spezialisiert hat.

Gladwells Talent besteht darin, wissenschaftliche Forschungsergebnisse aus so unterschiedlichen Bereichen wie Soziologie, Psychologie, Kriminologie und Marketing in einem anekdotenhaften Stil zusammenzufassen und dem fachfremden Leser so neue Sichtweisen zu eröffnen. *Blink!* will einem Bereich der Psychologie zu öffentlicher Aufmerksamkeit verhelfen, der bisher wenig Beachtung fand: der *rapid cognition*, was so viel bedeutet wie „Momenterkenntnis".

Erste Eindrücke und Spontanentscheidungen

Wie Gladwell schreibt, entwickelten wir die Fähigkeit zur blitzschnellen Entscheidungsfindung, um zu überleben. In lebensbedrohlichen Situationen müssen Menschen in der Lage sein, auf Basis der verfügbaren Informationen richtige Spontanurteile zu fällen.

Vieles von dem, was wir tun, geschieht, ohne dass wir bewusst darüber nachdenken müssen, und wir bewegen uns zwischen bewusstem und unbewusstem Denken hin und her. Wir arbeiten also faktisch mit zwei Gehirnen: dem einen, das überlegen, analysieren und zuordnen muss, und dem anderen, das erst einschätzt und später Fragen stellt.

Oft sind die Spontanurteile, die wir über jemanden fällen, ebenso zutreffend, als hätten wir den Betreffenden über einen längeren Zeitraum beobachtet. Eine Studie der Psychologin Nalini Ambady zeigte beispielsweise, dass die Ergebnisse von Collegestudenten, die die Leistung eines Professors anhand eines zwei Sekunden langen Videoclips bewerten sollten, mit denen übereinstimmten, zu denen die Studenten seines Seminars nach einem ganzen Semester kamen.

Als Kinder lernen wir, unseren ersten Eindrücken nicht zu trauen, sondern „innezuhalten und nachzudenken". Uns wird beigebracht, ein Buch nicht nach seinem Einband zu bewerten. Diese Herangehensweise mag durchaus ihren Nutzen haben, doch wie Gladwell schreibt, ist die beste Strategie nicht immer die, so viele Informationen wie möglich zu sammeln, bevor wir handeln. Häufig machen zusätzliche Informationen unser Urteil nicht besser, und dennoch setzen wir weiterhin unser ganzes Vertrauen in rationale, bewusste Überlegung.

„Dünne Scheibchen schneiden"

Gladwell stellt das Konzept des „Dünne-Scheibchen-Schneidens" vor, „die Fähigkeit unseres Unbewussten, auf Grundlage extrem dünner Scheibchen von Erfahrungen bestimmte Muster in Situationen und Verhaltensweisen zu entdecken". Demnach lassen sich die kompliziertesten Situationen schnell „lesen", sofern wir das ihnen zugrunde liegende

Muster erkennen. Fast ein ganzes Kapitel von *Blink!* beschäftigt sich mit der Arbeit des Psychologen John Gottman (siehe S. 246), der über viele Jahre Paare beobachtete und mit 90-prozentiger Verlässlichkeit voraussagen kann, ob sie zusammenbleiben oder sich scheiden lassen – und zwar nachdem er sie nur wenige Minuten gesehen hat.

Kunstexperten können oft die Authentizität eines Kunstwerks binnen kürzester Zeit feststellen. Sie fühlen nachgerade die Echtheit, wenn sie vor einer Skulptur oder einem Gemälde stehen. Irgendetwas sagt ihnen, ob sie ein Original oder eine Fälschung sehen. Basketballspielern sagt man nach, sie hätten ein „Feldgefühl“ und seien imstande, den Spielverlauf binnen eines Moments einzuschätzen. Große Generäle besitzen angeblich den *coup d'oeil*, was so viel bedeutet wie „die Macht des Blicks“. Gladwell erzählt von einem Feuerwehrmann, der sein Team gerade noch rechtzeitig aus einem brennenden Haus holte. Seine Männer waren dabei, ein Feuer in einer Küche zu löschen, aber irgendetwas stimmte mit diesem Feuer nicht – es war zu heiß. Erst später stellte sich heraus, dass das Hauptfeuer im Keller war, sodass die ungewöhnlich große Hitze durch die Bodendielen nach oben drang. Einen Moment nachdem das Team das Haus verlassen hatte, stürzte es komplett in sich zusammen. Wahrscheinlich wären die Feuerwehrleute umgekommen, wenn sie drin geblieben wären. Der Feuerwehrmann konnte nicht genau sagen, warum er seine Leute plötzlich zurückzog – er „wusste es einfach“.

Nach den Gesetzen der Wahrscheinlichkeit müssten die meisten unter Druck getroffenen Entscheidungen fehlerhaft sein, und dennoch haben Psychologen festgestellt, dass Menschen die meiste Zeit richtige Urteile fällten, selbst wenn sie nur begrenzte Informationen besitzen. Eine von Gladwells überraschenden Thesen ist, dass wir tatsächlich *lernen* können, bessere Spontanentscheidungen zu treffen. Es funktioniert auf dieselbe Weise, wie wir logisches, gründliches Nachdenken lernen. Dazu müssen wir allerdings zunächst einmal die Idee akzeptieren, dass langes und gründliches Nachdenken nicht immer zu besseren Resultaten führt und das Gehirn eigentlich zum spontanen Denken gemacht ist.

Was wie eine Autoritätsfigur aussieht ...

Das Positive am „Dünne-Scheibchen-Schneiden“ ist die Fähigkeit, schnelle und korrekte Urteile zu fällen. Es bringt jedoch auch Negatives mit sich, sobald Entscheidungen hastig und falsch getroffen werden.

Wie Gladwell schreibt, wählten die Amerikaner Warren Harding vor allem deshalb zu ihrem Präsidenten, weil er groß, dunkelhaarig und gut aussehend war und eine tiefe Stimme hatte. Der „Warren-Harding-Effekt“ tritt dann ein, wenn wir einem Menschen aufgrund seines Erscheinungsbildes unterstellen, er würde Mut, Intelligenz und Integrität besitzen – selbst wenn sich, wie in Hardings Fall, unter der Oberfläche nicht allzu viel abspielt (nach seiner kurzen Amtszeit kam man einhellig zu dem Schluss, dass er einer der schlechtesten Präsidenten in der amerikanischen Geschichte war).

Eine Studie Gladwells unter den Führungskräften amerikanischer Unternehmen ergab, dass die CEOs (Chief Executive Officer) nicht nur größtenteils männlich und weiß waren, sondern auch eine durchschnittliche Körpergröße von rund 1,82 Meter aufwiesen. 58 Prozent der CEOs von Fortune-500-Unternehmen waren größer als 1,82 Meter. Zum Vergleich: Nur 14,5 Prozent aller männlichen Amerikaner sind größer als 1,82 Meter. Je größer die Menschen sind, umso mehr neigen wir dazu, ihnen zu vertrauen – egal ob dieses Vertrauen gerechtfertigt ist oder nicht.

Fatale erste Eindrücke

Falsche erste Eindrücke können noch weit tragischere Folgen zeitigen. Gladwell bietet als Beispiel dafür eine ausführliche Analyse zur Ermordung des unschuldigen Amadou Diallo in der New Yorker Bronx. Diallo, ein Immigrant aus Guinea, stand vor seinem Haus, um Luft zu schnappen, als zufällig ein Wagen mit vier jungen, weißen, männlichen Undercover-Polizisten die Straße entlangfuhr. Sie fragten sich, was er dort vor dem Haus tat, und kamen zu dem voreiligen Schluss, dass er entweder mit Drogen dealte oder einen Einbruch plante. Als sie ihm etwas zuriefen, bekam er Angst und ging ins Haus zurück. Für die Polizisten machte ihn das umso verdächtiger. Sie liefen ihm hinterher, schossen, und Diallo wurde tödlich getroffen.

Gladwell glaubt nicht, dass die Polizisten besonders rassistisch waren, aber er zitiert den Psychologen Keith Payne, der erklärte: „Wenn wir binnen Bruchteilen von Sekunden eine Entscheidung fällen müssen, dann laufen wir große Gefahr, uns von Stereotypen und Vorurteilen leiten zu lassen, selbst wenn wir uns sonst nicht davon beeinflussen lassen oder diese sogar bewusst ablehnen." Wenn wir unter dem Druck stehen, ein sofortiges Urteil zu fällen, können wir unsere impliziten Assoziationen oder Vorurteile nicht bewusst ausschalten, weil unser erster Eindruck aus dem Bereich unterhalb unserer bewussten Wahrnehmungsebene kommt.

Ältere und erfahrenere Polizisten mögen in vergleichbaren Situationen anders reagieren, weil ihre Entscheidungen auf mehr Erfahrungen aus der Vergangenheit gründen. Sie haben schon häufiger erlebt, was als Nächstes passieren kann. Oder aber sie besitzen die Fähigkeit, dank ihrer Erfahrungen kleinste mimische Veränderungen in den Gesichtern anderer zu lesen. Diese Änderungen im Gesichtsausdruck sind meist nur einen Sekundenbruchteil sichtbar, aber verraten eine Menge über die Absichten des Gegenübers.

Zu viele Informationen

Im Cook County Hospital in Chicago – das der Fernsehserie *Emergency Room* als Vorlage dient – wurde herausgefunden, dass eine Menge der Mittel für Krankenhausbetten für Menschen ausgegeben wurde, die einen Herzinfarkt *gehabt haben könnten.* Es gab keine Standardmethoden, nach denen man beurteilen konnte, wie gefährdet jemand war, also ging das Krankenhaus lieber auf Nummer sicher und behielt die Patienten da. Um Geld zu sparen, entschied man, einen Schnelltest bei Menschen mit Herzinfarktrisiko einzuführen, den Goldman-Algorithmus. Kein anderes Krankenhaus zuvor war bereit gewesen, den Algorithmus auszuprobieren, weil die Verantwortlichen nicht glaubten, dass ein so kritischer Zustand so schnell zu diagnostizieren wäre. Die Ärzte hatten bis dahin versucht, so viele Informationen wie möglich über die Patientengeschichte zu bekommen, ehe sie ein Urteil fällten. Doch der Algorithmus funktionierte hervorragend, sodass die Ärzte eine Menge Zeit und das Krankenhaus eine Menge Geld sparten.

In der Medizin geht man gemeinhin davon aus, dass die Ärzte umso bessere Entscheidungen fällen, je mehr Informationen sie haben. Das ist allerdings längst nicht immer so. Mehr Informationen können auch für Verwirrung sorgen, sodass ein und dieselbe Krankheit mit einer Vielzahl von Methoden behandelt wird. Es wurde festgestellt, dass ein Arzt umso überzeugter von der Gültigkeit seiner Diagnose ist, je mehr er über einen Patienten weiß. Dabei erhöht sich die Rate der richtigen Diagnosen nicht mit der Anzahl der verfügbaren Informationen.

Fazit: Wir glauben, viele Informationen zu brauchen, um ein Urteil fällen zu können, aber häufig führt gerade dieses Zusatzwissen zu Fehlentscheidungen, obwohl es uns die Illusion von größerer Sicherheit vermittelt.

Zu guter Letzt

Dies war nur ein winziger Eindruck von *Blink! Die Macht des Moments.* Das Buch enthält viele faszinierende Fallbeschreibungen, Anekdoten und intellektuelle Exkurse – angefangen bei Tom Hanks' Star-Appeal über Speed-Dating, Militärstrategie und falsche griechische Statuen bis zu Orchesterproben –, die Gladwells These von der Bedeutung des ersten Eindrucks untermauern.

Kritiker haben Gladwells Bücher als unbefriedigende Zusammenschnitte seiner Kolumnen aus dem *New Yorker* verrissen. Sein Schreibstil und seine schnellen Gedankensprünge von einer Idee und einem Beispiel zum nächsten sind jedoch eher das Resultat seiner Faszination angesichts menschlicher Beweggründe und Handlungen, was immer auch deren Quellen sein mögen.

Das eher kurze Buch ist eine hervorragende Lektüre für eine Flugreise, doch die Tatsache, dass es überaus lesbar ist, sollte nicht darüber hinwegtäuschen, was Gladwell hier gelungen ist: Er macht einen komplizierten Bereich der Psychologie einem breiteren Publikum zugänglich – und möglicherweise unser aller Leben dadurch ein bisschen überschaubarer und leichter.

Über Malcolm Gladwell

Malcolm Gladwell wurde 1963 in England als Sohn eines Mathematikprofessors und einer jamaikanischen Psychotherapeutin geboren. Er wuchs in Ontario auf, besuchte die University of Toronto und machte dort 1984 seinen Abschluss in Geschichte.

Beinahe ein Jahr lang arbeitete Gladwell für die *Washington Post*, zunächst als Wissenschaftsjournalist und dann als Leiter des New Yorker Büros. Seit 1996 ist er beim *New Yorker* und schreibt dort regelmäßig Sonderbeiträge. Das *Time Magazine* nennt ihn als einen der 100 einflussreichsten Menschen. Sein erstes Buch *The Tipping Point. How Little Things Can Make a Big Difference* erschien 2000.

Blink! Die Macht des Moments wurde mittlerweile über 1,5 Millionen Mal verkauft und in 25 Sprachen übersetzt. Nebenbei hat es eine Vielzahl von Parodie-Titeln provoziert, einschließlich *Blank. The Power of Not Actually Thinking at All.* Außerdem wird es wahrscheinlich verfilmt werden, denn der Schauspieler Leonardo di Caprio hat für eine Million Dollar die Filmrechte erworben.

EQ^2. Der Erfolgsquotient

1998

Wieder zeigte sich, daß emotionale Kompetenz zu herausragender Leistung doppelt soviel beiträgt wie bloßer Intellekt und fachliches Können … Ich habe Hunderte von Firmen untersucht, und mir wurde klar, daß die Bedeutung der emotionalen Intelligenz zunimmt, je höher man in der Organisation aufsteigt.

Der neue Maßstab setzt als selbstverständlich voraus, daß wir ausreichende intellektuelle Fähigkeiten und technisches Wissen mitbringen, um unsere Aufgaben zu bewältigen; im Mittelpunkt stehen vielmehr persönliche Qualitäten wie Initiative und Empathie, Anpassungsfähigkeit und Überzeugungskraft.

KURZ GESAGT

In den meisten Bereichen ist außerordentliche emotionale Intelligenz die Voraussetzung für Spitzenleistungen.

ÄHNLICHE TITEL

Robert Bolton, *People Skills*
Howard Gardner, *Abschied vom IQ*

24. Daniel Goleman

Daniel Golemans 1995 erschienenes Buch *EQ. Emotionale Intelligenz* (siehe dazu den Kommentar in *50 Klassiker der Selbsthilfe*) war ein Überraschungserfolg und verkaufte sich weltweit über fünf Millionen Mal. Goleman kombinierte darin einige obskure akademische Abhandlungen von John Mayer und Peter Salovey, in denen die beiden Wissenschaftler bereits einen Zusammenhang zwischen Emotionen und Intelligenz herstellten. Der Autor reicherte ihre Erkenntnisse mit journalistischem Flair an (er schrieb für die *New York Times*), wobei ihm sein eigener akademischer Hintergrund zugute kam (er ist promovierter Harvard-Psychologe), und machte daraus ein populärpsychologisches Werk von ungewöhnlicher Wirkkraft.

Wenngleich sich *EQ. Emotionale Intelligenz* an den Leser als Privatmann wandte, war Goleman erstaunt, welche Reaktionen er damit in der Wirtschaft auslöste. Viele Menschen traten mit ihren Geschichten an ihn heran, die beinahe alle den Tenor hatten: „Ich gehörte auf dem College nicht zu den Klassenbesten, aber heute leite ich ein großes Unternehmen." Emotionale Intelligenz (EQ) schien zu erklären, warum diese Leute erfolgreich waren, während andere, intellektuell begabtere Kollegen es nicht sonderlich weit brachten.

Die meisten Nachfolgetitel von Bestsellern schaffen es nicht, den Lesererwartungen gerecht zu werden. *EQ². Der Erfolgsquotient* jedoch ist eine ebenso faszinierende Lektüre wie das Vorgängerbuch. Goleman unterteilt das Buch in fünf Teile und versucht, die 25 „Kompetenzen" zu definieren, die darüber entscheiden, ob wir beruflich vorankommen oder hinterherhinken. Gleichzeitig legt uns Goleman dar, warum wir uns bemühen sollten, emotional intelligente Unternehmen aufzubauen.

Was Arbeitgeber wollen

Goleman beginnt mit der Erläuterung, wie sehr sich die Regeln der Arbeitswelt gewandelt haben. Es gibt keine Arbeitsplatzsicherheit mehr. Einst hing unser beruflicher Erfolg davon ab, wie gut wir in der Schule waren oder welche technischen Fertigkeiten wir mitbrachten. Heute hingegen sind akademische oder technische Fertigkeiten nur noch die Einstiegsvoraussetzungen für bestimmte Jobs. Was uns eigentlich zu „Stars" auf unserem Gebiet macht, sind Eigenschaften wie Durchhaltevermögen, Tatkraft, Optimismus, Anpassungsfähigkeit und Empathie. Die wenigsten Arbeitgeber geben „emotionale Intelligenz" als Einstellungsgrund an, obwohl sie zumeist der entscheidende Faktor ist. Stattdessen fallen Begriffe wie Charakter, Persönlichkeit, Reife, Soft Skills und Ehrgeiz.

Goleman nennt den Grund, weshalb emotionale Intelligenz heute so wichtig ist und warum die Unternehmen sie bei ihren Mitarbeitern voraussetzen: Weil in Wettbewerbsbranchen das Wachstum durch neue Produkte begrenzt ist. Die Unternehmen konkurrieren nicht mehr nur um Produkte, sondern auch darum, wie effizient sie ihre Leute einsetzen. In einem harten Wirtschaftsumfeld sind es die emotional intelligenten Fertigkeiten, die ein Unternehmen weiterbringen.

Goleman wertet eine Umfrage bei 120 Unternehmen aus, in der die Mitarbeiter die Fähigkeiten beschreiben sollten, die ihre Arbeitskraft wertvoll machten. 67 Prozent der angegebenen Fertigkeiten waren emotionale Kompetenzen. Das heißt: zwei von drei waren verhaltensbezogene Talente, die über IQ oder Fachwissen hinausgehen. Die Wunschliste der Arbeitgeber:

* Kommunikationsfähigkeit
* Anpassungsfähigkeit bei Veränderungen und die Fähigkeit, Rückschläge zu verkraften

* Zuversicht, Motivation und der Wunsch, sich beruflich weiterzuentwickeln
* Team- und Konfliktfähigkeit
* Ehrgeiz, Leistungs- und Führungswille

Sind Sie emotional kompetent?

Golemans Mentor David McClelland veröffentlichte 1973 einen gefeierten Artikel im *American Psychologist*, in dem er schrieb, dass die traditionellen akademischen Auswahlverfahren und Intelligenztests keine guten Indikatoren dafür seien, wie gut sich jemand im Job tatsächlich macht. Stattdessen sollten die Leute auf „Kompetenzen" getestet werden, die wichtig für den Job sind. Das war der Anfang für die neuen Tests, die heute häufig, zusätzlich zu den konventionellen Tests im Bereich akademischer Fähigkeiten und Erfahrungen, bei Auswahlverfahren oder für die Teambildung benutzt werden. McClellands Konzept gehört mittlerweile fast zum Allgemeinwissen, doch zu jener Zeit waren seine Erkenntnisse bahnbrechend. Goleman führte McClellands Ideen weiter und präsentiert 25 emotionale Kompetenzen, die auf den folgenden fünf Kernkompetenzen beruhen:

Selbstwahrnehmung
Die Wahrnehmung der eigenen Gefühle und die Fähigkeit, sie zur besseren Entscheidungsfindung zu nutzen. Das Wissen um die eigenen Stärken und Schwächen. Das Selbstvertrauen, mit dem umgehen zu können, was auf einen zukommt.

Selbstregulierung
Gewissenhaftigkeit und die Bereitschaft, auf unmittelbare Anerkennung zu verzichten, um ein bestimmtes Ziel zu erreichen. Die Fähigkeit, mit emotionalem Stress umzugehen und die eigenen Gefühle zu kontrollieren.

Motivation
Die Fähigkeit, eine Leistungs- oder Zielorientierung zu entwickeln, Enttäuschungen und Rückschläge hinzunehmen und Initiative und Durchhaltevermögen zu beweisen.

Empathie
Wahrnehmung der Gefühle und Gedanken anderer sowie die Fähigkeit, Einfluss auf verschieden veranlagte Menschen auszuüben.

Soziale Fähigkeiten
Pflege enger Beziehungen, aber auch ein Gespür für soziale Netzwerke und Unternehmenspolitik. Mit anderen kommunizieren und gemeinsam an Zielen arbeiten zu können.

Emotionale Intelligenz ist nötig, um das Beste aus unseren technischen Fähigkeiten zu machen, wie Goleman sagt. Wissenschaftler wollen, dass der Rest der Welt erfährt, was sie tun. Programmierer möchten, dass die Leute sie als serviceorientiert und nicht als reine „Techies" sehen. Die meisten Unternehmen haben hochbezahlte „Troubleshooter", die sich mit den Kunden verbünden, um Probleme zu lösen. Sie sind ebenso klug und oft ebenso begabt wie das übrige technische Personal, nur besitzen sie darüber hinaus die Fähigkeit, anderen zuzuhören, Einfluss auszuüben, Menschen zu motivieren und sie zur Zusammenarbeit zu überreden.

Emotionale Intelligenz hat nichts damit zu tun, „nett" zu sein oder nur unsere Gefühle auszudrücken, wie Goleman betont. Es geht darum, wie wir diese Gefühle angemessen und zum richtigen Zeitpunkt vermitteln und wie gut wir darin sind, Empathie zu zeigen und mit anderen zusammenzuarbeiten.

Wie Goleman schreibt, ist der IQ für 25 Prozent unserer Arbeitsleistung zuständig, was ganze 75 Prozent für andere Faktoren übrig lässt. In den meisten Bereichen ist ein angemessener Grad an kognitiven Fähigkeiten oder IQ gefragt. Ebenso werden Kompetenz, Wissen und Fachwissen vorausgesetzt. Darüber hinaus aber sind es die emotionalen und sozialen Kompetenzen, durch die sich die Führungskräfte vom Rest unterscheiden.

Wodurch zeichnen sich die Besten aus?

Goleman schreibt, je höher wir in einem Unternehmen aufsteigen, umso wichtiger sind „Soft Skills" für unseren Erfolg. Auf der obersten Führungsebene sind technische Fähigkeiten nicht mehr ausschlaggebend. Neben offensichtlichen Faktoren wie Ehrgeiz und Teamführungsfähigkeit ist vor allem Folgendes wichtig:

* Die Fähigkeit zum Denken in „großen Bildern", also die Fähigkeit, Entscheidungen für die Zukunft aus einer Vielzahl von Informationen abzuleiten.
* Politisches Bewusstsein oder eine Vorstellung davon, wie bestimmte Menschen oder Gruppen interagieren oder sich gegenseitig beeinflussen.
* Zuversicht. Der Psychologe Albert Bandura prägte den Begriff „Selbst-Wirksamkeit", um den Glauben eines Menschen an sein eigenes Potenzial und Leistungsvermögen zu beschreiben, der über die eigentlichen Fähigkeiten hinausgeht. Allein dieser Glaube ist ein exzellenter Indikator dafür, wie gut Sie in Ihrem Beruf sind.

* Intuition. Studien bei Führungskräften haben gezeigt, dass Intuition ein wesentlicher Faktor bei ihrer Entscheidungsfindung ist. Sie nutzen zwar die analytische linke Hirnhälfte, um andere von ihren Ansichten zu überzeugen, aber es sind die unbewussten Analysen, die sie zu den richtigen Entscheidungen führen.

Da es immer wieder lehrreich ist, sich auch das *Scheitern* von Führungskräften anzusehen, erwähnt *EQ². Der Erfolgsquotient* mehrere Studien über Führungskräfte, die auf höchster Ebene arbeiteten, dann aber gekündigt oder degradiert wurden. Gemäß dem bekannten „Peter-Prinzip" steigen die Leute „so lange auf, bis sie eine Stufe erreicht haben, auf der sich ihre Unfähigkeit offenbart". Goleman ist überzeugt, dass es ihre Schwächen in den zentralen Kompetenzen der emotionalen Intelligenz sind, die sie hier scheitern lassen. Sie sind entweder zu schroff, unfähig oder nicht gewillt, sich zu verändern oder sich Veränderungen anzupassen, oder sie bauen keine Beziehungen innerhalb des Unternehmens auf und entfremden sich so von den Menschen, die für sie arbeiten.

Die Headhunter-Firma Egon Zehnder fand heraus, dass gescheiterte Führungskräfte oft sowohl einen hohen IQ als auch ein großes Fachwissen mitbrachten, zugleich aber auch fatale Merkmale aufwiesen. Dazu gehörten Arroganz, mangelnde Teamfähigkeit, Unfähigkeit, Veränderungen zu berücksichtigen, und eine Überbewertung von Intelligenz. Die erfolgreichsten Manager hingegen bewahrten in Krisensituationen die Ruhe, waren offen für Kritik, konnten spontan sein und wurden von ihren Mitarbeitern als Menschen wahrgenommen, die sich für ihre Belange und Sorgen interessierten.

Zu guter Letzt

Goleman beschreibt den entscheidenden Unterschied zwischen IQ und emotionaler Intelligenz so: Während wir alle mit einem gewissen Maß an angeborener Intelligenz ausgestattet sind, das sich nach den Teenagerjahren nicht mehr wesentlich verändert, ist die emotionale Intelligenz größtenteils eine *erlernte*. Wir bekommen im Laufe unseres Lebens die Chance, unsere Fähigkeit zu verbessern, unsere Impulse und Gefühle zu kontrollieren, uns selbst zu motivieren und sozialbewusster zu sein. Altmodische Begriffe für diesen Prozess sind „Charakter" und „Reife". Im Gegensatz zur angeborenen Intelligenz liegt die Verantwortung für deren Entwicklung ganz allein bei uns.

Natürlich wurde das Konzept der emotionalen Intelligenz auch durchaus kontrovers aufgenommen. John Mayer und Peter Salovey, die Psychologen, die es erstmals entwickelten, sagten, dass Golemans Herleitung dessen, was emotionale Intelligenz ausmacht (einschließlich solcher Termini wie Eifer, Ausdauer, Reife und Charakter) weit über ihre ursprüngliche Definition hinausginge und sie verzerre. Auch äußerten sie ihr Unbehagen angesichts Golemans These, dass EQ ein Indikator für Erfolg im Leben sein kann. Goleman allerdings erhärtet seine Sicht durch anerkannte Forschungsergebnisse aus über 30 Jahren sowie Umfrageauswertungen aus über 500 Unternehmen. Das Gewicht dieser empirischen Forschungen legt nahe, dass der IQ als Indikator für beruflichen Erfolg nur an zweiter Stelle hinter der emotionalen Intelligenz rangiert.

Bis heute dauert die Debatte an, ob es emotionale Intelligenz überhaupt gibt. Viele ihrer Merkmale sind schlicht Facetten der Persönlichkeit, argumentieren manche, während andere Psychologen behaupten, der IQ sei nach wie vor der verlässlichste Erfolgsindikator. Dabei verdreht die Kritik Golemans eigentliches Argument. Er sagt an keiner Stelle, auf den IQ käme es nicht an. Seine These lautet vielmehr: Wenn alle Erfolgsfaktoren gleich stark ausgeprägt sind (Intelligenz, Fachwissen,

Erziehung), Menschen gut mit anderen zusammenarbeiten, weitsichtig und empathisch sind und sich ihrer Gefühle bewusst, dann werden sie es in ihrem Berufsleben weit bringen. Diese These wird jedem einleuchten, der in den Beruf einsteigt und feststellt, dass seine Fähigkeit „voranzukommen" nur zu einem geringen Teil von dem abhängt, was er in der Ausbildung oder an der Hochschule gelernt hat.

Die letzten zwei Drittel von *EQ². Der Erfolgsquotient* führen detaillierter aus, was bereits im ersten Drittel gesagt wurde, aber es ist faszinierend, Golemans Beispiele aus dem Wirtschaftsleben zu lesen. Wenngleich die Einzelbeispiele aus Unternehmen der späten 1990er schon Geschichte sind, bietet das Buch doch brauchbare Beispiele dafür, wie emotional intelligente Unternehmen arbeiten sollten. Darüber hinaus kann es Ihre Ansichten darüber verändern, wie es an Ihrem Arbeitsplatz aussehen sollte.

Über Daniel Goleman

Daniel Goleman wuchs in Stockton in Kalifornien auf und besuchte das Amherst College. Seinen Doktor in Psychologie machte er bei David McClelland an der Harvard University.

Zwölf Jahre lang schrieb Goleman eine Kolumne über Verhaltens- und Hirnforschung in der *New York Times* und war leitender Redakteur von *Psychology Today*. Er erhielt einen Career-Achievement-Preis für Journalismus der American Psychology Association. Er ist Mitgründer der 1994 eröffneten Collaborative for Academic, Social, and Emotional Learning (CASEL), die das soziale, emotionale und akademische Lernen bei Kindern fördert, um sie in der Schule wie im Leben erfolgreicher zu machen. Goleman ist gegenwärtig im Vorstand des Forschungskonsortiums für emotionale Intelligenz in Unternehmen an der Rutgers University.

Zu seinen weiteren Büchern zählen: *Meditation. Wege nach innen* (1990), *Emotionale Führung* (2002) und *Dialog mit dem Dalai Lama. Wie wir destruktive Emotionen überwinden können* (2003).

Die 7 Geheimnisse der glücklichen Ehe

1999

Was eine Ehe funktionieren läßt, ist erstaunlich einfach. Glücklich verheiratete Paare sind nicht klüger, reicher oder psychologisch raffinierter als andere. Aber sie haben in ihrem Alltag eine Dynamik entwickelt, die verhindert, daß die negativen Gedanken und Gefühle (die es bei allen Paaren gibt) die positiven überdecken. Sie führen, wie ich es nenne, eine von emotionaler Intelligenz getragene Ehe.

Im Zentrum meines Programms steht die einfache Wahrheit, daß glückliche Ehen auf eine tiefe Freundschaft gegründet sind. Damit meine ich gegenseitigen Respekt und Freude an der Gemeinschaft mit dem anderen.

KURZ GESAGT

Was eine Ehe oder Partnerschaft stark macht, ist eigentlich gar kein Geheimnis – die psychologische Forschung bietet uns Antworten, wenn wir denn gewillt sind, sie zu suchen.

ÄHNLICHE TITEL

Louann Brizendine, *The Female Brain*
Susan Forward, *Emotionale Erpressung*
Douglas Stone, Bruce Patton & Sheila Heen, *Offen gesagt!*

25. John M. Gottman

Als Dr. John Gottman in den frühen 1970ern mit seinen Forschungen zum Thema begann, gab es kaum verwertbare wissenschaftliche Daten über die Ehe und die Faktoren, die sie funktionieren lassen oder nicht. Eheberater mussten auf konventionelle Weisheiten, Meinungen, Intuition, religiöse Überzeugungen oder die Ideen der Psychotherapeuten zurückgreifen, um Paare zu beraten. Folglich war ihre Beratung meist nicht besonders effektiv.

1986 eröffnete Gottman, ein Psychologieprofessor der University of Washington in Seattle, der zuvor Mathematik am MIT studiert hatte, sein Family Research Lab – im Volksmund kurz „Love Lab" (Liebeslabor) genannt. Dabei handelte es sich um eine möblierte Wohnung mit Blick auf den See, die mit Kameras und Mikrofonen ausgestattet war. Hier zeichnete er alle Unterhaltungen, Auseinandersetzungen und Gesten der Paare auf, die vorübergehend in der Laborwohnung lebten.

Es war das erste Projekt überhaupt, das sich der wissenschaftlichen Beobachtung von Paaren widmete. Bis *Die 7 Geheimnisse der glücklichen Ehe* erschien, das Gottman mit Nan Silver zusammen verfasste, hatte sein Team während eines Zeitraums von über 14 Jahren mehr als 650 Paare beobachtet. Die meisten Paare, die zu seinen Ehekursen kamen, standen kurz vor der Scheidung. Doch nachdem sie sich Gottmans Prinzipien zu eigen gemacht hatten, lag die Rate derer, die ins eheliche Unglück zurückfielen, nicht einmal mehr halb so hoch wie der Durchschnitt bei der herkömmlichen Eheberatung.

Es gibt Hunderte von Titeln über Beziehungsführung, aber Gottmans Buch sticht hervor, weil der darin enthaltene Rat auf greifbaren Daten basiert und nicht auf gut gemeinten Pauschalempfehlungen. Folglich sind viele der Antworten, auf die Gottman stieß, eher irritierend, und er genießt es, ein paar Mythen darüber zu entzaubern, was eine glückliche und stabile romantische Partnerschaft ausmacht.

Der größte Mythos

Die Teilnehmer bei Gottmans Workshops sind immer wieder erleichtert zu hören, dass auch die glücklichsten und stabilsten Paare streiten. In einer guten Ehe muss nicht nur die „Chemie" stimmen, sondern auch die Art und Weise, wie die Partner mit Konflikten umgehen.

Unter der Überschrift „Warum die meisten Ehetherapien scheitern" entlarvt Gottman den größten Mythos der professionellen Eheberatung: dass die Kommunikation zwischen den Partnern der Schlüssel zur glücklichen, dauerhaften Ehe sei. Eheberater erzählen uns, dass unsere Probleme durch schlechte Kommunikation verursacht würden und wir dem Partner nur „ruhig und liebevoll" zuhören müssten, um unsere Ehe zum Besseren zu ändern. Statt uns gegenseitig anzuschreien, sollen wir wiederholen und klarstellen, was der Partner gesagt hat, und dann ruhig erklären, was wir uns wünschen. Schon haben wir einen Durchbruch im gegenseitigen Verständnis erzielt.

Diese Idee geht auf den Psychologen Carl Rogers zurück (siehe S. 418), der lehrte, dass unvoreingenommenes Zuhören und Akzeptieren der Gefühle des anderen zu Übereinstimmung führt. Auf die Ehebeziehung angewandt funktioniert diese Herangehensweise allerdings nicht, wie Gottman sagt. Die meisten Paare, die sie wählen, werden nur noch unglücklicher, und diejenigen, bei denen die Methode zunächst erfolgreich scheint, fallen spätestens innerhalb eines Jahres in die alten Konflikte zurück. Ganz gleich, wie gut beide Partner darin waren, ihren Kummer mitzuteilen, letztlich blieb es dabei, dass eine Person der anderen Vorwürfe machte. Und die wenigsten Menschen – vielleicht mit

Ausnahme des Dalai Lama, wie Gottman einräumt – bleiben gelassen, wenn man sie offen kritisiert.

Weitere Mythen

Große Meinungsverschiedenheiten zerstören die Ehe

Gottman enthüllt uns eine schockierende Wahrheit über den Ehekonflikt: „Die meisten ehelichen Streitgespräche enden ergebnislos." Seinen Studien zufolge geht es bei 69 Prozent der Konflikte um wiederkehrende oder unlösbare Probleme. Zum Beispiel will Meg Kinder, Donald aber nicht. Walter will stets mehr Sex als Dana. Chris flirtet dauernd auf Partys, und Susan hasst es. John möchte seine Kinder im katholischen Glauben erziehen, Linda im jüdischen.

Paare verwenden Jahre und eine Menge Energie darauf, sich gegenseitig verändern zu wollen, dabei geht es in bedeutsamen Konflikten um Werte und unterschiedliche Weltsichten, mithin um Dinge, die sich nicht ändern lassen. Erfolgreiche Paare wissen das und entscheiden, sich gegenseitig mit allen Macken und Fehlern zu akzeptieren.

Glückliche Ehen sind ungewöhnlich offen und ehrlich

Die Wahrheit ist, dass in vielen guten Ehen die meisten Probleme „unter den Teppich gekehrt" werden. Bei den meisten Paaren enden Streitigkeiten damit, dass sich der Mann vor den Fernseher zurückzieht und die Frau losläuft und irgendeine Form von Ersatztherapie sucht. Nach ein paar Stunden ist der Streit verflogen, und beide sind froh, sich wiederzusehen. Viele Partnerschaften bleiben stabil und zufrieden, ohne dass die Partner ihren tiefen Gefühlen Luft machen.

Der Geschlechterunterschied ist nicht so ein großes Problem
Die Tatsache, dass Männer vom Mars und Frauen von der Venus sind, mag einen Einfluss auf Eheprobleme haben, wie Gottman anmerkt, aber sie verursacht sie nicht. Gute 70 Prozent aller Paare gaben an, dass die Freundschaft zum Partner ein entscheidender Faktor für die glückliche Ehe sei, nicht das Geschlecht oder irgendetwas anderes.

Scheidungsvorhersage

Nach vielen Jahren der Forschung behauptet Gottman erstaunlicherweise, er sei imstande, eine 91-prozentig sichere Vorhersage darüber zu treffen, ob ein Paar geschieden wird oder zusammenbleibt – nachdem er es nur fünf Minuten beobachtet hat.

Paare enden nicht vor dem Scheidungsrichter, weil sie streiten, schreibt er. Vielmehr erhöht die Art, *wie* sie streiten, das Trennungsrisiko massiv. Nachdem er unzählige Stunden vor den Aufnahmen von Paaren verbracht hat, konnte Gottman mehrere Anzeichen dafür ausmachen, ob sie sich auf eine Scheidung zubewegen – wenn nicht im nächsten Jahr, dann in einigen Jahren. Zu diesen Anzeichen gehören unter anderem folgende:

Harsche Gesprächsauftakte
Diskussionen, die mit Kritik, Sarkasmus oder Verachtung beginnen, haben das, was Gottman einen „groben Auftakt“ nennt. Was schlecht anfängt, endet auch schlecht.

Kritik
Es gibt einen Unterschied zwischen Klagen, die sich auf eine bestimmte Handlung Ihres Partners beziehen, und Kritik an seiner Person.

Verachtung

Hierzu zählt jede Form von abschätzigem Humor, Augenrollen, Verhöhnen und Verfluchen, die darauf abzielt, dem Partner Ablehnung zu signalisieren. Die schlimmste Version der Verachtung ist Streitlust, die sich oft in Sätzen wie „Was gedenkst du dagegen zu tun?" ausdrückt.

Rechtfertigung

Hierbei versucht ein Partner, dem anderen den Eindruck zu vermitteln, das Problem läge bei ihm und man selbst habe gar nichts getan.

Mauern

Mauern ist, wenn ein Partner sich „ausklinkt", weil er unfähig ist, die regelmäßige Kritik, Verachtung und Rechtfertigung zu ertragen. Indem er sich entzieht, schützt er sich vor Verletzungen. Gottman stellte fest, dass in 85 Prozent der Ehen der Mann derjenige ist, der mauert. Das liegt daran, dass sich das männliche Herz-Kreislauf-System langsamer von Stress erholt als das weibliche. Ein Mann reagiert gemeinhin heftiger auf Konflikte und mit Gedanken wie den an einen Schlagabtausch oder „Das muss ich mir nicht gefallen lassen". Frauen hingegen sind besser in der Lage, sich nach einer stressigen Situation selbst wieder zu beruhigen, was auch erklärt, warum sie fast immer die Probleme in einer Beziehung ansprechen, während Männer versuchen, die Auseinandersetzung zu vermeiden.

Überflutung

Regelmäßige emotionale „Überflutung" tritt ein, wenn einer der Partner von den Verbalattacken des anderen überwältigt wird. Werden wir angegriffen, beschleunigen sich Herzschlag und Puls, und es werden Hormone freigesetzt – einschließlich Adrenalin. Auf der physischen Ebene erleben wir Verbalattacken als Angriffe auf unser Leben. Wie Gottman es formuliert, ist die Reaktion dieselbe, „ob Sie nun einem

Säbelzahntiger gegenüberstehen oder einer mit Verachtung argumentierenden Person, die fragt, warum Sie nicht daran denken können, die Klobrille wieder herunterzuklappen". Wenn es häufiger zu Überflutungen kommt, versuchen irgendwann beide Partner, sie zu vermeiden, was darauf hinausläuft, dass sie sich emotional entfremden.

Gescheiterte Rettungsversuche

Unglücklichen Paaren gelingt es nicht, einen hitzigen Streit abzubrechen, indem sie beispielsweise sagen: „Warte bitte, ich muss mich erst mal beruhigen", oder eine witzige Bemerkung machen, um den Konflikt nicht eskalieren zu lassen. Dieses lebenswichtige Talent besitzen alle glücklichen Paare.

Für sich genommen muss keines dieser Anzeichen ein Scheidungsgarant sein. Treten sie allerdings gebündelt und über einen längeren Zeitraum auf, werden sie höchstwahrscheinlich zum Ende der Beziehung führen. Gottman beschreibt Rechtfertigung, Mauern, Kritik und Verachtung als „die vier apokalyptischen Reiter". Die negativen Gefühle fangen langsam an, die positiven zu überwiegen, sodass der „Sollwert" an Glück in der Beziehung auf einen Punkt sinkt, an dem es schmerzlich wird. Die Partner entfremden sich emotional voneinander, hören auf, Probleme gemeinsam lösen zu wollen, und fangen an, im selben Haus parallele Leben zu führen. Dies ist die Zeit, in der es am ehesten zu Affären kommt, weil einer oder beide Partner einsam sind und sich anderswo Zuwendung, Unterstützung oder Zuneigung suchen. Wie Gottman betont, ist eine Affäre gewöhnlich ein Symptom für eine sterbende Ehe, nicht aber die Ursache.

Was eine Ehe gut macht

Die meisten von Gottmans Prinzipien für eine dauerhafte und glückliche Ehe basieren auf einem zentralen Faktor: Freundschaft. Die Partner sind imstande, sich gegenseitig zu respektieren und das Zusammensein zu genießen. Freundschaft fördert die Romantik, kann eine Beziehung allerdings auch davor schützen, in Feindseligkeit umzuschlagen. Solange Sie die „Zuneigung und Bewunderung" für den Partner erhalten können, ist die Beziehung auch zu retten. Ohne sie erhöht sich hingegen die Wahrscheinlichkeit, dass Sie im Streit Verachtung äußern, und die wiederum vergiftet die Beziehung.

Nach Gottman ist eine Ehe dazu da, einen „gemeinsamen Sinn" zu finden. Das heißt: Jeder Partner unterstützt die Träume und Hoffnungen des anderen. Eine Ehe bewegt sich in die falsche Richtung, wenn ein Partner seine Wünsche aufgeben muss, um den anderen glücklich zu machen. Echte Freundschaften sind gleichberechtigt und ausgewogen.

Dauerhafte Freundschaft kann es nur geben, wenn die nachfolgend aufgeführten Voraussetzungen erfüllt werden.

Lernen Sie die Welt und die Interessen Ihres Partners kennen

Partner in starken Beziehungen besitzen gute „Partner-Landkarten" vom anderen – sie wissen um die Gefühle und Wünsche des anderen und sind mit grundsätzlichen Dingen in seinem Leben vertraut. Beispielsweise kennen sie die Freunde des Partners. Ohne solches Wissen können große Ereignisse wie etwa die Geburt des ersten Kindes die Beziehung schwächen, statt sie zu stärken.

Wenden Sie sich einander zu

Die Romantik kann selbst während der schrecklichsten Auseinandersetzungen überleben, betont Gottman. Erst wenn Sie aufhören, sich gegenseitig wertzuschätzen (sich voneinander abwenden), beginnt die

Beziehung sich zu verabschieden. Manche Paare glauben, romantische Abendessen oder Ferien könnten eine Ehe glücklich machen, dabei kommt es vielmehr auf die kleinen, alltäglichen Gesten, mit denen wir uns dem anderen zuwenden, an.

Lassen Sie sich beeinflussen

Frauen sind von Natur aus offener für den Einfluss ihres Partners, wohingegen Männer es sehr viel schwerer finden, sich von ihrer Partnerin beeinflussen zu lassen. Doch die glücklicheren Ehen sind gewöhnlich die, in denen der Mann seiner Frau zuhört und Rücksicht auf ihre Ansichten und Gefühle nimmt. In den besseren, dauerhaften Ehen herrscht ein ausgewogenes Kräfteverhältnis.

Zu guter Letzt

Wenn Sie erst einmal begriffen haben, wie die Ehe auf der rein wissenschaftlichen Ebene funktioniert, sind Sie in einer weit besseren Position, Ihre Beziehung zu verbessern und sie vor dem Scheitern zu bewahren. Natürlich gilt das für Langzeitbeziehungen aller Art. Gottman führte auch zwölf Jahre lang eine Studie mit homosexuellen und lesbischen Paaren durch und stellte fest, dass sich ihr Umgang miteinander nicht besonders von dem heterosexueller Paare unterscheidet. Homosexuelle Männer neigen dazu, Dinge weniger persönlich zu nehmen, greifen seltener zu feindseligen oder kontrollierenden Taktiken und rekurrieren bei Auseinandersetzungen eher auf Zuneigung und Humor. Doch die Dynamik des Konflikts wie der Konfliktlösung ist dieselbe.

Wahrscheinlich werden wir in 50 Jahren zurückblicken und staunen, wie wenig der durchschnittliche Mensch über physiologische und psychologische Reaktionen auf Konflikte und das Führen von Beziehungen allgemein wusste. So paradox es uns auch scheinen mag, die theoretische Wissenschaft kann uns eine Menge über Liebe, Romantik und Freundschaft lehren und damit unser Leben so viel lebenswerter machen.

Über John M. Gottman

Gottman ist emeritierter Professor der University of Washington, wo er seit 1986 lehrte. Er hat über 100 akademische Artikel und viele Bücher verfasst, einschließlich *Kinder brauchen emotionale Intelligenz* (1998), *Laß uns einfach glücklich sein* (1998) und *Glücklich verheiratet?* (1995).

Das Gottman Institute, das er mit seiner Frau Julie Schwartz Gottman gründete, bietet Workshops für Ärzte und Familien an. Gottmans Family Research Lab, das 15 Jahre lang vom US National Institute for Mental Health unterstützt wurde, ist heute Teil des privat finanzierten Relationship Research Institute.

Die Co-Autorin Nan Silver ist Herausgeberin des Magazins *Parents.*

The Nature of Love

1958

Das wenige, was wir über Liebe wissen, reicht kaum über die schlichte Beobachtung hinaus, und das wenige, was wir darüber schreiben, formulierten Dichter und Schriftsteller bereits besser. Ernsthaft Sorge sollte uns aber vor allem machen, dass die Psychologen dem einen Motiv, das unser ganzes Leben durchwirkt, zusehends weniger Aufmerksamkeit schenken. Psychologen, zumindest solche, die Sachbücher schreiben, zeigen nicht nur kein Interesse am Ursprung und an der Entwicklung von Zuneigung und Liebe, sondern scheinen vielmehr deren Existenz an sich zu ignorieren.

KURZ GESAGT

Enge körperliche Bindungen im Säuglingsalter sind eine wesentliche Voraussetzung für die spätere Gesundheit.

ÄHNLICHE TITEL

Stanley Milgram, *Das Milgram-Experiment*
Jean Piaget, *Sprechen und Denken des Kindes*
Steven Pinker, *Das unbeschriebene Blatt*
B. F. Skinner, *Jenseits von Freiheit und Würde*

26. Harry Harlow

Der Primatenforscher Harry Harlow wurde 1958 zum Präsidenten der American Psychological Association gewählt. Im selben Jahr besuchte er Washington, D.C., wo die Association ihr Jahrestreffen abhielt, und hielt dort eine Vorlesung über seine jüngsten Experimente mit Rhesusaffen.

In den 1950ern wurde die amerikanische Psychologie von Behavioristen dominiert, deren endlose Versuche mit Laborratten zeigen sollten, wie leicht sich das Denken der Säugetiere von der Umwelt beeinflussen ließ. Harlow und seine Frau Margaret handelten wider den Mainstream, indem sie Affen studierten, die ihrer Meinung nach weit mehr Aufschluss über menschliches Handeln gaben. Harlow war ein sehr direkter Mensch, und so weigerte er sich auch, Begriffe wie „Nähe" zu benutzen, wenn er eigentlich Liebe meinte. Entsprechend sagte er seinem Publikum:

„Liebe ist ein wundersamer Zustand, tief, zärtlich und lohnenswert. Weil sie so intim und persönlich ist, wird sie von manchen Leuten als ungeeignet für die experimentelle Forschung angesehen. Doch wie auch immer unsere persönlichen Gefühle sein mögen, unser Auftrag als Psychologen besteht darin, alle Facetten des menschlichen und tierischen Verhaltens zu analysieren und nach ihren Komponentenvariablen zu unterteilen. Was Liebe oder Zuneigung betrifft, haben die Psychologen es versäumt, ihren Auftrag zu erfüllen."

Die behavioristische Doktrin lautete, dass menschliche Wesen durch ihre primären Triebe wie Hunger, Durst, Auslöschung, Schmerz und Sex motiviert würden. Andere Motive, einschließlich Liebe und Zuneigung, galten als sekundär. In der Kinderpflege wurde die Zuneigung zugunsten des Glaubens an „Erziehung" vernachlässigt, und man wusste wenig darüber, wie wichtig Körperkontakt für Babys ist.

Harlows Schrift *The Nature of Love* stellte all das auf den Kopf. Die Weigerung, Liebe und Zuneigung bloß als „sekundäre Triebe“ zu sehen, machte sie zu einer der gefeiertsten wissenschaftlichen Veröffentlichungen überhaupt.

Nahrung, Wasser und Liebe

Harlow entschied sich, mit jungen Rhesusaffen zu arbeiten, weil sie reifer sind als menschliche Säuglinge und sich zugleich bei Verhaltensweisen wie trinken, klammern, auf Zuwendung reagieren und sogar in der Art, wie sie sehen und hören, wenig von ihnen unterscheiden. Auch ähneln sie menschlichen Säuglingen im Lernen wie im Erleben und im Ausdrücken von Angst und Enttäuschung.

Harlow fiel auf, dass sich diese im Labor geborenen Affen, wenn sie keinen Kontakt zu ihrer Mutter hatten, sehr stark an Stoffstücke banden (Windeln oder Lätzchen), mit denen die harten Böden ihrer Käfige ausgelegt waren. Wurden diese Dinge von Zeit zu Zeit entfernt, um sie durch neue zu ersetzen, bekamen die kleinen Äffchen regelrechte Wutanfälle. Diese Reaktion verwies auf eine sehr ähnliche Bindung, wie sie menschliche Babys zu bestimmten Kissen, Decken oder Kuscheltieren entwickeln. Zu Harlows eigener Überraschung ergab die Studie, dass Affenbabys nur eine sehr geringe Chance hatten, länger als fünf Tage zu überleben, sofern sie in ungepolsterten Käfigen gehalten wurden. Es schien, als seien die weichen „Kuschelsachen“ nicht bloß für ein besseres Wohlgefühl der Äffchen wichtig, sondern in Abwesenheit der Muttertiere von größter Bedeutung für das Überleben.

Die Behavioristen waren der Ansicht, dass Babys – ob Menschen oder Affen – ihre Mütter wegen der Milch lieben, die sie ihnen geben, da sie damit ein Grundbedürfnis befriedigen. Was Harlow hingegen sah, veranlasste ihn zu der Frage, ob Babys ihre Mütter vielleicht nicht nur deshalb liebten, sondern auch wegen der Wärme und Zuneigung. Vielleicht war Liebe ebenso sehr ein Grundbedürfnis wie Nahrung und Wasser.

Mütter aus Stoff und Draht

Um diese Idee genauer zu prüfen, bauten Harlow und sein Team „Ersatzmütter" aus Holz, die mit weichem Stoff überzogen wurden und durch eine Glühbirne von hinten gewärmt wurden, sowie andere „Mütter", die nur aus Draht waren. Bei vier der neugeborenen Affen gaben nur die Stoffmütter Milch und die Drahtmütter nicht, bei vier anderen Äffchen war es umgekehrt. Die Studie ergab, dass selbst in den Fällen, in denen die Drahtmütter Milch gaben, die Affen es deutlich vorzogen, sich bei der Stoffmutter aufzuhalten und Körperkontakt zu ihr zu haben.

Dieses Ergebnis warf die konventionelle Ansicht über den Haufen, dass Babys zur Mutterliebe konditioniert werden, weil die Mutter ihnen Milch gibt und damit ihr Überleben sichert. Die Ernährung war eindeutig nicht der Hauptfaktor für die Affen. Für sie stand der Körperkontakt, die „Liebe der Mutter", im Vordergrund. Harlow ging sogar so weit zu behaupten, dass die Hauptfunktion des Stillens der häufige Körperkontakt zwischen Mutter und Baby ist, da diese liebende Verbindung so wichtig fürs Überleben ist. Schließlich bleibt diese Bindung noch lange erhalten, nachdem der tatsächliche Ernährungsaspekt unwesentlich geworden ist, wie Harlow argumentiert.

Liebe ist blind

Da Babys beim geringsten Anzeichen von Angst oder Gefahr zur Mutter fliehen und sich an sie klammern, fragte sich Harlow, ob die Babyaffen sich auch bei einer Stoff- oder Drahtersatzmutter so verhalten würden. Sie taten es. Die Affen rannten verlässlich zu ihren Stoffmüttern, unabhängig davon, ob die sie „stillten" oder nicht. Dasselbe geschah, wenn die Affen in einen fremden Käfig mit neuen visuellen Reizen gesetzt wurden und die Gelegenheit bekamen, zu ihren Stoffmüttern zurückzukehren.

Harlow fand außerdem heraus, dass Affenkinder, die über einen längeren Zeitraum (fünf Monate) von ihren Stoffmüttern getrennt wurden, immer noch sofort auf sie reagierten, wenn sie die Chance bekamen. Sie vergaßen die einmal entstandene Bindung nicht wieder. Sogar Affen, die ohne irgendeine Mutterfigur aufgewachsen waren, begannen in der Gegenwart einer Stoffmutter nach ein oder zwei Tagen der Verwirrung und Unsicherheit, eine Beziehung zu ihr aufzubauen. Nach einer Weile zeigten diese Affen ein ganz ähnliches Verhalten wie jene, die ihre Stoffmutter von Geburt an kannten.

Eine andere Versuchsvariante wurde mit Ersatzmüttern durchgeführt, die sich hin- und herwiegen konnten und sich warm anfühlten. An diese Mütter banden sich die Affenbabys noch stärker und klammerten sich bis zu 18 Stunden täglich an sie.

War es das Gesicht der Ersatzmütter, denen große Augen und ein Mund aufgemalt worden waren, das die Liebe der Babyaffen provozierte? Harlows erster Versuchsaffe hatte noch eine Ersatzmutter gehabt, deren Kopf bloß aus einer Holzkugel ohne Gesicht bestand, und dieser Ersatzmutter blieb das kleine Affenbaby sechs Monate lang verbunden. Als es später zwei andere Stoffmütter mit aufgemalten Gesichtern bekam, drehte es deren Köpfe um, sodass es die Gesichter nicht mehr sah – das war ihm vertrauter. Wieder einmal bestätigte das Experiment Harlow darin, dass die enge Bindung, die wir zu unseren Müttern aufbauen, an erster Stelle steht, ganz gleich, wie sie aussehen oder wie gleichgültig sie uns behandeln. Harlow machte keine Witze, als er schrieb: „Liebe ist blind." Er folgerte, dass die Qualität der Bemutterung und damit die Tatsache, ob es sich um die echte Mutter oder einen Ersatz handelte, unerheblich war. Die Babyaffen brauchten einfach nur eine „Mutterfigur", um gesund und glücklich aufzuwachsen.

Die Wahrheit tritt zutage

Diese Einschätzung erwies sich im Nachhinein allerdings als etwas vorschnell. Als die Affenbabys heranwuchsen, stellte Harlow fest, dass mit ihnen einiges im Argen war. Statt die normale Bandbreite an Reaktionen zu zeigen, schwankten sie zwischen klammernder Zuneigung und destruktiver Aggression. Oft rauften sie sich das Fell oder zerfetzten Stoff oder Papier. Selbst als Erwachsene klammerten sie sich an weiche, pelzige Gegenstände und schienen den Unterschied zwischen lebendigen und leblosen Objekten nicht zu kennen. Obwohl sie durchaus liebevoll mit anderen Affen umgehen konnten, waren die wenigsten imstande, sich als Erwachsene zu paaren, und diejenigen, die überhaupt Nachkommen gebaren, wussten nicht, wie sie sich um ihre Babys kümmern sollten. Sie waren eindeutig sozial retardiert, weil sie von ihren Ersatzmüttern kein normales Verhalten gelernt hatten und von anderen Affen isoliert gewesen waren. Sie hatten keine Ahnung, was angemessenes Verhalten war und was nicht. Ihnen war das Geben und Nehmen normaler Beziehungen fremd.

Was Harlow entdeckte, hatte vor ihm bereits der ungarische Psychiater René Spitz in den 1940ern beobachtet. Seine bekannte Studie verglich Babys, die in zwei unterschiedlichen Heimen aufwuchsen. Das erste war ein Findelkinderheim, das sehr sauber und ordentlich, aber auch ein wenig klinisch war. Das zweite war einem Gefängnis angeschlossen. Dort ging es recht rau zu, aber dafür hatten die Kinder sehr viel physischen Kontakt. Innerhalb eines Zeitraums von zwei Jahren starben über zwei Drittel der Kinder im Findelkinderheim, während fünf Jahre später die Kinder im Gefängnisheim noch am Leben waren. Die wenigen Findelkinderheimkinder, die überlebten, zeigten vielfach soziale Probleme und blieben auch mit über 20 noch im Heim. Der Unterschied zwischen den beiden Gruppen bestand vor allem darin, dass die Mütter im Gefängnis ihre Kinder versorgen durften, während die Findelkinder unter dem strengen Regime ausgebildeter Krankenschwestern lebten. Sie starben – physisch oder psychisch – am Mangel an Zuneigung und Liebe.

Zu guter Letzt

Kritiker sagen, dass Harlow nichts weiter tat, als wissenschaftlich zu beweisen, was der gesunde Menschenverstand längst erkannt hatte: Dass Babys oder kleine Kinder eine enge körperliche und emotionale Bindung ebenso dringend brauchen wie die Luft zum Atmen. Doch die Aufgabe, Allgemeinwissen zweifelsfrei zu beweisen, scheint nun einmal der experimentellen Psychologie zuzufallen, und ohne Harlows Experimente hätte sich in den Kinderheimen und Sozialstationen vielleicht nie etwas verändert. Was als eine Absage an die vorherrschende Meinung über kindliche Bedürfnisse begann, ist inzwischen allgemein bekannt. So gehen zum Beispiel die Empfehlungen an junge Mütter, möglichst häufigen Hautkontakt zu ihren Neugeborenen zu pflegen, auf Harlows Entdeckungen zurück.

Seine Arbeit mit Affen brachte überdies neue Erkenntnisse über die Intelligenz und das Empfinden von Tieren. B. F. Skinner (siehe S. 464) glaubte, Tiere hätten gar keine Gefühle, dabei waren Harlows Affen unstreitbar fühlende, wissbegierige Wesen mit tiefen emotionalen Bedürfnissen.

All diese Erkenntnisse hatten jedoch ihren Preis, denn gerade die Labors des Wissenschaftlers, der uns half, das „Wesen der Liebe" zu entdecken, nahmen sich für die Affen selbst als Lebensumfeld oft äußerst brutal aus. Je älter Harlow wurde, umso grausamer wurden seine Experimente. Nicht zu Unrecht geriet er in die Kritik der Tierschutzorganisationen. Viele seiner Assistenten bei späteren Versuchen empfanden ihre Arbeit als entsetzlich.

Falls Sie mehr zur Person Harlows erfahren wollen – über seine Scheidung, den Tod seiner zweiten Frau, die dritte Heirat, seine Alkoholprobleme und seine Qualitäten als Vater –, sollten Sie Deborah Blums *Love at Goon Park. Harry Harlow and the Science of Affection* (2003) lesen. Der Titel spielt auf einen Spitznamen an, den man Harlows Labor an der University of Wisconsin gegeben hatte. Die Adresse war 600 N. Park, was leicht als „Goon Park" gelesen werden konnte. Viele Leute fanden den Namen (goon = dumme Person) passend, da Harlow berühmt war für seine antifeministische Haltung, seine sehr unverblümte Art und seine rücksichtslosen Experimente. Man könnte also sagen, Harry Harlow war eine recht beängstigende Gestalt.

Über Harry Harlow

Harlow wurde 1905 als Harry Israel in Iowa geboren und war ein sehr ehrgeiziges Kind, dessen Intelligenz ihm einen Platz an der Stanford University einbrachte. Er machte dort seinen BA- und PhD-Abschluss und bekam bereits mit 25 Jahren einen Lehrauftrag an der University of Wisconsin. Ungefähr zu dieser Zeit änderte er seinen Nachnamen in Harlow, weil er zwar dem episkopalischen Glauben angehörte, aber erfahren hatte, dass es in einem antisemitischen Klima nicht unbedingt günstig für seine Karriere war, wenn er einen so jüdisch klingenden Nachnamen hätte. Schon bald richtete Harlow das Primatenlabor ein und arbeitete mit IQ-Forschern wie Lewis Terman und Abraham Maslow zusammen.

Harlow verbrachte den Großteil seiner Karriere an der University of Wisconsin und war bis 1974 George Cary Comstock Research Professor für Psychologie. Zwischendurch leitete er kurze Zeit den Human Resources Research Branch für die US-Army und hielt Gastvorlesungen, unter anderem an der Cornell und Northwestern University. 1972 bekam er von der American Psychological Association eine Goldmedaille verliehen. 1974 zog er nach Tucson, wo er Honorarprofessor an der University of Arizona wurde.

Seine erste Frau Clara Mears arbeitete mit ihm in der Primatenforschung, doch sie ließen sich 1946 scheiden. Danach heiratete Harlow Margaret Kuenne (Marlow), und ein Jahr nach deren Tod im Jahre 1970 vermählte er sich ein zweites Mal mit Clara Mears. Sie hatten drei Söhne und eine Tochter.

Harlow starb 1981.

Ich bin o.k. – Du bist o.k.

1967

Dieses Buch soll aber nicht nur neue Erkenntnisse vermitteln, sondern auch Antwort geben auf die Frage, wieso eigentlich Menschen ihre Möglichkeiten so wenig ausschöpfen, obwohl sie ziemlich genau wissen, was sie besser zu machen hätten. Sie wissen vielleicht, daß die moderne Psychologie eine Menge zu sagen hat über Wesen und Verhalten des Menschen. Aber dieses Wissen scheint nicht den geringsten Nutzeffekt zu haben: Sie leiden genauso weiter unter ihrem miesen Alltag, unter ihrer angeknacksten Ehe und unter den Eskapaden ihrer Kinder.

Die Transaktionsanalyse will den Menschen zur Freiheit der Wahl befähigen, zur Freiheit, sich nach eigenem Willen zu ändern und die Reaktionen auf wiederkehrende oder neue Reize zu ändern.

KURZ GESAGT

Erst wenn wir uns unserer tief verwurzelten Reaktionen und Verhaltensmuster bewusst werden, können wir beginnen, ein wirklich freies Leben zu führen.

ÄHNLICHE TITEL

Eric Berne, *Spiele der Erwachsenen*

Anna Freud, *Das Ich und die Abwehrmechanismen*

Karen Horney, *Unsere inneren Konflikte*

27. Thomas A. Harris

Dass ein Buch ein Klassiker ist, weiß man spätestens dann, wenn man es in einer amerikanischen Sitcom entdeckt. In einer Episode von *Seinfeld* öffnet Jerry Seinfeld seine Wohnungstür und findet seinen hoffnungslosen Versagerfreund George Costanza ausgestreckt auf der Couch vor, wo er gerade *Ich bin o.k. – Du bist o.k.* liest. Die Lektüre eines Selbsthilfebuchs mit einem albernen Titel ist nur ein weiterer Beweis für Georges Versagerstatus.

Ich bin o.k. – Du bist o.k. war tatsächlich eine Ikone des Pop-Psychologie-Booms in den 1960ern und 1970ern. Die Nachfrage nach dem Buch war überwältigend, und heute hat es seinen Platz im Pantheon der Titel, die sich über 10 Millionen Mal verkauft haben. Doch was sagen schon Verkaufszahlen? In jenen Jahren verkauften sich auch ganze Lastwagenladungen von schlechten Büchern. Doch im Unterschied dazu wird *Ich bin o.k. – Du bist o.k.* bis heute gelesen und genutzt.

Ihre geistige Familie: Eltern, Erwachsener, Kind

Um den Erfolg von Harris' Buch zu verstehen, müssen wir uns zunächst ansehen, welchen Pfad sein Mentor, Eric Berne, mit *Spiele der Erwachsenen* einschlug (siehe S. 54). Harris nutzte Bernes Buch als Grundlage für sein eigenes, doch statt die Spiele der Erwachsenen zu analysieren, konzentrierte er sich auf Bernes Konzept der drei inneren Stimmen, die in Form von archetypischen Charakteren auf uns einreden: die Eltern, der Erwachsene und das Kind. Jeder von uns hat Eltern-, Erwachsenen- oder Kinder-Daten in sich, die seine Gedanken und Entscheidungen steuern. Harris glaubte, dass die Transaktionsanalyse den Erwachsenen in uns von den anderen beiden befreien könnte, sodass nur noch die Vernunftstimme bliebe.

Der Erwachsene sorgt dafür, dass wir nicht zum gedankenlosen Trotz (Kind) verleitet werden oder uns von übernommenen Gewohnheiten oder Vorurteilen (Eltern) lenken lassen. Mithin steht das Erwachsenen-Ich für unseren freien Willen. Es bringt jene Objektivität auf, die Sokrates meinte, als er sagte: „Das ungeprüfte Leben ist nicht lebenswert." Es ist jene argumentierende, moralische Stimme, die uns wachsen lässt und die das Kind- oder Eltern-Ich nach angemessenen Daten für eine bestimmte Situation abklopft. Unserem Gefühl nach würden wir am liebsten einen Wutanfall bekommen, wenn unsere Hotelbuchung an der Rezeption durcheinandergebracht wurde, aber stattdessen entscheiden wir uns, es hinzunehmen und ruhig zu bleiben, weil wir eine positive Lösung wollen.

Harris bringt in seinem Buch viele Beispiele von Unterhaltungen, in denen sichtbar wird, wie sehr Menschen ihren Kinder- oder Elternmustern verhaftet sind und wie schwer es ist, Rassismus oder sonstige Vorurteile zu überwinden, solange man sich der Muster nicht bewusst ist, die ihnen zugrunde liegen.

Was es braucht, um „o.k." zu sein

Was genau bedeutet der Titel *Ich bin o.k. – Du bist o.k.* eigentlich? Harris beobachtete, dass Kinder aufgrund ihrer unterlegenen Machtposition in einer Erwachsenenwelt das Credo lernen: „Ich bin nicht o.k., aber du bist o.k., weil du ein Erwachsener bist." Jedes Kind muss diese Lektion über sich ergehen lassen, selbst wenn es eine glückliche Kindheit verlebt, und als Erwachsene geben sie diese Haltung an ihre eigenen Kinder weiter. Doch wenn wir uns diese Projektion als Entscheidung bewusst machen, können wir frei wählen, die übernommene Haltung durch eine entspanntere zu ersetzen, die vor allem von einer positiven Einstellung zu uns selbst geprägt ist. Das ist die gute Nachricht.

Wir kommen nicht von selbst in die „Ich bin o.k. – Du bist o.k.-Position". Vielleicht erleben wir sie bei bestimmten Gelegenheiten, doch damit sie zu einem Teil von uns wird, muss sie eine bewusste Entscheidung werden (und nicht bloß ein Gefühl), die auf dem Vertrauen in andere gründet. Es ist ein bisschen wie das christliche Konzept der Gnade, es basiert darauf, dass wir uns selbst und andere vollkommen akzeptieren. Aus dieser Position heraus sind wir eher imstande, über das Eltern- oder Kindverhalten eines anderen hinauszusehen, selbst wenn dessen Auftreten uns normalerweise beleidigen würde. Wir erreichen so einen Punkt, an dem wir nicht mehr von jeder Transaktion erwarten, dass sie uns glücklich macht. Wir wissen auch dann „Ich bin o.k. – Du bist o.k.", wenn die Situation keinen Beweis dafür zu liefern scheint.

Ob wir nun von einem Über-Ich, dem Erwachsenen-Ich oder, in der New-Age-Sprache, vom „Höheren Ich" sprechen, unsere menschliche Entwicklung setzt die Bereitschaft voraus, auf unsere Erwachsenenstimme zu hören. *Ich bin o.k. – Du bist o.k.* bietet uns einen Schlüssel, das mentale Gefängnis zu verlassen, von dem wir vielleicht nicht einmal wussten, dass wir darin saßen. Oft ist es befriedigender und gewiss auch leichter, Spiele zu spielen, defensiv zu reagieren oder bei unseren Vorurteilen zu bleiben. In unserer Gesellschaft können wir durchaus scheinbar erfolgreich sein, während wir eigentlich noch im Kindzustand leben. Doch betrachten wir andere dann als Objekte, die uns entweder beim Erreichen unserer Ziele helfen oder ihnen im Weg stehen. Wahrhaft erfolgreiche Menschen hingegen sehen andere als ebenbürtige Partner, von denen sie wertvolle Dinge lernen können.

Zu guter Letzt

Wenngleich Bernes Buch über Transaktionsanalyse besser sein mag, wurde Harris' *Ich bin o.k. – Du bist o.k.* zu einem gigantischen Bestseller, und das könnte vor allem daran liegen, dass er das leicht verständliche Modell vom Eltern-, Erwachsenen- und Kind-Ich benutzt. Diese Termini muten zwar ein bisschen schlicht an, sind jedoch einleuchtende Synonyme für die freudsche Dreifaltigkeit von Über-Ich, Ich und Es, anhand derer Freud das menschliche Verhalten deutete. Obwohl es sich bei diesem Buch um ein Werk der Populärpsychologie handelt, versucht Harris nicht, das Thema auf ein für jedermann verständliches Maß zu vereinfachen. Er zitiert Emerson, Whiteman, Plato und Freud und suggeriert damit, dass er sie zwar nicht als bekannt voraussetzt, sie seinen Lesern aber dringend zur Lektüre empfiehlt.

Auch wenn der Begriff Transaktionsanalyse gewiss nie in die Alltagssprache aufgenommen werden wird, ist die Transaktionsanalyse doch ausgesprochen wertvoll, da sie uns unsere negativen und normalerweise unbewussten Verhaltensmuster bewusst macht. Da es sich hierbei allerdings um eine Art „Do-it-yourself-Methode" handelt, fand sie nie wirklich Einlass in den klassischen Kanon der Psychiatrie. Allerdings gehört sie durchaus zum Instrumentarium von Psychologen und Beratern, die auf brauchbare Techniken angewiesen sind, um Veränderungen herbeizuführen.

Die Transaktionsanalyse fand sogar ihren Weg in die Belletristik. James Redfield nennt Harris und Berne als wesentliche Quellen für seinen in den 1990ern erschienenen Bestseller *Die Prophezeiungen von Celestine.* Das „Kontrolldrama", in das sich seine Charaktere verwickeln und aus dem sie zu entkommen trachten, baut auf ebenjene Spiele und Positionen, wie sie die Transaktionsanalyse nutzt. Und das Überleben seiner fiktiven Figuren – wie überhaupt das der menschlichen Rasse – ist von deren Fähigkeit abhängig, ihre automatischen Reaktionen zu entlarven und zu überwinden.

Über Thomas A. Harris

Harris wurde in Texas geboren. Er besuchte die Medizinische Hochschule der Temple University in Philadelphia und begann 1942 die Ausbildung zum Psychiater am Elizabeth Hospital in Washington, D.C. Er war mehrere Jahre lang US-Navy-Psychiater und in Pearl Harbour, als die Japaner angriffen. Er wurde zum Leiter des psychiatrischen Dienstes der Navy.

Nach dem Krieg lehrte Harris an der Universität von Arkansas und war zeitweise Direktor der Behörde für Anstaltswesen. Seit 1956 praktizierte er als niedergelassener Psychiater in Sacramento, Kalifornien, und war einer der Direktoren der International Transactional Analysis Association.

Der Fanatiker

1951

Eine entstehende Massenbewegung gewinnt und hält ihre Gefolgschaft nicht mit einer Doktrin und mit Versprechungen, sondern indem sie eine Zuflucht bietet vor den Ängsten, der Unfruchtbarkeit und Bedeutungslosigkeit der individuellen Existenz.

Massenbewegungen begegnen gewöhnlich der Anklage, daß sie ihre Anhänger mit Zukunftshoffnungen benebelten, während sie sie um den Genuß der Gegenwart betrögen. Aber für den Gescheiterten und Enttäuschten ist die Gegenwart sowieso für immer verdorben. Bequemlichkeiten und Vergnügungen können ihn nicht wieder heil machen; für ihn gibt es keine echte Zufriedenheit und keinen Trost, wenn nicht den Trost durch die Hoffnung.

KURZ GESAGT

Menschen lassen sich von einer Sache hinreißen, um so die Verantwortung für ihr Leben abzutreten und der Leere oder dem Elend der Gegenwart zu entfliehen.

ÄHNLICHE TITEL

Nathaniel Branden, *The Psychology of Self-Esteem*
Viktor Frankl, *Der Wille zum Sinn*

28. Eric Hoffer

Falls Sie je einen Menschen kannten, der sich einer Sekte anschloss, konvertierte oder einer politischen Bewegung beitrat – und darüber seine Identität verlor –, wird Ihnen dieses Buch eine Erklärung dafür geben, wie so etwas geschehen kann. *Der Fanatiker* ist das Werk eines Amateurs – tagsüber be- und entlud Hoffer Schiffe in den Docks von San Francisco – und bietet einen spannenden Einblick in die Massenbewegungen und wie sie das Denken ihrer Anhänger prägen. Das Buch zeigt uns, wie spiritueller Hunger die Menschen dazu treibt, ihr altes Ich abzustreifen, um Teil von etwas zu werden, das ihnen größer und ruhmreicher scheint.

Bei seinem Erscheinen in den Nachwehen des Zweiten Weltkriegs war das Buch besonders bedeutungsvoll, da die Welt soeben erlebt hatte, wie eine einzige Bewegung – der Nationalsozialismus – ganz Europa verwüstet hatte. Nichtsdestotrotz ist Hoffers Werk zeitlos, was seine Beobachtungen zur Psychologie von Gruppenidentifikation angeht und seine Theorie darüber, warum Menschen so bereitwillig für eine Sache sterben wollen. Praktisch alles, was er schrieb, lässt sich auf die Terroristen und Selbstmordattentäter von heute anwenden. Damit kann *Der Fanatiker*, auch wenn es schon vor einem halben Jahrhundert entstanden ist, kaum relevanter sein als heute.

Das Verlangen nach Veränderung

Warum sind Massenbewegungen so mächtig? Weil sie voller Enthusiasmus sind, sagte Hoffer. Mächtige politische Bewegungen zeichnen sich stets durch eine religiöse Inbrunst aus. Die Französische Revolution war eigentlich eine neue Religion, welche die Dogmen und Rituale der Kirche durch ähnliche ersetzte, die nun vom Staat kamen. Dasselbe gilt für den Bolschewismus und den Nationalsozialismus. „Hammer, Sichel und das Hakenkreuz treten an die Stelle des Kreuzes“, bemerkte Hoffer.

In den Frühstadien von Massenbewegungen sind deren Anhänger Menschen, die nach etwas Großem und der vollkommenen Veränderung ihres Lebens streben. Das wissen die Anführer der Massenbewegungen und tun daher alles, um „heftige Leidenschaften [zu] entfachen und wach[zu]halten“. Sie versprechen keine graduelle, schrittweise Veränderung, sondern eine vollkommene Neudefinition der Existenz ihrer Anhänger.

Normalerweise schließen sich Menschen Organisationen an, um ihre Eigeninteressen vertreten zu wissen und selbst voranzukommen oder irgendwie zu profitieren. Wer sich hingegen einer revolutionären Massenbewegung anschließt, tut es, um „von einem verwünschten Ich frei zu sein“. Wenn wir mit unserem Selbst unzufrieden sind, ist das in einer Massenbewegung unwichtig, denn das Ich ist irrelevant im Vergleich zur größeren „heiligen Sache“ der Bewegung. Wo Menschen zuvor nur Enttäuschung und Sinnlosigkeit in ihrer individuellen Existenz erlebten, haben sie nun Stolz, Zutrauen, Hoffnung und ein Gefühl von Sinnerfülltheit. „Der Glaube an eine heilige Sache ist in beträchtlichem Ausmaß Ersatz für verlorenes Selbstvertrauen“, schrieb Hoffer. Zugleich bringt gerade dieser Verlust des Ich-Gefühls einen enormen Zuwachs an Selbstwertgefühl mit sich.

Andere Kandidaten

Wer ist sonst noch anfällig dafür, sich einer Massenbewegung anzuschließen? In seinem Kapitel über potenzielle Konvertiten bemerkte Hoffer, dass die sehr Armen keine guten Anwärter sind. Sie sind zu zufrieden mit dem bloßen Überleben, um sich für irgendeine große Vision zu interessieren. Vielmehr halten jene, die ein bisschen mehr haben, Ausschau nach Größerem und lassen sich am ehesten mitreißen. Wie Hoffer schrieb: „Das Bewußtsein des Scheiterns ist größer, wenn wir viel besitzen und mehr wünschen, als wenn wir gar nichts besitzen und nur etwas haben wollen. Unsere Unzufriedenheit ist kleiner, wenn uns viele Dinge fehlen, als wenn uns nur noch eines fehlt."

Menschen schließen sich auch wegen des Zugehörigkeits- und Kameradschaftsgefühls Massenbewegungen an, weil gerade diese beiden Gefühle in wirtschaftlich freien und wettbewerbsorientierten Gesellschaften so häufig fehlen. Vielfach sind sie einfach sehr gelangweilt. Wie Hoffer anmerkt, wurde Hitler von den Frauen einiger deutscher Großindustrieller finanziert, die nicht mehr zu befriedigen vermochte, womit sie sich für gewöhnlich die Zeit vertrieben. Die Chance, sich von einer Sache und ihrem großen Anführer mitreißen zu lassen, vergiftet alles andere und ersetzt selbst verlässliche Konstrukte wie Familie und Arbeit. Hoffer führt sogar an, dass es häufig Menschen mit unbegrenzten Möglichkeiten sind, die von Massenbewegungen angezogen werden.

Nicht zuletzt faszinieren solche Bewegungen auch jene, die ungern die Verantwortung für ihr Leben übernehmen. Die jungen Nazis wollten sich von der Last befreien, Entscheidungen zu treffen und sich langsam eine Erwachsenenexistenz aufzubauen, wie es ihre Eltern getan hatten. Da schienen ihnen die schlichten Versprechen vom ruhmreichen Dritten Reich weit verlockender. Folglich waren sie schockiert, als sie den Krieg verloren und man von ihnen erwartete, die Verantwortung für das Geschehene zu übernehmen. Denn gerade dieser Verantwortung fühlten sie sich doch vom ruhmreichen neuen Regime enthoben.

Warum Menschen für eine Sache sterben

Das Versprechen von einer dramatisch besseren Welt versetzt die Massenbewegungen in die Lage, sich über normale moralische Hemmungen zu stellen. Der heilige oder ruhmreiche Zweck erlaubt jedes Mittel, und Fanatiker tun anderen Menschen die schrecklichsten Dinge an, um ihr Paradies zu schaffen. Hoffer mahnt uns, auf der Hut zu sein, „[w]enn Träume und Hoffnungen freigelassen auf den Straßen herumtoben". Normalerweise gehen sie irgendeinem Desaster voraus.

Dem Ungläubigen erscheint die Selbstopferung des Märtyrers, des Kamikazepiloten oder eines Selbstmordattentäters vollkommen irrational. Doch wenn unser gegenwärtiges Leben als wertlos gilt und unser Glaube an die Bewegung sehr groß ist, stellt das Sterben dafür keinen allzu großen Schritt mehr dar. Bevor die Menschen diesen Punkt erreichen, so Hoffer, haben sie sich jeglichen Identitätsgefühls entledigt. Sie sind ganz und gar im Kollektiv aufgegangen, sind nicht mehr diejenigen, die ihre Freunde und Angehörigen einst kannten, sondern nur noch Repräsentanten eines Volkes, einer Partei oder eines Stammes.

Für den Fanatiker sind die Ungläubigen schwach, korrupt, rückgratlos oder dekadent. Die Wahrnehmung seiner eigenen reinen Absicht erlaubt es ihm, alles im Namen dieser noblen Sache zu tun – Selbstmord eingeschlossen. Diese Engstirnigkeit, teilweise auch Blindheit des Fanatikers gibt ihm Kraft. Wenn die Welt schwarz und weiß ist, dann ist klar, was getan werden muss. Nur wer für alles offen ist, muss mit Überraschungen oder Widersprüchen umgehen können.

Zu guter Letzt

Eine von Hoffers Erkenntnissen besagt, dass das, „was nicht ist", ungleich stärker motiviert als das, „was ist". Während der durchschnittliche

Mensch an dem arbeitet, was er bereits hat, um sein Schicksal zu verbessern, ist der Fanatiker nicht zufrieden, solange er nicht anfängt, eine gänzlich neue Welt aufzubauen. Dieser Hass auf die Gegenwart hat in der Vergangenheit schrecklichen Schaden angerichtet, andererseits wäre es ohne ihn aber auch nicht möglich gewesen, einige furchtbare Tyranneien zu beenden. Dafür brauchte es die Träumer und Planer, die bereit waren, für Ideale wie Freiheit und Gleichheit eine blutige Revolution anzuzetteln. Ob zum Guten oder zum Schlechten, die Fanatiker haben unsere Welt geformt.

In *Der Fanatiker* geht es nicht nur um Massenbewegungen. Es ist ein philosophisches Werk mit spannenden Erkenntnissen über die menschliche Natur und enthält praktisch kein unnötiges Wort. Außerdem ist das Buch ein großartiges Beispiel dafür, warum Fragen nach der menschlichen Motivation und dem daraus resultierenden Handeln nie nur den Psychologen überlassen bleiben sollten.

Über Eric Hoffer

Hoffer wurde 1902 als Sohn einer deutschen, immigrierten Möbelschreiner-Familie in New York geboren und wuchs zweisprachig auf. Mit sieben Jahren erblindete er infolge einer Kopfverletzung und versäumte deshalb einen Großteil seiner Schulzeit. Mit 15 gewann er ohne irgendeinen Eingriff auf wundersame Weise sein Augenlicht zurück.

Seine Eltern starben beide, bevor er 20 Jahre alt war. Er erbte 300 Dollar von ihnen und zog nach Kalifornien. Dort bestritt er seinen Lebensunterhalt als Wanderarbeiter und Goldsucher und las in seiner Freizeit alles von Montaigne bis zu Hitlers *Mein Kampf.* Viele Jahre lang arbeitete er als Schauermann in San Francisco und gab erst 1941 die körperliche Arbeit auf.

Der Fanatiker verhalf Hoffer zu einem gewissen Ruhm, und er widmete sich in der zweiten Lebenshälfte ganz dem Schreiben. Zu seinen weiteren Büchern gehören *The Passionate State of Mind and Other*

Aphorisms (1954), *Die Angst vor dem Neuen. Freiheit als Herausforderung und Aufgabe* (1968), *Der Gegenwart den Puls gefühlt* (1970), *Reflections on the Human Condition* (1973) und *In Our Time* (1976). Außerdem veröffentlichte er ein Tagebuch über das Leben im Hafen und eine Autobiografie, *Truth Imagined*, die nach seinem Tod im Jahr 1983 erschien. Kurz zuvor hatte Ronald Reagan ihm die Presidential Medal of Freedom verliehen.

Unsere inneren Konflikte. Neurosen in unserer Zeit

1945

Mit ungelösten Konflikten zu leben bedeutet vor allem eine entsetzliche Verschwendung menschlicher Energie, die nicht nur von den Konflikten selbst verursacht wird, sondern von all den mühseligen Anstrengungen, sie zu beseitigen.

Neurotische Menschen demonstrieren bisweilen eine seltsam starre Zweckgerichtetheit: Männer opfern alles, einschließlich ihrer Würde, ihren Zielen; Frauen wollen nichts im Leben, außer geliebt werden, Eltern widmen all ihr Interesse ihren Kindern. Solche Menschen wirken nach außen engagiert. Doch wie wir gezeigt haben, jagen sie in Wahrheit einem Wunder nach, das die Lösung all ihrer Konflikte verspricht. Ihr Engagement ist eher ein verzweifeltes als ein integrierendes.

KURZ GESAGT

Die neurotischen Tendenzen, die wir uns als Kinder aneigneten, sind überflüssig geworden. Nur wenn wir sie hinter uns lassen, können wir unser Potenzial ausschöpfen.

ÄHNLICHE TITEL

Alfred Adler, *Menschenkenntnis*
Anna Freud, *Das Ich und die Abwehrmechanismen*
Melanie Klein, *Envy and Gratitude*
R. D. Laing, *Das geteilte Selbst*
Abraham Maslow, *The Farther Reaches of Human Nature*
Carl Rogers, *Entwicklung der Persönlichkeit*

29. Karen Horney

Karen Danielsen war ein Teenager, als Sigmund Freud *Die Traumdeutung* schrieb. Später sollte sie für die „Feminisierung“ der männlichen Bastion der Psychoanalyse bekannt werden. Allerdings dauerte es 35 Jahre, bis sie ihr erstes Buch veröffentlichte. Dazwischen hatte sie geheiratet, drei Kinder bekommen und promoviert.

Karen Horney (spricht sich „Horn-ei“), wie sie nach ihrer Heirat hieß, wandte sich in einigen wesentlichen Punkten von Freud ab. Indem sie Konzepte Freuds wie den „Penisneid“ ablehnte und insgesamt die Bedeutung der sexuellen Motivation abschwächte, machte sie in den Augen vieler die Psychoanalyse verständlicher. Hinzu kam, dass sie nachwies, wie sehr Frauen für Neurosen anfällig waren, die durch unrealistische gesellschaftliche Erwartungen verursacht wurden. Damit erwarb sie sich einiges Ansehen und galt fortan als erste feministische Psychoanalytikerin.

Horney wich vom freudschen Dogma ab, indem sie sagte, dass die Menschen nicht immer Gefangene ihres Unbewussten oder ihrer Vergangenheit sein müssten. Sie wollte zur Wurzel psychischer Probleme vordringen, die sie allerdings vor allem als gegenwärtige betrachtete, welche sich beheben ließen. Ihre schlichte und elegante Herleitung von Neurosetypen hatte großen Einfluss auf die moderne Therapie, und ihr zwischenmenschlicher Ansatz sowie ihr Schwerpunkt auf dem Entdecken des „wahren Ichs“ – mit seinem großen Potenzial – hatten maßgeblichen Einfluss auf die humanistische Psychologie von Carl Rogers und Abraham Maslow. Horney wollte vor allem den Analyseprozess so weit verständlich machen, dass die Menschen sich selbst analysieren konnten. Damit griff sie sowohl der kognitiven Therapie als auch der Selbsthilfebewegung vor.

Unsere inneren Konflikte. Neurosen in unserer Zeit; Entstehung, Entwicklung und Lösung versteht sich als Buch für den Laien. Horney war zwar der festen Meinung, dass ernste Neurosen auch weiterhin von ausgebildeten Therapeuten behandelt werden sollten, doch sie war auch überzeugt, dass „wir mittels unermüdlicher Bemühungen selbst schon eine Menge zur Entwirrung unserer Konflikte beitragen können". Insofern handelt es sich also um ein Selbsthilfebuch, wenn auch um ein sehr fundiertes, das sich auf 40 Jahre aufmerksame Beobachtung der geistigen Schutzmechanismen stützt. Sie müssten schon ein recht ungewöhnlicher Mensch sein, wenn Sie sich nicht wenigstens teilweise in Horneys Beschreibung der drei neurotischen Tendenzen wiedererkennen würden.

Konflikte und Brüche

Gemäß Horney verweisen alle neurotischen Symptome (auch „Rackets" genannt) auf ungelöste tiefere Konflikte. Wenngleich die Symptome durchaus Schwierigkeiten im Leben eines Menschen verursachen können, ist es der Konflikt, der letztlich die Depression, Angst, Trägheit, unangemessene Distanziertheit, übertriebene Abhängigkeit usw. hervorbringt. Ein Konflikt setzt Brüche voraus, die der Betroffene zumeist nicht wahrnimmt, zum Beispiel:

* Jemand reagiert zutiefst empört auf eine wahrgenommene Beleidigung, die es in Wahrheit gar nicht gegeben hat.
* Jemand legt offensichtlich Wert auf die Freundschaft eines anderen, den er trotzdem bestiehlt.
* Eine Frau behauptet, ihre Kinder hingebungsvoll zu lieben, vergisst aber dennoch deren Geburtstage.

* Ein junges Mädchen wünscht sich sehnlichst zu heiraten, meidet jedoch den Kontakt zu Männern.
* Jemand gibt sich anderen gegenüber tolerant und nachsichtig, ist aber sehr streng mit sich selbst.

Dinge, die so wenig „zusammenpassen“ wie die genannten, weisen auf eine gespaltene Persönlichkeit hin. In Bezug auf die Mutter sagt Horney, sie habe sich vielleicht „eher ihrem Ideal von einer guten Mutter verschrieben als ihren Kindern“. Oder sie hatte die unbewusste sadistische Tendenz, ihren Kinder die Freude zu verderben. Der Punkt ist, dass ein äußeres Problem oft auf einen tieferen Konflikt schließen lässt. Denken wir an eine Ehe, in der die Partner über jede Kleinigkeit streiten. Ist das Thema des Streits tatsächlich das eigentliche Problem, oder äußert sich hier eine viel tiefer liegende Dynamik?

Wie sich Konflikte entwickeln

Freud glaubte, dass unsere inneren Konflikte mit instinktiven Trieben zu tun hätten, die sich gegen das „zivilisierte“ Gewissen stellen – eine Situation, die wir nie ändern könnten. Horney war indes der Überzeugung, dass unsere inneren Tumulte durch widerstreitende Vorstellungen dessen zustande kommen, was wir wirklich wollen.

So sehnen sich beispielsweise Kinder, die in einem feindseligen Familienumfeld groß werden, genauso nach Liebe wie jeder andere, fühlen sich allerdings gezwungen, aggressiv zu werden, um im Leben zurechtzukommen. Wenn sie erwachsen werden, widersprechen ihre echten Bedürfnisse dem neurotischen Bedürfnis, Situationen und Menschen zu kontrollieren. Der Mensch, zu dem sie durch ihre neurotische Getriebenheit werden, ist tragischerweise exakt die Persönlichkeit, die ihnen nie Zugang zu dem eröffnet, was sie wirklich wollen. Die

Verhaltensweisen, die sie übernommen haben, wurden zu ihrer Persönlichkeit, doch die wiederum ist gespalten.

Erwachsenenneurosen hatten für Horney weniger mit „Penisneid" oder „Ödipuskomplex" zu tun als mit grundlegenden Faktoren wie zu wenig Liebe, erstickende Liebe, Mangel an Anleitung, Aufmerksamkeit oder Respekt für das Kind, an Bedingungen geknüpfte Liebe, widersprüchliche Regeln, Isolierung von anderen Kindern, eine feindselige Atmosphäre, Dominanz usw. All diese Faktoren wecken in Kindern das Gefühl, sie müssten ihre Unsicherheit irgendwie ausgleichen. Also entwickeln sie Strategien oder „neurotische Trends", die sie ins Erwachsenenleben mitnehmen. In Extremfällen endet der Neurotizismus mit der Schaffung von Charakteren wie „Dr. Jekyll and Mr. Hyde", die in sich gespalten und sich dessen tragisch unbewusst sind.

Horney machte drei grundlegende neurotische Trends aus: sich auf Menschen zubewegen, sich gegen Menschen wenden und sich von Menschen abwenden.

Sich auf Menschen zubewegen

Dieser Personentyp erlebte in der Kindheit Gefühle von Isolation oder Furcht und versucht folglich, die Zuneigung anderer in der Familie zu gewinnen, um sich sicher zu fühlen. Nach mehreren Jahren voller Temperamentsausbrüche wurde er gewöhnlich „brav" und sanft – er hat eine Strategie gefunden, die sich besser eignet, um ihm zu verschaffen, was er will.

Beim Erwachsenen äußert sich der Wunsch nach Zuneigung und Zustimmung als ein tiefes Bedürfnis nach einem Freund, Liebhaber oder Ehepartner, der „alle Lebenserwartungen erfüllt". Das zwingende Bedürfnis danach, sich den auserwählten Partner zu „sichern", tritt unabhängig davon auf, wie die betreffende Person empfindet. Andere Menschen erscheinen ihm wie „fremde und bedrohliche Tiere“, die besiegt werden müssen. Wenn dieser Persönlichkeitstyp unterwürfig, fürsorglich, sensibel und abhängig ist (der andere fühlt sich womöglich, als würde er „von Freundlichkeit erstickt“), findet er wirksame Methoden, Bindungen aufzubauen, und wähnt sich deshalb sicher. Das Wesen seiner besseren Hälfte interessiert ihn eigentlich nicht besonders – tief in seinem Inneren mag er womöglich überhaupt niemanden. Die Hauptsache ist ihm, dass er akzeptiert, geliebt, geführt und umsorgt wird. Letztlich jedoch führt der Wunsch nach Zugehörigkeit zu Fehlurteilen über andere.

Selbstbestimmung und Kritik gelten diesem Persönlichkeitstyp als tabu. Er empfindet sich selbst als „armes kleines Ich“, was ihn zunehmend schwächt. Wenn er allerdings doch einmal forscher wird und aggressiv oder distanziert reagiert, scheint er ironischerweise umso liebenswerter. Schließlich sind seine aggressiven Tendenzen nicht verschwunden, sondern werden lediglich unterdrückt.

Sich gegen Menschen wenden

Solche Menschen haben in ihrer Kindheit ein feindseliges Familienumfeld erlebt und beschlossen, sich durch Rebellion dagegen aufzulehnen. Sie fangen an, anderen zu misstrauen und ihnen schlechte Absichten oder Motive zu unterstellen.

Erwachsene dieses Typs gehen davon aus, dass die Welt grundsätzlich böse ist, haben sich aber oft eine „Maske aus Höflichkeit, Fairness und guter Kameradschaft“ zugelegt. Sie sind wohlwollend, solange sich andere ihrem Kommando unterwerfen. Da sie genauso ängstlich und unsicher sind wie der folgsame Typus, wählen sie den Weg des „Jeder kämpft für sich“, um ihre Hilflosigkeit zu kompensieren, statt „dazugehören“ zu wollen. Sie verachten Schwäche, vor allem ihre eigene, und streben gemeinhin nach Erfolg, Prestige oder Anerkennung.

„Traue niemandem und sei stets auf der Hut“ könnte ihr Motto lauten. Solch extremes Eigeninteresse kann zur Ausbeutung oder Beherrschung anderer führen.

Sich von den Menschen abwenden

Statt dazugehören oder kämpfen zu wollen, fühlte sich dieser Persönlichkeitstyp in der Kindheit den Menschen um sich herum zu nahe und versuchte, eine Distanz zwischen sich und der Familie zu schaffen. Er zog sich in eine geheime Welt von Spielsachen, Büchern oder Zukunftswünschen zurück.

Als Erwachsene haben diese Menschen ein neurotisches Bedürfnis nach Distanz zur Welt, das sich deutlich von einem echten Wunsch nach Einsamkeit oder dem Widerwillen gegen emotionale Nähe – sei es in der Liebe oder im Kampf – unterscheidet. Diese Gruppe mag oberflächlich gut mit anderen Menschen zurechtkommen, solange niemand in ihren „magischen Kreis“ eindringt. Diese Menschen leben eher einfach, um nicht zu viel für andere arbeiten zu müssen und so die Kontrolle über ihr Leben zu verlieren. Sie sind imstande, in „glorreicher Isolation“ zu leben, weil sie sich anderen überlegen fühlen und von ihrer Einzigartigkeit überzeugt sind. Sie haben sogar regelrechte Angst davor, einer Gruppe anzugehören, wo sie sich gesellig geben müssten. Desgleichen ist ihnen, wie oberflächliches Geplauder etwa auf Partys, ein Graus.

Mit diesen Merkmalen geht eine Sehnsucht nach Privatsphäre und Unabhängigkeit einher sowie ein Hass auf alles, was mit Zugeständnissen oder Verpflichtungen zu tun hat wie beispielsweise die Ehe oder Schulden. Solche Menschen sind am glücklichsten, wenn sie von jemandem geliebt werden, dem sie sich nicht oder kaum verpflichtet fühlen. Ihre Distanziertheit bringt eine gewisse Blindheit dafür mit sich, was sie wirklich fühlen. Und die wiederum macht sie bisweilen furchtbar unentschlossen.

Ein gesundes Kind wie auch ein gesunder Erwachsener können alle diese Tendenzen in einem gewissen Maße aufweisen. Sie können situationsbedingt harmonisch dazugehören, kämpfen oder allein sein wollen. Erst wenn diese Bedürfnisse keine freien Entscheidungen mehr sind, sondern zu Zwängen werden, wird der Betreffende neurotisch. Und genau das ist die Tragik der Neurose: Sie nimmt uns den freien Willen und bringt uns dazu, unsere Tendenzen unabhängig von der jeweiligen Situation auszuleben.

Tendenz zur Abhängigkeit

Die intensive Unterdrückungsarbeit, die Projektion von Gefühlen (Vermeidung der Selbstprüfung) und die Idealisierung des Selbstbildes kosten eine Menge Energie, sodass sich das Individuum buchstäblich „aus den Augen verliert". Gerade durch diesen Verlust aber werden andere Menschen in der Einschätzung des Betroffenen noch wichtiger und noch mächtiger. Ihre Meinung gewinnt eine „furchtbare Macht". Kurz gesagt: Die extreme Egozentrik der neurotischen Person führt ironischerweise zu einem Ich-Verlust und zur Abhängigkeit von anderen.

Der Wettbewerbsgeist der modernen Zivilisation bietet einen fruchtbaren Boden für Neurosen, wie Horney schrieb, weil die Betonung auf Erfolg und Errungenschaften liegt. Dadurch sind Menschen mit einem niedrigen Selbstwertgefühl genötigt, es durch herausragende Leistungen zu kompensieren. Wie Horney es formulierte: „Blinde Rebellion, blindes Streben nach Spitzenleistungen und ein blindes Bedürfnis nach Distanz sind alles Formen von Abhängigkeit."

Psychisch gesunde Menschen treibt es zu nichts davon. Sie wollen vielmehr ihre Talente besser zum Ausdruck bringen, einen Beitrag in dem Tätigkeitsfeld leisten, für das sie sich interessieren, oder noch intensiver lieben. Sie lassen sich von der Möglichkeit der Integration inspirieren, nicht aber von ihrer Verzweiflung anfeuern.

Zu guter Letzt

Horneys Idee von der „ernsthaften“ Person als derjenigen, die ihr echtes oder wahres Ich kennt, unterscheidet sich nicht wesentlich von Abraham Maslows „selbstverwirklichtem“ Individuum oder Carl Rogers‘ Vorstellung von der „entwickelten Persönlichkeit“. Um ihre Philosophie zusammenzufassen, zitiert Karen Horney John Macmurray: „Welche Bedeutung kann unsere Existenz haben, wenn nicht die, ganz und vollständig wir selbst zu sein?“ Horney glaubte, dass wir alle machtvolle Menschen sind. Unsere neurotische Tendenz ist schlicht eine Maske, die wir aufsetzen, um unser wahres Ich nicht zu zeigen, doch das ist praktisch nicht mehr nötig. Wir können unser angepasstes, aggressives oder distanziertes Ich bessern und unser Zwangsverhalten aufgeben, von dem wir glaubten, es würde uns vor eingebildetem Schaden schützen.

Während sie den Wurzeln der inneren Konflikte in der Kindheit nachging, forderte Horney die Menschen gleichzeitig auf, die gegenwärtigen Dimensionen ihrer neurotischen Tendenzen oder Komplexe zu akzeptieren, damit sie sich nicht hinter einer Haltung des „Ich bin so, weil mir dies oder jenes widerfuhr“ verstecken konnten. Indem sie sie mit diesen Wahrheiten konfrontierte, führte Horney viele Leser an die Wurzeln ihrer Probleme.

Unsere inneren Konflikte ist gut geschrieben, leicht verständlich und enthält viel Aufschlussreiches über die menschliche Natur. Horneys Optimismus in Bezug auf Veränderungsmöglichkeiten ist außerdem recht inspirierend.

Über Karen Horney

Karen Danielson wurde 1885 in Hamburg geboren. Ihr Vater Berndt war Kapitän und strenger Lutheraner. Ihre Eltern ließen sich 1904 scheiden, und zwei Jahre später ging die ehrgeizige und intelligente Karen auf die Medizinische Hochschule der Berliner Universität. Bald darauf heiratete sie den gut situierten, promovierten Wirtschaftswissenschaftler Oscar Horney, mit dem sie drei Töchter hatte.

Von 1914 bis 1918 studierte sie Psychiatrie und unterzog sich einer Psychoanalyse. Unter anderem absolvierte sie Sitzungen bei Karl Abraham. Sie begann, am Psychoanalytischen Institut von Berlin zu unterrichten, das sie mitgegründet hatte, und nahm an allen großen Psychoanalysekongressen und -debatten teil. 1923 ging das Unternehmen ihres Mannes in Konkurs, und er wurde krank. Im selben Jahr starb Horneys älterer Bruder an einer Infektion. Diese Ereignisse stürzten sie in eine Depression.

1932 trennte sie sich von ihrem Mann und übersiedelte mit ihren Töchtern in die Vereinigten Staaten, wo sie eine Stelle am Psychoanalytic Institute in Chicago bekam. Zwei Jahre später zog sie nach New York, wo sie am New York Psychoanalytic Institute arbeitete und die Gesellschaft europäischer Intellektueller genoss – einschließlich des Psychologen Erich Fromm, mit dem sie eine Affäre hatte. Nach ihrem Buch *New Ways in Psychoanalysis* (1939), in dem sie Freud kritisierte, zwang man sie, ihre Stelle am Institut zu kündigen. Sie gründete ihr eigenes American Institute for Psychoanalysis.

In ihrem Buch *Der neurotische Mensch unserer Zeit* (1937) betont Horney die sozialen und kulturellen Faktoren in der Psychologie. Zu ihren weiteren Veröffentlichungen gehören *Selbst-Analyse* (1942) und *Neurose und menschliches Wachstum* (1950).

Horney unterrichtete und arbeitete als Therapeutin bis zu ihrem Tod im Jahr 1952. Eine posthum erschienene Essaysammlung, *Die Psychologie der Frau* (1967) sorgte für neues Interesse an ihrer Arbeit.

The Principles of Psychology

1890

Das Bewusstsein nimmt sich selbst folglich nicht als in Bruchstücke unterteiltes wahr. Begriffe wie „Kette" oder „Räderwerk" beschreiben es unzutreffend, da es sich selbst als erste Instanz präsentiert. Es ist nichts Zusammengefügtes; es fließt. „Fluss" oder „Strom" sind Metaphern, mit denen es am besten umschrieben wäre. Entsprechend wollen wir im Folgenden von ihm als einem Strom der Gedanken, des Bewusstseins oder des subjektiven Lebens sprechen.

Das Einzige, was die Psychologie eingangs zu Recht von sich behaupten darf, ist die Tatsache, dass sie selbst denkt.

Das eigenartigste soziale Ich, das man überhaupt je besitzen kann, ist jenes im Denken des Menschen, in den man verliebt ist. Glück oder Pech dieses Ichs verursachen die intensivsten Erhebungen und Zurückweisungen ... Für sein eigenes Bewusstsein existiert es nicht, solange dieses besondere soziale Ich keine Anerkennung bekommt, und wird es anerkannt, sprengt seine Zufriedenheit sämtliche Grenzen.

KURZ GESAGT

Psychologie ist die Wissenschaft vom geistigen Leben, das heißt, die Wissenschaft vom Ich.

30. William James

William James gilt weithin als der größte amerikanische Philosoph. Darüber hinaus sieht man ihn (zusammen mit Wilhelm Wundt) als den Begründer der modernen Psychologie.

Die Psychologie war einst ein Studienfeld innerhalb der Philosophie, und James war jahrelang Philosophieprofessor. Der Unterschied, den er zwischen den beiden Feldern machte, war folgender: Die Psychologie war die „Wissenschaft vom geistigen Leben", das heißt vom Geist innerhalb eines bestimmten Körpers, der in Zeit und Raum existiert und Gedanken und Gefühle in Bezug auf die physische Welt um sich herum hegt. Demgegenüber fiel die Erklärung von Gedanken als Produkten einer tieferen Kraft, wie der Seele oder dem Ego, eigentlich in den Bereich der Metaphysik oder Philosophie.

James betrachtete dies neue Fach als eine *Naturwissenschaft*, welche die Analyse von Gefühlen, Wünschen, Wahrnehmungen, Überlegungen und Entscheidungen gemäß ihren eigenen Merkmalen und ihrer eigenen Dynamik verlangte. Er verglich es mit einem Hausbau, bei dem man sich die Steine und Ziegel ansieht. James' Idee, die Phänomene der Psychologie zu untersuchen statt eine Theorie hinter ihnen ausmachen zu wollen, brachte dieses Fach erheblich voran und James zu seinem Ziel, es als Wissenschaft zu festigen.

James war oft depressiv oder kränklich und brauchte zwölf Jahre, um *The Principles of Psychology* zu schreiben. Wie er in seinem Vorwort anmerkt, „ist es zu einer Länge angewachsen, die niemand mehr bedauern könnte als der Verfasser selbst. Der Mann muss schon wahrhaft zuversichtlich sein, der in diesen belebten Zeiten hofft, viele Leser für die vierzehnhundert Seiten aus seiner Feder zu finden." Gemeint war der berühmte zweibändige „Gesamtkurs", die Vollversion des Werkes. Es gab jedoch auch eine komprimierte Fassung, die sich vor allem bei den Collegestudenten unter der Bezeichnung „Jimmy“ großer Beliebtheit erfreute, weil sie ihnen die Auseinandersetzung mit den beiden dicken Wälzern ersparte.

Angesichts des Umfangs wäre es vermessen, wollte man James‘ Meisterwerk hier „zusammenfassen“. Es lohnt sich jedoch, ein paar der darin enthaltenen Ideen vorzustellen, die einen Vorgeschmack auf den Inhalt geben.

Gewohnheitsgeschöpfe

„Betrachten wir Geschöpfe von außen“, schrieb James, „so fällt uns als Erstes auf, dass sie Ansammlungen von Gewohnheiten sind.“

Was genau sind Gewohnheiten? In seinen Forschungen zur Physiologie des Gehirns und des Nervensystems kam James zu dem Schluss, dass sie sich auf „Entladungen der Nervenzentren“ reduzieren lassen. Sie beinhalten ein Muster von Reflexwegen, die nacheinander aufgerufen wurden. Ist ein solcher Weg erst einmal entstanden, wird es für den Nervenstrom leichter, denselben Weg ein weiteres Mal einzuschlagen.

James verwies jedoch auch auf den Unterschied zwischen dem habituellen Verhalten von Tieren und dem von Menschen: Während die Handlungen der meisten Tiere automatisch erfolgen und relativ begrenzt und simpel sind, müssen Menschen neue Gewohnheiten bewusst formen, um bestimmte Resultate zu erzielen. Der Grund: Ihre Wünsche und ihr Verlangen variieren stärker. Die Schwierigkeit bei der Annahme neuer guter Gewohnheiten besteht darin, die Handlung eindeutig an den getroffenen Entschlüssen zu orientieren. Handlungen lösen die motorischen Effekte in unserem Nervensystem aus, die einen Wunsch zur Gewohnheit machen. Das Gehirn muss entsprechend unseren Wünschen „wachsen“, und der Weg entsteht erst, wenn eine wiederholte Handlung stattfindet.

Der Schlüssel besteht James zufolge darin, das Nervensystem zum Verbündeten statt zum Feind zu machen: „Wie wir durch eine bestimmte Anzahl von einzelnen Drinks zu Trinkern werden, werden wir auch durch eine bestimmte Anzahl von Einzelhandlungen und Arbeitsstunden zu Idolen auf dem Gebiet der Moral und zu Autoritäten und Fachleuten im praktischen beziehungsweise wissenschaftlichen Bereich.“ Auch wenn wir sie zum gegebenen Zeitpunkt nicht für besonders bedeutsam halten, ist die Summe unserer Handlungen letztlich dafür verantwortlich, ob wir eine starke Integrität erreichen oder zum Scheitern verdammt sind.

Das alles scheint uns heute sehr vertraut, doch vieles von dem, was wir in der Psychologie über positives habituelles Verhalten und persönliche Entwicklung erfahren, wurde erstmals von James erklärt und lässt sich auf seine Schriften zurückführen.

Wir und der Rest

James‘ Psychologieverständnis kreist vor allem um das persönliche Ich. Allgemeine Diskussionen über „Gedanken“ und „Gefühle“ als abstrakte Konzepte bedeuteten ihm eher wenig, gemessen an der persönlichen Realität des „Ich fühle“ und „Ich denke“. Er schrieb, dass jeder Mensch vom anderen durch eine Wand getrennt ist – das heißt, durch den Schädel, der das Gehirn umschließt –, und stellte die These auf, dass die Welt in zwei Hälften geteilt ist. Dabei nehmen wir selbst die eine Hälfte ein und der Rest der Welt, mit allen anderen darin, die andere:

„Jeder von uns trennt das ganze Universum in zwei Hälften; und für jeden von uns gilt fast das gesamte Interesse nur der einen Hälfte ... Wenn ich sage, dass wir alle die beiden Hälften beim selben Namen nennen und dass diese Namen ‚Ich' und ‚Nicht-Ich' lauten, wird sofort klar, was ich meine."

Dies ist eine recht einfach anmutende Erkenntnis, die, wie so viele von James' Formulierungen, fast wie eine Volksweisheit klingt. Gleichwohl wird damit klar, dass die Menschen sich nicht deshalb für Psychologie interessieren, weil sie die allgemeinen Prinzipien des Denkens und Fühlens studieren wollen, sondern weil sie wissen wollen, warum *sie* so denken und fühlen, wie sie es tun.

Eine Unterteilung der Welt in „Ich" und „Nicht-Ich" ist ein wenig provokant, insbesondere für diejenigen, die nach ihrem Selbstbild für andere leben. Dennoch entspricht sie genau der Physiologie der menschlichen Wesen. Ein Gehirn steckt in einem Körper und betrachtet von dort aus den Rest der Welt.

Der Gedankenstrom

Wir sehen nicht nur alle die Welt anders, sondern unser persönliches Bewusstsein ändert sich auch von Tag zu Tag, sogar von Stunde zu Stunde. James formuliert das so:

„Wir fühlen unterschiedlich, je nachdem ob wir schläfrig oder wach sind, hungrig oder satt, erfrischt oder müde. Wir fühlen abends anders als morgens, im Sommer anders als im Winter und vor allem in der Kindheit anders als im Erwachsenenalter oder auf unsere späten Tage ... Der Sensibilitätsunterschied wird am besten klar, wenn wir uns unsere Gefühle zu Dingen aus einem anderen Altersabschnitt ansehen ... Was strahlend und aufregend war, wird anstrengend, flach und unnütz. Der Gesang der Vögel ist störend, der Wind ist beklagenswert und der Himmel traurig."

Er stellte fest, dass wir niemals ein und denselben Gedanken öfter als einmal haben können. Wir mögen imstande sein, eine Illusion der Gleichheit zu bewahren, aber die Tatsache einer konstant im Wandel begriffenen Welt und die Notwendigkeit stets veränderter Reaktionen darauf machen das unmöglich:

„Oft sind wir selbst überrascht über die seltsamen Unterschiede in unseren Ansichten über ein und dieselbe Sache. Wir fragen uns, wie wir je zu einer bestimmten Angelegenheit so stehen konnten, wie z. B. noch letzten Monat. Von einem Jahr zum nächsten sehen wir die Dinge in einem neuen Licht. Und das ist gut so, denn dieser konstante Wandel, diese andauernde Bewegung und die anschließende Rückkehr zur Ausgeglichenheit machen uns zu Menschen."

James ist vor allem für seine Feststellung bekannt, dass Denken etwas Kontinuierliches ist, wie ein Strom. Wir benutzen Ausdrücke wie „Gedankenfolge" oder „Gedankenkette", doch das wahre Wesen des Denkens ist fließend. Wie James schrieb:

„Wenn das Denken von einem Objekt auf ein anderes übergeht, ist das ebenso wenig ein Bruch, wie es die Verdickungen im Bambusrohr sind. Der neue Gedanke ist genauso Teil des Bewusstseins, wie die Verdickung ein Teil des Bambus ist."

Seit James hat die Psychologie jeden Gedanken, jedes Gefühl und jede Empfindung analysiert und in Tausende von Kategorien unterteilt, was ja auch die Aufgabe einer Wissenschaft ist. Dennoch sollte sich die Psychologie daran erinnern, dass das nichts mit dem „Gefühl" des Bewusstseins zu tun hat. Bewusstsein funktioniert nicht wie die Verarbeitung von Daten in einem Computer. Vielmehr heißt Leben, einen konstant fließenden Strom von Ideen, Gedanken und Gefühlen zu erfahren.

Das erfolgreiche Ich

James gab zu, dass er sich manchmal ausmalte, ein Millionär, ein Entdecker oder ein Frauenheld zu sein. Doch er sah sich jedes Mal wieder mit der traurigen Realität konfrontiert, sich für ein Ich entscheiden zu müssen. Vieles sein zu wollen wäre zu widersprüchlich. Um im Leben effektiv zu sein, müssen wir unter vielen möglichen Personen eine wählen und „unser Heil darauf setzen". Die Kehrseite ist, dass wir, wenn wir beispielsweise alles dafür tun, um ein großer Ruderer oder ein großer Psychologe zu werden, im Falle des Scheiterns mit einem stark angeschlagenen Selbstwertgefühl fertig werden müssen.

Sofern die Kluft zwischen unserem Potenzial und unserer Wirklichkeit klein ist, sehen wir uns selbst in einem guten Licht. James entwarf dazu die berühmte Formel für Selbstwertgefühl:

$$\text{Selbstwertgefühl} = \frac{\text{Erfolg}}{\text{Anspruch}}$$

Er verwies auf eine „Leichtigkeit des Herzens", die entsteht, wenn wir aufhören, bestimmten unerreichbaren Potenzialen oder Illusionen nachzujagen. Beispiele dafür sind Wünsche wie jung, schlank, musikalisch oder ein berühmter Athlet zu sein. Jede aufgegebene Illusion bedeutet eine Enttäuschung weniger und auch eine Sache weniger, die uns vom wahren Erfolg abhält.

Zu guter Letzt

Die Betonung des Ichs kommt uns heute nicht mehr besonders bemerkenswert vor, da wir in einem sehr individualistischen Zeitalter leben. Doch zu der Zeit, als James das Buch schrieb, war das soziale Gefüge noch weit dichter und die Stellung in der Gesellschaft viel wichtiger als das, was sich in den Köpfen abspielte. Berücksichtigen wir die Beschränkungen, die James sich bei diesem Thema selbst auferlegte, konnte er eigentlich zu gar keinem anderen Ergebnis kommen. Seine Definition der Psychologie als Wissenschaft vom geistigen Leben meint das Leben innerhalb des individuellen Gehirns, die Gedanken und Gefühle einzelner Menschen – und nicht das „menschliche Denken“ im Allgemeinen.

Während sich die Psychologen des 20. Jahrhunderts, die James folgten, in ziemlich mechanische Modelle des Denkens und Verhaltens verrannten, beschrieb James das menschliche Bewusstsein gleichsam als die Aurora borealis, den leuchtenden Nordstern, dessen „ganze innere Balance sich mit jedem Puls der Veränderung verschiebt“. Diese poetische Beschreibungsgabe machte James bei den laborrattenfixierten Vertretern der modernen Psychologie nicht eben beliebt. Dabei waren es gerade seine künstlerische Sensibilität, sein großes philosophisches Wissen und nicht zuletzt auch seine Offenheit für mystische Ideen, die es ihm erlaubten, an den Grenzen seines Fachgebiets zu rütteln. Andere sollten ihm folgen, die sich der mühsamen Aufgabe verschrieben, Psychologie zu einer Wissenschaft zu machen. Doch es brauchte einen Philosophen seines Kalibers, um ein erstes Bild von dieser neuen Landschaft zu entwerfen.

Über die elegante und lebendige Prosa von James wurde schon viel geschrieben. Und sie ist es – zusammen mit dem persönlichen, vertrauten Ton, der so ungewöhnlich für seine Zeit war –, die *The Principles of Psychology* bis heute so lesbar macht. James stand stets ein wenig im Schatten seines Schriftstellerbruders, dabei hätte William James leicht selbst ein großer Autor statt eines Psychologen sein können. Nicht umsonst wird gern gesagt, Henry James sei der Psychologe gewesen, der Romane schrieb, und William der Romanautor, der über Psychologie schrieb.

Alles in allem ist *The Principles of Psychology* kein einfacher Lesestoff. Die „guten Stellen“ sind oft zwischen langen Abhandlungen zu finden, in denen es entweder sehr technisch zugeht (über die Physiologie des Gehirns und des Nervensystems) oder über schwierige Konzepte nachgedacht wird. James selbst riet seinen Lesern, hin und her zu blättern und nur zu lesen, was sie interessierte, statt das ganze Werk von Anfang bis Ende durchzugehen. Was für ein bescheidener Vorschlag von jemandem, der half, eine neue Wissenschaft zu begründen!

Über William James

William James wurde 1842 in den USA als erster Sohn von Henry und Mary James geboren. Er wuchs mit vier Geschwistern in einem wohlhabenden und kosmopolitischen Elternhaus auf. Sein gut situierter Vater interessierte sich sehr für Theologie und Mystik, insbesondere für die Schriften von Emanuel Swedenborg. 1855 übersiedelte die Familie nach Europa, und James besuchte Schulen in Frankreich, Deutschland und der Schweiz. Er lernte mehrere Sprachen und besuchte zahlreiche Museen in Europa.

1860 kehrte James in die Vereinigten Staaten zurück, wo er anderthalb Jahre lang unter William Morris Hunt versuchte, ein Maler zu werden, ehe er sich an der Harvard University einschrieb. Anfangs studierte er Chemie, wechselte dann aber zur Medizin. 1865 bot man ihm die Chance, mit dem bekannten Naturforscher Louis Agassiz auf eine wissenschaftliche Expedition zu gehen. Leider bekam James während der Expedition gesundheitliche Probleme und litt, erstmals fort von der Familie, unter schrecklichem Heimweh und Depressionen. 1867 ging er nach Deutschland, wo er unter Hermann von Helmholtz Physiologie studierte und Kontakt zu den Gründern der Psychologie als neuer Wissenschaft unterhielt. Zwei Jahre später kehrte James nach Harvard zurück, wo er mit 27 Jahren schließlich seinen Abschluss in Medizin machte.

Während der nächsten drei Jahre litt er an den Folgen eines emotionalen Zusammenbruchs und war außerstande, richtig zu studieren oder zu arbeiten. 1872, im Alter von 30 Jahren, nahm er seine erste Lehrtätigkeit in Physiologie an der Harvard University auf. 1875 begann er, Kurse in Psychologie zu geben und richtete das erste psychologische Labor in Amerika ein. 1878 fing er an, *The Principles of Psychology* zu schreiben, und heiratete im selben Jahr Alice Howe Gibbons, eine Bostoner Lehrerin. Das Paar hatte fünf Kinder.

James begegnete Sigmund Freud und Carl Gustav Jung, während diese die USA bereisten. Unter seinen berühmtesten Studenten waren der Erziehungswissenschaftler John Dewey und der Psychologe Edward Thorndike. Zu seinen bekanntesten Schriften gehören *Der Wille zum Glauben* (1897), *Die religiöse Erfahrung in ihrer Mannigfaltigkeit* (1902) und *Pragmatismus* (1907).

James starb 1910 in seinem Sommerhaus in New Hampshire.

Die Archetypen und das kollektive Unbewußte

1968

Mit dem Archetypus der Anima betreten wir das Reich der Götter ... Alles, was die Anima berührt, wird numinos, das heißt unbedingt, gefährlich, tabuiert, magisch. Sie ist die Schlange im Paradies des harmlosen Menschen voll guter Vorsätze und Absichten. Sie liefert die überzeugenden Gründe gegen die Beschäftigung mit dem Unbewußten, welche moralische Hemmungen zerstöre und Mächte entfeßle, die man besser im Unbewußten gelassen hätte.

Die Welt der Archetypen muß, ob er sie begreift oder nicht, dem Menschen bewußt bleiben, denn in ihr ist er noch Natur und mit seinen Wurzeln verbunden. Eine Weltanschauung oder Gesellschaftsordnung, welche den Menschen von den Urbildern des Lebens abschneidet, ist nicht nur keine Kultur, sondern in zunehmendem Maße ein Gefängnis oder ein Stall.

KURZ GESAGT

Unser Denken ist mit einer tieferen Bewusstseinsschicht verbunden, die in Form von Fantasie und Mythen zu uns spricht.

ÄHNLICHE TITEL

Isabel Briggs Myers, *Gifts Differing*
Anna Freud, *Das Ich und die Abwehrmechanismen*
Sigmund Freud, *Die Traumdeutung*

31. Carl Gustav Jung

Warum gaben sich primitive Menschen eine solche Mühe, die Geschehnisse in der Natur zu beschreiben und zu interpretieren, wie etwa das Auf- und Untergehen der Sonne, die Mondphasen, die Jahreszeiten? Carl Gustav Jung glaubte, dass die Naturereignisse nicht deshalb in Märchen und Mythen „verpackt" wurden, um sie physikalisch zu erklären. Vielmehr wurde die Außenwelt benutzt, um die Innenwelt besser zu begreifen.

Jung stellte fest, dass dieser reiche Quell an Symbolen – Kunst, Religion, Mythologie –, der den Menschen über Tausende von Jahren geholfen hatte, die Rätsel des Lebens zu verstehen, zu seiner Zeit zusehends von der Psychologie ersetzt wurde. Was ihr allerdings fehlte, war ein Verständnis der *Psyche* oder des Ichs im Allgemeinen. Daran änderte auch die Tatsache nichts, dass diese neue Wissenschaft den entsprechenden griechischen Begriff im Namen führte.

Für Jung war die „Individuation" dieses Ichs das Lebensziel. Sie sollte eine Art Vereinigung von Unbewusstem und Bewusstem und damit die Erfüllung des einzigartigen Urversprechens sein. Diese breit angelegte Konzeption des Ichs basierte auch auf der Idee, dass Menschen Ausdruck eines tieferen *universellen* Bewusstseins seien. Gerade um die Einzigartigkeit jedes Menschen zu begreifen, müssen wir über das Ich hinausgehen und verstehen, wie diese tiefere kollektive Weisheit arbeitet.

Das kollektive Unbewusste

Jung gab zu: „Die Hypothese eines kollektiven Unbewußten gehört zu jenen Begriffen, die zuerst das Publikum befremden, dann aber bald als geläufige Vorstellungen in dessen Besitz und Gebrauch übergehen, wie dies mit dem Begriff des Unbewußten überhaupt geschehen ist." Ihm fiel die Aufgabe zu, das Unbewusste gegen den Vorwurf des Mystizismus zu verteidigen. Dabei verweist er darauf, dass die Hypothese vom Unbewussten für ein Fantasiegespinst gehalten wurde, bis Freud auf den Plan trat. Seither trägt das Konzept vom Unbewussten seinen Teil bei, das Denken und Handeln der Menschen zu verstehen. Freud ging vom Unbewussten als etwas Persönlichem aus, das in jedem Einzelnen existiert. Jung hingegen sah das persönliche unbewusste Denken eher als etwas, das auf dem *kollektiven* Unbewussten basierte – auf jenem vererbten Teil der menschlichen Psyche, der nicht aus persönlicher Erfahrung entwickelt wurde.

Das kollektive Unbewusste drückt sich durch „Archetypen" aus, durch universelle Denkformen oder geistige Bilder, welche die Gefühle und Handlungen des Einzelnen beeinflussen. Die Erfahrung von Archetypen gibt oft wenig auf Tradition oder kulturelle Regeln, weshalb wir davon ausgehen können, dass es sich bei ihnen um angeborene Projektionen handelt. Ein Neugeborenes ist folglich kein „unbeschriebenes Blatt", sondern bereits darauf programmiert, bestimmte archetypische Muster und Symbole zu erkennen. Deshalb fantasieren Kinder so viel, wie Jung glaubte: Sie haben noch nicht genügend Realität erlebt, um sich vom Denkgenuss der archetypischen Bilder zu verabschieden.

Archetypen werden in Mythen und Märchen ausgedrückt und auf einer persönlicheren Ebene in Träumen und Visionen. In der Mythologie heißen sie „Motive", in der Anthropologie *représentations collectives.* Der deutsche Ethnologe Adolf Bastian bezeichnete sie als „elementare" oder „primitive" Gedanken, die er immer wieder in Stammeskulturen und Volksgruppen zu sehen glaubte. Aber sie sind nicht nur von anthropologischem Interesse. Ohne dass wir es wissen, prägen die Archetypen die Beziehungen, die in unserem Leben wichtig sind.

Archetypen und Komplexe

Jung geht auf eine Reihe von Archetypen ein, unter anderem die Anima, die Mutter, den Schatten, das Kind, den weisen alten Mann, die Geister der Märchen und die Trickster-Figur, die wir in Mythen und Geschichten finden. Wir werden uns einige im Folgenden kurz ansehen.

Die Anima

Anima bedeutet Seele in einer weiblichen Form. In der Mythologie taucht sie als Sirene, als Meerjungfrau, als Waldnymphe oder in Form von Manifestationen auf, „welche Jünglinge betören und ihnen das Leben aussaugen". In Urzeiten stand die Anima entweder für eine Göttin oder eine Hexe, also für jenen weiblichen Aspekt, der sich der Kontrolle durch den Mann entzieht.

Wenn ein Mann die weiblichen Aspekte in seiner Psyche auf eine reale Frau „projiziert", gewinnt diese Frau dadurch eine viel größere Bedeutung. Der Archetypus schlägt sich im Leben eines Mannes entweder als Verliebtheit, Idealisierung oder Faszination durch eine Frau nieder. Die Frau selbst rechtfertigt diese Reaktion eigentlich nicht, dient aber als Ziel, auf das seine Anima übertragen wird. Deshalb kann das Ende einer Beziehung so niederschmetternd für einen Mann sein. Er verliert damit eine Seite von sich, die er außerhalb seiner selbst verwahrte.

Jedes Mal, wenn extreme Liebe,Fantasie oder Verwirrung herrschen, wirkt die Anima in beiden Geschlechtern. Sie hat kein Interesse an einem geordneten Leben, sondern sucht die Intensität der Erfahrung – *Leben*, ganz gleich in welcher Form. Wie alle Archetypen kann auch die Anima wie ein Schicksal über uns kommen. Sie dringt entweder als etwas Wundervolles oder als etwas Schreckliches in unser Leben ein und hat stets nur das eine Ziel, uns zu wecken. Die Anima zu erkennen bedeutet, unsere rationalen Ideen dessen zu verwerfen, wie das Leben sein sollte, und stattdessen zuzugeben, dass das Leben, wie Jung sagt, verrückt und bedeutungsvoll zugleich ist.

Die Mutter

Der Mutterarchetypus kann in Form der persönlichen Mutter, der Großmutter, der Stief- oder Schwiegermutter, der Amme oder der Kinderfrau auftreten. Er kann sich figurativ erfüllen, etwa als Mutter Gottes, Sophia oder die Mutter, die in den Mythen von Demeter und Kore wieder zur Jungfrau wird. Andere Symbole wären die Kirche, ein Land, die Erde, der Wald, das Meer, ein Garten, ein gepflügtes Feld oder eine Quelle. Der positive Aspekt des Archetyps ist die mütterliche Liebe und die Wärme, wie sie in der Kunst und der Dichtung gefeiert werden. Sie geben uns die erste Identität in dieser Welt. Dennoch kann dieser Archetyp einen negativen Aspekt haben. Neben der liebenden Mutter gibt es auch die schreckliche Mutter oder die Schicksalsgöttin. Jung betrachtete die Mutter als den wichtigsten Archetypus, weil sie alles andere zu enthalten schien.

Wenn dieser Archetypus in jemandem aus dem Gleichgewicht gerät, erkennen wir einen „Mutterkomplex". Bei Männern kann ein Mutterkomplex zu „Don Juanismus" führen. Der Betroffene ist ganz darauf fixiert, allen Frauen zu gefallen. Gleichzeitig kann ein Mann mit einem Mutterkomplex auch einen revolutionären Geist entwickeln: Unbeugsamkeit, Zähigkeit, extremen Ehrgeiz. Bei Frauen kann der Komplex zu einer Übertreibung der mütterlichen Instinkte führen, einer Frau, die für ihre Kinder lebt und darüber ihre Individualität opfert. Ihr Ehemann nimmt dabei nur noch den Rang eines Möbelstücks ein. Männer fühlen sich vielleicht anfangs zu einer Frau mit Mutterkomplex hingezogen, weil sie ein Bild der Weiblichkeit und Unschuld ist. Zugleich kann sie aber auch die Leinwand sein, auf die ein Mann seine Anima projiziert oder auslagert. Erst später entdeckt er, welche Frau er eigentlich geheiratet hat.

In anderen Archetypformen unternimmt die Frau alles, um nicht wie ihre biologische Mutter zu sein. Sie richtet sich ihre eigene Sphäre ein, indem sie beispielsweise eine Intellektuelle wird und der Mutter so deren Mangel an Bildung vorhält. Sie wählt ihre Ehepartner, um die Mutter zu verärgern oder von ihr wegzuziehen. Andere Frauen unter dem Einfluss des Archetypus haben eventuell eine unbewusste, inzestuöse Beziehung zu ihrem biologischen Vater und sind eifersüchtig auf die Mutter. Sie interessieren sich eher für verheiratete Männer oder für romantische Abenteuer.

Spirituelle Archetypen

Warum ist die Psychologie als Wissenschaft erst so jung? Jung mutmaßt, dass sie für den Großteil der Menschheitsgeschichte schlicht nicht notwendig war. Die wundervollen Bilder und Mythologien der Religionen konnten die ewigen Archetypen bestens ausdrücken. Die Menschen hatten das Bedürfnis nach Ideen und Bildern über Wiedergeburt und Verwandlung, und die Religionen lieferten diese in Hülle und Fülle für jeden Aspekt der Psyche. Die seltsamen Vorstellungen der katholischen Kirche von der jungfräulichen Geburt und der Dreifaltigkeit sind keine verrückten Bilder, sondern angefüllt mit Bedeutung, wie Jung schrieb. Hier fanden sich Archetypen des Schutzes und der Heilung, die sämtliche Brüche im Denken der Gläubigen zu kitten vermochten.

Die protestantische Reformation wandte sich gegen all das. Die reiche Bilderwelt und das Dogma der katholischen Kirche wurden als „Aberglaube" abgetan, womit nach Jung der Weg frei gemacht wurde für die Leere des gegenwärtigen Lebens. Echte Spiritualität muss sich sowohl dem Unbewussten wie dem Bewussten zuwenden, glaubte er, den Höhen wie den Tiefen.

Alle Menschen haben einen religiösen Instinkt, ob es nun ein Glaube an Gott oder ein säkularer Glaube wie der Kommunismus oder der Atheismus ist. ... niemand kann dermaßen aus der Menschheit herausfallen, daß er keine dominierende représentation collective mehr hätte, wie Jung anmerkte.

Individuation

„Individuation“ war Jungs Begriff für den Punkt, an dem jemand schließlich imstande ist, die Gegensätze innerhalb seiner selbst miteinander zu vereinbaren – sein Unbewusstes mit seinem Bewussten. Individuation heißt also einfach, dass wir zu dem werden, was wir *in potentia* immer schon waren, und somit unser einzigartiges Versprechen wahr machen. Heraus kommt ein Individuum im eigentlichen Sinne des Wortes, ein ganzes und unzerstörbares Ich, das nicht mehr von zersplitternden Aspekten oder Komplexen gefangen genommen werden kann.

Doch diese Reintegration geschieht nicht, indem man rational darüber nachdenkt. Sie ist vielmehr eine Reise mit unerwarteten Wendungen und Abstechern. Viele Mythen zeigen uns, dass wir einem Pfad folgen müssen, der über die Vernunft hinausführt, um uns in diesem Leben selbst zu erfüllen.

Jung holt mit seiner Definition des Ichs ziemlich weit aus. Für ihn überragt und beinhaltet es das Ego und unterscheidet sich von ihm wie ein größerer Kreis, der einen kleineren umgibt. Während das Ego sich auf das bewusste Denken bezieht, gehört das *Selbst* zum persönlichen und kollektiven Unbewussten.

Das heilende Mandala

In Jungs *Die Archetypen und das kollektive Unbewußte* finden sich zahlreiche Abbildungen von Mandalas, abstrakten Mustern, deren Name aus dem Sanskrit kommt und „Kreis“ bedeutet. Jung glaubte, dass ein Mensch beim Zeichnen oder Malen eines Mandalas in den Mustern, Symbolen und Formen seine unbewussten Neigungen und Wünsche ausdrückt.

Jung stellte in seiner therapeutischen Praxis eine „magische“ Wirkung der Mandalas fest. Seinen Erfahrungen nach minderten sie die Verwirrung der Psyche und schufen Ordnung. Dabei war die heilende Wirkung auf den Patienten häufig erst hinterher erkennbar. Mandalas halfen ihnen, weil sie dem Unbewussten gestatteten, frei zu herrschen. Was zuvor unterdrückt und vertuscht war, gelangt wieder an die Oberfläche. Motive wie Ovale, eine Lotusblüte, ein Stern oder eine Sonne, eine Schlange, Burgen, Städte, Augen und so fort werden aus keinem offensichtlichen Grund gewählt, und dennoch oder gerade deshalb reflektieren sie Prozesse, die tief in das bewusste Denken der Person eindringen. Wenn die zeichnende oder malende Person imstande war, die Bilder sinnvoll zu interpretieren, dann begann damit, gemäß Jungs Beobachtungen, normalerweise die psychische Heilung. Und die wiederum war ein Schritt innerhalb des Individuationsprozesses.

Zu guter Letzt

Mit all unserer Technik und unserem Wissen halten wir uns für modern und zivilisiert. Doch nach Jung sind wir immer noch „primitiv“. In der Schweiz beobachtete er einst einen ortsansässigen Hexenmeister, der einen Fluch von einem Stall nahm – im Schatten einer Bahnlinie, auf der transeuropäische Expresszüge vorbeidonnerten.

Modernität befriedigt unseren Wunsch nach dem Verständnis unseres Unbewussten nicht. Wenn wir diese Seite von uns selbst vernachlässigen, suchen die Archetypen sich einfach eine andere Ausdrucksform und machen dabei unsere fein ausgeklügelten Pläne zunichte. Normalerweise unterstützt das Unbewusste unsere bewussten Entscheidungen, doch sobald sich eine Kluft zwischen beiden auftut, treten die Archetypen in befremdlicher und kraftvoller Form zutage. Wir tappen also in einen Hinterhalt mangelnder Selbstkenntnis.

Das Universum der Ursymbole, die wir einst nutzten, um die Veränderungen des Lebens und den höheren Sinn zu entschlüsseln, wurde durch die Wissenschaft ersetzt – die Psychologie, die nie dazu gedacht war, die Seele zu verstehen und zu hegen. Was den wissenschaftlichen Ansatz generell betrifft, schrieb Jung: „Der Himmel ist uns physikalischer Weltraum geworden und das göttliche Empyreum eine schöne Erinnerung, wie es einstmals war. Unser ‚Herz aber glüht', und geheime Unruhe benagt die Wurzeln unseres Seins." Der moderne Mann und die moderne Frau leben mit einer spirituellen Leere, die sich einst leicht mit Religion oder Mythologie füllen ließ. Nur eine neue Art von Psychologie, welche die Tiefe der Psyche tatsächlich anerkennt, wäre in der Lage, diese geheime Unruhe zu heilen.

Über Carl Gustav Jung

Jung wurde 1875 als Sohn eines protestantischen Pfarrers im schweizerischen Kesswil geboren. Er schrieb sich 1895 an der Universität von Basel zum Medizinstudium ein. Als sein Vater ein Jahr später starb, musste er sich Geld leihen, um weiterstudieren zu können. Er begann, sich auf Psychiatrie zu spezialisieren, und arbeitete ab 1900 an der Burghölzli-Klinik in Zürich unter dem Psychiatrie-Pionier Eugen Bleuler. 1903 heiratete er die wohlhabende Erbin Emma Rauschenbach und baute mit ihr ein großes Haus für die junge Familie in Kusnacht.

1905 übernahm Jung einen Lehrstuhl für Psychiatrie an der Zürcher Universität und baute sich in den darauffolgenden Jahren eine erfolgreiche Privatpraxis auf. 1912 brach er mit Freud und kündigte zwei Jahre später seine Mitgliedschaft in der Internationalen Psychoanalytischen Vereinigung. Freud hatte Jung stets als den Erben seiner psychoanalytischen Theorie gesehen, weshalb der Bruch ein ziemlich einschneidendes Ereignis darstellte. Er ermöglichte Jung allerdings auch, sich von Freud zu distanzieren und Konzepte wie Synchronizität, Individuation und die Theorie der psychologischen Typen zu erforschen (siehe auch das Kapitel zu Isabel Briggs Myers, S. 90).

Zu Jungs weiteren Veröffentlichungen gehören: *Wandlungen und Symbole der Libido* (1911–12), *Symbole der Wandlung* (1912), *Psychologische Typen* (1921), *Psychologie und Religion* (1937), *Psychologie und Alchemie* (1944) und *Gegenwart und Zukunft* (1957). Die *Archetypen und das kollektive Unbewußte* ist Teil I des neunten Bandes der Gesammelten Werke.

Nach dem Zweiten Weltkrieg wurde Jung vorgeworfen, mit den Nazis sympathisiert zu haben, doch es wurden nie stichhaltige Beweise dafür gefunden. Er verbrachte einige Zeit in Amerika und Afrika und interessierte sich sehr für Ethnologie und Anthropologie. Jung starb 1961 in der Schweiz.

Envy and Gratitude

1957

Das Kleinkind kann nur vollkommene Freude erleben, wenn die Fähigkeit zu lieben hinreichend entwickelt ist. Freude oder Genuss wiederum bilden die Grundlage für Dankbarkeit. Freud beschrieb die Wonne des Säuglings beim Stillen als den Prototyp sexueller Befriedigung. Meiner Ansicht nach bilden diese Erfahrungen nicht nur die Grundlage für sexuelle Befriedigung, sondern für jedwedes spätere Glücksempfinden und machen es dem Menschen möglich, sich mit einem anderen eins zu fühlen.

Ein Kleinkind, das stabile, gute Objektbeziehungen aufgebaut hat, kann auch als Erwachsener einen Ausgleich für Verlust oder Abweisung finden. Ein neidischer Mensch empfindet weder das eine noch das andere als jemals erreichbar, weil er niemals zufrieden sein kann und somit sein Neid immer noch verstärkt wird.

KURZ GESAGT

Die Art, wie wir als Kleinkind mit Schmerz und Vergnügen umgehen, kann unsere grundsätzliche Einstellung im Erwachsenenleben prägen.

ÄHNLICHE TITEL

Anna Freud, *Das Ich und die Abwehrmechanismen*
Harry Harlow, *The Nature of Love*
Karen Horney, *Unsere inneren Konflikte*
R. D. Laing, *Das geteilte Selbst*
Jean Piaget, *Das Sprechen und Denken des Kindes*

32. Melanie Klein

Vor Freud hielten die Menschen die Kindheit für eine Zeit einfachen Glücks. Wut, Enttäuschung, Traurigkeit oder mangelnder Enthusiasmus bei Kindern wurden als physische Faktoren abgetan. Das Gefühlsleben von Kindern nahm niemand ernst. Freud aber zeigte, dass Kinder ernst zu nehmende Konflikte durchleben und diese sie noch bis ins Erwachsenenalter prägen.

Melanie Klein setzte da an, wo Freud aufhörte, und half bei der Begründung eines ganzes Unterzweigs der Psychoanalyse, der sich auf die frühesten Lebensmonate spezialisierte. Andere Psychoanalytiker, unter anderem Anna Freud, hatten sich bereits mit Kindern befasst, doch Klein eroberte ein neues Terrain. Sie konzentrierte sich auf das geistige Leben einschließlich der Fantasien, Abwehrmechanismen und Ängste von Säuglingen. Sie war überzeugt, dass die Art, wie das Kleinkind mit seinem Umfeld umgeht, die Muster für das Erwachsensein festlegt, die Liebesfähigkeit bestimmt und die Entwicklung von Grundeigenschaften wie Neid und Dankbarkeit steuert.

Klein besuchte nie eine Universität und hatte drei Kinder, bevor sie Psychoanalytikerin wurde. Dennoch fand die Spätberufene fanatische Anhänger, die „Kleinianer", die in den 1940ern geradezu einen intellektuellen Krieg gegen andere Freudianer, einschließlich Anna Freuds und ihres Lagers, ausfochten. Lange Zeit schafften es Kleins Gegner, sie zu umgehen, doch mit dem erneuerten Interesse an ihrer Arbeit ließ sich ihr Einfluss auf die Kinderpsychologie nicht länger leugnen.

Envy and Gratitude (dt. „Neid und Dankbarkeit") ist eine Sammlung von Melanie Kleins Schriften aus den letzten 15 Jahren ihres Lebens. Diese Essays und Artikel erläutern ihre bekannten Kategorien „paranoid/schizoid" und „depressiv", die Spiele und Übungen, die sie zur Psychoanalyse von Kindern einsetzte, und ihre kontroverse Theorie, dass die Menschen bereits im Säuglingsalter eine grundsätzlich neidische oder dankbare Weltsicht entwickeln.

Die paranoid/schizoide Position

Um Klein zu verstehen, müssen wir berücksichtigen, dass ihre Arbeit auf der freudschen Theorie der „Objektbeziehungen" aufbaut, nach der Gefühle immer auf ein „Objekt" hin ausgedrückt werden. Bei diesem „Objekt" handelt es sich normalerweise um eine Person, manchmal allerdings auch nur um einen Teil einer Person.

Klein war überzeugt, dass die erste Objektbeziehung des Kindes die zur Mutterbrust ist, die den Mittelpunkt sämtlicher Gefühle des Säuglings bildet. Je nachdem, ob es zufrieden ist, scheint die Brust aus der Sicht des Babys entweder „gut" oder „schlecht" zu sein, und alle latenten Gefühle wie Liebe und Hass werden in diese Beziehung zur Brust gelenkt. Babys idealisieren die Brust als Quelle von Liebe und Lebenserhalt oder fühlen sich von ihr bestraft, wenn ihre Bedürfnisse nicht direkt befriedigt werden. Diese zwiespältigen Gefühle stehen für die erste Konfrontation eines menschlichen Wesens mit der Angst.

Der Zwiespalt ist das, was Klein als die „paranoid/schizoide" Position bezeichnet. Was immer an der Mutter und deren Brust gut ist, wird vom Kind „introjiziert" oder zum Teil seiner selbst gemacht, sich einverleibt. Was immer schlecht an ihm selbst ist, „projiziert" es auf die Mutter. Die paranoid/schizoide Position ist mithin der Versuch des Babys, eine Form von Kontrolle über die externe wie die interne Welt zu gewinnen, bevor es überhaupt ein eigenes Ego oder Ich-Gefühl entwickelt.

Nach Klein sind Freuds „Lebenstrieb" und „Todestrieb" bereits im Säugling erkennbar. Diese Kräfte verleihen der frühen „Objektbeziehung" eine solche Intensität. Da ist zum einen die Verzweiflung, mit der wir zu bekommen versuchen, was wir zum Überleben brauchen, zum anderen aber auch Eifersucht, Wut und Aggression, das heißt der Wunsch, das Objekt zu zerstören (der sich im wütenden Schreien des Babys und im „Ausschöpfen" der Brust äußert), wenn es nicht die erwünschte Liebe, Aufmerksamkeit oder Nahrung liefert.

Die depressive Position

In der zweiten Hälfte des ersten Babyjahres beobachtete Klein dann, dass die Entwicklung eines Ego bedeutet, die Polaritäten von Liebe und Hass in eines zu verschmelzen. Nun kann die Mutter als diejenige gesehen werden, die beides verkörpert, und das Kind kann mehr Verantwortung für seine Gefühle übernehmen. Dieses realistischere Bild wird durch die Entwicklung des Über-Ichs – des sozial konditionierten Ichs – befördert, das eine prägende Rolle übernimmt.

Freud glaubte, dass das Über-Ich sich über mehrere Jahre hinweg entwickelt, wohingegen Klein herausfand, dass es sich bereits sehr früh zeigt, vor allem bei Mädchen. Klein fiel auf, dass sie sich ob ihrer destruktiven Gefühle gegenüber der Mutter schuldig fühlen. Daraus resultiert der Wunsch nach „Wiedergutmachung" oder dem Abstellen der negativen Gefühle, indem sie besonders brav oder liebevoll sein wollen. Die Wurzeln der Schizophrenie, so Kleins Theorie, ließen sich in der kindlichen Beziehung zum Über-Ich finden, zu dem oft eine angsteinflößende oder strenge Mutterfigur gehörte.

Die depressive Position entspringt dem kindlichen Schuldgefühl, dass die eigene Aggression, der Hass und die Gier zum Verlust der Brust/Mutter führen. Wenn ein Baby entwöhnt wird, kommt es oft zur depressiven Position, weil es vielleicht denkt, dass es den Verlust selbst herbeigeführt hat.

Ein gesundes Ego

In den ersten zwei Lebensjahren drehen sich die Obsessionen der Kinder um Essen, Abführen oder die Wiederholung von bestimmten Geschichten oder Bewegungen. Als Erwachsene wissen wir, dass diese Obsessionen neurotisch sind, verstehen sie allerdings als Teil des kindlichen Bedürfnisses nach Sicherheit. Kinder entwickeln nur deshalb Ängste oder psychotische Tendenzen, schrieb Klein, um ihr noch fragiles Ego zu schützen. Die depressive Position ist eigentlich der Beginn eines Reifeprozesses, weil die Babys nun ihre eigenen Gefühle und ihre Welt besser verstehen.

Normalerweise nehmen die Schutzmechanismen oder Neurosen ab, wenn sich die Kinder weiterentwickeln und imstande sind, sich besser der Realität anzupassen. Wie wir uns durch die depressiven und schizoiden Positionen arbeiten, legt allerdings auch das Muster fest, wie wir als Erwachsene mit diesen Gefühlen umgehen. Die frühen negativen Zustände können im Erwachsenenleben durch bestimmte Ereignisse reaktiviert werden. Trauer beispielsweise bezieht sich nicht nur auf einen verlorenen Menschen, sondern auch auf unsere inneren Verluste. Die Entwicklung eines starken Ego oder Ich-Gefühls im Säuglingsalter ist daher nach Klein wesentlich für die geistige Gesundheit des Erwachsenen.

Neidisch und dankbar

Wenn Säuglinge ihre Liebe zur Mutter richtig ausdrücken dürfen, werden sie auch als Erwachsene imstande sein, Leben und Liebe vollständig auszukosten. Wie Klein feststellte, sind einige Kinder allerdings aggressiver und gieriger als andere sowie verärgerter über die Mutter, wenn sie das Gefühl haben, ihre Bedürfnisse würden nicht befriedigt. Gefühle von Neid verringern die kindliche Fähigkeit, zu genießen und dankbar für die Nahrung und Aufmerksamkeit zu sein, die sie bekommen. Solche Babys werden laut Klein zu neidischen Erwachsenen. Im Gegensatz dazu entwickeln Säuglinge, welche die guten Aspekte ihrer Eltern internalisieren konnten, eine grundsätzlich positive und dankbare Weltsicht und sind in der Lage, loyal zu sein, für ihre Überzeugungen einzutreten und insgesamt einen „guten Charakter“ zu haben.

Klein bemerkte, dass ein liebevolles, unterstützendes Umfeld in der frühen Kindheit den Hass/Liebe-Zwiespalt nicht verhindern kann, das Kind aber durchaus befähigt, diesem Zwiespalt zu entwachsen. Demgegenüber verbringen Kinder, die nicht bekommen, was sie brauchen, leicht den Rest ihres Lebens damit, Äußerlichkeiten nachzujagen, um einen Ausgleich zu dem zu finden, was sie als inneren Mangel wahrnehmen. Oder aber sie drücken weiter jene Wut aus, die sie nie verwunden haben.

Kindliche Spiele

Ein Paar brachte seinen Sohn Peter zu Melanie Klein in die Praxis. Seit Peters Bruder geboren war, verhielt sich Peter sehr aggressiv im Umgang mit seinen Spielsachen und gab sich alle Mühe, sie zu zerbrechen. Als Klein Peter beobachtete, wie er zwei Spielzeugpferde gegeneinanderschlug, fragte sie sich laut, ob die Pferde wohl für Menschen stünden. Peter bejahte und schlug die Pferde weiter gegeneinander. Klein fand heraus, dass Peter seine Eltern beim Sex gesehen hatte und seitdem ziemlich eifersüchtig und ängstlich war. Das Zusammenschlagen der Pferde verbildlichte den Geschlechtsakt. Indem sie Peter dazu brachte, seine unterdrückten Gefühle offen auszudrücken, half sie dem Jungen, seine Aggressionen zu zügeln.

Es scheint ziemlich weit hergeholt, dass ein Kind zu solchen Interpretationen fähig ist, aber Klein behauptete, man müsse nur in ihrer Sprache zu Kindern reden, dann verstünden sie auch. Für sie war das kindliche Spiel ein Fenster zum Unbewussten und dem, was das Kind belastet. Angesichts der Schwierigkeiten, die Kinder damit haben, all ihre Gedanken zu vermitteln, war das Spiel aus ihrer Sicht die beste Methode, um seelische Probleme zu lösen.

Zu guter Letzt

Das Konzept der „Objekte" in der freudschen Theorie wirkt ziemlich kalt. Aber wenn wir uns bewusst machen, dass wir uns als Säuglinge an eine bestimmte Person (normalerweise die biologische Mutter) binden, ohne groß darüber nachzudenken, wer diese Person eigentlich ist – denn wir betrachten sie zunächst einmal nur in Bezug auf unsere Bedürfnisse –, macht diese Theorie durchaus Sinn. Möglicherweise behalten wir diese Haltung sogar bis ins Erwachsenenalter bei, denn in Wahrheit interessiert uns oft nur wenig, wer eine Person wirklich ist, sondern vielmehr, wie sie unsere fundamentalen Bedürfnisse und Wünsche befriedigen kann. Nur sehr reife Menschen gehen über die „Objektbeziehungen" hinaus und legen tatsächlich Wert auf das Weltbild, die Interessen und die Ziele anderer.

Ob Sie Kleins Theorien nun gutheißen oder nicht, es lässt sich jedenfalls nicht leugnen, dass unsere Beziehungen zu unseren Eltern und Geschwistern – selbst wenn sie gut sind – meist sehr komplex sind. Deshalb sollten wir die Idee, dass viele unserer Haltungen oder Vorbehalte auf unsere frühesten Lebensmonate zurückgehen, nicht vorschnell von der Hand weisen. Für Klein waren sie die kritische Zeit, in der die Interaktion zwischen natürlichen Neigungen und Umfeld uns zu grundsätzlich zufriedenen oder grundsätzlich unzufriedenen Menschen macht.

Für manche schafft Klein eine reichhaltige Ideenwelt, die unsere tiefsten Bedürfnisse und Sehnsüchte erklärt. Andere wiederum halten ihre Theorien für Hokuspokus – Freudianismus als Extremerfahrung sozusagen. Ihre Erklärung der Schizophrenie, der manischen Depression und der Depression als Auswüchse paranoid/schizoider und depressiver Positionen im Säuglingsalter sollte gewiss kritisch betrachtet werden. Andererseits werden diese Zustände heute auch vermehrt von der Hirnforschung durchleuchtet und weniger von der Psychoanalyse.

Kleins Stil ist ein bisschen gewöhnungsbedürftig, doch angesichts dessen, dass ihr die Möglichkeit eines Universitätsstudiums verwehrt blieb, ist sie zweifellos eine große und systematische Denkerin. Ihre eigene Kindheit hat ihre Arbeit eindeutig geprägt. Klein erprobte und belegte ihre Theorien auch an den eigenen Töchtern, wenngleich diese, wie viele Analytikerkinder, davon nicht durchgängig begeistert waren.

Über Melanie Klein

Klein wurde 1882 in einem Mittelklassevorort Wiens als jüngstes von vier Kindern geboren. Als Teenager wollte sie Medizin studieren, doch ihre Heirat mit dem Chemiker Arthur Klein 1903 beendete diesen Traum vorzeitig.

Arthur Kleins Beruf veranlasste die Familie, 1910 nach Budapest umzuziehen, wo Melanie Klein die Schriften Freuds für sich entdeckte und eine Psychoanalyse bei Sandor Ferenczi machte. 1918 lernte sie Freud beim Psychoanalytischen Kongress in Budapest kennen.

Nach der Trennung von ihrem Mann zog Klein mit ihren Kindern nach Berlin, wo sie in dem Psychoanalytiker Karl Abraham einen Mentor fand. 1926 übersiedelte sie nach London, wo sie für den Rest ihres Lebens blieb.

Zu Kleins persönlichen Tragödien gehörten der Tod ihrer sehr geliebten Geschwister Emmanuel und Sidonie in jungen Jahren sowie der ihres Sohnes Hans im Jahr 1935. Ihre Tochter Melitta, die ebenfalls Psychoanalytikerin wurde, war eine ihrer stärksten Kritikerinnen. Klein selbst litt an häufigen Depressionen und Angstzuständen.

Zu Kleins Schriften gehören: *Die Psychoanalyse des Kindes* (1932), *Contributions to Psychoanalysis* (1948) und *Der Fall Richard. Das vollständige Protokoll einer Kinderanalyse* (1961). *Love, Guilt, and Reparation. And Other Works 1921–1945* erschien als Begleitband zu *Envy and Gratitude.*

Klein starb 1980.

Das geteilte Selbst

1960

Der Paranoiker hat bestimmte Verfolger. Irgend jemand ist gegen ihn. Da ist ein Komplott im Gange, ihm sein Gehirn zu stehlen. Eine Maschine ist in den Wänden seines Schlafzimmers verborgen, die Strahlungen ausschickt, sein Gehirn zu erweichen oder ihm elektrische Schocks zu versetzen, während er schläft. Die Person, die ich beschreibe, fühlt sich in dieser Phase von der Realität selbst verfolgt. Die Welt, so wie sie ist, und andere Leute, so wie sie sind, sind die Gefahren.

Jeder ist in einem bestimmten Maß dann und wann solchen Stimmungen der Leere, Sinnlosigkeit und Ziellosigkeit unterworfen, aber in schizoiden Individuen sind diese Tendenzen besonders insistent. Diese Stimmungen entstehen aus der Tatsache, daß die Türen der Wahrnehmung und/oder die Pforten der Aktion nicht dem Selbst unterstehen, sondern gelebt und bedient werden durch ein falsches Selbst.

KURZ GESAGT

Wir nehmen unser starkes Selbstgefühl für selbstverständlich, doch wenn es fehlt, kann das Leben eine Qual sein.

ÄHNLICHE TITEL

Karen Horney, *Unsere inneren Konflikte*
Melanie Klein, *Envy and Gratitude*
V. S. Ramachandran, *Die blinde Frau, die sehen kann*
Carl Rogers, *Entwicklung der Persönlichkeit*
William Styron, *Sturz in die Nacht*

33. R. D. Laing

Als sich der schottische Psychiater R. D. Laing in den späten 1950ern hinsetzte, um *Das geteilte Selbst. Eine existentielle Studie über geistige Gesundheit und Wahnsinn* zu schreiben, herrschte in der Psychiatrie die Überzeugung vor, dass es sich bei dem Verstand eines verstörten Menschen um nichts als einen Brei aus sinnleeren Fantasien oder Obsessionen handelte. Die Patienten wurden auf klassische Wahnsymptome hin untersucht und entsprechend behandelt.

Mit seinem ersten Buch, das Laing im Alter von nur 28 Jahren schrieb, half er, diese Sicht von Psychosen grundlegend zu verändern. Seinen Anspruch beschreibt er wie folgt: *„Indem ich eine Art, verrückt zu werden, beschreibe, werde ich zu zeigen versuchen, daß es einen verstehbaren Übergang von der gesunden schizoiden Form des In-der-Welt-Seins zu der psychotischen Form des In-der-Welt-Seins gibt.“* Es gelang ihm tatsächlich nachzuweisen, dass Psychosen – insbesondere jene im Zusammenhang mit Schizophrenie – für die darunter Leidenden durchaus einen Sinn ergeben. Deshalb besteht die Rolle des Psychiaters darin, das Denken des Patienten zu verstehen.

Laing betont nachdrücklich, dass *Das geteilte Selbst* keine Wissenschaftstheorie über Schizophrenie darstellt, sondern vielmehr eine – mit Erkenntnissen der existenzialistischen Philosophie gespickte – Sammlung von Beobachtungen über das Wesen schizoider und schizophrener Menschen ist. Die Erforschung schizoider Zustände hat seither beachtliche Fortschritte gemacht und sich auf biologische und neurologische Erklärungsmuster zubewegt. Dennoch sind Laings Beschreibungen dessen, wie es sich anfühlt, mit einem geteilten Selbst zu leben, „verrückt“ zu werden oder einen Zusammenbruch zu erleiden, mit das Beste, was je zu diesem Thema geschrieben wurde.

Vorsicht Psychiatrie!

Auf den ersten Seiten äußert Laing die in den 1960ern und 1970ern recht verbreitete Ansicht, dass die wahren Wahnsinnigen nicht diejenigen seien, die in Anstalten eingesperrt sind, sondern die Politiker und Generäle, die bereit sind, mit einem Knopfdruck die gesamte Menschheit auszulöschen. Ihm schien es anmaßend, dass die Psychiatrie manche Menschen als „psychotisch" klassifizierte, als hätten sie damit ihren Zugehörigkeitsanspruch auf die menschliche Spezies verwirkt. Die Kategorien der Psychiater sagten für Laing mehr über den Beruf und die Kultur aus, die ihn hervorgebracht hatte, als über den tatsächlichen Geisteszustand von irgendjemandem.

Aus seiner Sicht lag die Mainstream-Psychiatrie in der Behandlung der Schizophrenie völlig falsch. Schizoide sind, wie Laing bemerkte, vor allem hypersensibel für das, was in ihnen vorgeht, und außerdem sehr um den Schutz ihres Selbst bemüht, das sie aus diesem Grunde unter Schichten falscher Persönlichkeiten verbergen. Ein Arzt, der ausschließlich nach „schizophrenen Symptomen" sucht, als handle es sich bei der Person um ein Objekt, stößt damit nur auf Widerstand. Solche Patienten wollen nicht untersucht werden. Sie wollen, dass man sie *anhört*. Die eigentliche Frage ist mithin die, was sie dazu brachte, die Welt so zu erleben, wie sie sie erleben.

Die einzigartigen Ängste des Schizoiden

Ich war gewissermaßen tot. Ich schnitt mich von den anderen Leuten ab und war in mir selbst eingesperrt ... Man muß in der Welt mit anderen Leuten leben. Wenn man das nicht tut, stirbt etwas innen.

Peter, ein Patient Laings

Laing definierte „Schizoide“ als Menschen, die in einem Zwiespalt leben, entweder in sich oder zwischen sich und der Welt. Sie erleben sich selbst nicht als „eins“ und empfinden die Isolation vom Rest der Menschheit als schmerzhaft. Laings Unterscheidung zwischen dem Schizoiden und dem Schizophrenen war folgende: Während der Schizoide zwar beeinträchtigt, aber gesund ist, hat die Persönlichkeitsspaltung beim Schizophrenen bereits die Grenze zur Psychose überschritten.

Die meisten Menschen empfinden ein gewisses Maß an Selbstsicherheit als natürlich. Sie fühlen sich grundsätzlich wohl damit, wer sie sind und welche Beziehung sie zur Welt unterhalten. Schizoide hingegen haben das, was Laing eine „ontologische Unsicherheit“ nennt: eine grundlegende, existenzielle Verunsicherung in Bezug auf ihre Identität und ihren Platz in der Welt.

Zu den typischen Ängsten Schizoider gehören:

* Die Interaktion mit anderen wird als beängstigend empfunden. Schizoide können sich sogar davor fürchten, geliebt zu werden, da sie sich ausgeliefert fühlen, wenn jemand sie zu gut kennt. Um nicht von der Liebe eines anderen absorbiert zu werden, können Schizoide ins andere Extrem verfallen und freiwillig die Isolation wählen, weil sich damit das Risiko verringert, „umzingelt“ zu werden. Ein sehr gängiges Gefühl bei einem solch fragilen Selbstempfinden ist das, zu ertrinken oder zu verbrennen.
* „Der drohende Einfluss“, das Gefühl, die Welt könne jederzeit in ihr Denken eindringen und ihre Identität zerstören. Solch eine Furcht kann nur aus einem großen Gefühl der Leere heraus entstehen, also wenn jemand von vornherein wenig Selbstgefühl besitzt. Nur dann wirkt die Welt wie eine bedrohliche Kraft.
* „Versteinerung“ und „Depersonalisation“, das Gefühl, sie könnten zu Stein werden. Dies bewirkt zugleich den Wunsch, das Realitätsempfinden anderer Menschen zu leugnen, damit der andere zu einem „Es“ wird, mit dem man sich nicht abgeben muss.

Laing bemerkte, dass „Hysteriker" alles tun, um sich selbst zu vergessen oder zu unterdrücken, wohingegen Schizoide auf sich selbst fixiert sind. Diese Fixierung ist allerdings das Gegenteil von Narzissmus, da hier keinerlei Eigenliebe im Spiel ist, sondern nur kalte, objektive und rücksichtslose Selbstinspektion. Es ist gleichsam ein Bohren ins Selbst, um zu sehen, was dort ist – falls es überhaupt etwas gibt.

Ein Problem mit dem Selbst

Laing schrieb, dass viele Menschen eine Spaltung erleben, wenn sie mit schrecklichen Situationen umgehen müssen, aus denen es kein physisches oder mentales Entkommen gibt (beispielsweise Menschen in einem Konzentrationslager). Wenn sie nicht akzeptieren können, was geschieht, ziehen sie sich in sich selbst zurück oder malen sich aus, woanders zu sein. Diese „temporäre Dissoziation" ist kein wirklich ungesunder Weg, mit dem Leben zurechtzukommen.

Die schizoide Persönlichkeit jedoch empfindet die Dissoziation als permanent. Was sie erlebt, ist *leben, ohne sich lebendig zu fühlen.* Laing zieht Beispiele aus der Literatur heran und beschreibt, dass Shakespeares Charaktere oft mit Fehlern behaftet sind und drastische persönliche Konflikte durchleben, aber dennoch im Fluss des Lebens und im Besitz ihrer selbst bleiben. Den Charakteren in Kafkas Romanen und Samuel Becketts Dramen mangelt es indes an dieser grundsätzlichen existenziellen Sicherheit, weshalb sie an Schizoide erinnern. Sie können nicht einfach „ihre eigenen Motive hinterfragen", da sie nicht einmal eine feste, zusammenhängende Vorstellung von sich selbst besitzen. Das Leben wird zu einem täglichen Kampf darum, sich selbst gegen die Bedrohungen der Außenwelt zu schützen.

Weil Schizoide über keine Selbstsicherheit verfügen, versuchen sie oft, jene Person zu sein, von der sie glauben, die Welt würde sie von ihnen erwarten, und passen sich in einem beinahe morbiden Ausmaß ihrem Umfeld an. Eine Patientin Laings, ein 12-jähriges Mädchen, musste jeden Abend durch einen Park gehen und hatte Angst davor, überfallen zu werden. Um mit der Situation umgehen zu können, entwickelte sie die Überzeugung, sie könne sich selbst verschwinden lassen und somit sicher sein. Solch defensive Fantasien können laut Laing nur von jemandem geschaffen werden, der ein Vakuum an der Stelle in sich hat, wo normalerweise das Selbst sein sollte.

Der gespaltene Geist

Laing unterschied zwischen verkörperten Menschen – die „ein Gefühl dafür haben, aus Fleisch und Blut zu sein", normale Bedürfnisse haben und sie befriedigen möchten – und unverkörperten Menschen, die eine Kluft zwischen ihrem Denken und ihrem Körper wahrnehmen.

Schizoide führen ein so nach innen gewandtes, vergeistigtes Leben, dass ihr Körper ihr wahres Selbst nicht mehr repräsentieren kann. Sie erfinden ein „falsches Selbstsystem", mit dem sie der Welt begegnen, wodurch das eigentliche Selbst nur noch tiefer verborgen wird. Sie haben große Angst davor, „entdeckt" zu werden, und versuchen deshalb, jede Interaktion mit anderen zu kontrollieren. Ihre ausgeklügelte Innenwelt erlaubt ihnen, sich geschützt zu fühlen, aber weil es keinen Ersatz für Echtweltbeziehungen gibt, verkümmert ihr Innenleben über kurz oder lang. Am Ende rührt der Zusammenbruch also nicht von den anderen her, die sie so sehr fürchten, sondern von der Verödung, die ihre Schutzmanöver selbst verursachen.

Für den Schizoiden ist alles entsetzlich persönlich, und zugleich fühlt er ein Vakuum in sich. Die einzige Beziehung, die ihm möglich ist, ist die zum Selbst, doch die ist ein heilloses Durcheinander – daher die extreme Angst und Verzweiflung.

Über die Klippe gestoßen

Was bringt jemanden mit schizoiden Tendenzen dazu, die Grenze zu überschreiten?

Da sie mit einem System falscher Ichs leben, die sie der Welt präsentieren, können Schizoide in einer imaginären Innenwelt existieren. An die Stelle normaler, kreativer Beziehungen treten Bindungen an Dinge, Gedankengänge, Erinnerungen und Fantasien. Alles wird möglich. Schizoide fühlen sich frei und omnipotent und katapultieren sich gerade dadurch noch weiter aus dem Zentrum der objektiven Wahrheit. Sind ihre Fantasien noch dazu destruktiv, können sie in destruktive Handlungen münden, da es ohne Zugang zum wahren Selbst auch keine Schuld- oder Reuegefühle gibt.

Deshalb können Schizophrene in der einen Woche normal erscheinen und in der nächsten psychotisch, wenn sie erklären, ihr Vater, ihre Mutter, ihr Mann oder ihre Frau wolle sie umbringen oder jemand versuche, ihren Verstand oder ihre Seele zu stehlen. Der Schleier des falschen Selbst, der sie relativ normal wirken ließ, wird plötzlich gehoben und gibt den Blick frei auf das geheime, gequälte Selbst, das sich so lange vor der Welt verbarg.

Zu guter Letzt

In *Das geteilte Selbst* legt Laing auch seine durchaus umstrittene Überzeugung dar, dass Kinder, die eine genetische Disposition zur Schizophrenie aufweisen, durch bestimmte Verhaltensweisen der Mutter (oder der Familie) daran gehindert oder darin bestärkt werden können, tatsächlich schizophrene Züge zu zeigen. Das verärgerte natürlich die Eltern von Schizophrenen.

Ein langfristig positiver Aspekt des Buches bestand darin, dass es half, Geisteskrankheiten zu enttabuisieren und ein besseres Verständnis des schizoiden Denkens zu fördern. Wichtig ist außerdem der Gedanke, dass die Psychologie sich mit dem persönlichen Wachstum und persönlicher Freiheit befassen sollte, anstatt das Krankheit-Symptom-Heilmittel-Muster der konventionellen Medizin nachzuahmen. Für Laing war es wesentlich, dass wir erkunden, wer wir sind, auch wenn diese Erkundung ein riskantes Abenteuer darstellt. Denn die Alternative wäre der Versuch, sich in die engen Schemata der Gesellschaft einzufügen und die Ängste in Kauf zu nehmen, die ein solcher Kompromiss mit sich bringt.

In den 1960ern wurde Laing mit seinen Ideen berühmt und für jeden interessant, der sich von der Familie oder der Gesellschaft an den Rand gedrängt fühlte oder Teil der Humanpotenzialbewegung sein wollte, die „Selbstverwirklichung" predigte.

Drogenkonsum, Alkoholabhängigkeit, Depression und ein Interesse an unorthodoxen Themen wie Schamanismus und Wiedergeburt schädigten Laings Ruf, sodass ihm 1987 die Approbation entzogen wurde.

Trotz zahlreicher Versuche vonseiten der Kritiker, sein Werk schlecht zu machen, erreichte er das Ziel seiner Arbeit und änderte sowohl die Einstellung zu Geisteskrankheiten als auch die Definition dessen, was Psychologie soll und kann. Laing bleibt einer der Großen in der Psychologie des 20. Jahrhunderts.

Über R. D. Laing

Ronald David Laing wurde 1927 als einziges Kind presbyterianischer Eltern aus der Mittelschicht in Glasgow geboren. Er beschrieb seine Kindheit im Nachhinein als einsam und oft furchterfüllt. In der Schule glänzte er, las Voltaire, Marx, Nietzsche und Freud, noch bevor er 15 war, und schrieb sich nach der Schule für das Medizinstudium in Glasgow ein.

Er arbeitete als Psychiater für die britische Armee und trat 1953 eine Stelle am Gartnavel Psychiatric Hospital in Glasgow an. In den späten

1950ern begann er ein Programm zur psychoanalytischen Ausbildung an der Tavistock Clinic in London.

In den 1960ern gehörten Doris Lessing und Roger Waters von der Rockband Pink Floyd zu Laings Londoner Freundeskreis. 1965 gründete er Kingsley Hall, eine psychiatrische Gemeinschaft, in der die Patienten nicht nur zu bestimmten Verhaltensweisen und zum Schlucken von Medikamenten bewegt werden sollten, sondern auch vom Personal als Gleichwertige behandelt wurden.

Laings *Phänomenologie der Erfahrung* (1967), ein Buch, in dem er die Familie und die politischen Institutionen des Westens kritisierte, verkaufte sich millionenfach. Zu seinen weiteren Büchern gehören *Wahnsinn und Familie* (1964) sowie seine Autobiografie *Wisdom, Madness and Folly* (1985). Seine kritische Haltung gegenüber der Standardpsychiatrie greifen auch die Schriften von Thomas Szasz (*The Myth of Mental Illness*) und William Glasser (*Reality Therapy*) auf.

Über Laing wurden mindestens fünf Biografien geschrieben. Er starb 1989 beim Tennisspielen in St. Tropez an einem Herzinfarkt.

The Farther Reaches of Human Nature

1971

Menschen, die als selbstverwirklichte Subjekte ausgewählt werden, die die Kriterien erfüllen, erreichen dies über folgende, kleine Schritte: Sie hören auf ihre eigene Stimme; sie übernehmen Verantwortung; sie sind ehrlich und sie arbeiten hart. Sie finden heraus, wer sie sind, und das nicht nur mit Blick auf ihre Lebensaufgabe, sondern auch in Bezug darauf, wie ihre Füße schmerzen, wenn sie dieses oder jenes Paar Schuhe tragen, ob sie Avocados mögen oder nicht oder ob sie die ganze Nacht wach bleiben, wenn sie zu viel Bier trinken. All das nämlich macht das eigentliche Ich aus. Menschen finden zu ihrer eigenen biologischen Natur, zu ihrer angeborenen Natur, die unumkehrbar oder schwierig zu ändern ist.

KURZ GESAGT

Unsere Sicht der menschlichen Natur muss sich dahingehend erweitern, dass sie alle Merkmale aufnimmt, welche die fortschrittlichsten und erfülltesten Menschen unter uns aufweisen.

ÄHNLICHE TITEL

Mihaly Csikszentmihalyi, *Kreativität*
Viktor Frankl, *Der Wille zum Sinn*
Carl Rogers, *Entwicklung der Persönlichkeit*
Martin Seligman, *Der Glücks-Faktor*

34. Abraham Maslow

Wenngleich der Begriff „Selbstverwirklichung“ von einem anderen Psychiater, Kurt Goldstein, geprägt wurde, war es Maslow, der das Konzept berühmt gemacht hat. Er beschreibt jene scheinbar raren Individuen, die „vollständige Menschlichkeit“ erreicht haben, eine Mischung aus psychischer Gesundheit und Hingabe an die Arbeit, die sie hochgradig effektiv macht. Gäbe es mehr solche Menschen, so Maslow, wäre unsere Welt eine andere. Statt all unsere Energien auf Träume von einer besseren Zukunft zu verwenden, sollten wir versuchen, eine Gesellschaft zu schaffen, die mehr selbstverwirklichte Menschen hervorbringt.

Vor Maslow war die Psychologie in zwei Lager geteilt: die „wissenschaftlichen“ Behavioristen und Positivisten, für die keine Theorie gültig war, solange sie nicht bewiesen worden war, und die freudianischen Psychoanalytiker. Maslow brachte eine „dritte Kraft“ ins Spiel, die humanistische Psychologie. Sie weigerte sich, menschliche Wesen als Maschinen zu sehen, die nur auf ihre Umwelt reagieren oder Marionetten unbewusster Kräfte sind. Sein Ansatz machte sie wieder zu Menschen, kreativ, mit freiem Willen und nach der Erfüllung ihres Potenzials strebend. Darüber hinaus ebneten Maslows Studien über „Gipfelerlebnisse“, jene transzendenten Momente, in denen alles einen Sinn ergibt und wir uns eins mit uns selbst und unserer Arbeit fühlen, den Boden für die transpersonale Psychologie. Diese „vierte Kraft“ stellte eine wissenschaftlichere Rahmenstruktur für Studien über religiöse oder mystische Erfahrungen zur Verfügung und machte Maslow vor allem an der Westküste Amerikas berühmt.

The Farther Reaches of Human Nature wurde erst nach seinem Tode veröffentlicht und ist eher eine Sammlung von Artikeln als ein zusammenhängendes Werk. Die erste Hälfte ist die interessantere und bietet eine hervorragende Einführung in die theoretischen Grundlagen dieses psychologischen Abenteuers.

Menschen auf dem Weg zur Selbstverwirklichung

Maslows Studie über Menschen, die sich selbst verwirklichen, begann mit seiner Bewunderung für seine Lehrer, die Anthropologin Ruth Benedict und den Psychologen Max Wertheimer. Zwar waren sie beide keine perfekten Menschen, doch ihm fiel auf, dass sie sich in jeder Hinsicht vollkommen entwickelt hatten. Er erinnerte sich, wie sehr ihn die Möglichkeit begeisterte, über solche außergewöhnlichen Menschen allgemeine Feststellungen treffen zu können.

Was unterschied diese Individuen von anderen? Zunächst einmal hatten sie sich etwas Größerem verschrieben, waren einer Berufung gefolgt. Sie widmeten ihr Leben dem, was Maslow „Seinswerte" nannte: Schönheit, Güte und Schlichtheit. Gleichzeitig sind diese „Seinswerte" nicht einfach bloß nette Eigenschaften, die sich der Mensch auf dem Weg zur Selbstverwirklichung wünscht – sie sind Bedürfnisse, die erfüllt werden müssen. „Auf eine bestimmte, definierbare und empirische Weise ist es für den Menschen notwendig", schrieb Maslow, „eher in Schönheit denn in Hässlichkeit zu leben, ebenso wie es für ihn notwendig ist, Nahrung für seinen schmerzenden Bauch zu finden oder ein Lager für seinen müden Körper." Wir alle wissen, dass wir essen, trinken und schlafen müssen, aber Maslow war überzeugt, dass wir nach Erfüllung unserer Grundbedürfnisse „Metabedürfnisse" entwickeln, die sich auf die höheren „Seinswerte" beziehen und ebenfalls erfüllt werden müssen. Das Ergebnis war seine berühmte „Bedürfnishierarchie", die mit Sauerstoff und Wasser beginnt und mit dem Bedürfnis nach spiritueller und psychischer Erfüllung endet.

Beinahe alle psychischen Probleme rühren laut Maslow von der „Krankheit der Seele" her, von einem Mangel an Sinn oder der Angst davor, dass diese höheren Bedürfnisse nicht erfüllt werden. Die meisten Menschen können solche Bedürfnisse nicht einmal benennen, und doch sind sie wesentlich für das vollkommene Menschsein.

Vollständige Menschlichkeit erlangen

Um der Selbstverwirklichung den Nimbus des Esoterischen zu nehmen, versuchte Maslow zu zeigen, was sie im täglichen Leben bedeuten kann. Es ging ihm nicht um „einen großen Moment" wie in einer religiösen Erfahrung, sondern vielmehr um Folgendes:

* Das Erfahren vollständiger Absorption. Wir dringen so tief in etwas ein, dass wir darüber unsere Abwehrmechanismen, unsere Posen und unsere Scheu vergessen. In solchen Momenten erobern wir uns „die Arglosigkeit der Kindheit" zurück.
* Das Leben als eine Reihe von freien Wahlmöglichkeiten erkennen – ein Weg führt uns zu persönlichem Wachstum, der andere lässt uns einen Schritt zurückgehen.
* Sich seiner selbst bewusst sein und auf seine innere Stimme hören statt auf die der Eltern oder der Gesellschaft.
* Die Entscheidung, ehrlich zu sein und folglich die Verantwortung für unser Denken und Fühlen zu übernehmen. Die Bereitschaft, „Nein, ich mag dies oder jenes nicht" zu sagen, selbst wenn wir uns damit unbeliebt machen.
* Den Willen, daran zu arbeiten und uns dafür zu engagieren, das Beste aus unseren Möglichkeiten zu machen. Um welchen Bereich es auch geht, wir sollten zu den Besten gehören.

* Der aufrichtige Wunsch, unsere psychischen Abwehrmechanismen zu erkennen und zu überwinden.
* Bereit sein, andere Menschen im besten Licht zu sehen, „mit Blick auf die Ewigkeit“.

Was bedeutet es, nur gesunde, kreative und selbstverwirklichte Menschen zu studieren? Maslow antwortet, nicht gerade überraschend: „Man bekommt ein anderes Bild von der Menschheit.“

Heute ist nur noch schwer nachzuvollziehen, welche Revolution Maslow damit auslöste, dass er sich gerade diesen Schwerpunkt wählte. Aber wir sollten bedenken, dass er sich in einem medizinischen Umfeld bewegte, in dem man sich einzig auf psychische Krankheiten spezialisierte. Maslow war der Meinung, die Psychologie solle sich lieber auf das „vollständige Menschsein“ konzentrieren. In diesem Kontext wird ein Neurotiker schlicht zu jemandem, der „sich noch nicht vollständig verwirklicht hat“. Das mag uns zunächst wie ein rein semantischer Unterschied vorkommen, doch es stellt eine grundlegende Veränderung in der Psychologie dar.

Der Jonas-Komplex

Wie kommt es, dass wir alle mit einem unbegrenzten Potenzial geboren werden und nur so wenige Menschen ihre Möglichkeiten ausschöpfen? Einer der Gründe, die Maslow dafür nennt, ist der von ihm so genannte „Jonas-Komplex“. Die biblische Gestalt des Jonas war ein scheuer Kaufmann, der Gottes Ruf widerstehen wollte, auf eine wichtige Mission zu gehen. Maslows Komplex bezeichnet die „Angst vor der eigenen Größe“ oder das Meiden unseres wahren Schicksals oder unserer Berufung.

Maslow beobachtete, dass wir das Beste an uns ebenso sehr fürchten wie das Schlechteste. Vielleicht jagt es uns Furcht ein, eine Aufgabe im Leben zu haben. Deshalb nehmen wir stattdessen eine Reihe von Jobs an, die unser Überleben sichern. Wir alle haben perfekte Momente, in denen wir erkennen, wozu wir wirklich fähig sind, und wissen, dass wir großartig sind. „Und dennoch", schrieb Maslow, „erschaudern wir zugleich in Schwäche, Schreck und Angst vor ebendiesen Möglichkeiten."

Er stellte seinen Studenten gern Fragen wie: „Wer von Ihnen hat vor, Präsident zu werden?" oder: „Wer von Ihnen wird eine moralische Orientierungsfigur wie Albert Schweitzer?" Wenn sie sich wanden oder rot wurden, hakte er nach. „Wenn nicht Sie, wer denn sonst?" Sie alle ließen sich zu Psychologen ausbilden, aber Maslow fragte sie, welchen Sinn es mache, ein mittelmäßiger Psychologe zu sein. Er warnte sie: Nur so viel zu tun wie nötig, um wettbewerbsfähig zu sein, sei ein Patentrezept für große Unzufriedenheit im Leben. Sie würden damit ihren eigenen Kapazitäten und Möglichkeiten ausweichen. Maslow erinnerte an Nietzsches Theorie vom Gesetz der ewigen Wiederkehr, wie in dem Film *Und täglich grüßt das Murmeltier.* Wenn wir mit diesem Gesetz im Kopf leben würden, täten wir immer nur, was wirklich wichtig ist.

Manche Menschen vermeiden das Streben nach Größe, weil sie Angst haben, als unbescheiden angesehen zu werden. Doch genau das kann auch eine Entschuldigung dafür sein, es gar nicht erst zu versuchen. Stattdessen eignen wir uns eine Scheinbescheidenheit an und setzen uns niedrigere Ziele. Die Möglichkeit, zu einem beachtenswerten Menschen zu werden, jagt manchen eher weniger beachteten Menschen einen entsetzlichen Schrecken ein. Plötzlich erkennen sie, dass sie damit die Aufmerksamkeit auf sich ziehen. Dieser Jonas-Komplex entsteht zum einen aus der Angst vor Kontrollverlust und zum anderen aus der Befürchtung, dass wir eine vollkommene Verwandlung durchmachen könnten und am Ende nicht mehr der Mensch sind, der wir einmal waren.

Maslows Vorschlag ist folgender: Wir müssen ein Gleichgewicht finden zwischen unseren großen Zielen einerseits und einer gesunden Bodenhaftung andererseits. Wenn Sie sich erfolgreiche und selbstverwirklichte Menschen ansehen, werden Sie feststellen, dass sie eine Mischung aus beidem sind. Sie greifen nach den Sternen und sind zugleich fest in der Realität verwurzelt.

Arbeit und Kreativität

Als Psychologe mit wissenschaftlichem Hintergrund war Maslow überrascht, als sich in den 1960ern die Wirtschaft für seine Arbeit interessierte. In einer Zeit wachsenden Wettbewerbs um bessere Produkte merkten die Unternehmer, dass ein Arbeitsumfeld, in dem Menschen kreativer und erfüllter sein konnten, auch die besseren Leistungen brachte. Maslow hatte über „Eupsychia" geschrieben, „die Kultur, die von 1.000 selbstverwirklichten Menschen geschaffen wird, welche auf einer geschützten Insel ohne Einmischung von außen leben". Hierbei handelte es sich zwar um eine Utopie, doch seine reale Lösung für das eupsychische Management zielte darauf ab, jedem am Arbeitsplatz psychische Gesundheit und Erfüllung zu ermöglichen.

Über ein Viertel von *The Farther Reaches of Human Nature* ist der Kreativität gewidmet, bildet sie doch den Kern von Maslows Selbstverwirklichungstheorie. Er unterschied zwischen primärer Kreativität – jenem Eingebungsblitz, in dem man das Endprodukt „sieht", bevor es geschaffen wurde – und sekundärer Kreativität – dem Erarbeiten und Entwickeln von Inspiration im Laufe eines Prozesses.

Maslow stellte fest, dass wir in einer Welt leben, die sich schneller verändert als in der Vergangenheit, und dass es deshalb nicht reicht, die Dinge so zu machen, wie sie immer gemacht wurden. Die besten Leute sind bereit, die Vergangenheit aufzugeben und stattdessen ein Problem so zu studieren, wie es ist, unvoreingenommen und ohne jeglichen Ballast. Diese Eigenschaft, die er „Unschuld“ nannte, ist selbstverwirklichten Menschen gemein. Maslow schrieb dazu: „Die reifsten Menschen sind diejenigen, die den meisten Spaß haben können ... Dies sind die Menschen, die absichtlich zurückgehen, die kindisch werden können, mit Kindern spielen und ihnen nahe sind.“

Er war sich vollkommen darüber im Klaren, dass solche Menschen oft unkonventionell sind und in Unternehmen als Unruhestifter gelten, und Maslow machte keinen Hehl daraus, dass sich Firmen irgendwie mit diesen Eigenschaften abfinden müssen. Nun sind Unternehmen naturgemäß konservativ, doch um zu überleben und sich weiterzuentwickeln, brauchen sie auch kreative Höhenflüge, in denen großartige neue Produkte, Konzepte oder deren Notwendigkeit vorausgesehen werden können. Der ideale Arbeitsplatz wäre demnach ein Spiegelbild der kreativen Natur von selbstverwirklichten Menschen – eine kindgleiche Inspiration, um etwas wahrhaft Neues zu schaffen, und gleichzeitig die Reife, einer Vision bis zur Verwirklichung zu folgen.

Zu guter Letzt

Wie vielen wegweisenden Denker fehlte auch Maslow ein solides Fundament in der Forschungsmethodologie (er schrieb: „Wissen von geringer Verlässlichkeit ist auch Teil des Wissens“), aber seine Ideen hauchten der Psychologie neues Leben ein. Wie Henry Geiger in seiner Einführung zu *The Farther Reaches of Human Nature* betont, wurden Maslows Schriften nicht nur in akademischen Kreisen hoch geschätzt, sondern verkauften sich auch bei einem breiten Publikum. Die zahlreichen Leser sprachen besonders darauf an, dass Selbstverwirklichung nicht als verrücktes Hirngespinst dargestellt wurde, sondern als ein Ziel, das für die meisten Menschen tatsächlich erreichbar war. Sie war nicht den „Heiligen und Weisen“, den großen Gestalten in der Geschichte vorbehalten, sondern jedermanns Geburtsrecht.

Daher ist es durchaus naheliegend, dass Maslows Ideen gerade für die Arbeitswelt adaptiert wurden. Wenn uns einerseits das Konzept der Selbstverwirklichung inspiriert, stets nach sinnvoller Arbeit losgelöst vom Lohn zu streben, kann uns andererseits der Jonas-Komplex antreiben, unserem Potenzial gerecht zu werden und wahrhaft in großen Dimensionen zu denken.

Über Abraham Maslow

Maslow wurde 1908 als ältestes von sieben Kindern in einem Armenviertel Brooklyns in New York geboren. Wenngleich seine Eltern ungebildete russisch-jüdische Immigranten waren, brachte es sein Vater zum wohlhabenden Geschäftsmann, der seinen scheuen, aber außergewöhnlich intelligenten Sohn gern als Anwalt gesehen hätte. Anfangs studierte Abraham sogar Jura am City College in New York, wechselte jedoch 1928 an die University of Wisconsin, wo sein Interesse an Psychologie geweckt wurde. Hier arbeitete er mit dem Primatenforscher Harry Harlow (siehe S. 256) zusammen. Im selben Jahr heiratete Maslow seine Cousine Bertha Goodman.

1934 machte Maslow seinen Doktor in Psychologie und kehrte nach New York zurück, um mit Edward Thorndike an der Columbia University eine umstrittene Arbeit über das Sexualleben von College-Frauen zu verfassen. Hier fand er in Alfred Adler auch einen neuen Lehrer und Ratgeber (siehe S. 34). Er nahm eine Lehrtätigkeit am Brooklyn College auf, wo er 14 Jahre lang lehrte und europäische Emigranten wie die Psychologen Erich Fromm und Karen Horney (siehe S. 280) sowie die Anthropologin Margaret Mead zu seinen Mentoren zählten. Maslows *Principles of Abnormal Psychology* wurde 1941 veröffentlicht, und 1943 erschien in der *Psychological Review* sein berühmter Artikel *A Theory of Motivation*, in dem er das Konzept der Bedürfnishierarchie vorstellte.

Von 1951 bis 1969 leitete Maslow die psychologische Abteilung der Brandeis University, wo er *Motivation und Persönlichkeit* (1954) sowie *Psychologie des Seins. Ein Entwurf* (1968) schrieb. 1962 war er Gastlehrer in einem kalifornischen Hightech-Unternehmen, wo er seine Ideen der Selbstverwirklichung im Unternehmensumfeld prüfen konnte.

1968 wurde er zum Präsidenten der American Psychological Association gewählt und war bis zu seinem Tod im Jahre 1970 Mitglied der Laughlin Foundation.

Das Milgram-Experiment. Zur Gehorsamsbereitschaft gegenüber Autoritäten

1974

Es wurden Gaskammern gebaut, Todeslager bewacht, tägliche Leichenquoten mit der gleichen Effizienz produziert wie Geräte auf dem Fließband. Derart unmenschliche Prozeduren entsprangen vielleicht dem Gehirn eines einzelnen, doch konnten sie in solchem Ausmaß nur durchgeführt werden, wenn eine große Zahl von Menschen seinen Befehlen gehorchte.

Menschen werden zornig; sie handeln haßerfüllt und platzen vor Wut gegen andere. Doch nicht in unserem Fall. Etwas weitaus Gefährlicheres kommt ans Licht: die Fähigkeit des Menschen, seine Menschlichkeit abzustreifen, ja geradezu die Unvermeidlichkeit, daß er dies tut, wenn er seine individuelle Persönlichkeit mit übergeordneten institutionalen Strukturen verbindet.

KURZ GESAGT

Wenn wir uns unserer natürlichen Gehorsamsneigung gegenüber Autoritäten bewusst sind, folgen wir vielleicht weniger blind Befehlen, die wir nicht mit unserem Gewissen vereinbaren können.

ÄHNLICHE TITEL

Robert Cialdini, *Einfluß*
Eric Hoffer, *Der Fanatiker*

35. Stanley Milgram

1961 und 1962 wurde eine Reihe von Experimenten an der Yale University durchgeführt. Die freiwilligen Teilnehmer erhielten einen geringen Betrag, um bei einer, wie man ihnen sagte, „Studie über Gedächtnis und Lernen“ mitzumachen. In den meisten Fällen übernahm ein Experimentleiter im weißen Kittel die Betreuung von zwei Freiwilligen, von denen einer die Rolle des „Lehrers“, der andere die des „Schülers“ bekam. Der Schüler wurde auf einem Stuhl festgeschnallt und sollte sich eine Reihe von Wortpaaren merken. Wenn er sie nicht erinnerte, sollte der Lehrer ihm einen kleinen elektrischen Schlag verabreichen. Mit jeder falschen Antwort erhöhte sich die Voltzahl, und der Lehrer war gezwungen zuzusehen, wie der Schüler anfangs leise stöhnte und zum Schluss vor Schmerz aufschrie.

Was der Lehrer nicht wusste, war, dass es gar keine Verbindung zwischen seinem Schaltkasten und dem Stuhl des Schülers gab und dass der freiwillige „Schüler“ in Wahrheit ein Schauspieler war, der nur *vorgab*, schmerzhafte Stromschläge zu bekommen. Im Mittelpunkt des Experiments stand nicht das „Opfer“, sondern die Reaktion des Lehrers, der die Knöpfe betätigte. Wie ging er damit um, einem wehrlosen Menschen immer größere Schmerzen zuzufügen?

Das Experiment, das in *Das Milgram-Experiment. Zur Gehorsamkeitsbereitschaft gegen Autoritäten* beschrieben wird, ist eines der bekanntesten in der Psychologie. Wir sehen uns hier an, was genau passierte und warum die Ergebnisse so wichtig sind:

Erwartung und Realität

Die meisten Menschen würden erwarten, dass das Experiment beim ersten Anzeichen echten Schmerzes vonseiten der mit Elektroschocks malträtierten Person abgebrochen wird. Immerhin war es nur ein Experiment. Jedenfalls war das die Antwort, die Milgram bekam, wenn er außerhalb des Versuchsumfelds eine Reihe von Leuten nach ihrer Einschätzung dazu befragte, wie sich die Teilnehmer unter den geschilderten Umständen verhalten würden. Sie sagten mehrheitlich voraus, dass die Lehrer die Schockbehandlung abbrechen würden, sobald die Schüler sie baten, befreit zu werden. Genau dasselbe hatte Milgram auch erwartet. Aber was geschah tatsächlich?

Die meisten Teilnehmer, die die Lehrer spielen sollten, empfanden Stress beim Experiment und sagten dem Leiter deutlich, dass der Person auf dem Stuhl keine weiteren Schmerzen zugefügt werden dürften. Der logische nächste Schritt wäre gewesen, den Abbruch des Experiments zu fordern. Das jedoch kam nur selten vor.

Trotz ihrer Vorbehalte befolgten die *meisten* auch weiter die Anweisungen des Leiters und verabreichten dem „Schüler" beständig stärkere Stromschläge. Wie Milgram notierte, „macht doch ein bemerkenswerter Prozentsatz bis zum höchsten Schock auf dem Generator weiter". Und das sogar, als die „Lehrer" die Schreie der „Schüler" hörten und deren Flehen, aus dem Experiment aussteigen zu dürfen.

Wie wir mit einem schlechten Gewissen umgehen

Milgrams Experimente lösten jahrelange Kontroversen aus. Viele Menschen sind einfach nicht bereit, die Tatsache zu akzeptieren, dass normale menschliche Wesen sich so verhalten. Zahlreiche Wissenschaftler haben versucht, Schwächen in der Methodologie zu finden, doch die

Experimente wurden weltweit mehrfach wiederholt und kamen immer zum selben Ergebnis. Wie Milgram anmerkte, staunten alle über die Resultate. Sie wollten die freiwilligen Teilnehmer gern für sadistische Monster halten. Allerdings hatte Milgram sichergestellt, dass sie aus allen möglichen Schichten und Berufen kamen und normale Menschen waren, die lediglich außergewöhnlichen Situationen ausgesetzt wurden.

Warum fühlen sich die Teilnehmer, die die „Schocks" verabreichen, nicht schuldig und brechen das Experiment ab? Milgram betont immer wieder, dass den meisten von ihnen die Verwerflichkeit ihres Handelns durchaus bewusst war. Sie hassten es, die „Schüler" mit Schocks zu quälen, vor allem wenn diese energisch aufbegehrten. Dennoch waren sie mehrheitlich außerstande, sich aus der Situation herauszubegeben, obwohl sie das Experiment für grausam und sinnlos hielten. Stattdessen entwickelten sie Schutzmechanismen, um ihr Tun zu rechtfertigen. Dazu gehörte Folgendes:

* Sich ganz auf die technische Seite des Experiments zu konzentrieren. Menschen haben einen ausgeprägten Wunsch, sich bei der Arbeit als kompetent zu erweisen. Das Experiment und seine erfolgreiche Durchführung wurden wichtiger als das Wohlergehen der Teilnehmer.
* Die moralische Verantwortung wird auf den Experimentleiter übertragen. Dies ist das typische „Ich habe bloß Befehle ausgeführt", das man so oft in Kriegsverbrecherprozessen hört. Das moralische Empfinden oder Gewissen der Teilnehmer geht nicht verloren, wird aber in den Wunsch umgewandelt, dem Boss oder Leiter zu gefallen.
* Der Glaube, als Teil einer größeren, wichtigeren Sache zu agieren. Wurden in der Vergangenheit Kriege für die Religion oder politische Ziele geführt, war die „große Sache" hier eben die Wissenschaft.
* Entwertung der Person, die die Schocks bekommt: „Wenn sie zu blöd sind, um sich Wortpaare zu merken, *verdienen* sie die Strafe." Eine solche Herabwürdigung von Intelligenz oder Charakter beobachtet

man zumeist bei Tyrannen, die damit ihre Anhänger ermutigen, sich ganzer Bevölkerungsgruppen zu entledigen. Sie sind nicht viel wert, lautet die Aussage, also wen stört es schon, wenn sie ausgelöscht werden? Die Welt sei hinterher besser.

Das wohl überraschendste Ergebnis war Milgrams Beobachtung, dass das moralische Empfinden der Teilnehmer nicht verschwand, sondern *umorientiert* wurde, sodass sie ihr Pflichtgefühl und ihre Loyalität nicht auf diejenigen richteten, die Schmerzen erlitten, sondern auf die Person, die ihnen die Befehle gab. Die Teilnehmer konnten sich nicht aus der Situation zurückziehen, weil es – man höre und staune – *unhöflich* gewesen wäre, sich gegen den Wunsch des Experimentleiters zu stellen. Sie glaubten, da sie sich freiwillig für das Experiment gemeldet hatten, würden sie quasi ihr Versprechen brechen, wenn sie sich zurückzogen.

Der Wunsch, Autoritäten zu gefallen, war offensichtlich mächtiger als der moralische Druck durch die Schreie der Gequälten. Wenn ein Teilnehmer sich doch gegen das aussprach, was geschah, dann zum größten Teil in extrem unterwürfigem Ton. Wie Milgram es bei einer Versuchsperson beschrieb: „Sie glaubt, jemanden umzubringen, aber sie spricht im Konversationston einer Kaffeestunde."

Vom Einzelnen zum „Agenten"

Warum sind wir so? Milgram bemerkte, dass die menschliche Neigung zum Gehorsam gegenüber Autoritäten aus reinen Überlebensgründen entwickelt wurde. Es musste Anführer, Gefolgsleute und Hierarchien geben, damit etwas zustande gebracht wurde. Der Mensch ist ein Gemeinschaftstier und will keine Unruhe stiften. Schlimmer noch als ein schlechtes Gewissen, weil er schutzlose andere verletzt, ist für ihn augenscheinlich die Furcht vor der Isolation.

Die meisten von uns werden schon sehr früh an die Idee gewöhnt, dass es falsch ist, jemand anderem sinnlos wehzutun. Zugleich verbringen wir unsere ersten 20 Jahre damit, zu tun, was man uns sagt. Wir gewöhnen uns also daran, Autoritäten zu gehorchen. Milgrams Experiment stürzte die Teilnehmer mitten hinein in diese Widersprüche. Sollten sie „brav sein" im Sinne von niemandem wehtun, oder „brav sein" im Sinne von tun, was ihnen gesagt wird? Die meisten Teilnehmer entschieden sich für Letzteres und legten damit den Schluss nahe, dass ihre Gehirne vorrangig darauf programmiert waren, Autoritäten zu akzeptieren.

Der natürliche Impuls, andere nicht zu verletzen, wird drastisch verändert, wenn jemand in eine hierarchische Struktur eingegliedert wird. Allein übernehmen wir die volle Verantwortung für unser Tun und halten uns für autonom, aber sobald wir in einem System oder einer Hierarchie sind, übergeben wir die Verantwortung bereitwillig an jemand anderen. Wir hören auf, wir selbst zu sein, und werden stattdessen zu „Agenten" für einen anderen oder eine Sache.

Wie das Töten leicht wird

Milgram stand unter dem Eindruck der Geschichte Adolf Eichmanns, der von Hitler damit beauftragt worden war, die Ermordung von sechs Millionen Juden zu organisieren. Hannah Arendt stellt in ihrem Buch *Eichmann in Jerusalem* die These auf, dass Eichmann kein Psychopath war, sondern ein gehorsamer Bürokrat, dessen Distanz zu den Todeslagern es ihm erlaubte, all das Entsetzen im Namen eines höheren Ziels zu befehlen. Milgrams Experimente bestätigten Arendts These von der „Banalität des Bösen". Danach sind die Menschen nicht von sich aus grausam, sondern werden es, wenn die Grausamkeit von einer Autorität verlangt wird. Die große Lehre aus Milgrams Studie war:

„Ganz gewöhnliche Menschen, die nur schlicht ihre Aufgabe erfüllen und keinerlei persönliche Feindseligkeit empfinden, können zu Handlungen in einem grausigen Vernichtungsprozeß veranlaßt werden."

Das Milgram-Experiment kann eine ziemlich erschütternde Lektüre sein, vor allem die Aufzeichnung eines Gesprächs mit einem amerikanischen Soldaten, der beim My-Lai-Massaker in Vietnam mitgewirkt hatte. Milgram folgerte, dass es so etwas wie angeborene Psychopathie oder eine Neigung zum „Bösen" gebe, es statistisch allerdings eher selten vorkomme. Ihn erschreckte weit mehr, dass ein Durchschnittsmensch (an seinen Experimenten nahmen auch Frauen teil, die beinahe genauso viel Gehorsam bewiesen wie Männer) unter den entsprechenden Umständen anderen die entsetzlichsten Dinge antun kann – und sich dabei nicht besonders schlecht fühlt.

Für Milgram ist das letztlich auch das Ziel der militärischen Ausbildung. Rekruten werden in ein Umfeld abseits der normalen Gesellschaft mit ihren moralischen Nettigkeiten versetzt und dazu gebracht, alles Denken am „Feind" auszurichten. Sie werden mit der Liebe zur „Pflichterfüllung" geimpft und davon überzeugt, dass sie für eine größere Sache kämpfen. Außerdem jagt man ihnen Angst vor dem ein, was geschieht, wenn sie ungehorsam sind. Wie Milgram schrieb: „Und obwohl der sichtbare Zweck dieser Ausbildung die Vermittlung militärischer Fertigkeiten ist, ist es doch ihr fundamentales Ziel, jeden Rest von Individualität und Autonomie zu beseitigen." Rekruten werden zu Agenten für eine Sache gemacht statt zu frei denkenden Individuen, und genau daraus ergibt sich ihre Anfälligkeit für erschütternde Handlungen. Andere Menschen sind für sie keine menschlichen Wesen mehr. Sie werden zu „Kollateralschäden".

Die Fähigkeit zum Ungehorsam

Was macht jemanden zum Ungehorsam gegenüber einer Autorität fähig, während der Rest dazu nicht in der Lage scheint? Ungehorsam ist schwierig. Milgrams Teilnehmer hatten das Gefühl, dem Experiment und dessen Leiter verpflichtet zu sein, und nur wenige waren imstande, dieses Pflichtgefühl zu durchbrechen und die an dem Stuhl festgeschnallte Person über das Autoritätssystem zu stellen. Wie Milgram feststellte, tat sich ein breiter Graben zwischen dem Protest gegen die zugefügten Schmerzen (den fast alle Teilnehmer äußerten) und der tatsächlichen Weigerung auf, mit dem Experiment fortzufahren. Diesen Graben überwanden die wenigen, die der Autorität den Gehorsam aus ethischen oder moralischen Gründen verweigerten. Sie blieben *trotz* der Situation bei ihren individuellen Überzeugungen, wohingegen sich die meisten von uns der Situation *beugen.* Das ist der Unterschied zwischen einem Helden, der bereit ist, sein eigenes Leben für andere zu riskieren, und einem Eichmann.

Die Kultur lehrte uns, einer Autorität zu gehorchen, schloss Milgram, aber sie brachte uns nicht bei, wie wir gegenüber einer moralisch verwerflichen Autorität ungehorsam sind.

Zu guter Letzt

Das Milgram-Experiment scheint wenig Erfreuliches über die menschliche Natur auszusagen. Weil wir seit Tausenden von Jahren in klaren sozialen Hierarchien leben, ist ein Teil unseres Gehirns darauf programmiert, anderen Menschen „über uns" gehorchen zu wollen. Doch schon das Wissen um diese starke Tendenz kann uns helfen, Situationen zu meiden, in denen wir dazu gebracht werden, Übles zu tun.

Jede Ideologie braucht eine gewisse Anzahl von Gehorsamen, die in ihrem Namen handeln, und im Falle von Milgrams Experiment war dies weder eine Religion noch der Kommunismus noch ein charismatischer Führer. Offensichtlich würden Menschen im Namen der Wissenschaft dasselbe tun wie die spanischen Inquisitoren, die andere im Namen Gottes folterten. Man nehme eine „Sache“, die groß genug ist, und man kann leicht sehen, wie es sich problemlos rechtfertigen lässt, anderen Schmerzen zuzufügen.

Unser Gehorsamkeitstrieb überholt schnell jede vorherige Bildung oder Konditionierung zum Mitgefühl oder zu ethisch-moralischem Handeln, womit sich die von uns allen so geschätzte Idee vom freien Willen als Mythos erweist. Auf der anderen Seite sollte uns Milgrams Beschreibung derjenigen, die es schafften, weitere Schockverabreichungen zu verweigern, hoffen lassen, dass wir selbst in vergleichbaren Situationen so reagieren könnten. Es mag zu unserem Erbe gehören, Autoritäten blind zu gehorchen, aber es liegt auch in unserer Natur, Ideologien zurückzuweisen, wenn sie mit dem Zufügen von Schmerz verbunden sind, und bereit zu sein, ein Menschenleben über ein System zu stellen.

Das Milgram-Experiment wäre vielleicht weniger bekannt geworden, wenn es sich bei dem gleichnamigen Buch nicht um ein packendes Stück Wissenschaftsliteratur handeln würde. Jeder, der sich dafür interessiert, wie unser Gehirn funktioniert, sollte es in seiner Bibliothek haben. Der Genozid von Ruanda, das Massaker von Srebrenica und die Angriffe auf die Menschenwürde in Abu Ghraib werden von den im Buch dargelegten Erkenntnissen beleuchtet und teilweise erklärt.

Über Stanley Milgram

Milgram wurde 1933 in New York geboren und machte 1950 seinen Highschool-Abschluss. 1954 schloss er das Queens College mit einem Bachelor ab. Sein Hauptfach war Politologie gewesen, doch Psychologie interessierte ihn mehr, und so belegte er Sommerkurse in diesem Fach, um ins Doktorandenprogramm von Harvard aufgenommen zu werden. Sein Doktorvater dort war der namhafte Psychologe Gordon Allport, bei dem er darüber schrieb, warum Menschen sich konform verhalten. Milgram arbeitete an der Princeton University mit Solomon Asch zusammen, der berühmte Experimente zur sozialen Konformität entwickelte.

Neben der Frage, warum Menschen ihre Sitzplätze in öffentlichen Verkehrsmitteln an andere abtreten, gehörten auch die „Six Degrees of Separation“ sowie Aggression und non-verbale Kommunikation zu seinen weiteren Forschungsgebieten. Milgram drehte außerdem Dokumentarfilme, einschließlich *Obedience* über das Yale-Experiment und *The City and the Self* über die Auswirkungen des Großstadtlebens auf das Verhalten. Wer mehr zu diesem Thema lesen möchte, dem sei *The Man Who Shocked the World. The Life and Legacy of Stanley Milgram* (2004) von Thomas Blass empfohlen.

Milgram starb 1984 in New York.

Brainsex. The Real Difference between Men and Women

1989

Die Geschlechter sind unterschiedlich, weil ihre Gehirne unterschiedlich sind. Das Gehirn, der Chefadministrator und das emotionale Lebensorgan, ist bei Männern und Frauen jeweils anders konstruiert. Es leitet Informationen auf unterschiedliche Weise weiter, was zu unterschiedlichen Wahrnehmungen, Prioritäten und Verhaltensweisen führt.

Selten gab es einen größeren Bruch zwischen der intelligenten, aufgeklärten öffentlichen Meinung und der Wissenschaft. Erstere glaubt, dass Männer und Frauen dasselbe Gehirn haben, Zweitere weiß, dass dem nicht so ist.

KURZ GESAGT

Wenn wir den Mutterleib verlassen, sind die meisten Unterschiede zwischen männlich und weiblich bereits festgelegt.

ÄHNLICHE TITEL

Louann Brizendine, *The Female Brain*
John M. Gottman, *Die 7 Geheimnisse der glücklichen Ehe*
Alfred Kinsey, *Das sexuelle Verhalten der Frau*
Steven Pinker, *Das unbeschriebene Blatt*

36. Anne Moir & David Jessel

Tausende Jahre lang wurden Männer und Frauen sehr unterschiedlich behandelt. Sie bekamen Rollen zugewiesen, die ihren Fertigkeiten, Neigungen, Wahrnehmungen und Verhaltensweisen entsprachen, und man ging wie selbstverständlich davon aus, dass all diese Dinge mit ihrem Geschlecht zusammenhingen. In der sexuellen Revolution der 1960er jedoch wurden die Rollendefinitionen als männliche Verschwörung verworfen, die einzig dem Ziel diene, die soziale und wirtschaftliche Dominanz über die Frauen zu sichern. Die Bildungspolitik wurde umgebaut, um alle Vorurteile in der Erziehung von Kindern zu beseitigen, und die israelischen Kibuzzim galten als großartiges Modell, weil sie alle traditionellen Trennungen zwischen „männlichen" und „weiblichen" Arbeiten hinweggewischt hatten. In dieser neuen Welt würde keine Frau mehr einfach deshalb in eine Rolle fallen, weil sie ihr von der Gesellschaft zugeteilt wurde.

Eines jedoch stellte sich dieser schönen neuen Welt der Gleichheit in den Weg: die Wissenschaft. Während man uns glauben machte, es gebe keinen nennenswerten Unterschied zwischen Männern und Frauen, brachten die Fortschritte in der Hirnforschung und empirische Verhaltensstudien ziemlich entgegengesetzte Erkenntnisse zutage. Demnach unterschieden sich die Geschlechter nicht nur physisch, sondern lagen auch Welten auseinander, wenn es um Lebensprioritäten, Kommunikation und sexuelle Bedürfnisse ging. Gemäß Anne Moir und David Jessel war die Idee von der Gleichheit „eine biologische und wissenschaftliche Lüge".

Brainsex. The Real Difference between Men and Women war ein Bestseller und das erste populärwissenschaftliche Buch über Geschlechterdifferenzen – lange bevor John Gray *Männer sind vom Mars, Frauen von der Venus* schrieb. Es ist hervorragend geschrieben, oft sehr amüsant und bleibt ein großartiges Beispiel für eine „Mythensprengung". Moir ist Genetikerin und bringt jede Menge wissenschaftliche Bezugsdaten ein – das Buch enthält bei nicht einmal 200 Seiten einen beträchtlichen Fundus an Information –, und obwohl das Werk schon über 15 Jahre alt ist, wirkt es kein bisschen überholt. Leser, die das Neueste über die Verbindung zwischen den Geschlechtern, die Neurologie und das Verhalten wissen möchten, sollten zwar Brizendines *Das weibliche Gehirn* lesen, aber *Brainsex* bleibt nichtsdestotrotz eine exzellente Allround-Abhandlung zum Thema.

Im Mutterleib festgelegt

Kinder kommen nicht als unbeschriebene Blätter auf die Welt, die bereit sind, beliebig konditioniert zu werden, schreiben Moir und Jessel. Nach sechs oder sieben Wochen im Mutterleib „entscheidet sich" das Baby bereits mithilfe von Hormonen und entwickelt von nun an entweder ein männlich oder ein weiblich definiertes Gehirn. Die Geschlechtsunterschiede im Gehirn ergeben sich aus den Chromosomen (generell „xx" für weiblich und „xy" für männlich), aber der Fötus wird nur ein Junge, wenn auch männliche Hormone da sind. Fehlen sie, wird er ein Mädchen.

Konzentration, Timing und Stimmigkeit der Hormoneinwirkungen auf den Fötus sorgen dafür, dass das neurale Netzwerk sein endgültig männliches oder weibliches Muster annimmt – und dieses Muster ist nach der Geburt ziemlich resistent gegen Veränderung. Moir und Jessel schrieben, dass Säugetiergehirne im Allgemeinen „dimorphisch" sind, das heißt, sie sind entweder weiblich oder männlich definiert. Bei Säugetieren wäre es daher eine recht eigenwillige Laune der Natur, würde ausgerechnet das menschliche Gehirn die neurale Geschlechtsdefinierung verweigern.

Jungs bleiben Jungs

Schon nach wenigen Stunden, also bevor die externe Konditionierung sie beeinflussen kann, zeigen Babys eindeutige Tendenzen. Ein weibliches Baby blickt den Menschen um sich herum ins Gesicht, während sich das männliche mehr für Gegenstände zu interessieren scheint. Weibliche Babys reagieren besser auf beruhigende Laute und lassen sich leichter von Geräuschen erschrecken, was auf ein besser entwickeltes Gehör schließen lässt.

Wenn Babys zu Krabbelkindern werden, betrachten sie die Welt um sich herum durch die Linse ihrer Geschlechterchemie im Gehirn. Jungen sind wagemutiger und streben einen größeren Bewegungsradius an. Sie arbeiten daran, ihre räumlichen Fähigkeiten zu verbessern, während Mädchen sich mehr ihren zwischenmenschlichen Fertigkeiten widmen. Mädchen sprechen im Durchschnitt ein Jahr früher als Jungen (Einstein sprach, wie Moir und Jessel anmerken, erst mit fünf Jahren). Der Unterschied setzt sich bis ins Vorschulalter fort. Jungen ziehen wilde Spiele vor, die sich über eine große Fläche erstrecken, Mädchen spielen ruhiger und mögen geordnete Aktivitäten. Mädchen nehmen Neuankömmlinge freundlich und neugierig auf, Jungen zeigen nichts außer Gleichgültigkeit.

Das Hirn und die Hormone

In der Pubertät reagiert das Gehirn, das ja bereits im Mutterleib von Hormonen „vorprogrammiert" wurde, mit massiven physischen und psychischen Veränderungen auf den Hormonschub. Bei männlichen Teenagern liegt der Testosteronspiegel 20-mal höher als bei Mädchen. Das Testosteron als anabolisches Steroid erhöht die Körpermasse und lässt die Jungen fortwährend an Sex denken.

Während das männliche Hormonsystem im steten Gleichgewicht bleibt und wie ein Thermostat arbeitet, ruft das weibliche Zyklen von hoch und niedrig hervor, die dem Menstruationszyklus entsprechen. In der prämenstruellen Phase hört der Fluss von Progesteron, das Wohlempfinden fördert, auf. Das kann sich wie ein Drogenentzug auswirken. Die Autoren verweisen in diesem Zusammenhang darauf, dass prämenstruelle Mädchen vermehrt Verbrechen begehen. Im französischen Strafcodex findet die prämenstruelle Anspannung in Form der Kategorie „temporäre Geistesgestörtheit" Einlass, und auch andernorts wurde sie erfolgreich zur Verteidigung vor Gericht genutzt.

Alles in allem, so Moir und Jessel, erhöhen männliche Hormone die Aggressivität, das Wettbewerbsdenken, das Selbstbewusstsein, das Selbstvertrauen und die Eigenständigkeit. Diese Merkmale reduzieren sich, wo weibliche Hormone auf den Plan treten. Mit zunehmendem Alter allerdings fällt auch der männliche Testosteronspiegel wieder ab, und die Jungen werden wieder ruhiger. Bei Mädchen führen Veränderungen in der Hormonchemie hingegen zu größerer Sicherheit.

Intelligenz und Emotion

Das männliche Gehirn ist spezialisierter und unterteilter, wobei die räumlichen und die sprachbezogenen Fähigkeiten in besonderen Zentren liegen. Die weiblichen Gehirne indes scheinen weniger klar geteilt zu arbeiten; die genannten Fähigkeiten werden von beiden Hirnhälften aus gesteuert. Die klarere Organisation im männlichen Gehirn mag ein Grund dafür sein, weshalb Männer bisweilen sturer sind, und ihre berühmte Fähigkeit zum Landkartenlesen verdankt sich wahrscheinlich ihrem ausgeprägteren räumlichen Denken. Frauen nehmen eine Gesamtsituation bewusster wahr und können kleine mimische Veränderungen besser deuten, die Männer gar nicht erst bemerken. Deshalb können sie andere sicherer einschätzen, was gern „weibliche Intuition“ genannt wird. Bei Frauen ist die Randwahrnehmung überdies ausgeprägter, wie ihre Sinne überhaupt besser entwickelt scheinen.

Das männliche Gehirn ist handlungsorientiert und gibt eine Präferenz für Dinge gegenüber Menschen vor. Männer reagieren verstört, wenn Frauen weinen, und fragen sich, wieso sie es so oft tun. Moir und Jessel erklären es so: „Frauen ... sehen, hören und fühlen mehr, und was sie sehen, hören und fühlen, bedeutet ihnen mehr. Frauen weinen häufiger als Männer, weil sie mehr haben, worüber sie weinen müssen – sie erhalten mehr emotionalen Input, reagieren stärker auf ihn und drücken das mit größerer Vehemenz aus.“ Wenn andererseits ein Mann weint, muss schon irgendetwas sehr im Argen sein.

Sex

Was den Sex angeht, sind das männliche und das weibliche Gehirn so konfiguriert, dass sie ihn vollkommen unterschiedlich erleben.

Männer sind leicht durch visuelle Stimuli zu erregen: Sie sind glücklich, wenn das Licht anbleibt, damit sie „sehen können, was passiert“, und sie betrachten gern Bilder von Brüsten und Genitalien. Frauen sind erregt, wenn sie sich sicher und in einem vertrauten Umfeld wähnen, und ihre höhere Sensibilität für Berührungen und Geräusche sorgt dafür, dass sie den Sex im Dunkeln gemeinhin vorziehen.

Männer können problemlos jedes Ereignis isoliert betrachten und Frauen als Objekte sehen. Ein Mann ist wahrscheinlich wirklich treu, wenn er nach einem heftigen Flirt sagt, „Das hat mir nichts bedeutet“. Für eine Frau stellt dieser Flirt ein Desaster dar, weil Sex für sie untrennbar von Intimität und Liebe ist. Moir und Jessel zitieren einen Psychologen, der die Unterschiede folgendermaßen zusammenfasst:

„Frauen wollen eine Menge Sex mit dem Mann, den sie lieben, während Männer eine Menge Sex wollen."

Liebe und Ehe

Männer und Frauen gehen die Ehe in der irrigen Annahme ein, dass sie grundsätzlich gleich seien. Sie scheinen „kompatibel", doch sie sind es nicht.

Frauen sehnen sich im Alltag mit dem Partner nach emotionaler Intimität, gegenseitiger Abhängigkeit und verbaler Bestätigung, während Männer davon ausgehen, dass finanzielle Sicherheit und guter Sex die Grundlage für eine erfolgreiche Ehe bilden. Der Mann nimmt gar nicht richtig wahr, wie sehr die Frau biologisch bedingten Stimmungsschwankungen unterworfen ist. Die Frau ihrerseits begreift nicht, warum ihr Mann dazu neigt, „aufzubrausen", weil ihr nicht klar ist, dass er von Natur aus mit einer weit niedrigeren Wut- und Frustrationsschwelle ausgestattet ist.

Frauen beklagen sich oft, dass Männer nicht kommunizieren, dabei sind männliche Gehirne so strukturiert, dass sie schlicht keinen Wunsch verspüren, über ihre tiefen Gefühle zu sprechen. Die Teile des Gehirns, die für Gefühle und für die Vermittlung von Gedanken zuständig sind, liegen buchstäblich in getrennten Gebieten.

Brainsex fasst eine große Zahl von Umfragen über männliche und weibliche Vorlieben zusammen. Die Resultate ergeben, dass Männer am meisten Wert auf Macht, Profit und Unabhängigkeit legen, Frauen auf persönliche Beziehungen und Sicherheit. Männer sind glücklicher in der Ehe, wenn ihre Frauen gut aussehen und „Service" bieten, während Frauen glücklicher scheinen, wenn ihr Mann an dem Tag zärtlich zu ihnen war, an dem sie den Fragebogen ausfüllten!

Angesichts der männlichen Neigung zum unsteten Lebenswandel kann man den Erfolg der Ehe als Institution wohl als einen Triumph des weiblichen Gehirns verzeichnen, so Moir und Jessel: „Macht, egal wo, hängt vom Informationsbesitz ab. In der Ehe besitzen die Frauen eindeutig mehr davon." Die Ehe funktioniert nicht, weil die Frauen sich unterordnen, sondern weil ihre soziale Intelligenz sie befähigt, eine gute Beziehung zu führen.

Männer und Frauen bei der Arbeit

Die Priorität, die Frauen persönlichen Beziehungen geben, überwiegt zumeist die Egozentrik, Erfolgsbesessenheit, Skrupellosigkeit und „Aufhebung persönlicher Werte", die das Herangehen eines Mannes an die Karriere kennzeichnen können. Das Gehirn der Frau ist darauf programmiert, Erfüllung in ihrer jeweiligen Rolle zu finden, unabhängig von externen Aspekten wie Status, Verdienst oder Erfolg. Männer hingegen suchen sich Beschäftigungen danach aus, wo sich der Erfolg am leichtesten messen lässt. Sie meiden von jeher Bereiche, in denen es eine hohe Konzentration von Frauen gibt.

Andererseits gibt es viele Erfolgsgeschichten über Frauen, die es in Institutionen an die Spitze schafften, ohne unbedingt „männliche" Managementstile zu kopieren. Psychologen haben festgestellt, dass Frauen und Männer eine „bevorzugte kognitive Strategie" oder Umgangsweise mit der Welt haben, die sich danach richtet, wie ihre Gehirne programmiert sind. Eine Kultur mit fortgeschrittenen Arbeitsweisen wird Moir und Jessel zufolge versuchen, beide zugunsten einer größeren Produktivität sein zu lassen, wie sie sind.

Zu guter Letzt

Wir halten uns für Wesen mit einem freien Willen, die nicht durch ihr Geschlecht bestimmt sind. Dabei sind unsere Gehirne so konstruiert, dass es schwierig wird, objektiv zu sagen, welche Gefühle, Gedanken und Taten unsere individuellen und welche schlicht von den natürlichen Geschlechtsinstinkten und -hormonen ausgelöst sind. Wenngleich wir nicht allein durch unser „Hirngeschlecht" gesteuert werden, prägt es uns doch. Umso sinnvoller ist es, sich dieser Prägung bewusst zu sein.

In *Brainsex* wird die amerikanische Soziologin Alice Rossi zitiert: „Verschiedenheit ist eine biologische Tatsache, während Gleichheit eine politische, ethische und soziale Vorschrift ist." Gleichheit per se ist gewiss eine gute Idee, und natürlich sollten Jungen und Mädchen dieselben Chancen im Leben bekommen, aber wenn sie nicht dieselben Laufbahnen einschlagen, heißt das gemäß Moir und Jessel nicht, dass etwas schiefgegangen ist. Zwar zeigen sie Verständnis für die feministischen Ziele, aber sie schreiben auch, dass Frauen weit mächtiger werden könnten, wenn sie nicht länger versuchen, wie Männer zu sein, sondern im Gegenteil ihr Anderssein ausbauen und zelebrieren. Das mag wie „umgekehrter Feminismus" klingen, doch es ist der einzige Ansatz, der die biologische Realität reflektiert.

Statt die Unterschiede aus einer fehlgeleiteten „political correctness" heraus leugnen zu wollen, sollten wir uns lieber an den Fertigkeiten, Begabungen und besonderen Eigenschaften freuen, die jedes der Geschlechter mitbringt. Weder die Männer noch die Frauen hätten allein eine Zivilisation begründen können. Dafür bedurfte es vieler verschiedener Formen von Intelligenz, die nur die beiden Geschlechter zusammen bieten konnten.

Über Anne Moir & David Jessel

Anne Moir hat einen Doktortitel in Genetik und leitet eine Fernsehproduktionsfirma in England. Zusammen mit ihrem Mann Bill schrieb sie *Why Men Don't Iron. The Fascinating and Unalterable Difference Between Men and Women* (2000).

David Jessel ist ein britischer Journalist, der vor allem für seine Fernsehsendungen über das Rechtssystem bekannt ist. Er und Moir sind ebenfalls Co-Autoren des Buchs *A Mind to Crime. The Controversial Link Between the Mind and Criminal Behaviour* (1997).

Die bedingten Reflexe

1927

Bedingte Reflexe sind ein gängiges und weit verbreitetes Phänomen. Sie sind ein integraler Bestandteil des täglichen Lebens. Wir finden sie in uns und in anderen, wobei wir ihnen Namen wie „Bildung", „Gewohnheit" und „Erziehung" geben. Sie alle sind in Wahrheit nichts anderes als die Ergebnisse von neu geschaffenen Nervenverbindungen aus der postnatalen Phase von Organismen.

Befände sich das Tier nicht in exakter Übereinstimmung mit seinem Umfeld, würde es früher oder später aufhören zu existieren ... Um ein Beispiel aus der Biologie zu geben: Wenn das Tier sich vom Futter abgestoßen fühlte anstatt angezogen oder statt vor Feuer zu fliehen sich hineinstürzt, wäre es schnell tot. Das Tier muß sich Veränderungen im Umfeld so anpassen, daß seine Reaktionen auf die Erhaltung der eigenen Existenz abzielen.

KURZ GESAGT

So wie unser Denken konditioniert ist, sind wir weniger autonom, als wir glauben.

ÄHNLICHE TITEL

William James, *The Principles of Psychology*
V. S. Ramachandran, *Die blinde Frau, die sehen kann*
B. F. Skinner, *Jenseits von Freiheit und Würde*

37. Iwan Pawlow

Sie haben wahrscheinlich schon von Pawlow und seinen berühmten Hunden gehört. Wer aber war er, und wie sieht sein Beitrag zur Psychologie aus? Pawlow wurde 1849 in Zentralrussland geboren. Er sollte eigentlich in die Fußstapfen seines Vaters treten und Priester der russisch-orthodoxen Kirche werden. Doch er ließ sich von Darwins Schriften inspirieren, floh aus dem örtlichen Priesterseminar und ging nach St. Petersburg, um Chemie und Physik zu studieren.

An der Universität begeisterte Pawlow sich vor allem für die Physiologie und arbeitete in den Labors mehrerer renommierter Professoren. Bald schon wurde er bekannt für seine Arbeit auf den Gebieten Verdauung und Nervensystem. Als Physiologe hielt Pawlow nicht viel von der neuen Wissenschaft Psychologie. Gleichwohl führten ihn seine Untersuchungen zur „Konditionierung" sowie zu der Art, wie Tiere (und Menschen) neue Reflexe entwickeln, um auf ihr Umfeld zu reagieren, immer wieder zur Psychologie zurück.

Die bedingten Reflexe ist eine Sammlung von Vorlesungen, die Pawlow erstmals 1924 an der Militärärztlichen Akademie in St. Petersburg hielt. In verblüffender Detailliertheit fasst er hier die Ergebnisse der 25-jährigen Forschungen seines Teams zusammen, die ihm den Nobelpreis einbrachten. Wir sehen uns einmal an, was genau Pawlow entdeckte und welche Schlüsse sich daraus für die menschliche Psychologie ziehen lassen.

Tiere als Maschinen

Pawlow beginnt *Die bedingten Reflexe* mit dem Verweis auf das mangelnde Wissen über das Gehirn zu jener Zeit. Er bedauert, dass das Gehirn zur Domäne der Psychologie geworden war, wo es doch eigentlich Sache der Physiologie gewesen wäre, die sich von ihren Voraussetzungen her weit besser mit dessen Funktionsweise und Chemie hätte auseinandersetzen können.

Er verehrte René Descartes, der drei Jahrhunderte zuvor Tiere als Maschinen beschrieb, die vorhersehbar auf Stimuli aus ihrem Umfeld reagierten, um einen gewissen Einklang mit ihm zu erreichen. Diese Reaktionen stammten aus dem Nervensystem und waren entlang bestimmter Nervenbahnen zurückzuverfolgen. Einer der Reaktionsreflexe war die Speichelbildung in den Verdauungsdrüsen von Hunden, die Pawlow eingehend untersucht hatte. Ihm ging es um eine chemische Analyse der Speichelproduktion als Reaktion auf unterschiedliche Bedingungen.

In seinen frühen Experimenten stieß Pawlow allerdings auf etwas Seltsames. Der Speichelreflex der Hunde wies nämlich eine psychologische Komponente auf: Die Hunde produzierten auch dann vermehrt Speichel, wenn sie dachten, sie bekämen etwas zu fressen. Descartes' Theorie von den automatischen Reaktionen war mithin nicht so einfach wie angenommen, und Pawlow beschloss weiterzuforschen.

Das Schaffen von Reflexen

Pawlow wollte eine Reihe von Stimuli an Hunden testen, um zu sehen, was genau die Speichelsekretion hervorrief, wenn sie tatsächlich mehr sein sollte als ein automatischer Reflex. Damit seine Experimente in Echtzeit abliefen, musste er eine kleine Operation vornehmen, damit einiges von dem Hundespeichel durch eine Öffnung in der Wange floss und von dort in ein Gefäß tropfte, in dem die Menge gemessen werden konnte.

Pawlow bot den Hunden zahlreiche Reize, etwa das Ticken eines Metronoms, Summer, Glocken, blubbernde und knisternde Geräusche, ein Bild von einem schwarzen Quadrat, Hitze, Berührungen an unterschiedlichen Stellen sowie unterbrochene Lichtblitze aus einer Lampe. Jeder dieser Reize erfolgte unmittelbar vor der Futtergabe. Wenn der Hund einen bestimmten Stimulus zu einem anderen Zeitpunkt hörte, sah oder fühlte, begann die vermehrte Speichelproduktion auch selbst dann, wenn kein Futter kam. Allein das Geräusch des tickenden Metronoms produzierte Speichel, selbst wenn keine Belohnung in Sicht war. Physiologisch gab es keinen Unterschied zwischen der Reaktion des Hundes auf das Metronom und dem, was geschah, wenn er tatsächlich Futter sah. Für den Hund „bedeutete" das Metronom Futter – mehr noch als der bloße Anblick einer Schale mit Fleisch.

Pawlow begriff, dass es zwei Arten von Reflexen oder Reaktionen eines Tiers auf sein Umfeld gab:

* den natürlichen oder unbedingten Reflex (z.B. der vermehrte Speichelfluss, der die Verdauung unterstützt, wenn das Tier zu fressen beginnt) und
* den angenommenen oder konditionierten Reflex, der durch unbewusstes Lernen entsteht (z.B. wenn ein Hund vermehrt Speichel produziert, weil für ihn der Klang einer Glocke „gleichbedeutend" mit Futter ist).

Die Tatsache, dass Reflexe anerzogen werden können und zur natürlichen Funktion von Tieren werden, veranlasste Pawlow zu dem Schluss, dass Tiere schon sehr komplizierte „Maschinen" sein müssten, wenn sie denn überhaupt welche waren. Er zeigte, dass der zerebrale Kortex, der vorderste Teil des Gehirns, außergewöhnlich dehnbar ist. Das Gleiche gilt für die mit ihm verbundenen Nervenbahnen. So genannte Instinkte konnten erlernt werden – und verlernt, da Pawlow außerdem beweisen konnte, dass sich Reflexe hemmen oder auslöschen ließen, indem er Futter mit etwas verband, was die Hunde nicht mochten.

Ihm fiel aber auch auf, dass die Schaffung von bedingten Reflexen an bestimmte Grenzen stieß. Entweder ließen diese Reflexe mit der Zeit nach, oder die Hunde hatten keine Lust, darauf zu reagieren, und schliefen einfach ein. Pawlow folgerte, dass der zerebrale Kortex nicht überlastet oder zu sehr verändert werden darf. Wie es schien, erforderte das Überleben und angemessene Funktionieren eines Hundes ein gewisses Maß an stabiler Gehirnprogrammierung.

Fortgeschrittene Maschinen, die auf ihr Umfeld reagieren

Pawlow beobachtete zwei Ebenen in der Art, wie die Tiere auf ihre Umwelt reagierten. Zuerst war da eine „Neuroanalyse", in der das Tier seine Sinne nutzt, um die Dinge um sich herum zu erkennen. Auf sie folgte eine „Neurosynthese", mittels der festgelegt wurde, wie etwas zum vorhandenen Wissen und den vorhandenen Reaktionen passte. Um zu überleben, musste ein Hund beispielsweise in der Lage sein, schnell zu entscheiden, ob etwas eine Bedrohung darstellte oder nicht.

Einige von Pawlows Experimenten bestanden darin, den gesamten zerebralen Kortex eines Hundes zu entfernen. Dadurch wurden die Tiere mehr oder minder zu Reflexmaschinen. Die unbedingten Reflexe, die in das Gehirn und Nervensystem einprogrammiert waren, blieben erhalten, aber das Tier konnte nicht mehr angemessen auf seine Umwelt reagieren. Es konnte noch laufen, wusste jedoch nicht mehr, was es tun sollte, wenn es auf ein kleines Hindernis wie etwa ein Tischbein stieß. Bei einem normalen Hund hingegen setzt schon bei der geringsten Veränderung oder Stimulierung im Umfeld ein „investigativer Reflex" ein, der das Tier veranlasst, die Ohren aufzustellen oder den Stimulus zu beschnüffeln. Ein Hund kann eine Menge Zeit allein mit dem „Ermitteln" verbringen, um seine Reflexe auf den neuesten Stand in Bezug auf das Umfeld zu bringen.

Pawlow wusste, dass sich die Ergebnisse seiner Experimente nicht nur auf Hunde anwenden ließen. Je fortgeschrittener der Organismus, umso größer dessen Fähigkeit, „die Komplexität seiner Kontakte mit der Außenwelt zu vervielfachen und eine immer variantenreichere und exaktere Anpassung an die äußeren Bedingungen zu erreichen", so Pawlow. „Kultur" und „Gesellschaft" konnten als ein kompliziertes System von Reflexmanagement betrachtet werden, wobei sich Menschen von Hunden nur in dem Umfang unterschieden, in dem bedingte Reflexe die natürlichen überwogen. Während Hunde ein ausgefeiltes soziales und territoriales Wissen als optimale Reaktion auf ihr Umfeld entwickeln konnten, reagierten menschliche Wesen, indem sie die „Zivilisation" schufen.

Mensch und Hund: Die Ähnlichkeiten

Im letzten Kapitel von *Die bedingten Reflexe* geht es um die Anwendung der pawlowschen Arbeit auf Menschen. Da ein Mensch einen sehr viel komplizierteren Kortex hat als ein Hund, wollte Pawlow lieber nicht zu viel in seine eigene Arbeit hineinlesen. Dennoch stellte er folgende Parallelen fest:

* Die Art, wie menschliche Wesen ausgebildet, diszipliniert und kulturell geprägt werden, unterscheidet sich nicht wesentlich von der, wie man Hunden bestimmte Dinge beibringt. Wir wissen, dass wir am

besten in einzelnen Stufen lernen, ebenso wie die bedingten Reflexe beim Hund am effektivsten schrittweise antrainiert werden. Und wie die Hunde nach Pawlows Beobachtungen Dinge wieder verlernen, vergessen auch die Menschen einen Teil ihres Wissens wieder.

* Pawlow verfügte über ein spezielles, lärmisoliertes Gebäude für seine Experimente, weil er herausfand, dass externe Stimuli die Konditionierung von Reflexen beeinträchtigen. Ebenso können die meisten von uns kein Buch lesen, wenn uns gleichzeitig ein Film vorgeführt wird, und es fällt uns schwer, nach einem Urlaub oder einer längeren Unterbrechung „wieder in den Alltag einzusteigen". Wie bei Hunden treten auch bei Menschen infolge von extremer Stimulation, die sich nicht entsprechend in vorhandene Denk- und Reaktionsschemata einpassen lässt, Neurosen und Psychosen auf.
* Die Reaktionen der Hunde ließen sich nicht immer vorhersagen. Pawlow erinnert an eine der berühmten Überflutungen St. Petersburgs, in deren Folge auch seine Experimentierräume unter Wasser standen. Einige der Hunde reagierten aufgeregt, andere verängstigt, und wieder andere zogen sich zurück. Ebenso können auch wir nie vorhersagen, wie eine andere Person emotional reagiert, wenn beispielsweise ein ihr nahestehender Mensch schwer verletzt wird oder stirbt. Die Hundereaktionen schienen zwei sehr gängige psychologische Schockreaktionen zu spiegeln, die sowohl bei Hunden als auch bei Menschen vorkamen – Neurasthenie (Ermüdung, Rückzug, Bewegungsunfähigkeit) und Hysterie (neurotische Erregung).

Damit wies Pawlow nach, dass die Evolution dafür gesorgt hat, dass wir auf ein weit reichendes Ereignis nicht nicht reagieren können – wir müssen es irgendwie verarbeiten. Um am Ende wieder in einen stabilen Status zurückzukehren, müssen wir aufnehmen, was wir erleben. Das Phänomen „Kämpfe oder flieh" im Angesicht einer Herausforderung ist eine kurzfristige Selbstschutzmaßnahme des Nervensystems. Langfristig sorgt die Tatsache, dass wir eine Reaktion parat haben, dafür, dass wir wieder in einen Zustand der Übereinstimmung mit unserem Umfeld zurückgelangen können.

Zu guter Letzt

Pawlow sah den zerebralen Kortex als kompliziertes Schaltbrett, auf dem Gruppen von Zellen für unterschiedliche Reflexe zuständig sind. Es ist stets Platz für neue Reflexe vorhanden, zugleich besteht aber auch die Möglichkeit, vorhandene zu verändern. Seine Hunde hatten „automatische" Eigenschaften, doch ihre Reflexe und Reaktionen waren durchaus veränderbar. Was heißt das für den Menschen? Obwohl wir die meiste Zeit auf Gewohnheiten und Erziehung rekurrieren, können wir unsere Verhaltensmuster sehr wohl ändern. Wir sind ebenso empfänglich für Konditionierung wie jedes Tier, doch gleichzeitig besitzen wir die Fähigkeit, unsere Muster zu durchbrechen, wenn sie nicht mit unseren Interessen übereinstimmen. Über Feedback aus unserem Umfeld lernen wir, was effektive Reaktionen auf das Leben sind und was nicht.

Pawlows Forschungen hatten erheblichen Einfluss auf die Verhaltenspsychologie, die von geringen Unterschieden zwischen Menschen und Hunden ausgeht, da auch wir vorhersehbare Reaktionen auf Stimuli aufweisen und in unserem Verhalten konditionierbar sind. Für Hardcore-Behavioristen ist der freie Wille ein Mythos – auf einen bestimmten Input hin zeigen Menschen bestimmte Haltungen oder Verhaltensweisen. Pawlows Beobachtungen scheinen dem jedoch zu widersprechen. So bemerkte er beispielsweise, dass viele der Hundereaktionen nicht vorhersehbar waren. Selbst wenn eine Konditionierung stattgefunden hatte, gab es immer noch Raum für den Ausdruck der jeweiligen „Hunde-Persönlichkeit". Wie viel Raum muss es da erst in unserem ungleich größeren Kortex für unterschiedliche Ausdrucks- oder Reaktionsmuster geben?

Die bedingten Reflexe ist ein sehr sachliches, wissenschaftliches Buch. Angesichts der Begeisterung Pawlows für empirische Fakten, Ordnung und Disziplin scheint hinter dem Wissenschaftler kaum etwas über den Menschen durch. Nichtsdestotrotz war er eine faszinierende Persönlichkeit. Zwar kritisierte er den Kommunismus, doch profitierte er eindeutig von der bolschewistischen Revolution. Lenin erließ sogar ein Dekret, nach dem Pawlows Arbeit als „von enormer Bedeutung für die Arbeiterklasse der ganzen Welt" gewürdigt wurde.

Dass ausgerechnet sein Name letztlich mit den Anfängen der Psychologie assoziiert wird, mutet ironisch an, wenn man bedenkt, wie misstrauisch er diesem Fach gegenüber eingestellt war. Seine Konzentration auf messbare physiologische Reaktionen allein war ja praktisch das Gegenteil dessen, was Freud tat, wenn er zu den „inneren Trieben und Wünschen" der Patienten vordrang. Dennoch oder vielleicht gerade deshalb schuldet die Psychologie Pawlow Dank dafür, ihr ein solideres wissenschaftliches Fundament bereitet zu haben.

Über Iwan Pawlow

Iwan Petrowitsch Pawlow wurde 1849 im zentralrussischen Rjasan als ältestes von elf Kindern geboren. Sein Vater war der Dorfgeistliche. Während seiner Zeit an der Universität von St. Petersburg verfasste er eine viel gerühmte Arbeit über die Pankreasnerven. Nach seinem Abschluss im Jahr 1875 setzte er seine Studien an der Staatlichen Medizinischen Universität fort. Dort bekam er zunächst einen Forschungsauftrag und wurde später zum Professor für Physiologie berufen. Seine Dissertation schrieb er über die Zentrifugalnerven des Herzens.

1890 richtete Pawlow die physiologische Abteilung am Institut für Experimentalwissenschaften in St. Petersburg ein, wo er einen Großteil seiner Arbeiten über Verdauung und bedingte Reflexe durchführte. Er leitete ein großes Team zumeist junger Wissenschaftler.

Zu seinen zahlreichen Ehrungen gehörten die Mitgliedschaft in der Russischen Akademie der Wissenschaften, der 1904 verliehene Nobelpreis für Medizin und der Orden der französischen Ehrenlegion, den er 1915 erhielt. Vier Kinder aus seiner Ehe mit Serafima (Sara) Wassiljewna Kartschewskaja, einer Lehrerin, überlebten das Säuglingsalter, eines davon entschied sich später ebenfalls für die medizinische Laufbahn.

Pawlow arbeitete noch in seinen Labors, als er 1936 im Alter von 87 Jahren starb.

Gestalt-Therapie. Grundlagen der Lebensfreude und Persönlichkeitsentfaltung

1951

Es geht darum, das Ich, also die verschiedenen Identifikationen und Entfremdungen, durch Experimente mit absichtsvoller Bewusstheit in seinen verschiedenen Funktionen zu stärken, bis das Gefühl dafür, daß „ich es bin, der denkt, wahrnimmt, fühlt und dies und jenes tut" spontan wiederbelebt wird.

Viele Menschen haben keine Seele. Andere haben keine Geschlechtsteile. Einige haben kein Herz ... Andere haben keine Beine, um darauf zu stehen. Viele Leute haben keine Augen. ... Die meisten von uns haben keine Ohren ...

KURZ GESAGT

Sorgen Sie dafür, dass Sie in jeder Minute in Ihrer physischen Welt lebendig und präsent sind. Hören Sie auf Ihren Körper. Leben Sie nicht in abstrakten Kategorien.

ÄHNLICHE TITEL

Milton Erickson, *Meine Stimme begleitet Sie überallhin*
Karen Horney, *Unsere inneren Konflikte*
R. D. Laing, *Das geteilte Selbst*
Abraham Maslow, *The Farther Reaches of Human Nature*
Carl Rogers, *Entwicklung der Persönlichkeit*

38. Fritz Perls

Das Esalen-Institut am Big Sur an der kalifornischen Küste war das Epizentrum der sozialen Revolution in den 1960ern. Buchstäblich „an der Kante“ liegend, auf den Hügeln über dem Pazifik, zog es Menschen an, die die Grenzen des Selbst ausdehnen und sich von den Fesseln der Gesellschaft befreien wollten. Der Psychologe Fritz Perls kam 1964 nach Esalen. Er war im Berlin der Avantgarde aufgewachsen und vor Hitler in die Vereinigten Staaten geflohen. Esalen muss ihm wie eine spirituelle Heimat vorgekommen sein, und er verbrachte dort bis zu seinem Tod im Jahr 1970 viel Zeit.

Der charismatische und bisweilen streitsüchtige Perls war einer der frühen Westküsten-Gurus in Sachen Persönlichkeitsentwicklung. Seine Philosophie besagt, dass der moderne Mann und die moderne Frau zu viel denken, statt zu erleben, zu fühlen und zu handeln. Sein Slogan „Lockere dein Denken und besinne dich auf deine Sinne“ passte wunderbar zur Gegenkultur.

Gestalt-Therapie. Grundlagen der Lebensfreude und Persönlichkeitsentfaltung, das er mit dem brillant radikalen Paul Goodman und Ralph Hefferline, einem College-Professor und Patienten, zusammen schrieb, wurde zum Manifest einer neuen Art von Psychotherapie. Obwohl Perls in freudscher Psychoanalyse ausgebildet war, hatte er sich schon längst von der Couch verabschiedet und hielt stattdessen Gruppensitzungen für die beste Methode, den persönlichen „Schutzpanzer“ eines Menschen durch Konfrontation zu durchbrechen und sein wahres, lebendiges Ich hinauszulassen.

Dafür, dass es ein Buch über freigelassene Gefühle ist, kann *Gestalt-Therapie* eine ziemlich anstrengende Lektüre sein, die ein nicht unerhebliches Maß an Konzentration erfordert. Thema ist das Abstreifen der

Zwangsjacken gängiger gesellschaftlicher Rollen, um im „Hier und Jetzt" zu leben. Wenn man bedenkt, wie neu das im Amerika der 1950er gewesen sein dürfte, nimmt es nicht wunder, dass das Buch als provokant galt.

Gestalt = Vollständigkeit

Haben Sie schon einmal eines von den Bildern gesehen, auf denen Sie beim ersten Hingucken eine schöne Frau erkennen und dann plötzlich eine alte Hexe? Falls ja, dann kennen Sie bereits das „Gestalttherapie-Erlebnis". Diese Schule der Psychologie (die mit illustren Namen wie Max Wertheimer, Wolfgang Köhler, Kurt Lewin, Kurt Goldstein, Lancelot Law Whyte und Alfred Korzybski assoziiert wird) zeigte, dass das Gehirn, wenn ihm z. B. in Experimenten zur visuellen Wahrnehmung unvollständige Bilder präsentiert werden, immer versucht, sie „zu vervollständigen". Wir sind darauf programmiert, eine „Gestalt" vor einem „Grund" oder Hintergrund zu finden. Das heißt, wir beachten stets nur eine Sache auf Kosten einer anderen und wollen auch in einem Farben- und Formen-Chaos noch einen Sinn entdecken.

Perls übernahm die Ideen der Gestaltpsychologie und machte daraus seine eigene Therapieform. Er wollte das Konzept der Vollständigkeit auf das persönliche Wohlbefinden anwenden und lieh sich dazu die Idee, dass ein Mensch immer von einem bestimmten dominanten Bedürfnis geprägt ist – der Gestalt. Sobald dieses Bedürfnis befriedigt ist, tritt es in den Hintergrund – den Grund – und macht Platz für ein anderes. Auf diese Weise regulieren alle Organismen sich selbst und bekommen, was sie für ihr Überleben brauchen.

Die Komplexität der Menschen sorgt jedoch dafür, dass die simple Bedürfnis-Befriedigung-Gleichung nicht immer funktioniert. Wir können einige Bedürfnisse unterdrücken und andere überbetonen. Oder unser Überlebenswille tritt zu stark in den Vordergrund, sodass wir glauben, uns auf bestimmte Weise am Leben erhalten zu müssen, selbst wenn dies dem Außenstehenden reichlich verrückt erscheint. Unser dominantes Bedürfnis bindet sich vollständig an unser Ich-Gefühl, bei dem es sich dann um ein Ich handelt, das nicht mehr fließend und elastisch ist, sondern neurotisch. Es ist nicht mehr bewusst.

In einer traditionellen freudschen Analyse versucht der Analytiker solch eine Person zu „verstehen", indem er sich bemüht, in ihr Denken einzudringen und sie wie ein Objekt zu behandeln. Der Gestalttherapeut hingegen würdigt die Person als Teil ihres Umfelds. Das Denken, der Körper und das Umfeld sind allesamt Teil derselben Betrachtung. Der Tendenz der Psychologie, Dinge zu unterteilen, setzt die Gestalttherapie eine Wertschätzung des Ganzen entgegen. Demnach hat die Gestalt eine originelle, unverfälschte, natürliche Sicht auf das Leben; das heißt, sie betrachtet das menschliche Denken, Handeln und Fühlen. Die durchschnittliche Person hat diese Vollständigkeit und damit ihre Integrität verloren, weil sie in einer Atmosphäre der Zersplitterung aufgezogen wurde.

Kontakt und Konfluenz

Riechen, Berühren, Schmecken, Hören und Sehen sind unsere „Kontaktgrenzen" zur Welt. Wenn jemand angefangen hat, sich als ein isoliertes Objekt zu denken, hört er auf, ein fühlendes, kontaktfreudiges, lebendiges Wesen zu sein. Perls erkannte, wie das moderne Leben, das Hocken in klimatisierten Büros uns betäubt. Absichtlich reduzieren wir unsere Aufmerksamkeit, um uns eine geordnete Existenz ohne Überraschungen zu schaffen. Und was sagen die Menschen dann auf ihrem Sterbebett? Nicht „Ich wünschte, ich hätte mehr Sicherheit angestrebt oder mehr Geld verdient", sondern „Ich wünschte, ich hätte mehr gewagt, mehr getan" – das heißt mehr Kontakt zum Leben gehabt.

Wer im echten Kontakt zu seinem Umfeld steht, so Perls, befindet sich in einem Zustand der Erregung. Solche Menschen fühlen die ganze Zeit, auf die eine oder andere Art. Neurotiker jedoch riskieren den richtigen Kontakt zur Welt nicht und ziehen sich stattdessen in eine Innenwelt zurück, die ihnen vertraut ist. So können sie nicht wachsen. Gesunde Menschen lassen sich auf das Leben ein: Essen und Nahrungsbeschaffung, Liebe und Sex, aggressiv sein, Konflikte austragen, kommunizieren, wahrnehmen, lernen etc.

Das Gegenteil von Kontakt ist „Konfluenz", das Nachspielen des Erlernten aus der Gewohnheit heraus oder das Sehen der Dinge, so wie man sie sehen „sollte". Perls gibt das Beispiel von jemandem, der in einer Galerie steht und sich ein modernes Kunstwerk ansieht. Er glaubt, das Werk direkt wahrzunehmen, dabei „ist er eigentlich in Kontakt zum Kunstkritiker seiner Lieblingszeitung". Menschen wachsen mit der großen Erwartung in die Welt hinein, ihre Grundnatur in etwas zu verändern, was sie nicht sind, und diese Kluft zwischen unserer biologischen Natur und der Gesellschaft führt zu Rissen in der Persönlichkeit: „Viele Menschen haben keine Seele. Andere haben keine Geschlechtsteile. Einige haben kein Herz ... Andere haben keine Beine, um darauf zu stehen. Viele Leute haben keine Augen. ... Die meisten von uns haben keine Ohren ...", verkündete Perls seinen schockierten Gruppen. In der Gestalttherapie eroberten sich die Teilnehmer ihre fehlenden Teile zurück und gelangten so zurück zur verlorenen Aggression oder Sensibilität.

Körper- und Gefühlsgewahrsein

Perl unterscheidet zwischen Introspektion und Gewahrsein. Gewahrsein ist das spontane Empfinden dessen, was in dir aufsteigt – dessen, was du tust, fühlst, planst. Introspektion indes ist die Betrachtung derselben Aktivitäten auf eine „evaluierende, korrigierende, kontrollierende, intervenierende Art". Diese Unterscheidung ist deshalb wichtig, weil die traditionelle Psychologie von der Annahme ausgeht, dass wir uns selbst analysieren können, als seien wir irgendwie losgelöst von unserem Gehirn und unserem Körper. Doch eine solche Analyse macht uns nur neurotisch; was uns wieder gesund macht und in ein glückliches Gleichgewicht mit der Welt versetzt, ist die wieder hergestellte Verbindung mit unseren *Sinnen.*

Gestalt-Therapie enthält viele Experimente, die Perls benutzte, um die Menschen zu erhöhtem Gewahrsein zu bewegen, etwa indem er ihnen sagte: „Fühlt euren Körper!". Wenn wir uns still hinlegen und jeden Teil unseres Körpers erfühlen, stellen wir fest, dass manche Bereiche sich „tot" anfühlen; in anderen wiederum nehmen wir Schmerz und Unausgeglichenheit wahr. Schon der bloße Akt, bestimmten Muskelbereichen oder Gelenken Aufmerksamkeit zu schenken, hilft uns herauszufinden, warum sich unser Hals steif anfühlt oder wir Bauchschmerzen haben. Perls schrieb: „Die neurotische Persönlichkeit *schafft* ihre Symptome durch *unbewusste Manipulation der Muskeln.*" Oft endeten die Experimente damit, dass jemand sich darüber klar wurde, „entweder ein Nörgler zu sein oder jemand, an dem herumgenörgelt wird".

In einem anderen Experiment bat Perls die Menschen, sich selbst zu erzählen, was sie in jedem Moment taten oder sahen. Z. B. „Ich sitze auf diesem Stuhl, an diesem Nachmittag und sehe auf den Tisch, der vor mir steht. In diesem Augenblick höre ich einen Wagen auf der Straße, und jetzt fühle ich die Sonne auf meinem Gesicht, die durchs Fenster hineinscheint." Dann fragte er sie, welche Schwierigkeiten sie erlebten, während sie das taten. Die Antwort lautete ausnahmslos: „Was für Schwierigkeiten?" Die Entdeckung bestand darin, dass wir, solange wir vollständig in der Gegenwart sind, unsere Umwelt wahrnehmen und fühlen, frei von Sorgen sind. Abstrakte Kümmernisse und Ängste kehren nur zurück, wenn wir unsere Umgebung „verlassen". Manche Menschen reagierten bei diesem Experiment ungeduldig, gelangweilt oder ängstlich, was nach Perls ein Hinweis darauf war, wie sehr es ihrem normalen Bewusstsein an „Aktualität“ mangelte.

Was verborgen ist, kann nicht geändert werden

Das Ziel der Gestalttherapie besteht darin, dass wir unser Leben nicht mehr im Automatik-Zustand leben. Viele Menschen glauben, nur die wenigste Zeit wirklich im Jetzt zu leben. Wenn sie es bewusst häufiger tun, kann das schon ein Durchbruch sein. Völliges Gewahrsein und vollkommene Aufmerksamkeit lösen ein Problem, lehrte Perls, und nicht das Nachgrübeln darüber.

Die meisten von uns stellen fest, dass gerade die Teile von uns immer wieder zurückkommen, die wir zu verdrängen versuchen. Aber absichtliches Reduzieren des Gewahrseins oder Unterdrückung heißt, dass wir nie etwas ändern oder das Problem lösen können. Nach Perls müssen wir etwas Schreckliches, das in der Vergangenheit geschehen ist, ganz in die Gegenwart bringen, es sogar erneut durchspielen, um es zu „besitzen“. Versuchen wir, es zu ignorieren, wird es nur noch stärker.

Ernsthaftigkeit kontra Verantwortung

Perls glaubte, dass gesunde Erwachsene nicht alles Kindliche von sich abstreifen sollten. Spontaneität, Fantasie, Neugier und Staunen sind Dinge, die wir uns bewahren müssen – wie es alle großen Künstler und Wissenschaftler tun. Wir dürfen uns nicht von der „Verantwortung“ ersticken lassen und bei allem nach dem Sinn fragen.

Kinder sind Erwachsenen in ihrer Ernsthaftigkeit selbst dann überlegen, wenn sie spielen. Zwar können sie eine Tätigkeit aus einer Laune heraus abbrechen, aber wenn sie dabei sind, ist ihnen alles andere egal.

Begabte Menschen erhalten sich dieses sehr direkte Gewahrsein, doch der Durchschnittserwachsene interessiert sich gemeinhin nicht genug für das, was er tut.

Perls betonte, dass das, was wir zumeist für „verantwortungsvoll" halten, einfach eine Form ist, uns selbst von einem intensiv gelebten Leben abzuhalten. Für Perls sind habituelle Absichtlichkeit, Sachlichkeit, Bindungsmeidung und exzessive Verantwortlichkeit, Eigenschaften der meisten Erwachsenen, neurotisch; demgegenüber sind Spontaneität, Fantasie, Ernsthaftigkeit, Verspieltheit und direkter Ausdruck von Gefühlen Eigenschaften von Kindern und gesund.

Zu guter Letzt

Perls' Philosophie zu tun, was man fühlt, statt zu tun, was man sollte, sicherte ihm einen Platz in vielen Herzen und Köpfen. Sein berühmtes „Gestalt-Gebet" fasst sehr treffend den Geist der 1960er zusammen:

„Ich mache mein Ding und du machst dein Ding.
Ich bin nicht auf dieser Welt, um deinen Erwartungen gerecht zu werden,
und du bist nicht auf dieser Welt, um meinen zu entsprechen.
Du bist du und ich bin ich,
und sollten wir uns zufällig begegnen, dann ist das wunderbar.
Falls nicht, lässt es sich nicht ändern."

Manchmal wird die letzte Zeile auf Postern ausgelassen, weil sie nicht zum Flower-Power-Ethos zu passen scheint. Andererseits machte Perls sich oft über diejenigen lustig, die nach „Freude", „Ekstase" und „High-Sein" strebten, und verwies auf die harte Arbeit, die seine Therapie erforderte. Sie war häufig unbequem und wenig angenehm und brachte die Menschen dazu, bitterlich zu weinen. Niemand lässt den Therapeuten gern in seine Privatsphäre eindringen und sich auf Risse in der Persönlichkeit aufmerksam machen. Perls aber meinte, dass wir nur weiterkommen, wenn wir zugegeben haben festzustecken.

Wie Milton Erickson war auch Perls ein Meister im Lesen der Körpersprache. In Gruppensitzungen interessierte ihn das, was jemand sagte, oft weniger als der Tonfall oder die Sitzhaltung. Die Teilnehmer durften nicht über Menschen diskutieren, die nicht anwesend waren, was die „Hier-und-Jetzt-Intensität“ der Gestalttherapie noch steigerte. Perls hielt sich für einen guten „Mistdetektor“, und diese Fähigkeit war wesentlich in einem Leben, das weit von dem „Love-and-Peace-Mantra“ seiner Zeit entfernt war.

Er sprach auch gern über Aggression. Indem wir unsere Wut zurückhalten, leugnen wir aus seiner Sicht die Tatsache, dass Menschen eigentlich Tiere sind. Wir überspielen Müdigkeit oder Langeweile, dabei sollten wir lieber wie Katzen sein, gähnen und uns strecken, um dann wieder aktiv zu werden. Was der Körper will, müssen wir ihm geben, um ausgeglichen zu bleiben. Gibt es einen Teil von Ihnen, den Sie von sich abgeschnitten haben, weil er nicht sozial oder eines netten Menschen unwürdig ist? Wenn Sie wieder lebendig werden wollen, müssen Sie ihn sich zurückerobern.

Über Fritz Perls

Frederick Salomon Perls wurde 1893 in Berlin geboren und machte 1926 seinen Doktor in Medizin. Als Doktorand arbeitete er am Institut von Kurt Goldstein in Frankfurt, in dem Soldaten mit Hirnverletzungen behandelt wurden. Hier wurde er von der Gestaltpsychologie, der existenziellen Philosophie und den Neo-Freudianern Karen Horney und Wilhelm Reich beeinflusst.

In den frühen 1930ern wurde Deutschland für Juden zu unsicher, und Perls zog mit seiner Frau Laura zunächst in die Niederlande und dann nach Südafrika. Dort gründeten sie eine psychoanalytische Praxis sowie das South African Institute for Psychoanalysis. Mit der Zeit sahen sie das freudianische Konzept zusehends kritischer und entwickelten nach und nach die Gestaltmethode, wie sie in *Das Ich, der Hunger und die Aggression* (1947) beschrieben wird. 1946 übersiedelte das Paar nach New York und gründete 1952 das Institute of Gestalt Therapy. Nach der Trennung zog Fritz nach Kalifornien, und Laura blieb mit den gemeinsamen Kindern in New York. Perls ging 1964 nach Esalen.

Im Jahr vor seinem Tod veröffentlichte Perls *Gestalttherapie in Aktion* (1969), eine Chronik der Sitzungen in Esalen, sowie seine Autobiografie *Gestaltwahrnehmung* (1981).

Sprechen und Denken des Kindes

1923

Kindliche Logik ist ein unendlich komplexes Thema, an jedem Punkt voll von Problemen – der funktionalen und strukturellen Psychologie, der Logik und sogar der Erkenntnistheorie. Es ist nicht leicht, an dem dünnen Faden der Konsistenz festzuhalten, der sich durch dieses Labyrinth zieht, um zu einem systematischen Ausschluss aller Probleme zu gelangen, die nichts mit Psychologie zu tun haben.

Das Kind ... scheint weit mehr zu sprechen als der Erwachsene. Beinahe alles, was es tut, findet zum Klang von Bemerkungen wie „Ich male einen Hut", „Ich bin besser als du" etc. statt. Kindliches Denken scheint folglich sozialer, weniger fähig zur Zurückhaltung oder einsamen Erforschung. Doch das ist nur der äußere Anschein. Das Kind hält sich deshalb verbal weniger zurück, weil es nicht weiß, was es bedeutet, etwas für sich zu behalten. Und selbst wenn es beinahe ununterbrochen mit seinem Nachbarn spricht, versetzt es sich kaum in dessen Perspektive.

KURZ GESAGT

Kinder sind nicht einfach kleine Erwachsene, die weniger effizient denken – sie denken anders.

ÄHNLICHE TITEL

Edward de Bono, *Kreativität*

Alfred Kinsey, *Das sexuelle Verhalten der Frau*

Stephen Pinker, *Das unbeschriebene Blatt*

39. Jean Piaget

Genauso wie Alfred Kinsey vor dem Studium der menschlichen Sexualität Jahre damit verbrachte, Gallwespen zu sammeln und über sie zu schreiben, war Jean Piaget zunächst ein meisterhafter Naturbeobachter, ehe er sich menschlichen Angelegenheiten zuwandte. Als Kind und Teenager wanderte er in den Bergen, Hügeln und entlang den Flüssen in der Schweiz, wo er Schnecken sammelte, und schrieb schließlich seine Doktorarbeit über die Mollusken im Wallis.

Was er in diesen Jahren lernte – erst zu beobachten und später zu klassifizieren –, bereitete ihn hervorragend auf die Untersuchung kindlichen Denkens vor, über das es bereits reichlich Theorien gab, aber nur wenige empirische Studien. Piaget hatte bei seinem Vordringen in dieses Gebiet vor allem den Wunsch, seine Schlussfolgerungen von Fakten abzuleiten, so schwierig oder paradox sie auch scheinen mochten. Neben seinen methodischen Fähigkeiten verfügte Piaget über ein für Naturwissenschaftler ungewöhnlich großes philosophisches Wissen. Kinderpsychologie war ein Wirrwarr erkenntnistheoretischer Fragen, doch er beschloss, sich auf die bodenständigen Varianten zu konzentrieren, z. B. „Warum redet ein Kind und mit wem?“ oder „Warum stellt es so viele Fragen?“.

Piaget wusste, wenn es Antworten gab, dann konnten gerade Lehrer von ihnen profitieren, und deshalb schrieb er sein Buch *Sprechen und Denken des Kindes* auch hauptsächlich für sie. Bisherige Forscher in dem Bereich hatten sich auf das Quantitative der Kinderpsychologie beschränkt – Kinder waren, wie sie waren, weil sie weniger geistige Fähigkeiten als Erwachsene besaßen und mehr Fehler machten. Piaget hingegen glaubte, dass es nicht darum ginge, ob Kinder mehr oder weniger von etwas hätten, sondern dass sie grundsätzlich *anders* dachten.

Zwischen Erwachsenen und Kindern kommt es nicht aufgrund des unterschiedlichen Informationszugangs zu Kommunikationsproblemen, sondern wegen der sehr unterschiedlichen Arten, sich selbst in seiner Welt zu sehen.

Warum ein Kind spricht

Auf den ersten Seiten stellt Piaget eine, wie er zugibt, seltsame Frage: „Welche Bedürfnisse sind es, die ein Kind befriedigen will, indem es spricht?" Jeder halbwegs klar denkende Mensch würde darauf antworten, dass der Sinn des Sprechens die Kommunikation mit anderen ist. Doch sollte das der Fall sein, warum sprechen Kinder auch, wenn niemand in der Nähe ist, und warum reden sogar Erwachsene mit sich selbst, bewusst oder in Gedanken vor sich hin murmelnd? Es ist klar, dass Sprache sich nicht auf die Funktion des Gedankenkommunizierens reduzieren lässt.

Piaget führte seine Studien am Rousseau-Institut in Genf durch, das 1912 gegründet worden war und das Studium der kindlichen Psyche und die Ausbildung von Lehrern fördern sollte. Dort beobachtete er Kinder im Alter von vier bis sechs Jahren. Er schrieb alles auf, was sie sagten, während sie arbeiteten und spielten, und das Buch enthält Abschriften ihrer „Unterhaltungen".

Wie Piaget schnell erkannte – und ihm alle Eltern bestätigen werden –, sprechen Kinder einen beträchtlichen Teil der Zeit nicht gezielt zu jemandem. Sie denken laut. Piaget machte zwei Arten von Sprechen aus, die egozentrische und die sozialisierte. Bei der egozentrischen gibt es drei Muster:

* Wiederholung – nicht an Menschen gerichtetes Sprechen; Worte, die einfach zum Vergnügen ausgesprochen werden.

* Monolog – vollständige Kommentare, auf die bestimmte Handlungen oder Spielaktionen folgen.
* Kollektiver Monolog – wenn Kinder scheinbar miteinander sprechen, aber eigentlich nicht berücksichtigen, was ein anderes sagt. (Ein Raum, in dem zehn Kinder an verschiedenen Tischen sitzen, mag von lautem Gespräch erfüllt sein, dabei reden alle mit sich selbst.)

Piaget notierte, dass Kinder bis zu einem gewissen Alter (er ging von sieben Jahren aus) keine „verbale Kontinenz“ haben, sondern alles aussprechen müssen, was ihnen in den Kopf kommt. Ein Kindergarten oder eine Krippe, so schrieb er, „ist eine Gesellschaft, in der, streng genommen, Individuen und Gesellschaftsleben nicht unterschieden werden“. Weil Kinder sich selbst für den Mittelpunkt des Universums halten, besteht kein Bedarf an Privatsphäre oder dem Zurückhalten von Ansichten aus Rücksicht auf andere. Erwachsene indes haben sich aufgrund ihrer vergleichsweise geringeren Egozentrik ein vollkommen sozialisiertes Sprechmuster zugelegt, in dem vieles unausgesprochen bleibt. Nur Verrückte und Kinder sagen, was sie denken, weil für sie nur *sie selbst* zählen. Aus diesem Grund sind Kinder auch imstande, in Gegenwart ihrer Freunde unentwegt zu sprechen, können aber zugleich Dinge nie aus der Sicht derselben Freunde sehen.

Ein Grund für die Egozentrik von Kindern liegt darin, dass ein wesentlicher Teil des Sprechens Gestik, Bewegungen und Geräusche beinhaltet. Da dies keine Worte sind, können sie nicht alles ausdrücken, weshalb Kinder teilweise Gefangene ihres eigenen Denkens bleiben. Das wird klarer, wenn man sich bewusst macht, dass das Verstehen der Ansichten anderer auch bei Erwachsenen direkt vom Maß der Sprachbeherrschung abhängt. Sprache bringt Menschen über sich selbst hinaus. Deshalb legt die menschliche Kultur ja so großen Wert darauf, sie Kindern zu vermitteln – sie befähigt sie, sich schließlich aus ihrem egozentrischen Denken herauszubegeben.

Anderes Denken, andere Welten

Piaget nutzte zur Unterscheidung zwei Denktypen aus der Psychoanalyse:

* *Direktes oder intelligentes Denken*, das ein Ziel hat, dieses Ziel der Realität anpasst und es in Sprache kommunizieren kann. Dieses Denken basiert auf Erfahrung und Logik.
* *Indirektes oder autistisches Denken*, in das unbewusste und nicht der Realität angepasste Ziele einfließen, die auf Wunschbefriedigung basieren statt auf der Etablierung einer Wahrheit. Sprache, die dieser Art Denken entspringt, besteht aus Bildern, Mythen und Symbolen.

Für den direkten Verstand hat Wasser bestimmte Eigenschaften und folgt bestimmten Gesetzen. Es wird als konzeptuell und materiell wahrgenommen. Für den autistischen Verstand ist Wasser nur in Bezug auf Wünsche oder Bedürfnisse relevant – es ist etwas, das man trinken, sehen oder genießen kann.

Diese Unterscheidung half Piaget, die Entwicklung des kindlichen Denkens bis zum elften Lebensjahr einzuschätzen. In einem Alter von drei bis sieben sind Kinder zumeist egozentrisch und weisen Elemente autistischen Denkens auf, doch im Alter von sieben bis elf weicht die egozentrische Logik einer perzeptuellen Intelligenz.

Piaget gestaltete Experimente, in denen Kinder aufgefordert wurden, eine vorher erzählte Geschichte wiederzugeben oder etwas wie einen Wasserhahn zu erklären, dessen Funktionsweise man ihnen gezeigt hatte. Kindern unter sieben Jahren war es weitgehend egal, ob die Leute, mit denen sie sprachen, die Geschichte oder die Mechanik verstanden. Sie konnten beschreiben, aber nicht analysieren. Von sieben oder acht Jahren aufwärts gingen die Kinder nicht mehr davon aus, dass die andere Person wusste, was sie meinten, und sie versuchten, einen glaubwürdigen Bericht zu liefern – objektiv zu sein. Jüngeren Kindern erlaubt ihre

Egozentrik nicht, objektiv zu sein. Was sie nicht erklären konnten oder nicht wussten, erfanden sie. Doch ab dem Alter von sieben oder acht Jahren wussten die Kinder, was es bedeutet, die Wahrheit wiederzugeben, das heitßt, sie kannten den Unterschied zwischen Erfindung und Realität.

Piaget bemerkte, dass Kinder in „Schemata“ denken, die ihnen ermöglichen, sich auf die Summe einer Botschaft zu konzentrieren, ohne jedes Detail zu begreifen. Hörten sie etwas, das sie nicht verstanden, versuchten Kinder nicht, die Satzstruktur oder die Worte zu analysieren, sondern die Bedeutung insgesamt zu verstehen oder zu erdichten. Ihm fiel auf, dass der Trend in der mentalen Entwicklung stets vom Synkretischen zum Analytischen geht – erst das Ganze sehen, dann die Fähigkeit erwerben, es in Einzelelemente oder Kategorien zu unterteilen. Vor dem Alter von sieben oder acht Jahren ist der Verstand von Kindern größtenteils synkretisch, entwickelt später dann analytische Fähigkeiten, bis er schließlich ganz zu Letzteren übergeht. Dies markiert den Übertritt vom Jugendlichen- ins Erwachsenenalter.

Kinderlogik

Piaget fragte sich, warum Kinder, insbesondere solche unter sieben, so viel fantasieren, träumen und sich Dinge ausmalen. Seine Beobachtungen brachten ihn zu dem Schluss, dass Kinder keine feste Grenze zwischen dem „Realen“ und dem „Nicht-Realen“ brauchen, weil sie nicht deduktiv oder analytisch denken. Da ihr Verstand nicht nach Kausalitäten oder Beweisen sucht, scheint alles möglich.

Wenn ein Kind fragt, „Was würde passieren, wenn ich ein Engel bin?“, ist diese Frage für einen Erwachsenen nicht weiter überlegenswert, da wir ja wissen, dass es nicht dazu kommt. Für das Kind hingegen ist nicht bloß alles möglich, sondern auch erklärbar, da ja keine objektive Logik vonnöten ist. Um seinen Verstand zu befriedigen, braucht es nichts weiter als Motivation – zum Beispiel wollte der Ball den Hügel hinunterrollen, also tat er es. Noch mit sechs Jahren kann ein Junge denken, dass der Fluss hügelabwärts fließt, weil er es will. Ein Jahr später würde er es sinngemäß so erklären: „Wasser fließt immer bergab, deshalb fließt dieser Fluss hier den Hügel runter."

Warum fragen viele kleine Kinder ununterbrochen „Warum?"? Weil sie von allem und jedem die Absicht wissen wollen, selbst von Unbelebtem. Ihnen ist nicht klar, dass nur manche Dinge Absichten haben. Später, wenn die Kinder einschätzen können, dass die meisten Dinge eher *verursacht* werden, als dass sie Absichten besitzen, stellen sie Fragen nach der Kausalität. Die Zeit, bevor sie Ursache und Wirkung begreifen, die Präkausalität, fällt mit dem Egozentrismus zusammen.

Die „Traumwelt", wie wir sie überheblich abtun, fühlt sich für kleine Kinder wie kalte, harte Realität an, weil nach ihren eigenen Intentionen und Motivationen alles darin einen Sinn ergibt. Die kindliche Welt scheint sogar so gut zu funktionieren, wie Piaget trocken bemerkt, dass die Kinder überhaupt keine Notwendigkeit für eine sie untermauernde Logik erkennen.

Erwachsenen fällt es oft schwer, Kinder zu verstehen, weil sie vergessen haben, dass Logik in deren Denken keine Rolle spielt. Wir können Kinder nicht dazu bringen, genauso wie wir zu denken, bevor sie nicht ein bestimmtes Alter erreicht haben. Mit jedem Alter gewinnt das Kind eine besondere Gelassenheit in Bezug auf sein Umfeld hinzu. Das heißt, die Art, wie Kinder mit fünf Jahren denken und wahrnehmen, erklärt ihnen die Welt altersentsprechend vollständig zufriedenstellend, sie funktioniert jedoch nicht mehr, wenn sie acht sind.

In seinen späteren Schriften erforschte Piaget das letzte Stadium mentaler Entwicklung, das im Alter von elf oder zwölf Jahren beginnt. Die Fähigkeit des Teenagers zur vernünftigen Abwägung, zum abstrakten Denken, zum Urteilefällen und Künftige-Möglichkeiten-Berücksichtigen macht ihn im Wesentlichen den Erwachsenen gleich. Von diesem Moment an geht es eher um einen Ausbau vorhandener Fähigkeit als um qualitative Veränderungen.

Zu guter Letzt

Auch wenn sich die genaue Zeiteinteilung hier und da infrage stellen ließe, haben sich Piagets Stufen kindlicher Entwicklung im Laufe der Zeit größtenteils als richtig erwiesen. Sein Einfluss auf die Vorschul- und Schulerziehung war beträchtlich.

Dennoch betrachtete Piaget selbst sich nie als Kinderpsychologe. Er war ja auch eher ein Wissenschaftler, der sich mit Wissenstheorien befasste. Seine Beobachtungen an Kindern führten zu weiter greifenden Kommunikations- und Kognitionstheorien, weil das, was er über das kindliche Denken lernte, ein klareres Bild vom Erwachsenendenken ermöglichte. So benutzen beispielsweise nicht nur Kinder Schemata, um ihre Welt zu verstehen, sondern auch Erwachsene müssen neue Informationen aufnehmen und assimilieren, indem sie sie dem anpassen, was sie bereits wissen.

Piaget erfand das Feld der „genetischen Epistemologie“, bei der es sich um eine Erkenntnistheorie zu Wissenserwerb oder -veränderung in Bezug auf neue Informationen handelt. Er sah den Verstand als relativ beliebig und so gestaltet, dass er die Realität entsprechend des Weltmodells seines Besitzers erklären kann. Erziehung und Bildung fiele demnach die Aufgabe zu, diese Modelle mitzuprägen, statt den Leuten einfach Fakten einzutrichtern, die ohne Berücksichtigung der Weltmodelle Gefahr laufen, gar nicht assimiliert zu werden. Überhaupt bringt die simple Faktenvermittlung nur dumpfe Konformisten hervor, die sich mit Veränderungen unwohl fühlen. Insofern war Piaget seiner Zeit voraus, denn er schlug vor, dass wir Menschen dazu erziehen sollten, innovativ zu sein und erfinderisch zu denken, sich der Subjektivität ihres eigenen Verstandes bewusst zu sein und reif genug, um neue Fakten aufzunehmen. Seine Experimente in der Sprech- und Denkbeobachtung von Kindern erbrachten wichtige Erkenntnisse über die Wissensverarbeitung bei Erwachsenen und schufen damit ein neues Verständnis.

Über Jean Piaget

Piaget wurde 1896 als Sohn eines Professors für mittelalterliche Literatur im schweizerischen Neuchâtel geboren. Sein großes Interesse für Biologie schlug sich in zahlreichen wissenschaftlichen Artikeln nieder, die er bereits vor dem Schulabschluss veröffentlichte. 1917 erschien darüber hinaus sein philosophischer Roman *Recherché*.

Nach seiner Promotion begann Piaget, die linguistische Entwicklung von Kindern zu untersuchen, und wurde 1912 Direktor des Institut Jean-Jacques Rousseau in Genf. Von 1925 bis 1929 war er Professor für Psychologie, Soziologie und Wissenschaftsphilosophie an der Universität von Neuchâtel. Danach kehrte er an die Genfer Universität zurück, wo er die nächsten zehn Jahre als Wissenschaftstheoretiker arbeitete. Gleichzeitig hatte er einen Posten in der schweizerischen Erziehungsbehörde inne. 1952 wurde Piaget Professor für genetische Psychologie an der Sorbonne in Paris und leitete bis zu seinem Tod im Jahr 1980 das Internationale Zentrum für genetische Epistemologie in Genf.

Zu seinen Schlüsselwerken gehören *Das Weltbild des Kindes* (1928), *Das moralische Urteil beim Kinde* (1932), *Das Erwachen der Intelligenz beim Kinde* (1953) und *Biologie und Erkenntnis* (1977).

Das unbeschriebene Blatt

2002

Viele meinen, die menschliche Natur anzuerkennen laufe hinaus auf die Billigung von Rassismus, Krieg, Habgier, Völkermord, Nihilismus, reaktionärer Politik und der Vernachlässigung von Kindern und Behinderten. Jede Behauptung, der Geist könne eine angeborene Organisation besitzen, wird nicht als eine Hypothese aufgenommen, die falsch sein könnte, sondern als ein Gedanke, den zu denken unmoralisch ist.

Jeder hat eine Theorie über die menschliche Natur. Jeder muss das Handeln anderer antizipieren, und das heißt, dass wir alle Theorien über die Triebfedern menschlichen Verhaltens haben müssen. Eine stillschweigende Theorie über die menschliche Natur – dass Verhalten durch Gedanken und Gefühle verursacht wird – ist in unsere Vorstellungen von Menschen eingebettet.

KURZ GESAGT

Genetik und Evolutionsbiologie zeigen, dass die menschliche Natur nicht nur das Resultat der Sozialisation durch das Umfeld ist.

ÄHNLICHE TITEL

Louann Brizendine, *The Female Brain*
Hans Eysenck, *Dimensions of Personality*
William James, *The Principles of Psychology*
Anne Moir & David Jessel, *Brainsex*
V. S. Ramachandran, *Die blinde Frau, die sehen kann*

40. Steven Pinker

Seit langem gibt es die Debatte „Ererbtes kontra Erworbenes", in der sich alles um die Frage dreht, ob wir bereits mit bestimmten Eigenschaften oder Talenten auf die Welt kommen oder ausschließlich von unserer Kultur und unserer Umwelt geprägt werden. In den 1960ern und 1970ern glaubten Eltern den Expertenempfehlungen der Behavioristen, Anthropologen und Soziologen, nach denen das Umfeld alles ist. Sie wollten ihren Teil dazu beitragen, diese Welt friedlicher und weniger sexistisch zu machen, indem sie ihren Söhnen die Spielzeugwaffen wegnahmen und ihnen stattdessen Puppen in die Hand drückten. Wer Kinder hat, wird wissen, dass sich jedes Kind vom ersten Tag an deutlich von den Geschwistern unterscheidet. Der führende kognitive Psychologe Steven Pinker schrieb *Das unbeschriebene Blatt. Die moderne Leugnung der menschlichen Natur*, um wilden Spekulationen über die Formbarkeit des menschlichen Geistes Einhalt zu gebieten und mit dem Mythos aufzuräumen, dass unser gesamtes Verhalten auf Sozialisation zurückgeht.

Pinker vergleicht unseren Unwillen, die biologisch determinierte menschliche Natur anzuerkennen, mit den Viktorianern, die sich weigerten, über Sex zu sprechen. Er fügt hinzu, dass diese Leugnung das öffentliche Leben ebenso negativ beeinflusst wie die wissenschaftliche Forschung und das Verständnis der Menschen untereinander. Dabei vertritt er nicht etwa die Position „Gene sind alles, Kultur ist nichts". Vielmehr liegt ihm daran, Fakten zu enthüllen und zu erklären, wie viel von der menschlichen Natur von angeborenen Mustern geprägt ist und wie viel von unserer Kultur und unserem Umfeld geformt wird.

Die Geschichte einer Theorie

Der Aufklärungsphilosoph John Stuart Mill wies auf die Bedeutung der Erfahrung und damit der Formbarkeit des menschlichen Geistes hin, den er sich wie ein noch mit Inhalt zu füllendes Stück Papier vorstellte – daher der Begriff „unbeschriebenes Blatt". Dieses Konzept geht, wie Pinker erklärt, davon aus, dass der menschliche Geist keine angeborenen Strukturen mitbringt und sich folglich von der Gesellschaft oder uns selbst beliebig „beschreiben" lässt. Diese Annahme setzt logischerweise auch voraus, dass alle gleich sind, und wir gehen heute davon aus, dass jeder, der nicht unter schweren psychischen oder physischen Beeinträchtigungen leidet, alles im Leben erreichen kann.

Dies würde allerdings auch heißen, dass die biologischen Kräfte keinerlei Einfluss darauf haben, wie Menschen sich entwickeln. In einem berühmten Abschnitt in *Behaviorismus* (1924) prahlt John B. Watson damit, man könne ihm ein Dutzend gesunder Säuglinge geben und er würde sie zu den Erwachsenen heranziehen, die er will – ganz gleich ob Ärzte, Künstler, Bettler oder Diebe.

Wenngleich der Behaviorismus heute nicht mehr so orthodox argumentiert wie früher, blieb die Idee vom leeren mentalen Blatt erhalten. Sie wurde sogar zur „säkularen Religion des modernen, intellektuellen Lebens", wie Pinker sagt. Verständlicherweise wollen wir alle nicht in jene Zeiten zurückkehren, in denen biologische Unterschiede zwischen Menschen überbetont wurden, weil wir damit wieder den Weg für Rassismus, Sexismus, Klassendiskriminierung und Vorurteile frei machen würden. Das Vakuum jedoch, das die Idee vom unbeschriebenen Blatt schafft, wurde und wird gerade von totalitären Regimes genutzt, die glauben, die Massen nach ihrem Wunsch formen zu können. Deshalb fragt Pinker, wie viele „Menschen-Umformungsprozesse" es noch braucht, ehe wir die Idee vom unbeschriebenen Blatt endlich begraben.

Wir sind, was wir sind

Pinker führt aus, dass der menschliche Geist niemals unbeschrieben gewesen sein kann, weil er über Tausende von Jahren im darwinschen Wettbewerb stand. Menschen, deren Gehirne sie zu raffinierten Problemlösern mit einem scharfen Verstand machten, triumphierten naturgemäß über andere, sodass ihre Gene überlebten. Geister, die zu formbar waren, wurden indes „ausselektiert".

Evolutionsbiologen und einige aufgeklärte Anthropologen haben gezeigt, dass die Bandbreite „sozial konstruierter" Faktoren wie Emotionen, Verwandtschaft und Geschlechtsunterschiede in Wahrheit größtenteils biologisch programmiert ist. Donald Brown ersann eigens den Begriff vom Universalvolk, mit dem Eigenschaften oder Verhaltensweisen gemeint sind, die sich unabhängig vom jeweiligen Entwicklungsstand bei allen Völkern weltweit finden. Dazu gehören Konflikte, Vergewaltigungen, Eifersucht und Dominanz, aber auch, wie wir wohl eher erwarten würden, Konfliktlösung, Moralbewusstsein, Freundlichkeit und Liebe. Menschliche Wesen können brutal *und* schlau *und* liebevoll sein, weil wir die neurologische Ausstattung von Menschen geerbt haben, die sich in Zwiste und Schlachten verstrickten und überlebten. Wie Pinker schreibt, sind Liebe, Wille und Gewissen ebenfalls „biologisch", also evolutionäre Anpassungen, die in die Schaltkreise des Gehirns integriert wurden.

Bei der Geburt programmiert

Zahlreiche neurowissenschaftliche Forschungen zeigen, wie sehr unsere Gehirne bereits geformt sind, wenn wir geboren werden. Einige Beispiele:

* Homosexuelle Männer haben einen Gehirnteil (den dritten Nukleus interstitialis im vorderen Hypothalamus), der kleiner ist als normal. Man geht davon aus, dass dieser Teil des Gehirns eine Rolle beim Geschlechterunterschied spielt.
* Bei Einsteins Gehirn war der inferiore Teil der Parietallappen, der wichtig für die räumliche und zahlenbezogene Intelligenz ist, groß und ungewöhnlich geformt. In den Gehirnen von verurteilten Mördern hingegen fand man einen überdurchschnittlich kleinen präfrontalen Kortex, der für Entscheidungsfindung und Impulshemmung zuständig ist.
* Eineiige Zwillinge, die bei der Geburt getrennt wurden, wiesen sehr ähnliche Intelligenzniveaus, verbale und mathematische Fähigkeiten sowie Persönlichkeitsmerkmale wie etwa Introvertiertheit oder Extrovertiertheit, Verträglichkeit und allgemeine Zufriedenheit mit dem Leben auf. Sie hatten sogar dieselben persönlichen Eigenarten und Verhaltensweisen entwickelt wie beispielsweise einen Hang zum Glücksspiel oder übertriebenes Fernsehen. Diese Ähnlichkeiten lassen sich nicht allein damit erklären, dass sie exakt das gleiche genetische Material mitbekommen haben, sondern legt nahe, dass die Physiologie ihrer Gehirne (die Täler, Falten und Größen bestimmter Regionen) beinahe gleich ist.
* Viele Erkrankungen, von denen man einst dachte, sie würden ausschließlich durch das Umfeld verursacht, gelten mittlerweile als genetisch begründet. Hierzu zählen Schizophrenie, Depressionen, manisch-depressive Erkrankungen, Autismus, Dyslexie und Sprachstörungen. Es handelt sich um Krankheitsbilder, die in der Familie liegen und sich schwerlich mit Umweltfaktoren erklären lassen.
* Psychologen sind imstande, die Persönlichkeit in die fünf Hauptdimensionen introvertiert oder extrovertiert, neurotisch oder stabil, desinteressiert oder offen für Neues, verträglich oder antagonistisch sowie gewissenhaft oder ungeleitet zu unterteilen. Alle fünf Eigen-

schaftskategorien sind vererbbar und machen als genetische Tendenzen 40 bis 50 Prozent unserer Persönlichkeit aus.

Pinker war sich über unsere Furcht vor der totalen Kontrolle der Gene über unser Denken und Verhalten im Klaren. Deshalb betont er auch wiederholt, dass Gene lediglich eine gewisse *Wahrscheinlichkeit* festlegen – aber sie determinieren nichts.

Zu guter Letzt

Pinker vergleicht den Glauben an das unbeschriebene Blatt mit der Kosmologie zur Zeit Galileos, als die Leute glaubten, das physische Universum würde auf einem moralischen Gerüst ruhen. Genauso sorgen unsere heutigen moralischen und politischen Empfindlichkeiten aus seiner Sicht dafür, dass wissenschaftliche Fakten – die biologische Basis der menschlichen Natur – zugunsten der Ideologie vom Tisch gefegt wurden. Wir haben Angst, dass diese Fakten zu einem „Werteverlust" und verminderter Kontrolle über die Gesellschaft führen könnten, in der wir leben wollen.

Pinker hält dieser Angst ein Zitat von Tschechow entgegen: „Der Mensch wird besser, wenn man ihm zeigt, wie er ist." Nur wenn wir bei den von Biologie, Genetik und Evolutionspsychologie gelieferten Fakten darüber bleiben, wer und was wir sind, können wir uns weiterentwickeln. Es mag viele Aspekte der menschlichen Natur geben, die wir ungern eingestehen, aber sie zu leugnen bedeutet nicht, dass sie verschwinden.

Das unbeschriebene Blatt ist ein ziemlich dicker Wälzer, in den Sie einiges an Lese- und Denkzeit investieren müssen. Das Buch ist eine intellektuelle *Tour de force* und wird einige Ihrer liebsten Überzeugungen in den Grundfesten erschüttern oder ihnen ein solideres wissenschaftliches Fundament geben. Auf jeden Fall ist leicht zu erkennen, warum Pinker zur Elite der populärwissenschaftlichen Autoren zählt: Seine Arbeit kombiniert wissenschaftlichen Anspruch mit einem ausgesprochen angenehmen Schreibstil.

Über Steven Pinker

Steven Pinker wurde 1954 im kanadischen Montreal geboren und studierte an der McGill University und in Harvard, wo er in experimenteller Psychologie promovierte. Er ist vor allem für seine Forschungen über Sprache und Kognition bekannt.

Zu seinen weiteren Veröffentlichungen gehören *Der Sprachinstinkt* (1994), *Wie das Denken im Kopf entsteht* (1997), *Visual Cognition* (1985), *Lexical and Conceptual Semantics* (1992) und *Wörter und Regeln. Die Natur der Sprache* (1999). Bis 2003 war Pinker Professor für Psychologie am Massachusetts Institute of Technology und Leiter des dortigen Center for Cognitive Neuroscience. Zurzeit ist er Johnstone Family Professor of Psychology an der Harvard University.

Die blinde Frau, die sehen kann. Rätselhafte Phänomene unseres Bewußtseins

1998

Er ist schon ein seltsames Ding, dieser felllose, neotene Primat, der sich zu einer Art entwickelt, die über die Schulter zurückblicken und nach ihrem Ursprung fragen kann. Noch seltsamer ist der Umstand, dass das Gehirn nicht nur entdecken kann, wie andere Gehirne arbeiten, sondern dass es auch Fragen nach der eigenen Existenz stellen kann: Wer bin ich? Was geschieht nach dem Tod? Ist mein Geist ausschließlich das Produkt der Neuronen in meinem Gehirn? Und wenn dem so ist, wie viel Spielraum bleibt dann für den freien Willen? Der besondere, grundsätzliche Charakter dieser Fragen – dem Bemühen des Gehirns entsprungen, sich selbst zu verstehen – macht die Neurologie so faszinierend.

KURZ GESAGT

Wenn wir die merkwürdigeren Fälle in der Neurologie enträtseln, erhalten wir neue Einsichten in unsere Selbstwahrnehmung.

ÄHNLICHE TITEL

Viktor Frankl, *Der Wille zum Sinn*

Anna Freud, *Das Ich und die Abwehrmechanismen*

William James, *The Principles of Psychology*

Oliver Sacks, *Der Mann, der seine Frau mit einem Hut verwechselte*

41. V. S. Ramachandran

Was ist Bewusstsein? Was ist das „Ich"? Solche großen Fragen waren über Jahrtausende der Philosophie vorbehalten. Doch je mehr wir über das Gehirn selbst lernen, umso mehr mischt sich die Naturwissenschaft in diese Diskurse ein. V. S. Ramachandran, einer der größten Neurowissenschaftler weltweit, hält die Lehre vom Gehirn für noch viel zu jung, als dass sich bereits große Theorien über das Bewusstsein aufstellen ließen. Für einen Theoriensprung wie den, den Einsteins Relativitätstheorie auslöste, wäre es in diesem Bereich noch zu früh. Wir könnten uns allerdings sehr wohl im Frühstadium eines solch umfassenden Verständnisses befinden.

Die blinde Frau, die sehen kann. Rätselhafte Phänomene unseres Bewußtseins ist ein Bestseller (den er mit Sandra Blakeslee gemeinsam schrieb), in dem Ramachandran sich zu den „Rätseln des Geistes" aufmacht, und ein wahrhaft beeindruckendes Buch. Wenn Sie es gelesen haben, werden Sie nie wieder Ihren Arm heben oder eine Tasse hochnehmen können und das für selbstverständlich halten. Während Wissenschaftler dazu neigen, Theorien zu entwickeln, die sie dann mit Beweisen untermauern, tut Ramachandran genau das Gegenteil. Er befasst sich bewusst mit den medizinischen Besonderheiten, die sich auch von der heutigen Wissenschaft nicht so einfach erklären lassen. Für Leser, die an Psychiatrie interessiert sind, dürfte die hervorstechendste Botschaft des Buches wohl die sein, dass sich viele der bislang unter der Rubrik „Wahnsinn" eingeordneten Fälle eher als Fehlfunktionen der Hirnschaltung erweisen. Augenscheinlich verrücktes Verhalten muss nicht bedeuten, dass die betreffende Person geisteskrank ist.

Das Buch führt uns in die Grundbegriffe der Hirnanatomie ein und ist zugleich überaus unterhaltend. Der Sherlock-Holmes-Fan Ramachandran gibt zu, dass er kein Wald-und-Wiesen-Wissenschaftler ist, weshalb er seinen Text nicht nur mit Shakespeare-Zitaten ausschmückt, sondern auch mit solchen des auf Ganzheitlichkeit setzenden Gurus Deepak Chopra und mit Verweisen auf Freud und die indische Religion. Statt seine akademischen Erfolge und Titel aufzuzählen, gibt er freimütig zu, wie vieles er der populärwissenschaftlichen Literatur verdankt. Gerade diese Offenheit macht *Die blinde Frau, die sehen kann* selbst noch für denjenigen Leser zu einer vergnüglichen Lektüre, der nie zuvor von Thalamus oder Frontallappen gehört hat. Und auch wenn der Autor bisweilen ein wenig weit abschweift, gelingt es ihm durch seinen unkomplizierten Stil sehr gut, sein Staunen und die Faszination zu vermitteln, mit denen er beobachtet, wie eine Masse nasser grauer Zellen Selbsterkenntnis und Bewusstsein hervorbringt.

Die Teile des Gehirns

Ramachandran weist auf eine erstaunliche Tatsache hin: „Ein Klümpchen Ihres Gehirns von der Größe eines Sandkorns enthält etwa hunderttausend Neuronen, zwei Millionen Axonen und eine Milliarde Synapsen, die sich alle miteinander ‚unterhalten'." Er beschreibt die unterschiedlichen Gehirnteile, die die „zwei Hälften einer Walnuss" bilden, einschließlich der vier Lappen – frontal, temporal, parietal und occipital. Jede dieser Hemisphären kontrolliert Bewegungen auf der gegenüberliegenden Körperseite – die linke Hälfte steuert die Bewegungen auf unserer rechten Seite und umgekehrt. Die linke Hälfte des Gehirns ist es auch, die die ganze Zeit „spricht", ob in Gedanken oder laut. Sie macht den rationalen Aspekt des Bewusstseins aus. Die rechte Hirnhälfte hängt eher mit unseren Emotionen und einer ganzheitlichen Wahrnehmung des Lebens zusammen. Die Frontallappen werden oft als der „menschlichste" Teil des Gehirns bezeichnet, in dem Weisheit, Planung und Urteilsvermögen angesiedelt sind.

Zu den anderen Teilen gehören:

* Der Corpus callosum, ein Bündel von Strängen, die beide Hälften verbinden.
* Die Medulla oblongata am oberen Ende der Wirbelsäule, die den Blutdruck, den Herzschlag und die Atmung reguliert.
* Der Thalamus, der in der Mitte des Gehirns sitzt und durch den alle Sinne bis auf den Geruchssinn gesteuert werden; er gilt als ein primitiver Gehirnteil.
* Darunter der Hypothalamus, der mit „Trieben" wie Aggression, Sex und Angst in Verbindung gebracht wird sowie mit hormonalen und metabolischen Funktionen.

Obwohl wir bereits so vieles wissen, sind wir immer noch nicht wirklich sicher, merkt Ramachandran an, wie Erinnerung und Wahrnehmung zustande kommen. Lagern Erinnerungen beispielsweise in bestimmten Teilen des Gehirns, oder ist das Gedächtnis ganzheitlicher und nimmt das gesamte Gehirn ein? Für den Autor können beide Erklärungen richtig sein, da bestimmte Teile des Gehirns bestimmte Aufgaben haben, wir aber erst dann anfangen zu begreifen, was die „menschliche Natur" ausmacht, wenn wir die Interaktion dieser Teile verstehen.

Phantomgliedmaßen

Die blinde Frau, die sehen kann verweist darauf, dass Ramachandran vor allem für seine Arbeit mit Patienten bekannt ist, die mit Phantomgliedmaßen leben. Nach einer Amputation oder Lähmung „fühlen" diese Menschen das fehlende oder gefühllose Glied immer noch wie vorher.

Das Schlimmste daran ist, dass sie echte Schmerzen in diesen Gliedmaßen empfinden können. Ramachandran fragte sich, wie und wo diese Phantome im Nervensystem entstehen. Warum bleibt das Gefühl für diese Gliedmaßen nach einer Amputation im Gehirn „eingebrannt"? Nach Experimenten und der Arbeit mit den Patienten erklärt er das Phantomgliedempfinden wie folgt: Das Gehirn hat ein Körperbild, eine Vorstellung von sich selbst, zu der Arme und Beine gehören. Wenn eines der Gliedmaßen verloren geht, braucht das Gehirn Zeit, ehe es diese Tatsache verarbeitet hat.

Die konventionelle Auffassung geht dahin, dass die betreffende Person nach dem Schock über den Verlust in das Wunschdenken verfällt, die Gliedmaße sei noch da, oder den Verlust leugnet. Ramachandran hält dem entgegen, dass die meisten der Betroffenen, die er kannte, nicht neurotisch waren. So behandelte er eine Frau namens Mirabelle, die ohne Arme geboren wurde und sie doch deutlich fühlt. Dieses Fallbeispiel legt nahe, dass das Gehirn auf Gliederkoordination programmiert ist und Gliedmaßen auch dann benutzen will, wenn alle Sinnesinformationen melden, dass da nichts zu bewegen ist. Er erwähnt einen anderen Fall, in dem ein Mädchen häufig die Finger benutzte, um einfache Rechenaufgaben zu lösen – nur dass es ohne Unterarme geboren wurde. Wenn jemand eine Gliedmaße verliert, sendet das Gehirn normalerweise weiterhin Signale aus, um es zu aktivieren. Allerdings reicht dann die Rückmeldung, dass kein Glied da ist, damit dieses Empfinden mit der Zeit verschwindet. Im Gegensatz zu Amputierten haben jedoch Menschen, die ohne Arme geboren wurden, niemals ein sensorisches Feedback über eine Veränderung von ihren Stümpfen erhalten. So kann ihr Gehirn durchaus weiter glauben, sie hätten Arme, die sie gebrauchen können.

Leugnung der Lähmung

Anosognosie ist ein Syndrom, bei dem ein Patient, der ansonsten vollkommen gesund ist, leugnet, dass sein Arm oder sein Bein gelähmt ist. Diese Leugnung tritt aber nur dann auf, wenn es sich um einen *linken* Arm oder ein *linkes* Bein handelt. Wie kommt es zu dieser Störung? Haben wir es hier mit Wunschdenken zu tun? Und warum tritt sie nur auf, wenn linke Körperteile gelähmt sind?

Ramachandrans Erklärung verweist auf die Arbeitsteilung zwischen den beiden Hirnhälften. Die linke Hemisphäre ist für die Schaffung eines Glaubenssystems oder Realitätsmodells zuständig. Sie verhält sich naturkonform und versucht immer, am ursprünglichen Zustand festzuhalten. Daher aktiviert es Abwehrmechanismen des Leugnens oder Unterdrückens, sobald neue Informationen nicht ins Modell passen, um so den Status quo zu erhalten. Der Job der rechten Hemisphäre ist der, den Status quo zu hinterfragen und nach Inkonsistenzen oder irgendwelchen Anzeichen für Veränderung zu suchen. Wird die rechte Hemisphäre beschädigt, kann die linke ungehemmt „leugnen und fabulieren". Ohne die Realitätsprüfung der rechten Hirnhälfte schlägt der Geist einen Weg der Selbsttäuschung ein.

Das Ich um jeden Preis erhalten

Ramachandrans Arbeit mit Menschen, die mit Anosognosie leben, scheint die freudsche Idee der Abwehrmechanismen zu belegen. Auch sie erkennt Gedanken und Gefühle, deren Sinn in der Verteidigung der Vorstellung liegt, die wir von uns selbst haben. Die Neurologie hat es sich zur Aufgabe gemacht zu entdecken, warum Menschen Dinge erfinden und die Realität meiden, nur dass sie sich mit den Schaltverbindungen im Gehirn befasst und nicht mit der Psyche. Patienten im Leugnungszustand lassen sich am besten erforschen, weil ihre Abwehrmechanismen so konzentriert und ausgeprägt sind.

Das Gehirn tut alles, um das Ich-Gefühl zu erhalten. Wahrscheinlich rührt das daher, dass das Gehirn und das Nervensystem so viele unterschiedliche Systeme einbeziehen und eine große Vorstellungskraft vonnöten ist, um sie alle zusammenzubringen. Um zu überleben, sozial zu agieren und uns zu paaren, müssen wir zuerst die Erfahrung machen, ein autonomes Wesen zu sein, das die Kontrolle über sich hat. Dabei ist jener kontrollierende Teil von uns in Wahrheit nur sehr klein, während der Rest automatisch, ja, zombiegleich arbeitet.

Schräge und wunderbare Fälle

Ramachandran verweist auf Thomas Kuhn und dessen bahnbrechendes Buch *Die Struktur wissenschaftlicher Revolutionen*, in dem er ausführt, dass die Wissenschaft tendenziell alle ungewöhnlichen Fälle unter den Teppich kehrt, bis sie sich in bereits vorhandene Theorien einpassen lassen. Ramachandran stellt genau das auf den Kopf, indem er behauptet, wir würden schneller zu allgemeingültigen Lösungen kommen, wenn wir die außergewöhnlichen Fälle klären. Ein Beispiel dafür sind folgende drei Fälle, die er diskutiert:

* Hemineglect-Patienten sind gleichgültig gegenüber Objekten und Ereignissen auf der linken Seite der Welt, manchmal sogar in Bezug auf die linke Seite ihres Körpers. Ellen isst nichts, was auf der linken Tellerhälfte liegt, trägt auf ihrer linken Gesichtshälfte kein Make-up auf und putzt sich die Zähne der linken Mundhälfte nicht. Auch wenn dies sehr verstörend für die Menschen in ihrem Umfeld ist, ist dieses Symptom keineswegs ungewöhnlich für Patienten, die einen Schlag-

anfall der rechten Hirnhälfte erlitten haben. Das gilt insbesondere, wenn der rechte Parietallappen betroffen ist.

* Das Capgras-Syndrom ist eine seltene neurologische Störung, bei der die Patienten die eigenen Eltern, Kinder, Ehepartner oder Geschwister als Hochstapler wahrnehmen. Sie erkennen diese Menschen, haben jedoch keinerlei Empfindungen, wenn sie ihnen ins Gesicht blicken, was im Gehirn zu der Annahme führt, dass es sich um Hochstapler handeln muss. Der neurologische Befund lautet, dass eine Unterbrechung zwischen dem Bereich der Gesichtserkennung (im temporalen Kortex) und der Amygdala (einer Pforte zum limbischen System) vorliegt, die gewöhnlich für die Verursachung von emotionalen Reaktionen auf bestimmte Gesichter zuständig ist.
* Das Cotard-Syndrom ist ein bizarrer Zustand, in dem Menschen glauben, sie seien tot. Sie behaupten, ihr verwesendes Fleisch zu riechen und Würmer auf ihrer Leiche herumkriechen zu sehen. Ramachandran sieht als Grund eine Fehlverbindung zwischen den sensorischen Hirnbereichen und dem limbischen System, das Emotionen regelt. Die Patienten haben buchstäblich gar keine Emotionen mehr und lösen sich folglich vom Leben. Ihr Gehirn kann mit der Situation nur noch umgehen, indem es vorgibt, sie lebten nicht mehr.

Was ist Bewusstsein?

Solche bizarren Fälle können eine Menge über die normalen Funktionen des Verstandes aussagen, weil man mit ihnen sehr gut experimentieren kann. Wir nehmen unser Bild von der Welt für selbstverständlich, aber wenn die Vernetzungen im Gehirn nur ein wenig beschädigt werden, kann unser gesamtes Empfinden dafür, was real ist und was nicht, versagen. Heute fangen wir erst an zu verstehen, dass unser Realitätsempfinden eher eine ausgefeilte Illusion ist, die uns erlaubt, uns in der

Welt zu bewegen und zu überleben. Müssten wir in jeder Sekunde mit dem Akt purer Wahrnehmung umgehen, würden wir zu nichts anderem mehr kommen. Deshalb müssen wir einen bestimmten Grundstock von Realitätswahrnehmung als gegeben nehmen, und normalerweise schafft unser Gehirn das hervorragend. Erst wenn irgendetwas schiefgeht, sehen wir, wie fragil das Bewusstsein ist.

Die Amygdala und die temporalen Lappen spielen eine lebenswichtige Rolle im Bewusstsein. Ohne sie, so Ramachandran, wären wir schlicht Roboter, unfähig die Bedeutung dessen zu erkennen, was wir tun. Wir haben nicht nur Schaltungen im Gehirn, die uns sagen, wie wir was tun sollen, sondern auch feste Wege, die uns sagen, *warum* wir etwas tun. Der Autor widmet der Verbindung zwischen vermehrtem religiösem Empfinden und Temporallappenepilepsie ein ganzes Kapitel. Wenn dieser Teil des Gehirns verletzt wird, kann die betroffene Person plötzlich alles auf intensiv spirituelle Weise sehen. Den Dingen unterschiedliche Bedeutungen zu verleihen und die Tatsache unserer Bewusstheit erkennen zu können macht den Unterschied zwischen Menschen und allen anderen Lebewesen aus. Doch wenn diese Fertigkeit eingeschränkt oder verändert wird, kann es vorkommen, dass Menschen *zu viel* Bedeutung wahrnehmen.

Zu guter Letzt

Nach Ramachandran wird die größte Revolution in der Menschheitsgeschichte darin bestehen, dass wir wirklich anfangen, *uns selbst* zu verstehen. Er verlangt nicht nur deshalb mehr Geld für die Hirnforschung, weil er seine und unsere Neugier befriedigt sehen möchte, sondern weil wir mit diesen Erkenntnissen auch „all den schrecklichen Dingen" – wie Krieg, Gewalt, Terrorismus – auf den Grund gehen könnten.

Die Neurologie bietet uns heute Wissen über die Hirnanatomie und Schaltkreise, und für den Anfang brauchen wir genau das. Die größere Aufgabe liegt jedoch im Verständnis der Beziehungen zwischen einer grauen Zellmasse und dem Gefühl, wir seien Individuen mit einem freien Willen. Denn auch wenn das Ich-Empfinden eine ausgefeilte überlebenssichernde Illusion unseres Gehirns ist, so bestimmt sie doch nach Ramachandran zugleich, wie wir auf philosophische oder spirituelle Weise mit dem Universum interagieren. Darin sind wir einzigartig in der Tierwelt, und deshalb sollten wir dieses Wissen auch als kostbar und weiterer Erforschung wert betrachten.

Über V. S. Ramachandran

Vilayanur Ramachandran wuchs in Indien auf und machte seinen Abschluss in Medizin am Stanley Medical College in Chennai (früher Madras). Er promovierte an der Cambridge University. Zurzeit ist er Leiter des Center for Brain and Cognition an der University of California in San Diego und Professor für Biologie am Salk Institute for Biological Studies. Zu den Auszeichnungen, die er erhielt, gehören die Ariens-Kappers-Medaille der Niederlande, eine Goldmedaille der Australian National University und ein Ehrendoktor des All Souls College in Oxford.

Ramachandran hat weltweit Vorlesungsreihen gehalten, darunter die Reith-Lectures 2003 in Großbritannien und die Decade-of-the-Brain-Lecture für das US National Institute for Mental Health. *Die blinde Frau, die sehen kann* wurde in einer zweiteiligen Dokumentation verfilmt, die auf Channel Four in Großbritannien und bei PBS in den USA lief. Zu seinen weiteren Veröffentlichungen zählen *Encyclopaedia of the Human Brain* (2002), *Eine kurze Reise durch Geist und Gehirn* (2003) und *A Brief Tour of Human Consciousness* (2005).

Seine Co-Autorin **Sandra Blakeslee** ist Wissenschaftsjournalistin bei der *New York Times* und hat sich auf Neurowissenschaften spezialisiert.

Entwicklung der Persönlichkeit

1961

Wenn ich eine gewisse Art von Beziehung herstellen kann, dann wird der andere die Fähigkeit in sich selbst entdecken, diese Beziehung zu seiner Entfaltung zu nutzen, und Veränderungen und persönliche Entwicklung finden statt.

Es scheint, daß der Einzelne allmählich, schmerzhaft, das erforscht, was hinter den Masken liegt, die er der Welt anbietet, und sogar das, was sich hinter den Masken befindet, mit denen er sich selbst betrogen hat ... Er entwickelt sich somit zunehmend zu sich selbst – nicht zur Fassade einer Konformität mit anderen, nicht zu einer zynischen Ablehnung alles Fühlens, nicht zur Front einer intellektuellen Rationalität, sondern zu einem Lebendigen, Fühlenden, Fluktuierenden – kurz, er wird Mensch.

KURZ GESAGT

Eine echte Beziehung oder Interaktion ist eine, in der wir uns mit uns selbst wohl fühlen und in der die andere Person unser Potenzial klar erkennt.

ÄHNLICHE TITEL

Robert Bolton, *People Skills*
Milton Erickson, *Meine Stimme begleitet Sie überallhin*
Abraham Maslow, *The Farther Reaches of Human Nature*
Fritz Perls, *Gestalt-Therapie*
Douglas Stone, Bruce Patton & Sheila Heen, *Offen gesagt!*

42. Carl Rogers

Haben Sie sich jemals durch ein langes Gespräch mit jemandem „geheilt" gefühlt? Gab Ihnen eine bestimmte Beziehung das Gefühl, normal zu sein oder eine positive Einstellung zu sich zu haben? Falls ja, haben diese Interaktionen wahrscheinlich in einem offenen, ehrlichen und vertrauensvollen Umfeld stattgefunden, in dem Sie volle Aufmerksamkeit erhielten und Ihnen urteilsfrei zugehört wurde.

Carl Rogers übertrug diese Merkmale einer guten Beziehung auf seine Arbeit als Psychologe und Berater. Heraus kam eine revolutionäre Umkehrung des Psychologe-Patient-Modells, aus dem sich wichtige Erkenntnisse für die erfolgreiche menschliche Interaktion ableiten ließen.

Rogers stieg mit der Annahme in seinen Beruf ein, dass er der überlegene Praktiker sei, der die Probleme „löst", mit denen die Leute zu ihm kamen. Bald jedoch wurde ihm klar, dass dieses Modell selten Erfolge zeitigte und die Fortschritte eher davon abhingen, wie groß das Verständnis und die Offenheit zwischen den beiden Menschen waren, die sich im Beratungsraum gegenübersaßen. Rogers hielt viel von dem Existenzphilosophen Martin Buber und dessen Konzept des „Bestätigens des anderen". Dies besteht in der vollkommenen Anerkennung des Potenzials des anderen, also der Fähigkeit zu erkennen, was der andere zu sein bestimmt ist. Die Schwerpunktverschiebung hin zum Möglichen (im Gegensatz zur Betonung des Problematischen) machte Rogers, neben Abraham Maslow, zu einem prägenden Verfechter der neuen humanistischen Psychologie und deren uns heute so selbstverständlichen Ideen über persönliche Entwicklung und menschliches Potenzial.

Entwicklung der Persönlichkeit. Psychotherapie aus der Sicht eines Therapeuten ist kein einzelnes Werk, sondern eine Sammlung von Schriften, die Rogers im Verlauf von zehn Jahren verfasste. Sie enthält das gesammelte Wissen aus einer über 30 Jahre währenden Laufbahn als Psychotherapeut, und wenngleich das Buch nicht unbedingt leicht zu lesen ist, kann es doch sehr inspirierend sein, wenn man sich erst einmal darauf eingelassen hat.

Jeder soll er selbst sein

Während seiner Ausbildung als Psychologe gelangte Rogers wie selbstverständlich zu der Überzeugung, die Beziehung zum Klienten zu kontrollieren. Er hielt es für seine Aufgabe, Patienten zu analysieren und dabei zu behandeln, als seien sie Objekte. In der Praxis kam er dann allerdings zu dem Schluss, dass es weit effektiver war, wenn er die Patienten (oder Klienten) die Richtung vorgeben ließ. Und das war der Anfang seiner berühmten *klientenzentrierten* (oder personenzentrierten) Therapieform.

Statt den Klienten „heilen" zu wollen, empfand Rogers es als weit wichtiger, genau hinzuhören, was die Patienten sagten, selbst wenn es ihm falsch, schwach, seltsam, dumm oder schlecht vorkam. Dieser Ansatz gab ihnen das Gefühl, dass all ihre Gedanken akzeptiert wurden, und nach einer Reihe von Sitzungen fingen sie an, sich selbst zu heilen. Rogers fasste seine Philosophie als „einfach ich selbst sein und den anderen ihn selbst sein lassen" zusammen. Da er in einer Zeit arbeitete, in der die Psychologie vor allem das Verhalten von Laborratten studierte, stellte seine Herangehensweise einen Affront gegen seinen Berufsstand dar, und viele lehnten die Idee ab, dass Patienten den Therapieablauf bestimmten.

Als sei das noch nicht genug, erschütterte Rogers auch noch die Vorstellung vom ruhigen, gefassten Therapeuten, der sich objektiv die Probleme seiner Klienten anhört. Stattdessen forderte er das Recht des Therapeuten, eine Persönlichkeit zu haben und selbst Emotionen auszudrücken. Wenn er beispielsweise im Verlauf einer Sitzung Gefühle wie Feindseligkeit oder Verärgerung empfand, gab er nicht vor, der nette, distanzierte Arzt zu sein. Wenn ihm keine Antworten einfielen, behauptete er nicht, sie zu kennen. Für ihn musste eine Psychologe-Klient-Beziehung auch die Stimmungen und Gefühle des Behandelnden einbeziehen, wenn sie ehrlich sein sollte.

Im Mittelpunkt von Rogers' Arbeit stand die Idee, dass das Leben ein fließender Prozess ist. Die erfüllte Person sollte seiner Meinung nach dahin kommen, sich selbst „als einen Strom des Werdens, nicht als ein fertiges Produkt" zu akzeptieren. Aus seiner Sicht begingen die meisten Leute den Fehler, alle Aspekte ihres Erlebens kontrollieren zu wollen, was zur Folge hat, dass ihre Persönlichkeit keinen Halt in der Realität findet.

Eine echte Person werden

Rogers beobachtete, dass Menschen, die erstmals zu einem Berater kamen, normalerweise einen Grund angaben, etwa Probleme mit dem Ehepartner, dem Arbeitgeber oder dem eigenen, unkontrollierbaren Verhalten. Dabei gab es genau genommen nur *ein* Problem, das er bei allen Leuten feststellte: Sie wollten verzweifelt sie selbst sein und ihre falschen Rollen oder Masken fallen lassen, mit denen sie bisher durchs Leben gegangen waren. Gemeinhin machten sie sich große Sorgen darum, was andere von ihnen dachten und wie sie sich in bestimmten Situation verhalten *sollten*. Die Therapie brachte sie wieder zurück zu einem unmittelbaren Erfahren ihres Lebens. Sie wurden zu einer *Person*, nicht bloß einer Reflexion der Gesellschaft.

Ein Aspekt dieser Transformation war, dass die Leute anfingen, alle Aspekte ihrer selbst zu „besitzen" und auch vollkommen widersprüchliche Gefühle zuzulassen (eine Klientin gab an, ihre Eltern sowohl zu lieben als auch zu hassen). Rogers' Diktum lautete, die Tatsachen seien immer freundlich, wenn es darum geht, eigene Emotionen und Gefühle zu ordnen. Die eigentliche Gefahr besteht darin, zu leugnen, was wir fühlen. Weil jedes Gefühl, dessen wir uns schämen, an die Oberfläche kommt, erkennen wir, dass es uns nicht umbringt, es existieren zu lassen.

Zu guter Letzt

Rogers' Einfluss reichte weit über sein Gebiet der beratenden Psychologie hinaus. Die Sichtweise, die Menschen müssten sich mehr als einen fließenden Werdeprozess anstelle einer festen Einheit begreifen, war Bestandteil des Denkklimas, das zur Gegenkultur der 1960er führte. Auch sein Einfluss auf die heutigen Autoren von Selbsthilfebüchern ist nicht zu verkennen. So kommt zum Beispiel eine von Stephen Coveys „7 Gewohnheiten hocheffizienter Menschen" aus *Erst verstehen, dann verstanden werden* der Überzeugung Rogers' sehr nahe, dass Fortschritt in Beziehungen nur möglich ist, wenn die Menschen die Gewissheit haben, ihre Gedanken aussprechen zu dürfen und angehört zu werden. Ebenso lässt sich der vorherrschende Ruf „Lebe deine Leidenschaft" teilweise zu Rogers zurückverfolgen, der immer wieder betonte, dass unser Leben ausdrücken müsse, wer wir wirklich sind.

Rogers hielt den Beruf des Psychologen für den wichtigsten von allen, weil es letztlich nicht die physischen Wissenschaften seien, die uns retten, sondern die bessere Interaktion. Das Klima der Offenheit und Transparenz, das er in seinen Sitzungen schuf, könnte, übertragen auf Familien, Unternehmen oder Politik, für weniger Angst und konstruktivere Ergebnisse sorgen. Wesentlich ist aber vor allem der Wunsch, wirklich zu fühlen, was das Gegenüber oder die andere Partei wollen und fühlen. Eine solche Bereitschaft ist niemals einfach aufzubringen, kann dafür aber alle Beteiligten verändern.

Über Carl Rogers

Rogers wurde 1902 als viertes von sechs Kindern streng religiöser Eltern in Chicago geboren. Er studierte erst Agrarwissenschaften an der Universität von Wisconsin, dann Geschichte. Sein Ziel war aber, Geistlicher zu werden. 1924 schrieb er sich am liberalen Union Theological Seminary in New York City ein, wo er sich allerdings nach zwei Jahren derart von doktrinären Glaubensüberzeugungen gehemmt fühlte, dass er nebenher Kurse in Psychologie am Lehrerkolleg der Columbia University belegte. Dort machte er 1928 seinen Magister-Abschluss und promovierte 1931.

Mit seiner Doktorarbeit über Kinderpsychologie bekam Rogers eine Stelle als Psychologe bei der Society for the Prevention of Cruelty to Children in Rochester, New York, wo er mit Problemkindern arbeitete. Diese Arbeit war zwar wissenschaftlich anspruchslos, ermöglichte ihm aber, seine junge Familie zu ernähren, weshalb er zwölf Jahre dabeiblieb. 1940 bot man ihm nach der Veröffentlichung von *Clinical Treatment of the Problem Child* eine Professur an der Ohio State University an. Sein einflussreiches Buch *Die nicht-direktive Beratung* erschien 1942, und 1945 trat er eine zwölfjährige Lehrtätigkeit an der University of Chicago an, wo er ein Beratungszentrum einrichtete.

Mit *Die klientenzentrierte Gesprächstherapie* (1951) festigte Rogers seinen Ruf. 1954 erhielt er als Erster den Distinguished Scientific Achievement Award der American Psychological Association. 1964 zog er nach La Jolla in Kalifornien, wo er eine Stelle am Western Behavioral Studies Institute antrat. Er blieb bis zu seinem Tod im Jahr 1987 in Kalifornien. Bekannt ist Rogers auch für seine Arbeit mit Encounter-Gruppen (Encounter: engl. für Begegnung), für seine Beiträge zu Theorien zum Erfahrungslernen bei Erwachsenen und für seinen Einfluss im Bereich der Konfliktlösung.

Der Mann, der seine Frau mit einem Hut verwechselte

1970

Merkwürdigerweise beschäftigen sich Neurologen und Psychologen mit allen möglichen Themen, aber fast nie mit „Urteilsfähigkeit" – dabei ist doch gerade das Erlöschen der Urteilsfähigkeit ... ein wesentlicher Bestandteil so vieler Störungen im Bereich der Neuropsychologie.

Der Super-Tourette-Patient ist daher wie kein anderer gezwungen zu kämpfen, und zwar einfach, um zu überleben – um trotz der ihn fortwährend bestürmenden Impulse ein Individuum zu werden und sich als solches zu behaupten ... Es ist ein Wunder, daß dies in den meisten Fällen gelingt – aber die Lebenskraft und der Wille, als einmaliges, unverwechselbares Individuum zu überleben, sind die absolut stärksten Kräfte, die dem Menschen innewohnen.

KURZ GESAGT

Das Geniale am menschlichen Gehirn ist dessen unausgesetzte Schöpfung eines Ich-Gefühls, das selbst bei schrecklichen neurologischen Krankheiten weiterbesteht.

ÄHNLICHE TITEL

Viktor Frankl, *Der Wille zum Sinn*
William James, *The Principles of Psychology*
V. S. Ramachandran, *Die blinde Frau, die sehen kann*

43. Oliver Sacks

Wie der Neurologe Oliver Sacks zu Beginn von *Der Mann, der seine Frau mit einem Hut verwechselte* anmerkt, interessierte er sich immer schon gleichermaßen für Krankheiten wie für Menschen. Das Buch wurde weltweit zum Bestseller und machte Sacks berühmt. Die Arbeit eines Lebens hatte ihn zu der Überzeugung gebracht, dass es oft weniger darauf ankommt, „welche Krankheit ein Mensch hat", als darauf, „welcher Mensch die Krankheit hat". Man kann einen Patienten nicht untersuchen, als sei er ein Insekt – wie reden hier über ein *Ich*.

Das ist gerade in der Neurologie so wichtig, die sich mit physischen Fehlfunktionen des Gehirns befasst, welche häufig das Gefühl der Menschen dafür beeinträchtigen, wer sie sind. Sacks' Buch will zeigen, dass sich Menschen selbst dann, wenn die normalen Fähigkeiten wegfallen, immer noch eine unverkennbare Einzigartigkeit bewahren. Für Sacks, der viele seltsame Fälle gesehen hatte, ist es erstaunlich, wie Menschen sich im Angesicht mentaler oder physischer Rückschläge anpassen oder neu erfinden.

In den 24 Kapiteln des Buches wird eine Vielzahl von ungewöhnlichen und interessanten Fällen detailliert beschrieben, wobei das Ganze sich wie ein guter Roman liest. Der erste Teil trägt die Überschrift „Ausfälle" und handelt von Menschen, die sich ihre Rückkehr zu einem normalen Ich-Gefühl erkämpften, nachdem sie einen schweren Verlust mentaler Fähigkeiten erlitten.

Jimmies verlorene Jahrzehnte

Ist es ohne Erinnerungen möglich, ein normales Ich zu haben? Sacks erzählt von Jimmie G., einem 49-Jährigen, der in das Altersheim eingeliefert wurde, in dem Sacks 1975 arbeitete.

Jimmie war ein gut aussehender, gesunder Mann und sehr klug. Nach seinem Schulabschluss war er zur Navy eingezogen worden und hatte dort als Funkoffizier auf einem U-Boot gedient. Doch während sie über seine persönliche Geschichte und sein Familienleben sprachen, fiel Sacks auf, dass Jimmie in der Gegenwart redete. Er fragte Jimmie, welches Jahr sie hätten, und bekam als Antwort: „1945 natürlich!" Für Jimmie war der Krieg gewonnen, Truman Präsident, und er freute sich darauf, mithilfe von GI Bill aufs College gehen zu können. Er glaubte, er sei 19 Jahre alt.

Sacks ging aus dem Beratungszimmer, und als er zwei Minuten später wiederkam, schien Jimmie keine Ahnung zu haben, wer er war. Es war, als hätte die Sitzung niemals stattgefunden. Jimmie lebte offensichtlich in einer permanenten Gegenwart, wobei sein Langzeitgedächtnis 1945 zum Stillstand gekommen war. Dank seiner naturwissenschaftlichen Fähigkeiten hatte er kein Problem damit, komplizierte Tests zu absolvieren, wirkte jedoch angesichts der großen Veränderungen in seiner Umwelt verstört. Er konnte nicht leugnen, dass der Mann, den er im Spiegel sah, Ende vierzig war, aber er vermochte es sich nicht zu erklären. Sacks schrieb in seine Notizen, dass sein Patient „ohne Vergangenheit (oder Zukunft) in einem sich ständig verändernden Moment feststecke". Er diagnostizierte den Zustand als Korsakow-Syndrom, eine Schädigung der Marmillarkörper im Gehirn, die durch Alkohol verursacht wird. Sie beeinträchtigt das Gedächtnis, während der Rest des Gehirns unverändert bleibt.

Sacks wandte sich an Jimmies Brüder, die angaben, dass Jimmie die Navy 1965 verlassen und nach dem Verlust der festen Strukturen stark zu trinken angefangen hatte. Aus irgendwelchen Gründen erlebte er eine retrograde Amnesie, die ihn ins Jahr 1945 zurückkatapultierte.

Sacks bat Jimmie, ein Tagebuch zu führen, damit er wusste, was er am Vortag getan hatte. Allerdings gewann er damit kein Gefühl für Kontinuität, da er die Einträge vorlas, als ginge es dabei um jemand anderen. Jimmie schien „ent-seelt". Etwas an seinem Ich fehlte.

Sacks fragte die Ordensschwestern in dem Altersheim, ob sie glaubten, dass Jimmie tatsächlich seine Seele verloren hatte. Ein wenig empört forderten sie ihn auf, Jimmie in der Kapelle zu beobachten. Als Sacks hinging, fand er einen vollkommen anderen Jimmie vor. Er schien ganz im Akt der Anbetung und dem Ritual der Messe aufzugehen und wirkte irgendwie „vollständiger" als zuvor. Die spirituelle Bedeutung reichte offensichtlich, um ihn sein normales mentales Chaos überwinden zu lassen. Sacks schrieb: „Das Gedächtnis, geistige Aktivitäten, der Intellekt allein vermochten ihn nicht so vollständig in Bann zu schlagen wie innerliche, ethische Hingabe und Handlung." Dasselbe galt, wenn Jimmie im Garten war, sich Kunstwerke ansah oder Musik hörte.

Folglich war Jimmie zwar das normale Erleben von Erinnerungen verwehrt, die uns ein Ich-Gefühl zu geben scheinen, doch in anderen Momenten war er offensichtlich ein vollkommen lebendiger Mensch, der Sinn in seinem Leben erkannte. Durch die sorgfältige Ordnung ähnlicher Aktivitäten war er imstande, ein Gefühl von Ruhe zu bewahren. Es gab noch einen Teil in ihm, ob nun eine „Seele" oder ein „Ich", das einen Weg fand, trotz der Krankheit weiterzuexistieren.

Das Ich kontra Tourette

Der zweite Teil von *Der Mann, der seine Frau mit einem Hut verwechselte* trägt den Titel „Überschüsse". Bei den hier geschilderten Fällen haben wir es nicht mit Verlusten zu tun, sondern mit einem

Übermaß an bestimmten Funktionen: übersteigerte Fantasie, übertriebene Wahrnehmung, irrationale Ausgelassenheit, Manien. Diese „Hyperzustände" verleihen den betroffenen Menschen tatsächlich ein größeres Ich-Empfinden, als es die Normalität kann. Sie sind technisch gesehen krank, und dennoch gibt ihnen ihr Zustand ein Gefühl von Wohlbefinden und Lebenslust (obwohl sie im Grunde ahnen, dass dieses Gefühl nicht anhält). Die Funktionen verschmelzen mit der Identität der Person, sodass einige von den Betroffenen gar nicht geheilt werden wollen.

Ein Beispiel für neurologische Überschüsse ist ein Syndrom, das erstmals 1885 beschrieben wurde. Gilles de la Tourette war (ebenso wie Freud) ein Schüler Charcots, eines Pioniers der Neurologie, und berichtete von einer Krankheit, die mit Ticks, außergewöhnlichen Bewegungen, Fluchen, merkwürdigen Geräuschen, verrücktem Humor und seltsamen Zwängen einherging. Das Syndrom trat unterschiedlich stark auf und äußerte sich bei jedem Betroffenen anders, das Spektrum reichte von freundlich bis gewalttätig. Weil es so unerklärlich fremd war und relativ selten, geriet das Tourette-Syndrom in der medizinischen Welt bald in Vergessenheit.

Doch die Krankheit verschwand nicht, und bereits in den 1970ern hatte die Tourette's Syndrome Association Hunderttausende von Mitgliedern. Forschungen bestätigten Gilles de la Tourettes Überzeugung, dass es sich um eine Hirnstörung handelt, die im „alten Gehirn" (dem primitivsten Teil des menschlichen Gehirns) angesiedelt ist. Sie betrifft den Thalamus, den Hypothalamus, das limbische System sowie die Amygdala, also jene vorwiegend instinktgeleiteten Bereiche, die zusammen die Grundpersönlichkeit prägen. Man stellte bei Betroffenen eine erhöhte Anzahl von Erregungstransmittern im Gehirn fest, dabei steht der Transmitter Dopamin im Mittelpunkt (Parkinson-Kranke leiden im Gegensatz dazu an einem Dopaminmangel). Durch den Einsatz des Medikaments Haldol können die Krankheitsfolgen vermindert werden.

Doch das Tourette-Syndrom ist nicht einfach eine Störung der Hirnchemie, denn es gibt Zeiten – etwa beim Singen, Tanzen oder Schauspielern –, in denen die Betroffenen keinerlei Ticks oder seltsames Verhalten zeigen. In solchen Momenten scheint das „Ich“ der Person das „Es“ der Beschwerde zu überwinden, wie Sacks anmerkt. Normale Menschen gehen davon aus, dass ihre Wahrnehmungen, Reaktionen und Bewegungen ihnen *gehören*, was es für sie leichtmacht, ein starkes Ich-Gefühl zu entwickeln. Tourette-Kranke hingegen werden so dauerhaft mit unkontrollierbaren Impulsen bombardiert, dass es erstaunlich wäre, wenn ihr Ego es schaffte, dabei ein Ich-Gefühl zu erhalten. Wie Sacks schreibt, sind manche imstande, Tourette „anzunehmen“ und irgendwie in ihre Persönlichkeit zu integrieren, ja, die Krankheit sogar zu nutzen, um ihre Denkgeschwindigkeit zu steigern. Andere fühlen sich einfach nur davon besessen.

Ray, 24, kam mit einer recht extremen Version des Tourette-Syndroms zu Sacks. Alle paar Sekunden verfiel er in so heftige Ticks, dass alle Leute, bis auf seine wenigen guten Bekannten, davor erschraken. Mit seiner Intelligenz, seinem Witz, seinem Humor und seinem angenehmen Charakter hatte es Ray durch die Schule und das College geschafft und sogar geheiratet. Er bekam Jobs, wurde allerdings wegen seines Verhaltens immer wieder gekündigt – denn er reagierte ganz unvermittelt dreist und stieß wüste Flüche aus. Sein Tourette-Syndrom war ein „plötzlicher Eindringling“, den Ray nach Kräften aufzufangen versuchte, indem er an den Wochenenden als Schlagzeuger mit einer Jazz-Band auftrat und bisweilen ziemlich wilde Schlagzeugsoli vollführte. Symptomfrei war er nur, wenn er schlief, gleich nach dem Sex oder wenn er sich ganz auf eine Aufgabe konzentrierte.

Ray wollte Haldol ausprobieren, machte sich aber Sorgen, was von seiner Persönlichkeit übrig bleiben würde, wenn die Ticks verschwänden. Immerhin begleiteten sie ihn, seit er vier Jahre alt war. Als das Medikament anschlug, musste Ray damit zurechtkommen, ein anderer

Mensch zu sein. Unter der Woche, bei der Arbeit, machte ihn das Medikament zu einem nüchternen, tickfreien – sogar langweiligen – Individuum. Doch weil er sein altes intensives, aufbrausendes und wortgewandtes Ich vermisste (das einzige Ich, das er je gekannt hatte), entschied er sich, das Medikament an den Wochenenden nicht zu nehmen, damit er wieder „Witty Ticcy Ray" sein konnte, wie er sich selbst nannte.

Welches war in diesem Fall Rays wahres Ich? Sacks bietet uns keine Antwort, verweist jedoch auf die Geschichte als ein Beispiel für die „Elastizität des Geistes" – es gibt immer ein „Ich" in uns, das sich selbst sichern will, auch im Angesicht eines extremen „Es", das uns zeitweise übernehmen kann.

Der magische Webstuhl

Sacks schreibt, dass unser gegenwärtiges Verständnismodell des Gehirns auf dem Computer-Konzept basiert. Doch er fragt: Könnten Algorithmen und Programme dafür verantwortlich sein, wie wir die Realität erleben – für das Dramatische, das Künstlerische und das Musikalische? Wie bringen wir die Idee, dass Erinnerungen ganz hinten in unserem Hirncomputer lagern, mit der *Reminiszenz* zusammen, wie sie Proust oder andere große Schriftsteller ausdrücken? Ein Mensch ist gewiss nicht nur eine „Denkmaschine". Er ist ein Wesen, für das die Bedeutung von Erlebnissen wichtig ist und das eine „ikonische", vereinfachte Sichtweise der Wirklichkeit hat, die für den lebendigen Sinn für die Dinge und deren Ganzheit sorgt.

Der englische Physiologe Charles Sherrington stellte sich das Gehirn als „magischen Webstuhl" vor, der immerfort Bedeutungsmuster webt. Diese Analogie ist nach Sacks allemal besser geeignet als der Computer, um die sehr persönliche Natur von Erfahrung und ihre Gewinnung zu erklären. Sacks selbst vergleicht das Gehirn mit „Skripten und Noten". Unser Leben ähnelt einem Skript, das einen Sinn ergibt, wenn wir es mitspielen, oder Musiknoten, für die dasselbe gilt. Schließlich sollte das Prisma, durch das wir unser Leben betrachten, weder wissenschaftlich noch mathematisch sein – das wäre vielleicht für die linke Hirnhälfte in Ordnung –, sondern künstlerisch. Für die rechte Hirnhälfte, die so viel mit der Schaffung dieses Dinges zu tun hat, das wir als „Ich" empfinden, muss der Sinn aus „der kunstvollen Szenerie und Melodie von Erfahrung und Handeln" gewonnen werden.

Aus einem bestimmten Blickwinkel mögen Menschen wie fortgeschrittene Roboter aussehen, die über einen neurologischen Computer auf ihr Umfeld reagieren, aber um ein „Ich" zu formen, braucht es mehr. Wie Sacks schreibt, berücksichtigt die empirische Wissenschaft weder die Seele noch das, was das persönliche Wesen ausmacht und bestimmt. Und dieses Etwas ist es, was seine Patienten zurückbekommen oder erhalten wollten – gegen einen zerstörerischen Eindringling.

Zu guter Letzt

Erst wenn neurologisch etwas schiefläuft, erkennen wir, wie selbstverständlich wir die Bemühungen unseres Gehirns nehmen, uns das Gefühl zu geben, autonome Wesen zu sein und die Kontrolle über uns zu haben. Wir sind ein „Wunderwerk der Integration", sagt Sacks, und unterschätzen oft, wie stark der Wille des Ichs ist, sich selbst unter Einwirkung starker desintegrierender Kräfte wie neurologischer Schädigungen oder Krankheiten zu erhalten.

Wäre das Gehirn einfach wie ein Computer, könnte es sich nicht vom Rande des Chaos zurückholen und ein Gefühl von Sinn und Unabhängigkeit wieder herstellen. Mehr als danach, effizient zu funktionieren, strebt der menschliche Verstand nach Ganzheit. Er will Sinn aus willkürlichen Empfindungen und Erfahrung schöpfen.

Ein Gemälde oder eine Symphonie sind nicht bloß Ölfarbe oder Klänge – sie sind Bedeutung. Ebenso werden menschliche Wesen im Laufe ihres Lebens zu etwas Größerem als der Summe ihrer Teile. Wenn Menschen sterben, trauern wir nicht um sie, weil sie „gute Körper" waren, sondern weil sie für eine bestimmte Bedeutung standen. Und genau darüber schreibt Sacks: über das undefinierte, bedeutungsvolle, kostbare Ich.

Über Oliver Sacks

Sacks wurde 1933 als Sohn eines Arztehepaars in London geboren und machte seinen Abschluss in Medizin an der Oxford University. In den 1960ern ging er in die USA und absolvierte sein Praktikum in San Francisco und an der University of California in Los Angeles.

Er zog 1965 nach New York, wo er für seine Arbeit mit Opfern der „Schlafkrankheit" am Beth Abraham Hospital in der Bronx berühmt wurde. Er behandelte sie mit L-Dopa, einer damals noch experimentellen Droge, die vielen von ihnen eine Rückkehr ins normale Leben ermöglichte. Diese Experimente waren Thema seines Buchs *Awakenings* (1973), das die Vorlage zu Harold Pinters Stück *A Kind of Alaska* sowie für den Hollywood-Film *Zeit des Erwachens* mit Robert de Niro und Robin Williams lieferte.

Neben seiner Privatpraxis lehrt Sacks als klinischer Professor für Neurologie am Albert Einstein College of Medicine und als Professor für Neurologie an der New York University School of Medicine. Er ist außerdem als beratender Neurologe für den Orden Little Sisters of the Poor tätig. Sacks wurden mehrere Ehrendoktortitel verliehen.

Zu seinen weiteren Büchern gehören *Stumme Stimmen. Reise in die Welt der Gehörlosen* (1990), *Eine Anthropologin auf dem Mars* (1995), *Die Insel der Farbenblinden* (1996) und *Onkel Wolfram. Erinnerungen* (2001).

Anleitung zur Unzufriedenheit. Warum weniger glücklicher macht

2004

Anders als andere negative Emotionen – Ärger, Traurigkeit, Enttäuschung, sogar Kummer – ist Bedauern oder Reue so problematisch, weil die bereute Entscheidung (und die daraus folgende Konsequenz) hätte vermieden werden können, und zwar durch Sie selbst, wenn Sie anders verfügt hätten.

Nachdem das Überleben über Jahrmillionen von einfachen Unterscheidungen abhing, sind wir vielleicht für die Optionsvielfalt, der wir uns in der modernen Welt gegenübersehen, biologisch nicht gewappnet.

KURZ GESAGT

Paradoxerweise kann das Glück darin liegen, unsere Wahlmöglichkeiten zu beschränken, statt sie zu erhöhen.

ÄHNLICHE TITEL

Daniel Gilbert, *Ins Glück stolpern*

Martin Seligman, *Der Glücks-Faktor*

44. Barry Schwartz

Ist es gut oder schlecht, die Wahl zu haben? Basierend auf den Erkenntnissen von Psychologen, Ökonomen, Marktforschern und Experten im Bereich der Entscheidungsfindung, beginnt *Anleitung zur Unzufriedenheit. Warum weniger glücklicher macht* damit, dass der Psychologe Barry Schwartz in Fakten und Zahlen aufführt, wie viele Marken von Frühstücksflocken er in seinem örtlichen Supermarkt kaufen kann, wie viele verschiedene Fernseher es gibt und wie ratlos ein Verkäufer reagiert, als er ihn nach einer „normalen" Jeans fragt, weil es angesichts der unendlichen Vielfalt so etwas wie normal gar nicht mehr gibt.

Schwartz zitiert eine Studie, in der zwei Gruppen von Collegestudenten gebeten wurden, Pralinen zu beurteilen. Die erste Gruppe bekam nur eine kleine Schachtel mit sechs Sorten zum Probieren, die zweite eine mit dreißig. Das Ergebnis: Die Gruppe mit der geringeren Auswahl war zufriedener mit den Pralinen (sie „schmeckten besser") als die andere mit der größeren Auswahl. Sie wollten sich sogar lieber mit Schokolade als mit Geld für die aufgewandte Zeit entlohnen lassen.

Das ist ein überraschendes Resultat, da wir annehmen würden, dass uns eine größere Auswahl ein besseres Gefühl geben müsste – schließlich ist sie eine Form von Macht. Tatsächlich aber scheinen wir zufriedener mit dem, was wir bekommen, wenn wir weniger Wahlmöglichkeiten haben. Schwartz zufolge verweist dieser Effekt auf eine besondere Art von Angst, die sich in reichen, entwickelten Nationen findet. Zu viel Auswahl kann sich negativ auf unser Glücksempfinden auswirken, weil sie nicht notwendig eine höhere Lebensqualität oder mehr Freiheit bedeutet.

Die steigenden Entscheidungskosten

Schwartz legt gekonnt dar, wie sehr die Kosten steigen, die durch mehr und mehr Entscheidungen entstehen.

Die Technologie sollte uns eigentlich Zeit sparen. Stattdessen hat sie unser altes Nahrungssucheverhalten zurückgebracht, da wir uns nun durch Tausende von Optionen wühlen müssen, um das zu finden, was wir wirklich brauchen. So hatten die Menschen früher beispielsweise wenig oder gar keine Auswahl, was die Anbieter von Telefonen oder Stromversorgung betraf. Heute sind die Wahlmöglichkeiten oft so verwirrend, dass wir am Ende bei unserem alten Anbieter bleiben, um das anstrengende Prüfen alle unterschiedlichen Angebote zu umgehen.

In der Arbeitswelt ist es nicht besser. Während unsere Eltern ihr gesamtes Berufsleben bei einer Firma verbrachten, wechselt die heutige Generation alle zwei bis fünf Jahre den Arbeitsplatz. Wir sind ständig auf der Suche nach etwas Besserem, selbst wenn wir in unserer gegenwärtigen Position relativ glücklich sind.

Und auch in unserem Liebesleben sind die Wahlmöglichkeiten überwältigend. Auch wenn wir „den einen/die eine" gefunden haben, müssen wir immer noch entscheiden: In der Nähe von wessen Familie wollen wir wohnen? Wenn wir beide arbeiten, wessen Job hat dann Vorrang bei der Wahl des Wohnorts? Wenn wir Kinder haben, wer bleibt zu Hause und kümmert sich um sie?

Sogar in der Religion folgen wir jetzt dem Glauben unserer Wahl und nicht dem, den unsere Eltern uns mitgaben, wie Schwartz bemerkt. Wir wählen unsere Identität, bestimmen, wer wir sind. Wenngleich wir mit einer bestimmten Ethnizität, Familie und Klasse geboren werden, scheinen diese Dinge heute nicht mehr als „Gepäck" zu sein. Früher verrieten sie uns eine Menge darüber, wer wir sind, doch heute können wir von gar nichts ausgehen.

Bei so vielen Dingen, die wir früher nicht in der Hand hatten und nun frei wählen, kommt noch etwas anderes ins Spiel – die Fehleranfälligkeit des menschlichen Verstandes, die Schwartz ausführlich illustriert. Angesichts dieser Anfälligkeit sind die Chancen, eine „richtige“ Entscheidung zu fällen, meistens sehr gering. Die Konsequenzen dieser Fehler mögen nicht immer verheerend sein, aber einige sind es durchaus. Die Wahl eines Ehepartners zum Beispiel oder des Colleges, auf das wir gehen, prägt unser Leben. Je mehr Optionen wir haben, umso höher ist der Preis, den wir für falsche Entscheidungen zahlen. Wir denken dann: „Wenn ich so eine große Auswahl hatte, warum habe ich dann diesen schrecklichen Fehler gemacht?“

Schwartz beleuchtet drei Effekte der ausufernden Wahlmöglichkeiten:

* Jede Entscheidung erfordert größere Anstrengung.
* Fehler werden wahrscheinlicher.
* Die psychischen Konsequenzen dieser Fehler sind gravierender.

Wenn „nur das Beste“ nicht reicht

Wenn wir oft falsche Entscheidungen treffen und wir auch noch weiterhin eine Vielzahl von Entscheidungen fällen müssen, wäre es da nicht sinnvoller, nach dem zu streben, was „gut genug“ ist, statt immer „das Beste“ zu wollen? Schwartz bietet hier die faszinierende Unterteilung von Menschen in „Maximierer“ und „Satisficer“ an.

Maximierer sind Menschen, die nicht eher zufrieden sind, als bis sie „das Beste“ bekommen haben, ganz gleich, worum es sich handelt. Dazu müssen sie sich jede Option genau ansehen, bevor sie zu einem Entschluss kommen, sei es, dass sie 15 Pullover anprobieren oder zehn potenzielle Partner testen.

Satisficer sind bereit, sich mit dem zufriedenzugeben, was gerade gut genug ist, ohne sich vorher vergewissern zu müssen, ob es eine bessere Option gibt. Satisficer haben bestimmte Kriterien oder Maßstäbe, anhand derer sie entscheiden. Sie haben kein ideologisches Bedürfnis nach „dem Besten".

Das Konzept des „Satisficing" wurde in den 1950ern von dem Ökonomen Herbert Simon eingeführt. Simons faszinierende Schlussfolgerung war die, dass Satisficing angesichts des für Entscheidungen erforderlichen Zeitaufwands die beste Strategie sei.

Schwartz fragte sich: Fällen Maximierer, bei all der Mühe, die sie in ihre Wahl investieren, tatsächlich die besseren Entscheidungen? Wie er herausfand, lautet die objektive Antwort Ja, die subjektive jedoch Nein. Gemeint ist damit, dass Maximierer vielleicht zu der Entscheidung gelangen, die für sie die bestmögliche ist, dadurch aber nicht unbedingt glücklich werden. Sie mögen einen etwas besseren Job mit etwas besserem Gehalt bekommen, aber sie sind wahrscheinlich nicht zufrieden in ihrer neuen Position.

Ein Maximierer zu sein kann ein recht bitteres Leben bedeuten. Wenn alles, was wir tun, genau richtig sein muss, liefern wir uns einer harschen Selbstkritik aus. Wir kreuzigen uns für Entscheidungen, die sich im Nachhinein als ungünstig erweisen, und fragen uns, warum wir die Alternativen nicht geprüft haben. „Sollte", „könnte", „würde" sind Begriffe, die manch einen Maximierer in ein heilloses Durcheinander stürzen. Schwartz fasst ihr Schicksal in einem Cartoon zusammen, in dem ein abgewiesener Collegeanfänger mit einem Pulli zu sehen ist, der die Aufschrift trägt „BROWN, aber meine erste Wahl war Yale".

Im Gegensatz dazu sind Satisficer eher bereit, sich ihre Fehler zu vergeben, und denken „Ich habe getan, was ich angesichts der mir gebotenen Wahlmöglichkeiten tun konnte". Satisficer glauben nicht, dass sie sich eine perfekte Welt erschaffen können, und deshalb sorgen sie sich weniger, wenn ihre Welt – wie es normalerweise der Fall ist – unvollkommen ist.

Studien zeigen, dass Maximierer gemeinhin weniger glücklich, weniger optimistisch und anfälliger für Depressionen sind als Satisficer. Wenn Sie sich Seelenfrieden und Zufriedenheit im Leben wünschen, werden Sie ein Satisficer.

Glücklich innerhalb gewisser Grenzen

Wie Schwartz anmerkt, hat sich das Pro-Kopf-Einkommen von Amerikanern (unter Berücksichtigung der Inflation) in den letzten 40 Jahren verdoppelt. Die Zahl der Haushalte mit Geschirrspüler stieg von 9 auf 50 Prozent, die der Haushalte mit Klimaanlage von 15 auf 73 Prozent. Dennoch gab es in dieser Periode keinen messbaren Anstieg der Zufriedenheit.

Was uns glücklich macht, sind enge Beziehungen in der Familie und zu Freunden, und genau hier tut sich ein Paradox auf: Enge soziale Bindungen *mindern* unsere Wahlmöglichkeiten und unsere Autonomie im Leben. Die Ehe beispielsweise schränkt unsere Freiheit ein, mehr als einen Sexualpartner zu haben. Wenn dem so ist, muss Glück folglich mit weniger und nicht mehr Freiheit und Autonomie zusammenhängen. „... vermag die Wahlfreiheit doch nicht ganz das zu leisten, was von ihr erwartet wird?", fragt Schwartz. Schließlich könnten wir die Zeit, die wir damit verbringen, uns zwischen Tausenden von Möglichkeiten zu entscheiden, auch in wertvolle Beziehungen investieren. Wahlmöglichkeiten verbessern die Lebensqualität nicht nur nicht, sondern sie können sie sogar verschlechtern. In dieser Gleichung nimmt sich eine gewisse Beschränkung nachgerade befreiend aus.

Schwartz verweist auf eine Umfrage, in der 65 Prozent der Leute angaben, sie würden, wenn sie Krebs hätten, die Behandlungsmethode bestimmen wollen. Doch von den Menschen, die tatsächlich an Krebs erkrankt waren, wollten 88 Prozent diese Wahl *nicht*. Wir denken, dass wir wählen wollen, aber wenn wir es tatsächlich müssen, ist es weniger reizvoll als angenommen. Zu viel Auswahl kann uns regelrecht verzweifeln lassen.

Warum alles unter dem Vergleich leidet

Schwartz zitiert Studien, nach denen Menschen unentschlossen und weniger glücklich sind, wenn sie über Wahlalternativen nachdenken müssen. Wenn man uns zum Beispiel zwei attraktive Kaufangebote macht, wird es de facto unwahrscheinlicher, dass wir uns überhaupt für eines von beiden entscheiden.

Der Schlüssel zum Verständnis dessen, warum mehr Auswahl uns nicht glücklicher macht, ist vielleicht der Umstand, dass damit unsere Verantwortung wächst. In diesem Kontext zeigen Forschungen, dass wir glücklicher sind, wenn wir wissen, dass unsere Entscheidungen unumkehrbar sind. Wenn wir nämlich eine Entscheidung fällen, von der wir sicher sind, dass sie endgültig ist, rechtfertigen wir sie vor uns und stemmen dabei das ganze psychologische Gewicht, das daran hängt. Gingen wir etwa flexibel an die Ehe heran, dann würde das die Bindung naturgemäß schwächen.

Einst konnte man ziemlich glücklich mit seinem Los sein, wenn man in einem Arbeiterviertel lebte, in dem alle gleichgestellt waren. Mit dem Fernsehen, dem Internet und allem anderen allerdings haben wir plötzlich einen ganzen Haufen anderer Menschen, mit denen wir uns vergleichen können. Selbst wenn es uns relativ gut geht, gibt es immer noch andere, die reicher sind. Schwartz spricht in diesem Zusammenhang von einem „sozialen Aufwärts-Vergleich“, der uns eifersüchtig, feindselig und gestresst macht und unsere Selbstachtung mindert.

Der „soziale Abwärts-Vergleich" hingegen bedeutet, dass wir bemerken, wie glücklich wir im Vergleich zu jenen sind, die weniger haben. Solche Vergleiche heben die Stimmung und die Selbstachtung und mindern unsere Ängste. Indem wir uns einfach jeden Morgen und Abend sagen, „Ich habe eine Menge, wofür ich dankbar sein kann", und an diese Dinge denken, stellen wir einen besseren Realitätsbezug her und steigern unsere Zufriedenheit. Dankbare Menschen sind gesünder, glücklicher und optimistischer als undankbare.

Da mehr Wahlmöglichkeiten auch mehr Vergleichsgelegenheiten mit sich bringen, ist das Rezept für Zufriedenheit ganz schlicht in zwei Sätze zu fassen:

* Machen Sie Ihre Entscheidungen unumkehrbar.
* Schätzen Sie das Leben, das Sie haben.

Zu guter Letzt

Ein Überfluss an Wahlmöglichkeiten ist die Hauptursache für psychische Leiden, da er Angst vor verpassten Chancen und Reue über nicht eingeschlagene Wege mit sich bringt. Und dennoch hat sich diese seltsame Form von Elend, die einst nur wenige befiel, mit dem wachsenden Wohlstand und vermehrten Wahlmöglichkeiten nachgerade zu einer Epidemie gewandelt. In einem globalen Dorf kommen wir nicht umhin, uns zu fragen, warum wir nicht so berühmt wie Madonna oder so reich wie Bill Gates sind. Und wir stellen fest, wie banal oder eingeschränkt sich unser Leben im Vergleich zu ihrem ausnimmt.

Wenn Sie ein Maximierer sind, kann *Anleitung zur Unzufriedenheit* Ihr Leben verändern. Wenn Sie sich immer wieder mit „Hätte ich doch nur ..." quälen, könnten Sie durch dieses Buch erkennen, dass die Zufriedenheit mit Ihrem Leben nicht von der tatsächlichen Qualität Ihrer

Erfahrungen abhängt, sondern davon, ob Sie einen Bruch zwischen Realität und Wunschvorstellung wahrnehmen.

Schwartz bietet mehrere Sieben-Fragen-Übersichten in seinem Buch, mit denen Sie erkennen können, ob Sie ein Maximierer oder Satisficer sind. Er selbst gibt zu, ein Satisficer zu sein, was sich auch in seinem Schreibstil bemerkbar macht. *Anleitung zur Unzufriedenheit* ist eindeutig kein Resultat eines jahrelangen Kampfes um jede Zeile und jeden Satz mit dem Anspruch, das „bestmögliche Buch" über Wahlmöglichkeiten und Entscheidungsfindung zu schreiben. Es ist trotzdem erfolgreich, weil Schwartz Jahrzehnte mit dem Nachdenken über die darin beschriebenen Probleme und deren Auswirkungen auf unsere Zufriedenheit verbracht hat.

Über Barry Schwartz

Schwartz machte 1968 seinen BA an der New York University und promovierte 1971 an der University of Pennsylvania. In Übereinstimmung mit seiner These zur Beschränkung der Wahlmöglichkeiten im Leben lehrt und forscht er seit 35 Jahren an ein und derselben Universität. 1971 wurde er Assistenzprofessor am Swarthmore College in Pennsylvania, wo er derzeit Dorwin-Cartwright-Professor für Sozialtheorie und soziales Handeln im Fachbereich Psychologie ist. Er hat außerdem jung geheiratet, und seine Ehe hält bis heute.

Schwartz veröffentlichte viele Zeitungsartikel im Bereich Lernen, Motivation, Werte und Entscheidungsfindung. Zu seinen weiteren Büchern gehören *The Battle For Human Nature. Science, Morality and Modern Life* (1986), *The Cost of Living. How Market Freedom Erodes the Best Things in Life* (2001) und *Psychology of Learning and Memory* (5. Aufl. 2001) zusammen mit E. Wasserman und S. Robbins.

Der Glücks-Faktor

2002

Dies war die Erleuchtung für mich. Was mein eigenes Leben angeht, hatte Nikki den Nagel auf den Kopf getroffen. Ich war ein Miesepeter. Ich hatte 50 Jahre lang zumeist Regenwetter in meiner Seele ausgehalten, und die letzten zehn Jahre war ich die wandelnde dunkle Regenwolke in einem Haus voller Sonnenschein. Alles Glück, das ich hatte, ist mir sicher nicht wegen, sondern trotz meiner Übellaunigkeit zuteil geworden. In jenem Moment beschloss ich, mich zu ändern.

Die ‚sehr glücklichen' Menschen unterschieden sich in einem Punkt markant von durchschnittlich glücklichen oder unglücklichen: in ihrem reichen und erfüllenden sozialen Umgang. Die sehr glücklichen Menschen verbrachten die wenigste Zeit allein (und die meiste Zeit in Gesellschaft). Sie bekamen die besten Noten für ‚gute Beziehungen' zu anderen Menschen, und zwar sowohl von ihren Freunden als auch in ihrer Selbstbeurteilung.

KURZ GESAGT

Glück hat wenig mit Vergnügen zu tun und viel damit, persönliche Stärken und Charakter zu entwickeln.

ÄHNLICHE TITEL

David D. Burns, *Feeling Good*
Mihaly Csikszentmihalyi, *Kreativität*
Daniel Gilbert, *Ins Glück stolpern*
Daniel Goleman, *EQ²*. *Der Erfolgsquotient*
Barry Schwartz, *Anleitung zur Unzufriedenheit*

45. Martin Seligman

In Wissenschaftsjournalen kommt auf 100 Artikel über Traurigkeit nur einer über Glück. Die Psychologie dreht sich immer darum, was mit Menschen nicht stimmt, stellt Martin Seligman fest. In den letzten 50 Jahren war die Psychologie recht erfolgreich, wenn es darum ging, Geisteskrankheiten zu diagnostizieren und zu behandeln. Aber die Konzentration auf diese Themen bedeutete, dass man weit weniger Aufmerksamkeit darauf verwandte, was Menschen glücklich oder erfüllt macht.

In den ersten 30 Jahren seines Arbeitslebens lag der Schwerpunkt Seligmans auf dem Gebiet der Psychopathologie, doch seine Arbeit über Gefühle von Hilflosigkeit und Pessimismus führten ihn zur Erforschung von Optimismus und positiven Emotionen und wie sich deren Präsenz in unserem Leben mehren ließe. Dies veranlasste ihn, den eigentlichen Sinn der Psychologie zu überdenken, und so wurde er zum Begründer der „positiven Psychologie". Zwar ist sein 1991 erschienenes Buch *Pessimisten küsst man nicht* ein anerkannter Klassiker, aber *Der Glücks-Faktor. Warum Optimisten länger leben* hat ebenfalls erheblichen Eindruck hinterlassen. Es ist eine Art Manifest der positiven Psychologie, das uns eine Menge darüber lehren kann, wie wir ein gutes und sinnvolles Leben führen.

Was macht glücklich?

Seligman trägt Hunderte von Forschungsergebnissen zusammen und geht dabei auf folgende Faktoren ein, die üblicherweise als Glücksbringer gelten:

Geld

Die Kaufkraft hat sich in reichen Nationen wie den USA, Japan und Frankreich während der letzten 50 Jahre mehr als verdoppelt, aber die allgemeine Lebenszufriedenheit veränderte sich überhaupt nicht. Sehr arme Menschen haben eine niedrige Glücksschwelle, doch sobald ein gewisses Grundeinkommen und eine bestimmte Kaufkraft erreicht wurden („gerade komfortabel"), gibt es keine Steigerung der Zufriedenheit mehr durch zusätzlichen Wohlstand. Wie Seligman anmerkt, wird unser Glück unmittelbar davon beeinflusst, wie wichtig Geld für uns ist. Materialistische Menschen sind nicht glücklich.

Ehe

In einer großen Umfrage unter 35.000 Amerikanern, die sich über die letzten 30 Jahre erstreckte, fand man am National Opinion Research Center heraus, dass 40 Prozent der Verheirateten sich als „sehr glücklich" einschätzten. Bei den Geschiedenen, getrennt Lebenden und Verwitweten waren es nur 24 Prozent. Diese statistischen Werte wurden auch in anderen Umfragen bestätigt. Die Ehe scheint das Glücksniveau unabhängig vom Einkommen oder Alter zu heben, was für Männer und Frauen gleichermaßen gilt. In einer von Seligmans eigenen Umfragen wies er nach, dass alle sehr glücklichen Menschen in Liebesbeziehungen leben.

Geselligkeit

Beinahe alle, die sich als sehr glücklich bezeichnen, führen ein „reiches und erfülltes Gesellschaftsleben". Sie verbringen die wenigste Zeit allein, ohne ihre Freunde. Menschen, die viel Zeit allein verbringen, verzeichnen generell weniger Glücklichsein.

Geschlecht

Frauen leiden doppelt so oft an Depressionen wie Männer und neigen eher zu negativen Gefühlen. Gleichzeitig erleben sie deutlich mehr positive Emotionen als Männer. Das heißt, Frauen sind sowohl trauriger als auch glücklicher.

Religion

Religiöse Menschen sind durchgängig glücklicher und zufriedener mit ihrem Leben als nicht-religiöse. Sie leiden seltener an Depressionen und sind widerstandsfähiger bei Rückschlägen oder Tragödien. Eine Umfrage kam zu dem Ergebnis, dass religiöse Menschen umso optimistischer sind, je fundamentalistischer sie eingestellt sind. Orthodoxe Juden beispielsweise blicken hoffnungsvoller in die Zukunft als reformierte. Die Predigten in den evangelikalen Kirchen sind optimistischer als jene, die man in protestantischen Kirchen hört. Diese starke „Hoffnung auf die Zukunft", wie Seligman es nennt, gibt den Menschen ein gutes Gefühl sich selbst und der Welt gegenüber.

Krankheit

Krankheit beeinträchtigt die Lebenszufriedenheit und das Glück nicht annähernd so sehr, wie wir denken mögen. Gute Gesundheit an sich wird als selbstverständlich genommen, und nur ernste oder mehrfache Erkrankungen mindern die positiven Gefühle der Menschen.

Klima

Das Klima hat keinerlei Einfluss auf das Glücksniveau. Wie Seligman schreibt, halten die Menschen, die einen Winter in Nebraska durchmachen, die Einwohner Kaliforniens für glücklicher, aber da täuschen sie sich. Wir gewöhnen uns nämlich sehr schnell an gutes Wetter.

Intelligenz und hohe Bildung schließlich haben ebenfalls keinen nennenswerten Effekt auf die Zufriedenheit. Ebenso wenig die ethnische Zugehörigkeit, wenngleich einige Gruppen wie Afroamerikaner oder Lateinamerikaner weniger oft an Depressionen leiden.

Charakter und Glück

All die oben genannten Faktoren werden traditionell als entscheidende Auslöser für Glück oder Unglück gesehen, doch den Forschungen nach machen sie gerade einmal 8 bis 15 Prozent unseres Glücks aus. Angesichts der Tatsache, dass sie darüber entscheiden, wer wir sind und wie sich unsere Lebensumstände darstellen, ist das nicht besonders viel. Laut Seligman ist das doch eine gute Neuigkeit für all jene, die glauben, ihre Lebensumstände würden sie davon abhalten, glücklich zu sein.

Anstelle der obigen Punkte ist für Seligman etwas ganz anderes entscheidend für unser Glück und unsere Lebenszufriedenheit, etwas, das sich langsam entwickelt und von dem wir vielleicht zuletzt von unseren Großeltern gehört haben: der Charakter. Der Charakter besteht aus universellen Tugenden, die sich in jeder Kultur und in der gesamten Literatur finden. Dazu gehören unter anderem Weisheit und Wissen, Courage, Liebe und Menschlichkeit, Gerechtigkeit, Ausgeglichenheit und Spiritualität. Wir erwerben uns diese Tugenden, indem wir persönliche Stärken wie Originalität, Mut, Integrität, Loyalität, Freundlichkeit und Fairness kultivieren und pflegen.

Der Charakter als Konzept ist längst in Ungnade gefallen, weil man ihn für altmodisch und unwissenschaftlich hält. Doch Seligman widerspricht mit dem Argument, dass Charakterzüge oder persönliche Stärken sowohl messbar als auch erlernbar sind, womit sie sich auch für psychologische Studien eignen.

Stärken und Glück

Es besteht ein Unterschied zwischen den angeborenen Talenten, die uns fast automatisch erfolgreich sein lassen, und Stärken, die wir *willentlich* entwickeln. Wie Seligman ausführt, fühlen wir uns eher durch jemanden inspiriert, der ein großes Hindernis überwindet, um etwas zu erreichen, als durch jemanden, der dasselbe dank natürlicher Fähigkeit schafft. Wenn Wille und Entschlossenheit zu unseren Talenten hinzukommen, sind wir ebenso stolz auf unsere Leistung, wie wir es wären, wenn uns jemand wegen unserer Ehrlichkeit loben würde. Talente allein sagen etwas über unsere Gene, aber Tugenden und entwickelte Talente (das Beste aus den persönlichen Stärken machen) sagen etwas über uns als Persönlichkeit.

Durch die Verfeinerung unsere „Signaturstärken" (in Seligmans Buch findet sich ein entsprechender Fragebogen) gewinnen wir Zufriedenheit im Leben und ein Glück, das echt ist. Es ist ein Fehler, unser Leben mit dem Versuch zu verbringen, unsere Schwächen zu korrigieren, sagt Seligman. Vielmehr liegt der größte Erfolg und der wahre Lohn – echtes Glück eben – in der Entwicklung unserer Stärken.

Entscheidet Ihre Vergangenheit über Ihr künftiges Glück?

Die längste Zeit in der Geschichte der Psychologie lautete die Antwort auf die Frage „Ja", angefangen bei Freud bis hin zum „Inneren Kind" der Selbsthilfebewegung. Studien kommen jedoch zu dem Schluss, dass das nicht stimmt. Beispielsweise hat ein Kind, dessen Mutter vor seinem zwölften Lebensjahr stirbt, ein leicht erhöhtes Risiko, später an Depressionen zu leiden. Aber dieses Risiko ist minimal, beschränkt sich auf Mädchen und taucht selbst bei ihnen nur in der Hälfte der Studien auf. Eine Scheidung der Eltern hat ebenfalls nur einen geringen störenden Einfluss auf die späte Kindheit und Adoleszenz, der zudem danach vollkommen verschwindet.

Depressionen, Ängste, Abhängigkeiten, schlechte Ehen und Wut bei Erwachsenen – nichts davon lässt sich dem anlasten, was uns als Kind widerfuhr. Seligmans Botschaft fällt entsprechend hart aus: Wir verschwenden unser Leben, wenn wir glauben, unsere Kindheit habe unser gegenwärtiges Elend herbeigeführt oder würde es uns unmöglich machen, voller Zuversicht in die Zukunft zu blicken. Worauf es ankommt, ist die Entwicklung persönlicher Stärken, die nicht von der Qualität unserer Kindheit oder der gegenwärtigen Umstände abhängen.

Kann Glück tatsächlich gesteigert werden?

Bis zu einem gewissen Grad nein. Viele Forschungen legen nahe, dass die Menschen feste Rahmen geerbt haben, innerhalb derer sie Glück oder Unglück erleben können, so wie manche Menschen trotz Diäten immer wieder zu einem bestimmten Körpergewicht zurückkehren. Es wurde nachgewiesen, dass jemand selbst nach einem großen Lottogewinn höchstens ein Jahr braucht, um wieder beim vorherigen Traurigkeits- oder Glücksniveau anzukommen. Seligman erklärt unumwunden, dass sich unser Glücksniveau nicht dauerhaft steigern lässt, es aber durchaus möglich *ist,* im oberen Bereich dieses festen Rahmens zu leben.

Ausdruck von Emotionen

Die Idee der „emotionalen Hydraulik“ besagt, dass wir unsere negativen Emotionen herauslassen müssen, weil deren Unterdrückung mentale Probleme verursachen kann. Die Menschen im Westen halten es für gesund, Wut zu zeigen, und für ungesund, sie zu unterdrücken. Dabei ist genau das Gegenteil richtig. Wenn wir über etwas nachgrübeln, das uns angetan wurde, und überlegen, wie wir es ausdrücken könnten, wird das Gefühl nur schlimmer. Studien an Menschen vom „Typ A“ (intensiv, strebsam) haben gezeigt, dass das *Ausdrücken* von Feindseligkeit, nicht das Empfinden, in Verbindung zu Herzinfarkten steht. Der Blutdruck geht tatsächlich herunter, wenn Menschen beschließen, ihre Wut für sich zu behalten oder mit Freundlichkeit zu reagieren. Die östliche Denkweise des „Fühle die Wut, aber zeige sie nicht“ ist ein Schlüssel zum Glück.

Hingegen fühlen wir uns umso besser, je mehr Dankbarkeit wir für Menschen oder Dinge in unserem Leben empfinden. Seligmans Studenten veranstalteten einen „Dankbarkeitsabend“, zu dem sie Menschen einluden, denen sie vor allen anderen für das danken wollten, was sie für sie getan hatten. Die Beteiligten waren beinahe alle über mehrere Tage oder Wochen ausgesprochen gut gestimmt.

Unser Gehirn ist so gebaut, dass wir uns selbst nicht dazu bringen können, Dinge zu vergessen, nur weil wir es wollen. Doch wir können vergeben, wodurch „der Stachel entfernt oder sogar verwandelt wird“. Nicht zu vergeben bestraft die Täter nicht wirklich, wohingegen das Vergeben uns verwandeln und unsere Lebenszufriedenheit zurückbringen kann.

Zu guter Letzt

Wir leben heute in einer Welt, die jede Menge Abkürzungen zum Glück anbietet. Wir müssen uns nicht sonderlich anstrengen, um ein positives Gefühl zu bekommen. Aber seltsamerweise hinterlässt gerade die einfache Erreichbarkeit von Vergnügen eine gähnende Leere im Leben der meisten Menschen, weil sie ihnen keinerlei persönliches Wachstum abverlangt. Ein Leben voller Vergnügungen macht uns zu Zuschauern, Unbeteiligten am Leben. Wir meistern nichts und nutzen unsere Kreativität nicht.

Ein echtes Leben ist eines, in dem wir immer wieder Herausforderungen suchen und annehmen. Seligman glaubt, dass wir eine Psychologie brauchen, die dafür sorgt, dass wir „den Umständen gewachsen sind“.

Das nennt er den „Harry-Truman-Effekt". Als Trumann nach dem Tod von Franklin Delano Roosevelt dessen Amt übernahm, erwies er sich entgegen aller Erwartung als einer der größten amerikanischen Präsidenten. Diese Position enthüllte seinen Charakter und erlaubte ihm, seine über lange Zeit verfeinerten persönlichen Stärken zu nutzen.

Ob wir in jedem Moment glücklich sind oder nicht, ist ziemlich irrelevant. Wie für Truman kommt es auch für uns darauf an, ob wir uns entscheiden, uns innerlich weiterzuentwickeln oder nicht. Das Glück ist keine „Begleiterscheinung", sondern verlangt nach Entscheidungen.

Zu den Stärken des Buchs gehören die Tests, die Sie machen können, um Ihr Optimismus-Niveau zu ergründen, Ihre Signaturstärken zu erkennen usw. Manchen Lesern missfallen vielleicht die Anekdoten aus Seligmans Privatleben, die sich überall im Buch finden, etwa wie er die Präsidentschaftswahl der American Psychological Association gewann. Aber sie geben dem Text eine gewisse Würze und sind oft höchst amüsant. Erstaunlicherweise gibt Seligman zu, selbst die ersten 50 Jahre seines Lebens ein Miesepeter gewesen zu sein, doch die zahlreichen Beweise für Glück zwangen ihn zum Umdenken und dazu, es auch auf sich zu beziehen!

Wir müssen aufhören zu glauben, dass Glück etwas Mysteriöses ist, was nur den anderen zuteil wird – die Wege dahin sind klarer denn je, und es liegt bei uns, die Verantwortung für unseren Gemütszustand zu übernehmen.

Über Martin Seligman

Seligman wurde 1942 als Kind zweier Angestellter des öffentlichen Dienstes in Albany, New York, geboren und besuchte die Albany Academy for Boys in New York. Er machte 1964 seinen BA an der Princeton University mit „summa cum laude" und promovierte 1967 an der University of Pennsylvania in Psychologie. Dort ist er seit 1976 Professor für Psychologie.

1998 wurde er zum Präsidenten der American Psychological Association gewählt, von der er auch zwei Distinguished Scientific Contribution Awards bekam. Zu den ehemaligen Präsidenten zählen William James, John Dewey, Abraham Maslow und Harry Harlow.

Seligman hat 200 akademische Artikel und 20 Bücher verfasst, unter anderem *Erlernte Hilflosigkeit* (1975, 1993), *Abnormal Psychology* (1982, 1995) mit David Rosenham, *Pessimisten küsst man nicht* (1991), *Was du ändern kannst und was nicht* (1993) sowie *Kinder brauchen Optimismus* (1995).

Er ist verheiratet und hat sieben Kinder.

In der Mitte des Lebens. Die Bewältigung vorhersehbarer Krisen

1976

Bei jedem Übergang von einem Entwicklungsstadium zum nächsten müssen wir auf eine schützende Struktur verzichten. Wir fühlen uns exponiert und verletzbar – aber auch voll neuen gärenden, embryonalen Wachstums, das uns befähigt, uns auf eine völlig neue Weise zu entfalten.

Mit Fünfundzwanzig hatten sie geheiratet. Und einige Jahre lang schienen sie zu dem Typus aufgeschlossener Leute zu gehören, die die neuen Erfahrungen einer Standardehe im Rahmen derselben beruflichen Klasse genießen. Ich war mit ihnen befreundet, doch wie sie als Ehepartner miteinander auskamen, davon hatte ich keine Ahnung. Ich bemerkte lediglich, daß sie sich nun, Anfang Dreißig, in die Wolle kriegten wie alle von uns.

KURZ GESAGT

Was wie sehr persönliche Veränderungen anmutet, sind oft schlicht Übergänge von einer Lebensphase in die nächste.

ÄHNLICHE TITEL

Erik Erikson, *Der junge Mann Luther*
Carl Rogers, *Entwicklung der Persönlichkeit*

46. Gail Sheehy

Als Reporterin wurde Gail Sheehy nach Nordirland geschickt, um von den dortigen Konflikten zu berichten. Sie geriet mitten in die Ereignisse des „Bloody Sunday“ hinein, als bei einem katholischen Bürgerrechtlermarsch in Derry 14 zumeist sehr junge Zivilisten von den britischen Sicherheitskräften getötet wurden. Als Sheehy direkt vor sich einen Jungen sah, dem eine Kugel das Gesicht wegriss, wurde der Tag für sie zu mehr als einer furchtbaren Erinnerung.

Nach ihrer Rückkehr in die Vereinigten Staaten nahm sie ihr Leben unter die Lupe. Mit 35 Jahren schien ihr der bisherige Lebensstil, die vielen Reisen als Journalistin, nicht mehr genug. Sie hatte das Gefühl, als sei sie immer nur eine „Macherin“ gewesen, ohne wirklich am Leben beteiligt gewesen zu sein, obwohl sie ein Kind hatte, eine Ehe geführt und eine Scheidung hinter sich gebracht hatte. Ihr „ganzes schäbiges Leben“, wie sie es beschreibt, drohte auseinanderzufallen. Sie hatte sich selbst stets als optimistisches, angstfreies, liebevolles und ehrgeiziges „braves Mädchen“ gesehen, doch nun schien sie plötzlich auf die dunkle Seite zu starren, auf das, was wahrscheinlich die erste Hälfte ihres Lebens ausmachte.

Dieser erschreckende Gedanke brachte sie zu der Frage: Was tun andere Menschen, wenn ihnen das passiert? Manche machten den Eindruck, als würden sie ihre Karrieren umso energischer vorantreiben, andere begeisterten sich auf einmal für gefährliche Sportarten, feierten rauschende Partys oder gingen mit Jüngeren ins Bett. Sheehy war klar, dass nichts von alldem die klaffende Leere in ihrer Psyche zu füllen vermochte.

In der Mitte des Lebens. Die Bewältigung vorhersehbarer Krisen war in den 1970ern ein Phänomen. Lebenskrisen bei Erwachsenen waren damals nicht gerade ein heißes Thema, doch das eindrucksvolle Buchcover, der Abdruck von Auszügen in Zeitschriften und Sheehys Talent für Publicity sorgten dafür, dass es ein Bestseller wurde. Ihr Schreibstil ist der, den man bei einer guten Journalistin erwarten würde, und fesselt den Leser praktisch von der ersten Seite an.

In der Mitte des Lebens ließe sich problemlos als veraltete Populärpsychologie abtun, wären da nicht die vielen Leser, die bei der Lektüre auch heute noch ausrufen „Das bin ich!“. Sie alle erkennen sich in Sheehys Beschreibungen der verschiedenen Phasen des Erwachsenenlebens wieder, und das Buch hilft ihnen, sich weniger allein zu fühlen, während sie die Klippen des Lebens umsegeln.

Einschneidende Erlebnisse und tiefere Krisen

Sheehy war klar, dass das entsetzliche Ereignis, das sie gesehen hatte, nur der Auslöser für eine tiefere Veränderung war, die in ihr vorging – eine Art Midlife-Crisis. Diese Erfahrung weckte ihr Interesse an Wendepunkten, die andere Menschen durchlebten, und zu ihrer Überraschung entdeckte sie, dass diese „Übergänge“ mit vorhersehbarer Regelmäßigkeit bei jedem in etwa demselben Alter stattfanden. Die Leute versuchten, äußere Gegebenheiten für ihre Gefühle verantwortlich zu machen, doch wie bei der Autorin selbst waren die nicht die Antwort.

Unzufriedenheit mit einem Leben, das noch vor wenigen Jahren so erfüllend schien, war ein Indiz dafür, dass sich auf einer anderen Ebene etwas veränderte.

Es gab einen Unterschied zwischen „einschneidenden Ereignissen“ wie dem Collegeabschluss, der Heirat, der Geburt eines Kindes und dem Start ins Berufsleben – die natürlich alle ihre Wirkung haben, wie Sheehy anmerkt – und den Entwicklungsstadien, die uns von innen heraus verändern. Wir neigen dazu, unsere Gefühle den Ereignissen zuzuschreiben, dabei sind sie weit häufiger nur Katalysatoren, die uns in die nächste Lebensphase überführen. Wenngleich sie unangenehm und oft schmerzhaft sind, sollten wir diese Übergangszeiten nicht fürchten, da sie letztlich Wachstum bedeuten. Entscheiden wir uns nämlich, diese Veränderungen anzunehmen, dann wissen wir wenigstens, dass wir uns entwickeln.

Sheehy übernimmt die Idee Erik Eriksons, nach der wir uns an bestimmten Wendepunkten im Leben entscheiden können, ob wir persönliches Wachstum anstreben wollen oder lieber die Sicherheit dessen behalten, was wir bereits haben. Beides bringt Veränderungen mit sich. Uns bleibt nur die Wahl, den Prozess bewusster zu kontrollieren oder ihn einfach geschehen zu lassen.

Die Stufen in der Kindheit und Adoleszenz wurden schon erschöpfend behandelt, wie Sheehy feststellt, wohingegen den Übergängen im Erwachsenenleben kaum Aufmerksamkeit zuteil wurde. Bei der Arbeit an ihrem Buch tauchte sie tief in die Literatur über Lebenszyklen ein, las bergeweise Biografien und begann, die Lebensgeschichten von Menschen zwischen 18 und 55 zusammenzutragen. Da sich die Forschung vorwiegend auf Männer bezieht, sorgte Sheehy dafür, dass in ihrem Buch auch viele Geschichten von Frauen vorkommen. Darüber hinaus erkundete sie die Veränderungen in der Dynamik von Paaren und den Stress, der daraus für die Beziehung entstehen kann.

Veränderungen im Laufe der Jahrzehnte

Um die Lebensabschnitte verständlicher zu machen, teilte Sheehy sie in übersichtliche Zehnersprünge auf.

Die Zwanziger

In unseren Zwanzigern erarbeiten wir uns unseren Lebensweg und entdecken die unterschiedlichen Arten des Seins und Tuns, die uns ein Gefühl von Lebendigkeit und Hoffnung vermitteln. Gewöhnlich entscheiden wir uns dann für einen von zwei Wegen: das zu machen, was wir gemäß den Erwartungen von Familie und Freunden tun „sollten", oder Abenteuer zu suchen und „uns selbst zu finden". Wir streben entweder nach Sicherheit und Bindung oder meiden Bindungen insgesamt.

Ein Mann in den Zwanzigern glaubt, er müsse gut in seinem Beruf sein, weil er sich sonst lächerlich machen würde. Seine größte Liebe ist die Karriere. Frauen sind zwar nicht demselben Druck ausgesetzt, wenn sie sich für die Hausfrau- und Mutterrolle entscheiden, doch dafür sinkt ihr Selbstwertgefühl im Vergleich zu ihren männlichen Partnern, die ein weit klareres Feedback für ihre Leistungen bekommen. Frauen fühlen sich rasch von der Welt abgeschnitten und weniger gewürdigt in dem, was sie in ihrer Rolle als Mutter tun. Männer glauben in den Zwanzigern, alles tun zu können, wohingegen Frauen oft die Zuversicht einbüßen, die sie als Heranwachsende hatten.

Paare in den Zwanzigern sind überzeugt, alle Hindernisse überwinden zu können, doch hinter diesem Optimismus verbirgt sich oft ein gewisser Zweifel oder eine Unsicherheit. Frauen wählen sich oft einen „Stärkeren", einen Mann, der ihre familiären Bindungen bis zu einem gewissen Grad ersetzen kann. Damit jedoch vermeiden sie die Arbeit an der eigenen Entwicklung, was sich später rächen kann. Oft sind es die Frauen, die jung heiraten, die sich in ihren Dreißigern grundlegend verändern und aus dem Schatten ihrer Männer treten.

Wenn wir uns der „großen Drei-Null" nähern, fühlen wir uns normalerweise unzufrieden mit unserer Karriere oder den persönlichen Entscheidungen, die wir getroffen haben. Es ist, als wären wir ihnen irgendwie entwachsen. Wir müssen eine neue Richtung finden oder neue

Verpflichtungen eingehen. Wir wollen vielleicht unseren Berufsweg ändern, wieder zurück in den Job oder eine Familie gründen. Falls wir schon seit den Zwanzigern in einer Beziehung leben, kann das „verflixte siebte Jahr" drohen.

Wer in der Entwurzelungsphase der Zwanziger keine Identitätskrise durchgemacht hat, warnt Sheehy, muss sie unweigerlich später nachholen – und sie kann dann weit unerfreulicher ausfallen.

Die Dreißiger

Die Dreißiger sind das „Torschluss-Jahrzehnt". Auf einmal wird uns, wie Sheehy selbst auch, klar, dass unser Leben nicht ewig währt. Die Zeit beginnt zu drängen, was nach klaren Prioritäten verlangt. Während in den Zwanzigern noch alles möglich schien, lassen uns die Dreißiger wissen, dass wir wohl doch nicht alle Antworten kennen, und das kann ein ziemlicher Schock sein. Wir fordern Authentizität von uns und erkennen, dass wir niemandem für irgendetwas die Schuld geben können. Frauen mögen alles auf Ehe und Familie gesetzt haben, doch auf einmal wächst ihr Selbstvertrauen, und ihnen wird bewusst, dass sich in ihrem Leben nicht alles darum drehen kann, anderen zu gefallen oder kulturellen Normen zu entsprechen.

Gemeinhin werden wir jetzt ein wenig gesetzter. Wir binden uns an bestimmte Laufbahnen, kaufen womöglich ein Haus und schlagen Wurzeln. Männer haben das Gefühl, dies wäre ihre „letzte Chance", in der sie es vom Assistenten in der Firma zum leitenden Mitarbeiter bringen müssen oder vom „jungen und vielversprechenden Talent" zum etablierten Autor.

Menschen beider Geschlechter gelangen zu dem Schluss, dass das Leben weit ernster und schwieriger ist, als sie es in den Zwanzigern sahen. Das Alter zwischen 37 und 42 ist für die meisten äußerst angstbesetzt. In Sheehys Umfragen wird vor allem 37 als ein Krisenjahr angegeben.

Die Vierziger

Wir empfinden eine gewisse Stagnation oder Unausgeglichenheit, wenn wir die Mitte des Lebens erreichen. Wer scheinbar mühelos nach oben gekommen war, wird plötzlich vom Leben eingeholt. Nachdem wir unsere Karriere äußerst intensiv vorangetrieben haben, denken wir vielleicht: „Was ist das alles wirklich wert? Warum habe ich keine Kinder?“ Viele Männer um die vierzig fühlen sich unterschätzt und bedrückt. Sie fragen sich: „Ist das alles?“

Die gute Nachricht ist, dass mit Mitte vierzig eine gewisse Gelassenheit eintritt. Für jene, die sich einen neuen Lebenssinn gesucht haben, können dies die besten Jahre sein. Sie begreifen, dass niemand ihr Leben für sie „in die Hand nimmt“ und sie folglich ihr Schicksal selbst und mit größerer Sicherheit meistern. Als Motto für diese Lebensphase schlägt Sheehy „keinen Quatsch mehr“ vor – wir sind, wer wir sind.

Frauen werden in dieser Phase selbstbewusster, während Männer nach Emotionalität streben, nachdem sie ihre Emotionen so lange zugunsten der Karriere vernachlässigt hatten. Das andere Geschlecht verliert seine magische Macht über uns, da wir jetzt imstande sind, das Gegenbild von uns selbst in unsere Psyche zu integrieren. Wir fühlen uns unabhängiger, weniger anfällig für Verliebtheiten, aber besser in der Lage, uns einem anderen Menschen wirklich hinzugeben.

Der Versuch, wir selbst zu werden

Die Suche nach Identität ist das, was Jung als „Individuation“ bezeichnete und Maslow als „Selbstverwirklichung“. Sheehy nennt es „unsere Authentizität gewinnen“. Wie immer wir es formulieren, dies ist das Ziel der einzelnen Lebensphasen.

An jedem Punkt haben wir die Möglichkeit, uns entweder weiterzuentwickeln oder uns den Vorstellungen und Erwartungen anderer unterzuordnen. Wir haben zwei Ichs: das eine, das sich mit anderen vereinen will, und das andere, das nach kreativer Unabhängigkeit und

Freiheit strebt. Im Laufe unseres Lebens schwanken wir zwischen beiden hin und her oder empfinden sie als innere Widersprüche.

Viele unserer Entscheidungen reflektieren einfach den Wunsch, von unseren Eltern fortzukommen oder uns von ihnen zu unterscheiden. Aus diesem Grund heiraten viele Menschen. Interessanterweise hat keines der Paare, die Sheehy interviewte, nur aus Liebe geheiratet. Es gab immer noch einen anderen, stärkeren Grund: „Meine Freundin hat es von mir erwartet", „Meine Familie wollte es", „In meiner Kultur macht man das in dem Alter". Das Problem dabei ist, dass wir irgendwann unseren Ehepartner danach beurteilen, wie gut er den Platz der Eltern ausfüllt, statt ihn um seiner selbst willen zu schätzen. So können wir, falls wir nicht glücklich sind, sagen „er/sie lässt mich das nicht tun", statt selbst die Verantwortung für uns zu übernehmen.

Um die Sache noch komplizierter zu machen, finden die Entwicklungszyklen bei Paaren fast nie gleichzeitig statt. Wenn der Mann innerlich wächst und enthusiastisch ist, macht die Frau vielleicht gerade eine Zeit von Zweifel und Instabilität durch und umgekehrt. Häufig führt das dazu, dass wir uns gegenseitig die Schuld für das geben, was wir durchleben, obwohl die großen Veränderungen doch eigentlich in unserem Inneren geschehen.

Zu guter Letzt

In der Mitte des Lebens ist vor allem wegen der Anekdoten „aus dem wirklichen Leben" unterhaltsam, erzählt von den Einzelnen und Paaren, die Sheehy befragte. Zwar sind diese Geschichten heute ein bisschen überholt, aber zugleich vermitteln sie auch alle eine zeitlose Botschaft. Sheehy zitiert dazu die Schriftstellerin Willa Cather: „Es gibt nur zwei oder drei Lebensläufe, die sich jedoch auf so grimmige, verbissene Weise wiederholen, als hätten sie sich davor noch nie zugetragen." Wenn wir uns der Stufen in unserem Leben bewusster sind, heißt das nicht, dass wir die Kontrolle darüber abgeben. Vielmehr erkennen wir, dass Millionen von anderen die gleichen Probleme durchmachen, die uns so einzigartig erscheinen. Diese Probleme haben weit mehr mit unserer Lebensphase zu tun als mit anderen Menschen oder Situationen, denen wir so gern die Schuld geben.

Seit der Veröffentlichung von *In der Mitte des Lebens* scheinen sich die Zeitrahmen jedoch verschoben zu haben. Im Amerika der 1970er lag das durchschnittliche Alter bei Eheschließung für Frauen bei 21 und für Männer bei 23 Jahren. Heute binden sich die Menschen deutlich später, und es wird mehr oder minder erwartet, dass wir einige Jahre unserer Zwanziger und vielleicht sogar Dreißiger damit verbringen zu entdecken, was wir tun wollen – wobei wir ein Minimum an Verpflichtungen eingehen. Auch ist es für Frauen üblicher, erst später oder gar keine Kinder zu bekommen. Mit dem Alter jenseits der vierzig befasst Sheehy sich außerdem kaum, und gerade dann beginnt für viele Menschen das Leben erst wirklich, da sie von einer weit höheren Lebenserwartung ausgehen können als in den 1970ern.

Damit drängt sich die Frage auf: Welche Übergänge oder Lebenskrisen blühen uns, wenn die Menschen – wie von Wissenschaftlern vorausgesagt – über 100 Jahre leben? Vielleicht sind wir dann eher bereit, das Leben als eine Reihe unvermeidlicher Übergänge zu betrachten, die durch relativ stabile Phasen unterbrochen werden. Vielleicht geben wir die alte Unterscheidung zwischen „jung“ und „reif“ auf und sehen uns stattdessen als gleichsam fließende, kontinuierlich wachsende Geschöpfe anstelle von festen Identitäten.

Über Gail Sheehy

Sheehy ist bekannt für ihre überzeugenden Charakterporträts in Zeitschriften und Zeitungen. Sie schrieb unter anderem über George W. Bush, Michail Gorbatschow, Newt Gingrich, Margaret Thatcher und

Saddam Hussein. Sheehy arbeitete viele Jahre als Redakteurin bei *Vanity Fair* und gewann mehrere Journalistenpreise.

In der Mitte des Lebens hielt sich drei Jahre lang auf der Bestsellerliste der *New York Times* und wurde in 28 Sprachen übersetzt. Es zählt nach einer Umfrage der Library of Congress zu den zehn einflussreichsten Büchern unserer Zeit.

Zu Sheehys weiteren Veröffentlichungen gehören: *Neue Wege wagen* (1981), *Wechseljahre – Na und?* (1992), *Understanding Men's Passages* (1998), *Hillary* (1999), ein Buch über Hillary Clinton, und *Sex and the Seasoned Woman* (2006). Unter Berücksichtigung der Veränderungen in Kultur und Gesellschaft veröffentlichte Sheehy eine überarbeitete Version des hier beschriebenen Buches unter dem Titel *Die neuen Lebensphasen* (1995).

Jenseits von Freiheit und Würde

1971

Vor zweitausendfünfhundert Jahren hätte man vielleicht sagen können, daß der Mensch sich genausogut verstand wie jeden anderen Teil seiner Welt. Heute versteht er sich selbst am wenigsten. Physik und Biologie haben einen weiten Weg hinter sich, doch eine vergleichbare Entwicklung einer Wissenschaft vom menschlichen Verhalten hat es nicht gegeben.

Der Nomade zu Pferd in der Äußeren Mongolei und der Astronaut im äußeren Weltraum unterscheiden sich, doch, soweit wir wissen, würden sie jeder den Platz des anderen einnehmen können, wenn sie bei ihrer Geburt ausgetauscht worden wären.

KURZ GESAGT

Wie alle Tiere sind auch die Menschen Geschöpfe, die von ihrer Umwelt geprägt werden – aber wir besitzen außerdem die Fähigkeit, neue Umfelder anzupassen oder zu schaffen.

ÄHNLICHE TITEL

Harry Harlow, *The Nature of Love*
Stanley Milgram, *Das Milgram-Experiment*
Iwan Pawlow, *Die bedingten Reflexe*
Steven Pinker, *Das unbeschriebene Blatt*

47. B. F. Skinner

Skinner gilt als eine der umstrittensten Gestalten in der Geschichte der Psychologie und war berühmt dafür, keinen Unterschied zwischen Menschen und Tieren zu sehen. Bereits als junger Psychologiestudent rebellierte er gegen das, was für ihn eine romantische Verklärung war, nämlich dass menschliches Handeln aus Gefühlen, Gedanken und Trieben (der „Psyche“) resultiere. Für ihn sollten Menschen stattdessen, wie Pawlows Arbeiten nahelegten, als Tiere analysiert werden, die mit ihrem Umfeld interagieren.

Dennoch bewegt sich Skinner mit seiner Theorie vom „operanten Verhalten“ über Pawlow hinaus. Menschen sind nicht bloß Reflexmaschinen, wie er sagt, sondern veränderten ihr Handeln je nach dessen *Konsequenzen.* Diese philosophische Unterscheidung erklärte die unglaubliche Vielzahl von Unterschieden, während sie zugleich die Behavioristen-Überzeugung gelten ließ, nach der Menschen vor allem Geschöpfe ihrer Umwelt sind.

Skinner wurde zum bekanntesten Vertreter des Behaviorismus, weil er zum einen ein brillanter Forscher war (Tauben waren für Skinner, was Hunde für Pawlow waren) und zum anderen hervorragend schrieb. Seine Kombination von technischem Können und dem Wunsch, das große, philosophische Bild zu sehen, war ungewöhnlich und brachte ihm sowohl die Anerkennung seiner Kollegen ein als auch mehrere Bestseller, die die Menschen zum Nachdenken anregten.

Eine Technologie des Verhaltens?

Jenseits von Freiheit und Würde wurde zu einer Zeit geschrieben, als Probleme wie Überbevölkerung und Atomkrieg eine ernste Bedrohung darstellten. Das Überleben der menschlichen Spezies schien auf dem Spiel zu stehen. Was war zu tun?

Skinner bemerkte, es sei nur natürlich, die Probleme der Welt mit technischem oder wissenschaftlichem Fortschritt lösen zu wollen, doch zugleich betonte er, dass wahre Lösungen nur zustande kommen könnten, wenn sich das *Verhalten* der Menschen ändere. Das bloße Vorhandensein von Verhütungsmitteln garantiere noch nicht, dass die Leute sie auch nutzten. Der Zugang zu mehr fortschrittlicher Agrartechnologie sichere noch nicht deren Einsatz. Die *Menschen* verursachten Probleme, und doch reiche es nicht aus, eine bessere Beziehung zwischen Menschen und Technologien anzustreben oder gar die Technologie zu personalisieren. Vielmehr brauche es eine „Technologie des Verhaltens".

Skinner schrieb, wie wenig die Psychologie sich im Vergleich zur Physik oder Biologie weiterentwickelt habe: Im antiken Griechenland wussten die Menschen über sich selbst genauso viel wie über das Universum. Heute jedoch haben wir in den Wissenschaften zwar einen gewaltigen Schritt nach vorn getan, aber wir wissen immer noch nicht mehr über uns selbst.

Eine neue Wissenschaft schaffen

Skinner glaubte, dass die Psychologie an den falschen Stellen nach den Ursachen von Verhalten suchte und sich deshalb grundsätzlich im Irrtum befand. Wir denken nicht mehr, dass Menschen von Dämonen besessen sind, wie er schrieb, und dennoch baut die Psychologie nach wie vor auf die Ansicht, unser Verhalten sei von „uns innewohnenden Agenzien (verursachenden Kräften)“ bestimmt. In der freudschen Psychologie beispielsweise werden die Handlungen eines einzelnen Menschen nicht von der Interaktion mit einem, sondern mit dreien dieser inneren Elemente angetrieben (das Es, das Ich und das Über-Ich). Die Alchemisten des Mittelalters ordneten jedem Menschen eine mystische „Essenz“ zu, die das Verhalten prägte, und heute glauben wir an etwas namens „menschliche Natur“, das uns bewegt. Folglich wird uns erzählt, dass alle Probleme der Welt auf veränderte innere Einstellungen reduzierbar seien: Stolz überwinden, weniger Streben nach Macht oder Aggression, höhere Selbstachtung, Sinnsuche und so fort.

Für Skinner indes sind all diese Konzeptionen des menschlichen Wesens „vorwissenschaftlich“. Die Physik und die Biologie haben sich längst von der Idee verabschiedet, dass Objekte oder Tiere von einem „inneren Sinn“ angetrieben würden, und trotzdem behaupten wir noch, dass ein nicht-physisches Gefühl einen physischen Akt der Aggression „verursachen“ würde. Wir nehmen es als gegeben hin, dass Geisteszustände Verhaltensweisen hervorrufen. Dieser „Mentalismus“, wie Skinner es nannte, hatte zur Folge, dass das Verhalten an sich nie wirklich erforscht wurde.

Psychologie des Umfelds, nicht des Geistes

Nach Skinner bekommen wir auf die Frage, warum jemand ins Theater gegangen ist, die Antwort „Weil mir danach war“, und wir geben uns damit zufrieden. Richtiger wäre allerdings zu erkunden, warum die Betreffenden in der Vergangenheit ins Theater gingen, was sie über das Stück gelesen oder gehört haben und welche anderen Umfeldfaktoren sie zum Theaterbesuch veranlassten. Wir sehen Menschen als „Zentren, aus denen Verhalten hervorgeht“, obgleich es stimmiger wäre, sie als die

Resultate von Umwelteinflüssen und ihren Reaktionen auf die Welt zu betrachten. Wir müssen nichts über den Geisteszustand einer Person, ihre Gefühle, ihre Persönlichkeit, ihre Pläne oder ihre Absichten wissen, um ihr Verhalten zu studieren. Um zu erkennen, warum Menschen tun, was sie tun, brauchen wir nichts weiter zu wissen, als welche Umstände sie veranlassten, in einer bestimmten Weise zu handeln.

Unser Umfeld ist nicht bloß die Szenerie, in der unsere selbst gewollten Handlungen stattfinden, sondern es macht uns zu dem, was wir sind. Wir ändern unser Handeln danach, was sich als gut für uns (unser Überleben) erweist und was nicht. Wir bilden uns ein, autonom zu handeln, während wir uns de facto an dem orientieren, was unser Handeln „bestärkt". So wie das Gedeihen einer Spezies davon abhängt, wie gut sie mit ihrem Umfeld interagiert und sich ihm anpasst, ist der Mensch, der wir sind, das Resultat unserer Interaktionen und Anpassungsbemühungen in der Welt, in die wir hineingeboren wurden.

Bessere Umfelder, nicht bessere Menschen

Was meint Skinner mit dem Titel *Jenseits von Freiheit und Würde*? Er gibt zu, dass die „Freiheitsliteratur" in der Vergangenheit Menschen erfolgreich zur Rebellion gegen unterdrückende Autoritäten aufrief. Diese Schriften verbanden Kontrolle und Ausbeutung mit dem Bösen und die Flucht daraus mit dem Guten.

Doch für Skinner fehlte etwas in der einfachen Gleichung: Wir haben unsere Gesellschaften tatsächlich so entworfen, dass sie viele verschiedene Formen von Kontrolle beinhalten, die statt auf direkter Macht ihrerseits auf Aversion oder Veranlassung basieren. Den meisten dieser subtileren Kontrollformen unterwerfen sich die Menschen freiwillig, weil sie letztlich ihren eigenen sozialen oder wirtschaftlichen Zwecken dienen. Beispielsweise hassen Millionen Menschen ihre Jobs, bleiben aber dabei, um die Konsequenzen der Arbeitslosigkeit zu vermeiden. Sie werden durch Abneigung kontrolliert, nicht durch Macht, aber sie werden immer noch kontrolliert. Beinahe alle von uns leben in Gemeinschaften, und diese Gemeinschaften erhalten sich selbst über ein gewisses Maß an Kontrolle. Wäre es nicht besser zuzugeben, dass wir nicht so frei und autonom sind, wie wir gern glauben möchten, und offener einzugestehen, welchen Kontrollformen wir uns unterwerfen? Warum gehen wir nicht wissenschaftlich an die Kontrollformen heran, die sich als effizienteste erweisen? Dies ist die Essenz des Behaviorismus.

Nach Skinner ist Bestrafung eine unglückliche Art, mit Menschen umzugehen, die die höheren Ziele der Gesellschaft nicht begriffen haben oder nicht angemessen auf sie reagieren. Besser wäre es, das Verhalten zu ändern, indem man alternative Handlungsformen bestärkt. Man kann den Leuten keinen Sinn oder keine Absicht geben, aber man kann einige ihrer Verhaltensweisen reizvoller als andere machen. Angesichts der massiven Prägungsmacht des Umfelds ist es, nach Skinner, weit besser, die Ressourcen einer Kultur zu nutzen, um „bessere Umfelder zu entwerfen anstatt bessere Menschen“. Wir können einen Geist nicht ändern, sehr wohl aber das Umfeld, in dem jemand zu einem anderen Verhalten bewegt wird.

Glieder einer Kette

Skinner will darauf hinaus, dass wir eine Menge Energie verwenden, um die Ethik des Individualismus aufrechtzuerhalten. Als Spezies könnten wir jedoch weit mehr erreichen, indem wir uns auf die Art von Umfeldsituationen konzentrieren, die große Errungenschaften hervorbringen. Er leugnete nicht, dass es große Menschen gab, die beachtliche Beiträge lieferten. Aber er glaubte, wir würden mehr solcher Menschen hervorbringen, indem wir nicht auf eine Ethik des triumphierenden Individualismus setzen, sondern fruchtbarere Umfelder schaffen.

Wie Skinner es formulierte: „Wenn Kulturen auch durch solche Menschen verbessert werden, deren Wissen und Mitgefühl Aufschluß darüber geben können, was sie tun oder tun werden, kommt die entscheidende Verbesserung doch von der Umwelt, die jene Menschen verständnisvoll und mitfühlend macht." Was wir als „Charakterzüge" ansehen, sind in Wirklichkeit Kulminationen einer Geschichte von Bestärkungen durch das Umfeld. Kurz gesagt: Skinner glaubte, dass wir die Menschen auf ein Podest stellen. Während Hamlet dazu veranlasst war, vom Menschen zu sagen „Wie ein Gott!", verweist Skinner auf Pawlows Beobachtungen: „Wie ein Hund!" Skinner war jedoch überzeugt, dass wir mehr als Hunde sind, und staunte über die Komplexität menschlicher Wesen und ihres Verhaltens. Zugleich sagte er, wir seien insofern nicht anders als Hunde, weil wir uns ebenfalls zur wissenschaftlichen Analyse eignen. Während Dichter, Schriftsteller, Philosophen und Autoren lange Zeit die inneren Motive feierten, die das menschliche Ich leiteten, ist Skinners klinische Definition folgende: „Ein ‚Ich' ist ein Verhaltensrepertoire, das einem gegebenen Komplex von Kontingenzen entspricht."

Und was ist mit Gewissen und Moral? Skinner schrieb dazu: „Wie wir gesehen haben, ist der Mensch kein moralisches Lebewesen in dem Sinne, daß er sich durch einen besonderen Charakterzug oder durch eine besondere Tugend auszeichnet; er hat eine Art von sozialer Umwelt geschaffen, die ihn veranlaßt, sich auf moralische Weise zu unterhalten."

Wenngleich Skinner von der Einzigartigkeit jedes Menschen bis in die kleinste Faser seines Seins überzeugt ist, verfehlt die besondere Hervorhebung für ihn doch den eigentlichen Punkt. Jedes Individuum ist nach seiner Sichtweise eine Stufe in einem Prozess, der lange Zeit vor ihm begann und noch lange nach ihm fortgesetzt wird. Ist es in Anbetracht dieses größeren Kontextes nicht nachgerade dumm, so viel Aufhebens um Individualität zu veranstalten? Gewiss ist es ungleich produktiver, wenn wir uns als ein Glied in einer langen Kette sehen, die von unserer genetischen Geschichte und unserem Umfeld geprägt ist, wobei wir Letzteres allerdings durchaus mitgestalten können.

Zu guter Letzt

Jenseits von Freiheit und Würde löste eine große Kontroverse aus, als es erschien, da es offensichtlich die Ethik der persönlichen Freiheit angriff. Aber waren Skinners Ideen tatsächlich so gefährlich?

Freiheit ist eine wunderbare Idee, doch Kulturen und Gemeinschaften fordern für ihr Überleben naturgemäß einen dichten Kontrollapparat. Skinner beschrieb die Evolution einer Kultur als gigantische Übung in Selbstkontrolle, die sich nicht davon unterschied, wie Einzelne ihr Leben organisieren, um den Fortbestand und das Gedeihen zu sichern. Kontrolle ist daher eine Tatsache des Lebens. Skinner wollte darauf hinaus, dass es möglich ist, Kulturen zu schaffen, in denen es weniger Aversionskontrolle wie Strafandrohung gab und mehr positive Kontrollen, denen die Menschen freiwillig zustimmten. Ein solches Szenario zeichnete er in seinem utopischen Klassiker *Walden II.* Oberflächlich erinnerte das an den frühen Kommunismus, aber der wesentliche Unterschied bestand darin, dass die kommunistische Ideologie auf irrigen Vorstellungen über die menschliche Natur basierte. Der Behaviorismus indes will wissenschaftlich analysieren, wie Menschen wirklich handeln. Jede Kultur, die sich seiner Ideen bediente, würde nach dieser Sicht nicht auf vergeblichen Hoffnungen gründen, sondern auf nachvollziehbaren Fakten.

Eine der faszinierendsten und vielleicht für heutige Zeiten relevanten Thesen Skinners ist die, dass für Kulturen, die Freiheit und Würde über alles stellen und eine „romantische" Sicht der Psychologie in Bezug auf Freiheit der inneren Person vertreten, die Gefahr besteht, von anderen überholt zu werden, die das Überleben an erster Stelle sehen. Länder mögen sich damit brüsten, „im Recht“ zu sein, doch eine derartige Inflexibilität garantiert nicht unbedingt Freiheit.

Falls Sie schon immer zu der Ayn-Rand-ähnlichen Überzeugung tendierten, persönliche Verantwortung, freier Wille und die Vorherrschaft des Einzelnen seien alles, dürfte Skinner in Ihrem Denken eine Revolution auslösen. Glaubte er wirklich, dass die Idee vom Individuum abgeschafft gehört? Nein. Das Ideal der „inneren Person“, die angeblich ihre Umwelt auf heroische Art für ihre Zwecke manipuliert, betrachtete er jedoch tatsächlich als falsch. Wir ändern Menschen nicht, indem wir wissenschaftlich über sie diskutieren, schrieb Skinner, ebenso wenig wie Isaac Newtons Analyse des Regenbogens dessen Schönheit schmälerte.

Skinner mag unbequem bleiben, hatte allerdings großen Einfluss auf eine Vielzahl von Bereichen. Mit der Zeit wandelt sich das Bild vom kalten Laborforscher vielleicht zu dem eines Menschen, der wusste, wie viel auf dem Spiel steht, wenn mit Ideologien und romantischen Menschheitsbildern geliebäugelt wird. Sein Ziel, eine wissenschaftliche Grundlage zur Verbesserung unseres Schicksals zu finden, weist ihn jedenfalls als wahrhaften Menschenfreund aus.

Über B. F. Skinner

Burrhus Frederic („Fred“) Skinner wurde 1904 in Susquehanna, einer kleinen Eisenbahnerstadt in Pennsylvania, geboren. Sein Vater war Anwalt, seine Mutter Hausfrau.

Skinner besuchte das Hamilton College in New York, wo er einen BA-Abschluss in Englisch machte. Er träumte davon, Schriftsteller zu werden. Eine Weile lang führte er das Leben eines Bohemiens in Greenwich Village in New York, doch als der Erfolg als Dichter und Kurzgeschichtenschreiber ausblieb und nachdem er die Arbeiten von Pawlow und John B. Watson gelesen hatte, bewarb er sich für einen Studienplatz in Psychologie an der Harvard University.

In Harvard machte er seinen MA-Abschluss und promovierte, bevor er sich für Forschung und Lehre entschied. Er leitete die Psychologieabteilungen an der University of Minnesota (1937–45) und der University of Indiana (1945–48) und machte dort seine Experimente, die ihm zu allgemeiner Bekanntheit verhalfen. 1947 kehrte er als William-James-Lecturer nach Harvard zurück, wo er später die Edgar-Pierce-Professur für Psychologie bekam.

Skinner erhielt viele Ehrungen, darunter die National Medal of Science, die ihm 1968 von Präsident Lyndon B. Johnson verliehen wurde. Zu seinen Veröffentlichungen gehören: *The Behavior of Organisms* (1938), *Walden two/Futurum zwei* (1948), *Verbal Behavior* (1957, von Noam Chomsky rezensiert), *Wissenschaft und menschliches Verhalten* (1953) und *Was ist Behaviorismus?* (1974). Seine dreiteilige Autobiografie erschien unter den Titeln *Particulars of My Life* (1976), *The Shaping of a Behaviorist* (1979) und *A Matter of Consequences* (1983).

Skinner starb 1990 an Leukämie.

Offen gesagt! Erfolgreich schwierige Gespräche meistern

1999

Die Menschen, mit denen wir zusammenarbeiteten ... berichteten von weniger Angst und größerer Effizienz in ihren Gesprächen. Sie stellten fest, dass sie weniger Furcht davor hatten, was andere sagen könnten. Sie fühlen sich in schwierigen Situationen freier in ihrem Handeln, haben größeres Selbstvertrauen und ein ausgeprägteres Gefühl von Integrität und Selbstachtung. Sie lernen außerdem, dass sie viel häufiger konstruktiv mit schwierigen Themen und unglücklichen Situationen umgehen, wodurch ihre Beziehungen gestärkt werden. Und das ist eine Chance, die viel zu gut ist, um sie ungenutzt zu lassen.

KURZ GESAGT

Schwierige Gespräche bergen die Chance, Beziehungen zu verändern, sofern wir bereit sind, anders an die Sache heranzugehen. Es geht darum, nicht unsere Botschaft mitzuteilen, sondern zu erkennen, warum sich der andere so verhält, wie er es tut.

ÄHNLICHE TITEL

Robert Bolton, *People Skills*
Robert Cialdini, *Einfluß*
Susan Forward, *Emotionale Erpressung*
Carl Rogers, *Entwicklung der Persönlichkeit*

48. Douglas Stone, Bruce Patton & Sheila Heen

Das Leben ist voller schwieriger Gespräche, und dennoch meiden wir sie alle. Können wir etwas tun, um sie weniger schwierig zu machen? *Offen gesagt! Erfolgreich schwierige Gespräche meistern* basiert auf der 15-jährigen Arbeit am Harvard Negotiation Project, aus dem auch der viermillionenfach verkaufte Titel *Getting to Yes* hervorging. Im Rahmen des Projekts fiel Stone, Patton und Heen die Aufgabe zu herauszufinden, wie die Kommunikation zwischen zwei Personen effektiver gestaltet werden kann. Sie arbeiteten mit Studenten und Berufstätigen an ihren schwierigsten Gesprächen und Begegnungen, um neue Techniken des Konfliktverständnisses und der Interaktion zu entwerfen.

Wenngleich die Autoren aus dem Bereich Verhandlung, Mediation und Recht kommen, beziehen sie sich in ihrer Arbeit auf Erkenntnisse aus dem Verhalten in Organisationen, der kognitiven Therapie, der Sozialpsychologie und der Kommunikationstheorie. Vor allem aber haben sie sich mit der Kommunikationsdynamik innerhalb von Familien beschäftigt. Unter den Leuten, von denen sie am stärksten beeinflusst wurden, sind die Psychologen Aaron Beck, David Burns und Carl Rogers. Das Ergebnis ist ein beachtlicher Ratgeber, der uns in wirksame Techniken einführt, die bereits an den Krisenherden der Welt benutzt wurden, um die gegnerischen Seiten zusammenzubringen und eine bessere Zukunft einzuläuten.

Was ist ein schwieriges Gespräch?

Stone, Patton und Heen definieren es als „alles, worüber Ihnen zu reden schwerfällt“, und was wir zu vermeiden versuchen. Für die meisten Menschen ist es demzufolge z. B. nicht einfach oder unkompliziert:

* jemanden zu kündigen
* eine Beziehung zu beenden
* die Schwiegermutter zur Rede zu stellen
* über Vorurteile zu sprechen
* um eine Gehaltserhöhung zu bitten

Die Autoren vergleichen schwierige Botschaften mit dem Werfen einer Handgranate, die „mit Zuckerguss überzogen ist und trotzdem Schaden anrichtet, ganz gleich, ob wir sie hart oder weich werfen“. Sie „taktvoll“ zu zünden ist keine Lösung. Ebenso wenig reicht es aus, „diplomatisch“ zu sein. Wir können nicht darauf hoffen, dass wir nur nett zu sein brauchen und schon läuft alles friedlich ab. Was aber ist die Lösung? Statt Handgranaten abzuwerfen oder „Botschaften rüberzubringen“, versprechen Stone, Patton und Heen, unsere schwierigen Gespräche zu verwandeln, indem sie sie durch das ersetzen, was sie als *Lerngespräche* bezeichnen. Diese neue Form der Kommunikation erfordert zwar einige Arbeit, kann allerdings den Stress in unseren Interaktionen mit anderen erheblich mindern. Lerngespräche heben das Selbstvertrauen aller Beteiligten, weil die Atmosphäre der Schuldzuweisung entfällt und das Zuhören an deren Stelle tritt. Das erhöht naturgemäß das Vertrauen aller. Konflikte können in Verständnis umgewandelt werden.

Drei Gespräche in einem

Offen gesagt! baut auf der Idee auf, dass „jedes schwierige Gespräch in Wahrheit aus dreien besteht". Jenseits der tatsächlich ausgesprochenen Worte sind da jene Gespräche, die größtenteils intern ablaufen und sich auf unsere Wahrnehmung und Deutung der Situation beziehen.

Das Was-ist-passiert?-Gespräch

Es handelt von unserer Wahrnehmung des Ergebnisses – wer sagte was, wer hat Schuld, wer hat recht. Das Problem ist, dass wir unsere eigene Version nie anzweifeln und ebenso nie infrage stellen, dass es bei schwierigen Gesprächen darum geht, „die Fakten klarzustellen" – statt uns ihre *Bedeutungsebene* anzusehen. Im Wesentlichen haben wir es hier also mit Konflikten der Wahrnehmung, der Interpretation und der Werte zu tun.

Sobald wir aber unsere Herangehensweise ändern und anstelle der Vermittlung einer Botschaft herausfinden wollen, wie anders die andere Person etwas sieht, wird das Gespräch schlagartig weniger schwer und emotionsgeladen. Statt unsere Interpretation einer Situation zu „der Wahrheit" zu erklären, bieten wir sie als unsere Deutung an.

Das Gefühlegespräch

Wie fühlen wir über das, was gesagt wurde? Sind die Gefühle der anderen Person zutreffend? Sind meine Gefühle zutreffend? Was sollte ich tun, wenn die andere Person wütend oder verletzt ist?

Viele starke Gefühle spielen bei schwierigen Gesprächen eine Rolle, auch wenn sie oft nicht ausgedrückt werden. Wenn zwei Menschen sich unterhalten, läuft in jedem von ihnen ein Parallelgespräch ab, in dem es um seine Gefühle während der Interaktion geht.

Da Gefühle das Urteilsvermögen trüben und Dinge unangenehm machen, sollten wir sie da nicht besser ganz ausklammern? Sollten wir versuchen, nur bei den „Fakten" zu bleiben? Nun, das ist zwar eine hübsche Idee, doch wie Stone, Patton und Heen anmerken, sind schwierige Gespräche ohne Gefühle etwa so wie eine Oper ohne Musik: Wir bekommen die Handlung mit, aber wir verfehlen das eigentliche Ziel. Wie die Autoren betonen, sind bei schwierigen Gesprächen Gefühle nicht bloß im Spiel, sondern das eigentliche, zentrale Thema.

Das Identitätsgespräch

Erschüttert uns das, was wir gerade zum anderen gesagt oder er gerade zu uns gesagt hat, in unserem Ich-Gefühl? Hat uns das Gespräch plötzlich klargemacht, dass wir im Grunde ein schlechter, inkompetenter oder betrügerischer Mensch sind? Beim Identitätsgespräch geht es um das Selbstbild oder die Selbstachtung.

Wenn wir ein Meeting mit dem Chef haben, bei dem wir um eine Gehaltserhöhung bitten wollen, werden wir nervös. Denn ob wir sie nun bekommen oder nicht, auf jeden Fall wird es für unseren Boss – und somit auch für uns – um unseren Wert gehen. Wir reden also nicht bloß über Geld, sondern über *uns*. Dasselbe gilt, wenn wir der Boss sind und jemanden entlassen müssen. Was sagt dieser Akt über uns als Menschen aus: dass wir herzlose Schufte sind? Wenn wir jemanden kündigen, geht es nur zum Teil um die betroffene Person. Allein indem wir uns bewusst machen, dass wir ein „Identitätsgespräch" führen, können wir schon weit effektiver an die schwierige Unterhaltung herangehen. Sobald wir wissen, dass unser Selbstbild ins Spiel kommt, laufen wir weniger Gefahr, auf emotionaler Ebene aus dem Gleichgewicht zu geraten.

Haben wir erst einmal begriffen, dass bei schwierigen Gesprächen immer drei gleichzeitig ablaufen und wir in jedem davon Fehler machen können, verlagern wir nach Stone, Patton und Heen den Schwerpunkt. Uns liegt weniger daran, Recht oder Unrecht festzustellen, und mehr daran, etwas zu lernen. Die meisten schwierigen Gespräche handeln davon, mit dem Finger auf etwas zu zeigen, doch damit erreichen wir lediglich einen größeren Konflikt, heftigeres Leugnen und falsche Urteile. Schuldzuweisungen verschleiern die Sache bloß und halten uns davon ab, herauszufinden, was schiefgegangen ist.

Die Alternative zur Schuldzuweisung ist der gemeinsame Beitrag. Statt nach dem Fehler zu suchen, auf den wir zeigen können, arbeiten wir daran, festzustellen, was zum Problem *beigetragen* hat. Hier findet eine Verschiebung von den Personen hin zu den Problemen statt. Unser Ansatz wandelt sich vom Beweisenwollen oder Jemanden-auf-seinen-Platz-Verweisen in Neugier und gemeinsame Problemlösung.

Die Geschichten des anderen anhören

Von der Schuldzuweisung zum gemeinsamen Beitrag gelangen wir nur über das Zuhören. Wie sieht der andere die Situation, und wie kam es zu dieser Wahrnehmung?

Eine der Regeln der Autoren lautet: Menschen verändern sich nur, wenn sie sich verstanden fühlen. Jemandem zu sagen, er solle etwas tun, ist selten von Erfolg gekrönt. Mit Verständnis hingegen können wir seine Widerstandsmauer leichter einreißen. Trevor beispielsweise ist genervt, weil Karen ihre Unterlagen nicht rechtzeitig einreicht. Karen ihrerseits wird erst darüber nachdenken, warum es Trevor so wichtig ist, wenn er bereit ist zu überlegen, warum sie es tut. Als sie sich schließlich zusammensetzen und darüber sprechen, erfährt Trevor, dass Karen nicht einfach faul oder trotzig ist, sondern ihren fordernden Kunden den Vorrang gibt. Sie hört bei dieser Gelegenheit, welche Probleme Trevor bekommt, wenn der Papierkram zu spät erledigt wird. Nachdem sie sich gegenseitig verstanden haben, können sie eine Lösung erarbeiten – vorher nicht. Wie Stone, Patton und Heen schreiben: „Um in einer Auseinandersetzung irgendetwas zu erreichen, müssen wir die Geschichte des anderen gut genug verstehen und den Sinn ihrer Schlussfolgerungen begreifen."

Natürlich gibt es auch Zeiten, in denen wir wissen, dass wir im Recht und andere im Unrecht sind. Ist es etwa nicht richtig, dass wir unsere Tochter vom Rauchen abhalten wollen? Vielleicht, aber in den meisten Situationen geht es nicht darum, recht zu haben. Unsere Tochter wird genauso gut wissen wie wir, dass Rauchen schlecht für sie ist – der Konflikt ist wohl eher der, dass sie ihr „Braves-Mädchen-Image" loswerden und unabhängiger werden will. Und haben wir ihr erst einmal vermittelt, dass wir ihre Identitätsveränderung begriffen haben, muss sie eventuell gar nicht mehr rauchen.

Werden Sie nicht emotional – drücken Sie Gefühle aus

Der vorsichtige Ausdruck von Gefühlen ist ein wesentlicher Teil davon, schwierige Gespräche zu produktiven zu machen. Hierzu geben Stone, Patton und Heen eine Menge kluge Hinweise, z. B.:

* Wenn wir versuchen, unsere Gefühle zu unterdrücken, machen sie sich erst recht über den Tonfall, die Körpersprache und die Mimik bemerkbar.
* Emotional werden darf nicht mit dem klaren Ausdruck von Emotionen verwechselt werden, wie zum Beispiel „Ich bin verletzt" oder „Ich bin wütend". Und übersetzen Sie Gefühle nicht in Urteile über die andere Person.
* Manchen Menschen fällt es sehr schwer, einen Satz oder ein Gespräch mit den Worten „Ich habe das Gefühl" zu beginnen, doch gerade damit bringen Sie die andere Person dazu, wirklich zuzuhören.
* Wir sollten Gefühle, die wir haben, nicht abtun – sie sind real. Seien Sie sich dessen bewusst, „dass gute Menschen schlechte Gefühle haben können".

* Unsere Gefühle sind genauso wichtig wie die anderer. Dennoch leugnen wir deren Gültigkeit und sabotieren damit unsere Beziehungen. So verdrängen wir beispielsweise die Wut auf den Ehepartner und sind nicht imstande, ihn wieder richtig zu lieben, ehe wir sie nicht ausgedrückt haben.

Die Gefahren des „Alles oder nichts"-Denkens

Wie die Autoren schreiben, sind schwierige Gespräche eine Bedrohung für unsere Identität. Ihre Bedrohlichkeit rührt nicht daher, dass wir mit jemand anderem ein Problem lösen müssen, sondern uns der Wahrheit stellen müssen, die sich „hinter der Geschichte verbirgt, die wir uns über uns selbst erzählen". Unser Selbstbild ist tatsächlich direkt an unseren Adrenalinausstoß gekoppelt, was erklärt, warum wir plötzlich Angst, Wut oder das Bedürfnis nach Flucht empfinden.

Wenn wir zum Beispiel den Chef um eine Gehaltserhöhung bitten und er ablehnt, weil er erst mehr über unsere diesjährigen Leistungen wissen will, kann die Furcht vor Abweisung zu zweierlei Haltungen führen: Verteidigung – wir wollen uns und unsere Arbeit verteidigen – oder Übertreibung – der Chef hat recht, wir verdienen keine Gehaltserhöhung. Beide Reaktionen verdanken sich einem „Alles-oder-nichts-Denken. Wir sind entweder Heilige oder Teufel, herausragend in dem, was wir tun, oder inkompetent. Dieses Denken bietet eine schwache Basis für unser Identitätsgefühl und lässt uns schon bei der kleinsten Kritik zusammenbrechen. Doch gerade wenn dieses Denken in schwierigen Gesprächen ins Spiel kommt, gibt es selten die Realität wieder. Wir sind so gut wie nie das eine oder das andere Extrem. Solche Reaktionen sind eine unzulässige und ungesunde Vereinfachung.

Die Lösung ist, unsere Identität zu „verkomplizieren". Wir müssen anerkennen, dass wir in einigen Projekten unter unserem Niveau blieben, bei vielen anderen jedoch herausragend abgeschnitten haben, weshalb wir insgesamt finden, dass wir sehr wohl eine Gehaltserhöhung verdienen. Denken Sie daran, dass schwierige Gespräche eine fantastische Chance sind, näher an die Wahrheit zu kommen und Lernerfahrungen ohne den üblichen emotionalen Ballast zu sammeln. Statt hineinzugehen und die Botschaft zu überbringen, „Ich will mehr Geld", könnten wir im Gespräch mit dem Chef sagen: „Ich frage mich, ob es sinnvoll wäre, mein Gehalt zu erhöhen." Das ist keine Forderung, also muss der Chef nicht defensiv reagieren und wir müssen nicht mit einer Zurückweisung rechnen. Wir erkunden die Situation gemeinsam, tauschen Informationen aus und kommen schließlich zu einem Ergebnis, durch das sich niemand geknebelt fühlt und das uns zumindest etwas gelehrt hat.

Zu guter Letzt

Wir haben hier nur einige der Probleme und Techniken aus *Offen gesagt!* gestreift. Dieses Buch kann man immer wieder in die Hand nehmen und darin blättern, wenn man ein schwieriges Thema ansprechen muss. Dafür, dass es von drei Autoren verfasst wurde, ist der Stil erstaunlich flüssig, und durch die vielen Beispiele wird die Lektüre interessant. Leider gibt es keine Bibliografie, obgleich die Autoren offensichtlich von vielen Denkern der Vergangenheit beeinflusst wurden.

Das Erfrischendste an *Offen gesagt!* ist, dass keine manipulativen Techniken angeboten werden. Das Ziel des Buches besteht nicht darin, uns beizubringen, wie wir andere psychologisch austricksen, damit sie zustimmen. Es geht vielmehr darum, die Atmosphäre bei wichtigen Begegnungen dahingehend zu beeinflussen, dass alle Beteiligten neugierig bleiben auf die Bedürfnisse und Wünsche des anderen und sich gegenseitig besser verstehen und schätzen. Da falsche Annahmen und Schuldzuweisungen wegfallen, bleibt als Einziges die Wahrheit übrig.

Über Douglas Stone, Bruce Patton und Sheila Heen

Stone ist Rechtsdozent an der Harvard Law School und einer der Partner von Triad, einer Beratungsfirma, die sich auf Führung, Verhandlungen und Kommunikation spezialisiert hat. Er hat als Mediator in Südafrika, Kolumbien, Äthiopien und auf Zypern gearbeitet und berät die Weltgesundheitsorganisation.

Patton ist stellvertretender Direktor des Harvard Negotiation Project und Gründer der Beratungsfirma Vantage. Auch er spielte eine Schlüsselrolle bei internationalen Verhandlungen, einschließlich jener, die zur Beendigung der Apartheid in Südafrika führten, sowie den Gesprächen zwischen den Vereinigten Staaten und dem Iran während der Geiselkrise 1980. Er schrieb mit Roger Fisher und William Ury an der zweiten Auflage von *Getting to Yes. Negotiating Agreement Without Giving In* (1991).

Heen ist Rechtsdozentin an der Harvard Law School und half neben ihrer Tätigkeit als Unternehmensberaterin bei der Lösung der Konflikte zwischen griechischen und türkischen Zyprern. Sie arbeitete außerdem als Mediatorin bei Auseinandersetzungen zwischen Wirtschaftsunternehmen.

Sturz in die Nacht. Die Geschichte einer Depression

1990

Als ich, seit Jahren zum ersten Mal, Teile meiner Romane wieder las – Passagen, in denen meine Heldinnen in den Untergang hinabtaumelten –, erschrak ich, als ich merkte, mit welcher Genauigkeit ich die Landschaft der Depression im Kopf dieser jungen Frauen beschrieben hatte ... Damit war mir die Depression, als sie mich schließlich einholte, alles andere als fremd, nicht einmal ein überraschender Besuch; sie hatte bereits jahrzehntelang an meine Tür geklopft.

Selbst jene, bei denen jede Form von Therapie eine sinnlose Bemühung ist, können sich darauf freuen, daß der Orkan sich schließlich legt. Wenn sie den eigentlichen Orkan überleben, läßt seine Gewalt fast immer nach und verschwindet dann. Rätselhaft im Erscheinen wie im Verschwinden, nimmt das Leiden seinen Lauf, und dann findet man Frieden.

KURZ GESAGT

Depressionen können jeden befallen, und ihre Ursachen sind bisweilen mysteriös.

ÄHNLICHE TITEL

David D. Burns, *Feeling Good*

R. D. Laing, *Das geteilte Selbst*

Robert E. Thayer, *The Origin of Everyday Moods*

49. William Styron

Während eines Besuchs in Paris im Dezember 1985 erkannte der amerikanische Autor William Styron, dass er an einer Depression litt. Er war in der Stadt, um einen wichtigen Preis entgegenzunehmen, ein Ereignis, das er normalerweise als bestätigend und erfreulich hätte wahrnehmen müssen. Doch im Nebel seiner mentalen Finsternis wurden die Preisverleihung und das folgende Galadiner zu entsetzlichen Torturen, und vorgeben zu müssen, dass ihm nichts fehlte, machte alles nur noch schlimmer. Am Abend, als er mit seiner Verlegerin zum Essen verabredet war, konnte er sich nicht mal mehr ein Lächeln abringen und an nichts anderes denken, als in die Staaten zurückzufliegen und einen Psychiater aufzusuchen.

Sturz in die Nacht. Die Geschichte einer Depression ist Styrons Klassiker über seinen Kampf mit der Depression. Ursprünglich war es eine Vorlesung, die er an der Johns Hopkins University School of Medicine abhielt, doch die literarische Qualität lässt es unter allen anderen Titeln zum Thema herausstechen.

Das Unbeschreibliche beschreiben

Styron schreibt, dass sich die Depression insofern von allen anderen Krankheiten unterscheidet, als man sie sich überhaupt nicht vorstellen kann, wenn man selbst nie eine erlebt hat. Sie ist vollkommen anders als „der Blues" oder die Niedergeschlagenheit, die die meisten Menschen im Laufe ihres Lebens hin und wieder durchmachen. Dass sie sich so schwer beschreiben lässt, macht sie für andere nur noch mysteriöser und hatte eine weitgehende Tabuisierung zur Folge. Würde jedoch jeder verstehen, worüber wir hier sprechen, wäre auch keine Scham mehr im Spiel. Mitleid nämlich ist nicht dasselbe wie Verständnis.

Styrons beste Annäherung an das Gefühl ist das Bild vom Ertrinken oder Ersticken, doch er gesteht, dass es nicht ganz stimmig ist. Man wird wie ein Zombie, kann noch herumlaufen und reden, fühlt sich aber nicht mehr wirklich menschlich. Zu den Merkmalen einer Depression gehören laut Styron:

* Intensiver Selbsthass und Gefühle von Wertlosigkeit
* Suizidgedanken und -fantasien
* Schlaflosigkeit
* Verwirrung, Konzentrationsunfähigkeit, Gedächtnisausfälle
* Hypochondrie – der Versuch des Verstands, seine eigene Auflösung zu bekämpfen und dem Körper die Schuld zuzuweisen
* Verlust von Libido und Appetit

Styron erwähnt auch die idiosynkratische, von Überempfindlichkeit gekennzeichnete Natur der Schwermut. So fangen die meisten Betroffenen den Tag ziemlich niedergeschlagen an, können kaum aufstehen, und ihre Stimmung bessert sich erst langsam im Laufe des Tages. Bei Styron hingegen ist genau das Gegenteil der Fall. Er ist morgens noch einigermaßen „beisammen", doch am Nachmittag ziehen immer dunklere Wolken auf, bis die Gefühle und Gedanken zum Abend beinahe unerträglich werden. Erst lange nach dem Abendessen stellt sich allmählich wieder eine gewisse Linderung ein. Normalerweise leidet er nicht unter Schlafstörungen, muss aber während der Depression Beruhigungsmittel nehmen, um überhaupt für zwei oder drei Stunden einnicken zu können. Er stellt fest, dass die Depression mit den Tageszeiten mal abebbt, mal stärker wird, wie sie auch eine physiologische Störung des Tagesrhythmus mit sich bringt, der seinerseits wichtig für die Stimmungszyklen ist.

Styron berichtet darüber hinaus von einem „hilflosen Stupor“, in dem normales Denken und Logik verschwinden. In Extremfällen treibt die Depression Betroffene regelrecht in den Wahnsinn. Der Stress, der auf die Neurotransmitter ausgeübt wird, führt zu einer Verminderung der Hirnchemikalien Norepinephrin und Serotonin und einem Anstieg des Hormons Cortisol. Dieses chemische und hormonelle Ungleichgewicht schafft „ein Organ im Aufruhr“, sodass die Betroffenen sich wie gelähmt fühlen. Styron bedauert, dass der Begriff „Brainstorm“ bereits vergeben ist, da er doch sehr gut auf den Sturm zuträfe, der während einer Depression im Gehirn tobt – stark, unnachgiebig und alles überschattend.

Das größte Tabu

Styron schreibt über sein literarisches Vorbild, Albert Camus, dessen Romane er erst relativ spät für sich entdeckte. Er hatte sogar ein Treffen mit Camus verabredet, als ihn die Nachricht vom Tod des Schriftstellers erreichte. Obwohl er ihn nicht gekannt hatte, empfand Styron einen großen Verlust. Camus hatte oft mit Depressionen gekämpft, und viele seiner Romane befassen sich mit dem Thema Selbstmord.

Styron beschäftigt sich in *Sturz in die Nacht* über weite Strecken mit Bekannten, die an Depressionen leiden. Er fragt sich, wie sein Freund Romain Gary, ein angesehener Autor, früherer Diplomat, *bon vivant* und Frauenheld, zu dem Menschen werden konnte, der sich eine Kugel in den Kopf jagte. Wenn jemand wie er beschloss, dass das Leben nicht lebenswert ist, könnte es dann nicht jedem widerfahren?

Die Angehörigen von Selbstmördern können nur schwer akzeptieren, dass ihnen nahestehende Menschen sich das Leben nahmen. Der Grund, weshalb wir Selbstmord tabuisieren, ist der, dass wir glauben, er sei ein Zeichen von Feigheit – den einfachen Ausweg wählen. Dabei geht es doch vielmehr um die Unfähigkeit, den Schmerz des Lebendigseins länger zu ertragen. Wir vergeben Menschen, die sich umbringen, um physischen Schmerzen ein Ende zu bereiten, aber nicht mental Verzweifelten.

Heutzutage endet die Depression für die meisten Menschen nicht mehr im Selbstmord, wie Styron schreibt, weil die Behandlungsmethoden besser sind und man mehr darüber weiß. Doch wenn ein Mensch sich dennoch für diesen Schritt entscheidet, sollte man seinem Freitod nicht vorwurfsvoller oder mit mehr Unverständnis begegnen als dem von Menschen mit Krebs im Endstadium.

Styron stellt fest, dass künstlerische Menschen anfälliger für Depressionen sind. Das erklärt die lange Liste der Selbstmörder in diesen Kreisen, mit Namen wie Hart Crane, Vincent van Gogh, Virginia Woolf, Ernest Hemingway, Diane Arbus und Mark Rothko. Wladimir Majakowski, ein russischer Dichter, verurteilte den Selbstmord seines Landmanns Sergej Esenin und nahm sich nur wenige Jahre später selbst das Leben. Was sagt uns das? Dass wir weniger hart urteilen sollten, denn die Zurückbleibenden können weder fühlen noch sich vorstellen, was in Menschen vor sich geht, die Selbstmord begehen.

Mysteriöse Ursachen

Ein Grund dafür, warum Depressionen so schwer zu behandeln sind, ist der, dass es oft keine einzelne erkennbare Ursache gibt. Genetische Veranlagung, chemisches Ungleichgewicht, vergangene Erlebnisse oder Verhaltensweisen, all das kann wichtig sein. Wird ein Aspekt behandelt, kann gleichzeitig ein anderer entscheidender Punkt übersehen werden. Oft lässt sich eine starke Depression einer bestimmten Krise zuordnen, doch wie Styron anmerkt, durchleben die meisten Menschen schreckliche Dinge und überstehen sie erstaunlich unbeschadet. Sie landen nicht in einer Abwärtsspirale. Das legt nahe, dass Ereignisse nicht die Ursache von Depressionen sind, sondern bestenfalls die Auslöser für ein depressives Potenzial, das vorher schon da war.

Genau das, vermutet Styron, ist ihm widerfahren: Er gab aus gesundheitlichen Gründen das Trinken auf und erlaubte damit seinen Dämonen, die zuvor vom Alkohol zurückgehalten wurden, aus ihren Höhlen zu kriechen. Da das Trinken als Schutzschild gegen seine permanenten Ängste wegfiel, musste er auf einmal alles fühlen, was er zuvor betäubt hatte. Die ersten Anzeichen einer Depression äußerten sich bei ihm in einem Abstumpfen gegenüber Dingen, die er normalerweise genoss – Spaziergänge mit seinen Hunden in den Wäldern oder der Sommer auf Martha's Vineyard. Er wandte sich ganz nach innen und konnte dem konstanten Bombardement schmerzlicher Gedanken nicht entfliehen.

Es mag offensichtlich erscheinen, aber Styron weist auf ein weiteres Element hin, das allen Depressionen gemeinsam ist: Verlust. Dabei ist es unerheblich, ob es um die Angst vor dem Verlassenwerden, vor dem Alleinsein oder vor dem Fortgang eines geliebten Menschen geht. In Styrons Fall schien die Verlustangst nachvollziehbar, hatte er doch mit 13 Jahren seine Mutter verloren und mithin ein großes Trauma erlitten, das ihm schon früh tiefe Verlustängste bescherte. In *Sturz in die Nacht* kommt er allerdings zu dem Schluss, dass dieses tatsächliche Ereignis nurmehr eine Manifestation einer noch tieferen, lebenslangen Angst war. Er erkennt, dass, ähnlich wie bei Camus, auch in seinen Büchern Selbstmord und Depression ständig wiederkehrende Themen waren, was wiederum auf seine eigene Depression verweist: „Damit war die Depression, als sie mich schließlich einholte, alles andere als fremd, nicht einmal überraschender Besuch; sie hatte bereits jahrzehntelang an meine Tür geklopft."

Er erwähnt, dass sein Vater, ein Schiffbauingenieur, ebenfalls unter Depressionen litt. In der Kombination von genetischer Veranlagung, dem frühen Tod der Mutter und seiner künstlerischen Sensibilität war Styron wahrscheinlich ein sicherer Kandidat für die Krankheit.

Wenn alles andere fehlschlägt, heilt die Zeit alle Wunden

Die Psychotherapie kann für Menschen im fortgeschrittenen Stadium einer Depression nicht viel tun, und Styron stellte fest, dass ihm Medikamente ebenso wenig halfen. Trotz der gegenteiligen Behauptungen vieler Ärzte wusste er, dass es kein schnell wirkendes Mittel gegen schwere Depressionen gibt. Antidepressiva, kognitive Therapie oder beides zusammen können den gequälten Geist heilen, aber man kann sich nicht darauf verlassen. Auch wenn in der Behandlung Fortschritte gemacht wurden, gibt es nach wie vor kein Wundermittel und keine Impfung. Zudem sind die Ursachen von Depression teilweise bis heute mysteriös.

Styrons Depression besserte sich erst, nachdem er sich selbst ins Krankenhaus eingewiesen hatte. Er glaubt, dass ihm die anonyme Stabilität der medizinischen Routine das Leben rettete, und wünschte, er hätte diesen Schritt viel früher getan. Für ihn waren die wahren Heilmittel, wie er schreibt, die Abgeschiedenheit und die Zeit.

Seine wichtige Erfahrung ist, dass die Depression dem Betroffenen zwar endlos vorkommen mag, dass sie aber in Wirklichkeit wie ein Sturm ist, dessen Toben irgendwann nachlässt. Solange man es schafft, irgendwie am Leben zu bleiben, besiegt man ihn. Styron erinnert an das Thema aus Camus' *Mythos von Sisyphus*, wonach wir immer die Pflicht zum Überleben haben, selbst wenn keine Hoffnung mehr besteht. Das ist leichter gesagt als getan, auch wenn die meisten Menschen, die eine Depression durchleiden, keine Folgeschäden davontragen. Ganz im Gegenteil: Wer es überstanden hat, empfindet das, was ihn am anderen Ende des Tunnels erwartet, als einzigartig hell und erfreulich.

Zu guter Letzt

Styron glaubt, dass vieles in der Literatur über Depressionen eher übertrieben optimistisch dargestellt wird. Manche Patienten sprechen gut auf bestimmte Medikamente oder Therapieformen an, aber wir wissen noch zu wenig, um endgültige Versprechen abzugeben. Die Betroffenen würden natürlich gern an eine schnelle Rettung glauben, doch damit riskieren sie höchstens Enttäuschungen, wenn sie am Ende doch keine schnelle Erlösung aus ihrem Elend finden. Styron schrieb sein Buch vor über 15 Jahren, und die Situation hat sich nicht wesentlich verändert.

Wenn wir an Depression als eine Krankheit denken, die unser Bild von der Wirklichkeit verzerrt oder Probleme zutage fördert, die direkt mit unserem Ich-Gefühl zu tun haben, überrascht es wenig, dass wir keine unmittelbare Heilung kennen. Zur Depression gehört ein Ungleichgewicht der Hirnchemie, das eventuell durch negative innere Gespräche hervorgerufen wird, vor allem aber betrifft sie die Psyche und unser Selbstempfinden. Styron zum Beispiel konnte seine depressiven Schübe nur damit erklären, dass er über sein Leben insgesamt nachdachte. Manche der Ursachen waren tatsächlich physische – der Alkoholentzug und eine falsche Dosierung der Beruhigungsmittel –, aber es taten sich außerdem auch Fragen nach seiner Identität und seiner Vergangenheit auf.

Sturz in die Nacht umfasst nur 84 Seiten und ist schnell gelesen, doch das Buch lehrt uns einiges. Viele Kreative leiden an Depressionen und zugleich fällt gerade ihnen die Aufgabe zu, „das Unbeschreibliche zu beschreiben“, wobei Styrons Buch zu den besten Versuchen gehören dürfte. Statt den Leser zu deprimieren, ist dieser Essay geradezu befremdlich aufbauend.

Über William Styron

Styron wurde 1925 in Newport News, Virginia, geboren und konnte schon sehr früh lesen und schreiben. Er veröffentlichte zahlreiche Kurzgeschichten in der Schülerzeitung seiner Schule.

Ein Jahr nach seinem BA-Abschluss an der Duke University ging er zum US Marinecorps und diente die letzten zwei Jahre des Zweiten Weltkriegs als Erster Offizier. Nach seiner Entlassung ließ er sich in New York nieder, wo er beim McGraw-Hill-Verlag arbeitete und nebenher Schreibkurse an der New School for Social Research belegte. Während der frühen 1950er lebte er in Paris und beteiligte sich an der Gründung der legendären *Paris Review.*

Sein erster Roman, *Geborgen im Schoße der Nacht* (1951), in dem er den Weg einer jungen Frau in den Selbstmord schildert, war eine literarische Sensation und brachte ihm den Prix de Rome der American Academy ein. Zu seinen weiteren Büchern gehören *Die Bekenntnisse des Nat Turner* (1967), für das er den Pulitzer-Preis bekam, und *Sophies Entscheidung* (1979), das mit dem American Book Award ausgezeichnet und mit Meryl Streep in der Hauptrolle verfilmt wurde. Der in *Sturz in die Nacht* erwähnte Preis war der Prix Mondial Cino del Duca, der jährlich an Künstler oder Wissenschaftler vergeben wird, die einen namhaften Beitrag zum Humanismus geleistet haben.

The Origin of Everyday Moods. Managing Energy, Tension, and Stress

1996

Wenn wir uns unsere Stimmungen als etwas vorstellen, das die Bedeutung einer Sache oder eines Vorkommnisses verstärkt und Lebensfreude steigert oder mindert, können wir verstehen, wie zentral ihre Bedeutung in Wahrheit ist. So gesehen sind sie wichtiger als unsere täglichen Aktivitäten, Geld, Status und sogar persönliche Beziehungen, weil diese Dinge normalerweise von unseren Stimmungen gefiltert werden. In vielerlei Hinsicht sind unsere Stimmungen der Kern unseres Seins.

KURZ GESAGT

Angesichts ihrer Wirkung auf unsere Lebensqualität ist es wesentlich, dass wir herausfinden, was unsere Stimmungen verursacht.

ÄHNLICHE TITEL

David D. Burns, *Feeling Good*

Martin Seligman, *Der Glücks-Faktor*

50. Robert E. Thayer

Gemäß der gängigen Vorstellung werden Stimmungen durch Stress oder Denken verursacht und sind normalerweise unsere Reaktionen auf bestimmte Ereignisse oder Informationen. Das ist zwar richtig, aber noch lange nicht alles.

Dem Psychologen Robert Thayer zufolge hängen Stimmungen auch damit zusammen, wie viel Schlaf wir bekommen, wie gesund und fit wir insgesamt sind, wie unser Tagesrhythmus aussieht, was wir gegessen haben und ob wir gerade Sport getrieben haben oder nicht.

Thayer beschäftigt sich seit den 1970ern mit Stimmungen und gilt als absoluter Experte auf diesem Gebiet. Auf Drängen seiner Studenten hat er sich über das Verfassen akademischer Schriften hinausgewagt und ein Buch über die praktische Anwendung seiner Theorie geschrieben. Heraus kam das überaus lesbare *The Origin of Everyday Moods. Managing Energy, Tension, and Stress.*

Anatomie einer Stimmung

Thayer definiert eine Stimmung als „ein Hintergrundgefühl, das sich über die Zeit hält". Stimmungen unterscheiden sich von Emotionen, die immer eine erkennbare Ursache haben, indem sie grundlos aufkommen. Im Vergleich zu Emotionen wurden Stimmungen wenig erforscht, weil sie flüchtig und schwer greifbar sind – im Gegensatz zu Emotionen scheinen sie wie der Wind zu kommen und zu gehen, ohne dass ein Auslöser erkennbar ist. Warum ist das so?

Während Emotionen gemeinhin fest an Vorgänge im Gehirn gekoppelt sind, resultieren Stimmungen aus Prozessen, die sowohl im Kopf als auch im Körper ablaufen und sich gegenseitig beeinflussen. Thayer vergleicht eine Stimmung mit einem Thermometer, das unsere gegenwärtige psychische und physische Verfassung misst. Es erfüllt einen biologischen Zweck, nämlich uns zu sagen, wann wir in Gefahr sind oder uns hinlegen und uns sammeln sollten, wann wir uns wohl fühlen und wann wir handlungsbereit sind.

Thayers Forschungen führten ihn zu dem Schluss, dass die meisten unserer Stimmungen aus zwei Grunddimensionen entstehen: Energie und Spannung. Eine deprimierte Stimmung ist durch niedrige Energie und hohe Spannung gekennzeichnet (mit begleitenden Gefühlen von Hoffnungslosigkeit), während eine optimistische Stimmung hohe Energie und niedrige Spannung aufweist (wir haben das Gefühl, viel leisten zu können, und sind enthusiastisch). Kurz: Wir können das Befinden unseres Körpers nicht von dem unseres Geistes trennen. Wenn wir physisch müde sind, sind wir auch leichter gereizt, abgelenkt oder geradezu „hirntot“. Desgleichen fühlen wir uns in einer depressiven Spannung nicht danach, Sport zu treiben.

Die vier Grundstimmungen

Thayers These lautet, dass sich alle Stimmungen anhand eines Energie-Spannungsspektrums von vier Grundstimmungen einordnen lassen.

* *Ruhe-Energie* – ein Wohlfühlzustand, zuversichtlich, energiegeladen, optimistisch. Der Idealzustand zum Arbeiten; die meisten Menschen erleben ihren größten Ruhe-Energie-Schub am Vormittag. Hohe Energie, niedrige Spannung.
* *Ruhe-Müdigkeit* – das Gefühl unmittelbar vor dem Zubettgehen: nicht gestresst, aber auch nicht energiegeladen. Niedrige Energie, niedrige Spannung.

* *Gespannt-Energie* – das Gefühl, wenn wir uns einem Fristende nähern. Ein Gefühl der Dringlichkeit, das sich in Herzklopfen (wiederum verursacht von einem erhöhten Adrenalinspiegel) ausdrückt und Skelett- wie Muskelanspannung. In der Evolutionsbiologie entspricht es dem „Flieh-oder-kämpfe-Modus". Hohe Energie, hohe Spannung.
* *Gespannt-Müdigkeit* – „wenn man sich vollkommen ausgelaugt fühlt", wie Thayer es formuliert. Physische Müdigkeit kombiniert mit nervöser Angst oder Anspannung, negative Gedanken. Niedrige Energie, hohe Spannung. Bei den meisten Menschen tritt diese Stimmung am Nachmittag auf. Ein natürlicher Tiefpunkt, der oft auf Schlafmangel in der Nacht zuvor zurückgeht. Auch Junk Food und Stimulantien wie Koffein können die Ursache sein.

Tagesrhythmen

Der Tagesrhythmus ist das tägliche Auf und Ab unserer natürlichen physischen und mentalen Energien. Unsere Energie steigt während des Vormittags bis zu ihrem Höhepunkt um die Mittagszeit. Während des Nachmittags sinkt sie wieder ab, erreicht einen weiteren, niedrigeren Höhepunkt am frühen Abend und fällt dann weiter bis zum Schlafengehen. Die meisten von uns sind „Morgenmenschen", doch es gibt zahlreiche individuelle Variationen im Tagesrhythmus: Manche Menschen werden im Laufe des Tags munterer, was eher auf extrovertierte als auf introvertierte zutrifft. Der durchschnittliche Mensch jedoch erlebt ein Hoch der Gespannt-Müdigkeitsstimmung gegen vier Uhr nachmittags. Zwischen neun und elf Uhr abends geht die natürliche Energie weiter zurück, dies führt zu einer steigenden Spannung, dem Gespannt-Müdigkeitszustand, der wiederum negative Gefühle hervorruft (oder schlechte Stimmung).

Wenn jemand versucht, das Rauchen aufzugeben, ist es nach ein paar Tagen weniger der eigentliche Nikotinentzug, der zu einem Rückfall führt, als vielmehr die täglichen Stressgefühle, die ein psychisches Bedürfnis nach Stress- und Spannungsreduzierung auslösen. Ein Rückfall in Abhängigkeiten wie auch das Verschlingen und Erbrechen von Nahrung bei Bulimikern treten vornehmlich am Nachmittag auf, wenn der Energiepegel niedrig ist und die Betroffenen eine Spannungserleichterung brauchen (um 16 Uhr 34 ist der durchschnittliche Schwächepunkt erreicht). Wenn man die Zeiten kennt, in denen man am ehesten rückfällig wird, kann man entsprechende Übungen oder gesunde Stimmungsregulatoren in den Tagesrhythmus einbauen.

Wie wir unsere Stimmungen regulieren

Wenn wir uns ein bisschen „down" oder energiearm fühlen, können wir beispielsweise folgende Dinge tun:

* Sozialkontakte aufnehmen oder uns zurückziehen (je nachdem, ob wir eher extrovertiert oder introvertiert sind)
* Unsere Gedanken kontrollieren (z. B. durch positives Denken)
* Angenehmen Tätigkeiten nachgehen, ein Hobby pflegen, einkaufen gehen oder unsere Stimmung mit Humor aufbessern
* Ein Buch oder eine Zeitschrift lesen
* Alkohol trinken
* Eine Zigarette rauchen
* Schokolade oder Kuchen essen
* Kaffee trinken
* Fernsehen

Forschungen zufolge ist Sport der beste Stimmungsaufheller. Ein 5- bis 15-minütiger Spaziergang in nicht zu langsamem Tempo kann uns für zwei Stunden munter machen, wenn wir uns müde fühlen – so paradox es auch klingen mag.

Ein anderer gesunder und sehr wirkungsvoller Stimmungsaufheller sind Sozialkontakte. Eine Unterhaltung oder ein Telefonat mit Freunden kann den Stress erheblich mindern. Außerdem hilft Musikhören, das in den Umfragen unter den spannungsabbauenden und energieerhöhenden Maßnahmen ganz oben rangiert.

Ernährung

Wissenschaftlich lässt sich die Auswirkung von Nahrungsmitteln auf die Stimmung nur schwer nachweisen. Thayer veröffentlichte dennoch eine Studie, welche die paradoxe Wirkung von Süßigkeiten zeigt: Sie heben kurzfristig die Stimmung, sorgen allerdings ein oder zwei Stunden später für einen rapiden Abfall der Energie und einen Anstieg der Spannung.

Stimmungen hängen auch mit der Wechselwirkung aus zu viel essen und abnehmen zusammen. Laut Thayer führt z. B. zu viel Zucker zu schlechten Essgewohnheiten, weil der zwangsläufig eintretende Energieabfall den Bedarf an weiteren Süßigkeiten weckt.

Gesundheit

Gesunde Menschen weisen im Allgemeinen einen hohen Energiepegel auf, kranke einen niedrigen. Forschungen zeigen, dass das Immunsystem von Menschen an Tagen, an denen sie selbst ihre Stimmung als schlecht bezeichnen, weniger effektiv reagiert als an Tagen, an denen sie ihre Stimmung als gut einschätzen.

Schlaf

Unsere Stimmung wird wesentlich davon beeinflusst, wie viel oder wenig wir schlafen. Schlafentzug über mehrere Nächte kann sogar zu Depressionen führen.

Auch folgende Stoffe bzw. Gegebenheiten beeinflussen die Stimmung:

* Nikotin: verursacht eine temporäre Ruhe-Energie-Spannung, was mit ein Grund dafür sein kann, weshalb es süchtig macht. Enthusiasmiert und entspannt uns zugleich – kurzfristig.
* Alkohol: ein Mittel, das die Stimmung trübt, allerdings anfangs vermehrte Energie hervorbringt (auf Partys lässt sich diese Wirkung gut beobachten).
* Koffein: produziert Gespannt-Energie-Stimmungen, was den Menschen zu gefallen scheint. Thayers Hypothese lautet, dass die Ruhe-Energie-Stimmung zwar der wünschenswertere Zustand ist, der Gespannt-Energie-Effekt von Kaffee oder Coca-Cola aber eine gute Alternative ist.
* Wetter: verursacht z. B. jahreszeitenbedingte Störungen wie die Winterdepression, die durch helles Licht oder Melatonin gemildert werden kann.

Warum sind Stimmungen so wichtig?

Thayer führte ein Experiment mit Menschen durch, die große persönliche Probleme hatten. Er bat sie, ihr Problem zu fünf unterschiedlichen Tageszeiten anhand einer Skala zu bewerten. Nach zehn Tagen stellte sich heraus, dass ein und dasselbe Problem von ihnen morgens als weniger gravierend empfunden wurde als nachmittags. Sobald sie sich in einem Gespannt-Müdigkeit-Zustand befanden, schien ihnen ihr Problem ganz besonders bedrohlich.

Sollte es also überhaupt möglich sein, zu festen Zeiten über ein Problem nachzudenken, empfiehlt es sich, dies nicht in einem Gespannt-Müdigkeit-Zustand zu tun, weil das Ganze dann schlimmer aussieht, als es tatsächlich ist. Andererseits können unsere Gedanken zu Zeiten mit einem hohen Energiepegel unangebracht optimistisch sein. Der Energiepegel wirkt sich nicht bloß auf unsere Stimmung aus, sondern auch darauf, wie wir uns selbst einschätzen. Deshalb sollten wir uns bewusst sein, wie sehr unser Energieniveau unser Urteilsvermögen beeinflusst.

Thayers bemerkenswerte Theorie ist die, dass unsere Stimmungen „wichtiger als die täglichen Aktivitäten, Geld, Status und sogar persönliche Beziehungen“ sind, weil wir alles andere durch den Filter unserer jeweiligen Stimmungen wahrnehmen. Sind wir düster gestimmt, bedeuten uns alle Errungenschaften oder alles Vermögen nichts. In einer positiven Stimmung scheinen uns dagegen selbst die schlimmsten Umstände bewältigbar.

Zu guter Letzt

The Origin of Everyday Mood bietet praktische Hinweise darauf, wie wir uns unserer Stimmungen und Schwachpunkte der Gespannt-Müdigkeit-Zustände bewusster werden können. Dieses Wissen kann helfen, gesündere Methoden der Stimmungsaufhellung zu wählen. Sie erfahren, dass Sie große Entscheidungen lieber nicht nachts um drei Uhr fällen sollten, wenn finstere Gedanken vorherrschen, oder das für vier Uhr nachmittags angesetzte Krisengespräch mit dem Kollegen besser verschieben, da um die Zeit Ihr Energiepegel gesunken und der Spannungspegel hoch ist.

Die Tipps zu „Gefahrenzeiten“ sind wichtig, doch der Hinweis, dass unsere Stimmungen uns wie eine unsichtbare Blase umgeben, ist noch wertvoller. Obwohl Stimmungen allgemein keine große Bedeutung zugemessen wird, zeigt Thayer, wie sehr sie unser ganzes Sein bestimmen. Andere psychologische Theorien können uns helfen, unser Leben als Ganzes zu sehen, aber die Stimmungsstudie könnte nützlicher sein, da sie sich mit unserem aktuellen Befinden von Stunde zu Stunde befasst – und das Leben wird nun einmal in der Gegenwart gelebt.

Über Robert E. Thayer

Seit 1973 ist Robert Thayer Professor für Psychologie an der California State University, Long Beach. Er machte seinen BA-Abschluss an der University of Redlands und promovierte an der University of Rochester.

Neben seinen viel zitierten akademischen Publikationen schrieb er die Bücher *The Biopsychology of Mood and Arousal* (1989) und *Calm Energy. How People Regulate Mood with Food and Exercise* (2001).

50 weitere Klassiker

1. Gordon Allport, Die Natur des Vorurteils, Kiepenheuer und Witsch, 1971

Ein Standardwerk über die Wurzeln der Diskriminierung, das Martin Luther King und Malcolm X inspirierte.

2. Virginia Axline, Dibs. Ein autistisches Kind befreit sich aus seinem seelischen Gefängnis, Knaur Taschenbuch, 2004

Bestseller der Kindertherapie über den langen Weg eines autistischen Jungen zu einem normalen Weltbezug.

3. Albert Bandura, Self-Efficacy. The Exercise of Control, 1997

Wie unsere Erwartungen in Bezug auf das, was wir erreichen können, das beeinflussen, was wir tatsächlich erreichen – geschrieben von einem zeitgenössischen Psychologen.

4. Aaron T. Beck, Wahrnehmung und Wirklichkeit, Pfeiffer, 1979

Bahnbrechendes Werk des Begründers der kognitiven Psychologie über Depression als Folge fehlerhaften Denkens.

5. Ernest Becker, Die Überwindung der Todesfurcht, Goldmann, 1985

Mit dem Pulitzer-Preis ausgezeichnete Abhandlung darüber, wie weit Menschen gehen, um ihre eigene Sterblichkeit zu leugnen. Sehr freudianisch, aber ausgesprochen lesbar.

6. Bruno Bettelheim, Kinder brauchen Märchen, dtv 1999

Ein viel gelesenes und erhellendes Buch über die Psychologie von Märchen.

7. Alfred Binet & Theodore Simon, Die neuen Gedanken über das Schulkind, Wunderlich, 1927

Ein Standardwerk von den Pionieren der Intelligenzprüfung.

8. John Bradshaw, Das Kind in uns, Droemer Knaur, 1994

Praktische Anwendung der von Erikson konzipierten Stadien menschlicher Entwicklung, die nachweist, wie und warum Erwachsene an frühen Wendepunkten stecken bleiben und zu keiner richtigen Lösung finden. Indem wir unser „inneres Kind" zurückerobern, können wir als Erwachsene Fortschritte machen.

9. John Bowlby, Bindung, Fischer Taschenbuch, 1986

Der erste Band einer Trilogie über die Mutter-Kind-Beziehung, mit dem „Bindungsverhalten" zu einem eigenen Bereich in der Psychologie avancierte.

10. Joseph Breuer & Sigmund Freud, Studien über Hysterie, Fischer Taschenbuch, 1996 (erstmals 1895)

Fallstudien, die den Weg der Psychoanalyse bereiteten. Die Theorie, dass bizarre hysterische Symptome oft durch unterdrückte schmerzliche Erinnerungen verursacht werden, wurde später von Freud widerrufen.

11. Jerome Bruner, Sinn, Kultur und Ich-Identität, Carl-Auer-Systeme, 1997

Ein Mitbegründer der kognitiven Psychologie fordert ein Modell des Verstandes, das auf der Sinnschaffung beruht und nicht auf einer computergleichen Verarbeitung.

12. Mary Whiton Calkin, An Introduction to Psychology, 1901

Calkin arbeitete mit William James zusammen und wurde die erste Präsidentin der American Psychological Association (1905), obwohl man ihr an der Harvard University die Promotion verweigert hatte. Sie betrachtete die Psychologie als die „Wissenschaft vom Ich".

13. Antonio Damasio, Descartes' Irrtum, List, 2004

Der bekannte Hirnforscher stellt seine Theorie vor, nach der sich Geist und Körper nicht trennen lassen und Emotionen einen wesentlichen Einfluss auf rationales Urteil und Entscheidungsfindung ausüben.

14. Hermann Ebbinghaus, Über das Gedächtnis, Wissenschaftliche Buchgesellschaft, 1971

Der erste Bericht über Laborversuche zum Thema Lernen und Erinnern, der Maßstäbe für künftige Forschungen setzte.

15. Leon Festinger, Theorie der kognitiven Dissonanz, Huber, 1978

Berühmte Theorie darüber, wie Menschen versuchen, eine Konsistenz in ihren Überzeugungen zu erhalten, selbst wenn sich diese als falsch erwiesen haben.

16. Erich Fromm, Die Furcht vor der Freiheit, dtv, 1995 (erstmals 1941)

Einflussreiche Studie über die Bereitschaft der Menschen, sich faschistischen Regimes unterzuordnen. Geschrieben, bevor der ganze Schrecken des Nationalsozialismus erkennbar war.

17. William Glasser, Realitätstherapie, Beltz, 1972

Alternativer Ansatz zu Geisteskrankheiten, der auf der Idee beruht, dass geistige Gesundheit gleichbedeutend mit Verantwortung für das eigene Leben ist.

18. Dennis Greenberger & Christine Padesky, Mind Over Mood. Change How You Feel by Changing the Way You Think, 1995

Bekanntes Werk über wirksame Techniken der kognitiven Therapie, das nicht nur für Menschen mit Depressionen interessant ist.

19. Robert D. Hare, Gewissenlos, Springer, 2005

Der weltweit führende Forscher über Soziopathen zeigt, dass diese sehr wohl den Unterschied zwischen Gut und Böse kennen und dennoch weder Schuld noch Reue empfinden.

20. Richard Herrnstein & Charles Murray, The Bell Curve. Intelligence and Class Structure in American Life, 1994

Dieses Buch löste eine heftige Diskussion aus, da der Autor einen Zusammenhang zwischen IQ und ethnischer Abstammung herstellt. Grundsätzlich geht es ihm um die Theorie, dass Intelligenz und nicht mehr Klassenunterschiede über den wirtschaftlichen Erfolg entscheiden.

21. Eric Kandel, Auf der Suche nach dem Gedächtnis, Siedler, 2006

Der Neurowissenschaftler und Nobelpreisträger berichtet von seiner 30-jährigen Arbeit, in der er erforschte, wie Nervenzellen im Gehirn Erinnerungen speichern. Dabei schildert er unter anderem auch seine persönlichen Erinnerungen an Wien unter den Nazis und die Flucht seiner Familie nach Amerika.

22. David Keirsey & Marilyn Bates, Please Understand Me. Character and Temperament Types, 1978

Bestseller über Persönlichkeitstypen in der Jung-/Briggs-Myers-Tradition mit einem „Temperament-Ermittler“, anhand dessen Sie Ihren Persönlichkeitstyp herausfinden können.

23. Joseph LeDoux, Das Netz der Gefühle, Hanser, 1998

Eine Übersicht des führenden Neurologen darüber, wie emotionale Zentren und Kreisläufe im Gehirn für unser Überleben sorgen.

24. Harriet Lerner, Wohin mit meiner Wut?, Fischer Taschenbuch, 2001

Ein viel gelesenes Buch der Fachfrau für weibliche Psychologie, das sich mit dem Wuttabu bei Frauen befasst, mit seinen wahren Quellen und seiner Rolle in Beziehungen.

25. Daniel J. Levinson, Das Leben des Mannes, Goldmann, 1982

Seinerzeit ein bahnbrechendes Werk über die Lebenszyklen des erwachsenen Mannes, das sich auf die Theorien Erik Eriksons stützt. Gail Sheehy wurde von Levinson beeinflusst.

26. Kurt Lewin, Feldtheorie in den Sozialwissenschaften, Huber, 1963

Lewin gilt als Vater der Sozialpsychologie und stellt hier seine Feldtheorie vor, derzufolge menschliches Verhalten das Ergebnis einer Kombination aus Interaktionen mit anderen (Gruppendynamik) und inneren Charakteristika ist.

27. Elizabeth Loftus, Eyewitness Testimony, 1979

Die forensische Psychologin attackiert die Glaubwürdigkeit von Augenzeugen in Strafprozessen. Sie ist außerdem bekannt für ihre Zweifel an der Gültigkeit des Unterdrückte-Erinnerungen-Syndroms.

28. Konrad Lorenz, Das sogenannte Böse, dtv, 1995 (erstmals 1963)

Die berühmte Studie des Nobelpreisträgers über den „Killerinstinkt“ des Menschen und die verheerenden Folgen, die unsere Mischung von Irrationalität und Intelligenz zeitigt.

29. Rollo May, Liebe und Wille, Edition Humanistische Psychologie, 1988

Wunderbarer Bestseller des Existenzpsychologen über die Idee, dass Liebe (oder „Eros“) und Sex zwei verschiedene Triebe sind. Liebe motiviert uns zu Höchstleistungen, und ihr Gegenteil ist nicht Hass, sondern Apathie.

30. Douglas McGregor, Der Mensch im Unternehmen, MacGraw-Hill, 1986

Mit seiner Unterteilung von Managementstilen in „Theorie X“ (weisende Kontrolle) und „Theorie Y“ (Arbeitnehmer müssen sich selbst motivieren) wurde der Psychologe McGregor zum Unternehmensguru. Er ließ sich von Abraham Maslows humanistischer Psychologie inspirieren.

31. Hugo Münsterberg, On the Witness Stand. Essays on Psychology and Crime, 1908

Deutschstämmiger Begründer der Experimentalpsychologie, der nach Harvard gerufen wurde, um mit William James zusammenzuarbeiten. Er war ein Pionier der Industriepsychologie (das Verhalten von Menschen im Arbeitsumfeld), der Erforschung von kriminellem Verhalten und der Filmtheorie.

32. Richard Nesbitt, The Geography of Thought. How Asians and Westeners Think Differently ... and Why, 2003

Eine überraschende Darstellung des führenden Psychologen über das unterschiedliche Denken von Asiaten und Westlern, die einige Grundannahmen über universelles Verhalten erschüttert.

33. Sylvia Plath, Die Glasglocke, Suhrkamp, 2005 (erstmals 1963)
Plaths brillanter fiktiver (und autobiographischer) Bericht über den Nervenzusammenbruch einer jungen Frau ist und bleibt eine spannende Lektüre.

34. Otto Rank, Das Trauma der Geburt und seine Bedeutung für die Psychoanalyse, Psychosozial-Verlag, 1998 (erstmals 1924)
Ein Mitglied des engsten Zirkels um Freud beschreibt die Trennungsangst, die nach der Geburt empfunden wird, und wie die Menschen ihr Leben mit dem Versuch verbringen, die Mutterbindung wiederherzustellen.

35. Wilhelm Reich, Charakteranalyse, Kiepenheuer und Witsch, 1989 (erstmals 1933)
Umstrittene Theorie des österreichischen Psychoanalytikers, nach der sich der Gesamtcharakter eines Menschen analysieren lässt, nicht aber einzelne Neurosen, Träume oder Assoziationen. Reich vertritt außerdem die These, dass unterdrückte psychosexuelle Energien sich physisch in Muskeln und Organen ausdrücken können.

36. Flora Rheta Schreiber, Sybil, Fischer Taschenbuch, 1994
Spannende wahre Geschichte einer Frau mit 16 Persönlichkeiten und ihrem Kampf darum, zu einer in sich geschlossenen Person zu werden. Verkaufte sich millionenfach und wurde in der Fernsehserie *Frasier* erwähnt.

37. Hermann Rorschach, Psychodiagnostik, Huber, 1992 (erstmals 1921)
Stellt die Resultate der Psychoanalysen 400 Geisteskranker und Gesunder vor, die der Schweizer Psychiater auf Basis seines berühmten Tintenkleckstests durchführte.

38. Thomas Szasz, Der Mythos der Psychotherapie, Europaverlag, 1982

Berühmte Kritik der Psychotherapie, die behauptet, Geisteskrankheiten seien eigentlich „Lebensprobleme". Der Autor vergleicht die moderne psychiatrische Diagnostik mit der Inquisition und wendet sich gegen jede Form von Überzeugungsbehandlung.

39. Virginia Satir, Selbstwert und Kommunikation, Pfeiffer bei Klett-Cotta, 2002

Einflussreiches Werk der Familiensystemtherapeutin über die Forschungen zur Familiendynamik.

40. Andrew Solomon, Saturns Schatten, S. Fischer, 2004

Preisgekrönte Reise in sämtliche Facetten der depressiven Erkrankung. Legt nahe, dass Depressionen nie ganz verschwinden, sondern Teil der menschlichen Grundverfassung sind.

41. Harry Stack Sullivan, Die interpersonale Theorie der Psychiatrie, Fischer Taschenbuch, 1983

Der Außenseiter unter den amerikanischen Psychiatern erklärt, wie „Selbstsystem" oder Persönlichkeit durch interpersonale Beziehungen geformt wird und nicht durch das freudsche innere Ich.

42. Deborah Tannen, Du kannst mich einfach nicht verstehen, Goldmann, 2004

Nr.-1-Bestseller einer Linguistikprofessorin über die Schwierigkeiten der Kommunikation der Geschlechter. Das erste Buch, das dieses Thema einem breiten Publikum bekannt machte.

43. Lewis Terman, Die Intelligenz-Prüfung Binet-Simon in der Revision, Harrap, 1923

Der Pionier unter den kognitiven Psychologen und Erfinder des Stanford-Binet-Tests (einer Adaption des Binet-Simon-Tests) glaubte an die Vererbbarkeit von Intelligenz. Er verfasste außerdem Arbeiten über begabte Kinder.

44. Edward Lee Thorndike, Animal Intelligence, 1911

Ein Pionier der amerikanischen Psychologie, der demonstrierte, wie Tiere lernen. Er war berühmt für seine Katzen in „Puzzle Boxes".

45. Edward B. Titchener, Experimental Psychology (vier Bände, 1901–05)

Einflussreiches Werk eines Wilhelm-Wundt-Studenten, der an der Gründung des ersten amerikanischen Psychologielabors an der Cornell-University beteiligt war.

46. John B. Watson, Behaviorismus, Klotz, 1997 (erstmals engl. 1913)

Ein sehr lesbares Buch, das die behavioristische Schule begründete.

47. Max Wertheimer, Produktives Denken, Kramer, 1957

Deutsch-amerikanischer Gestaltpsychologe, der über die Kunst des Denkens schreibt, wobei er besonders auf unterschwellige Strukturen und Anomalien eingeht.

48. Robert Wright, Diesseits von Gut und Böse, Limes, 1996

Einflussreiches Werk über Evolutionspsychologie, das die genetischen Strategien hinter menschlichem Verhalten, einschließlich Monogamie, Altruismus, Geschwisterrivalität und Politik am Arbeitsplatz, aufzeigt.

49. Wilhelm Wundt, Grundzüge der physiologischen Psychologie, Thoemmes Press, 1993 (erstmals 1903)

Dieses Buch machte Wundt zur führenden Figur in der neuen Wissenschaft der Psychologie. Es wurde 1904 von Edward Titchener ins Englische übersetzt.

50. Irvin D. Yalom, Die Liebe und ihr Henker & andere Geschichten aus der Psychotherapie, Goldmann, 2003

Unverblümte Erkundung der Beziehung zwischen Psychotherapeut und Patient mit faszinierenden Fallgeschichten.

Chronologische Liste der Titel

William James, *The Principles of Psychology* (1890)

Sigmund Freud, *Die Traumdeutung* (1900)

Jean Piaget, *Sprechen und Denken des Kindes* (1923)

Alfred Adler, *Menschenkenntnis* (1927)

Iwan Pawlow, *Die bedingten Reflexe* (1927)

Anna Freud, *Das Ich und die Abwehrmechanismen* (1936)

Karen Horney, *Unsere inneren Konflikte. Neurosen in unserer Zeit; Entstehung, Entwicklung und Lösung* (1945)

Hans Eysenck, *Dimensions of Personality* (1947)

Eric Hoffer, *Der Fanatiker* (1951)

Fritz Perls, *Gestalt-Therapie. Grundlagen der Lebensfreude und Persönlichkeitsentfaltung* (1951)

Melanie Klein, *Envy and Gratitude* (1957)

Erik Erikson, *Der junge Mann Luther. Eine psychoanalytische und historische Studie* (1958)

Milton Erikson, *Meine Stimme begleitet Sie überallhin.*
mit Milton H. Erickson (hrsg. von Sidney Rosen) (1982) *Ein Lehrseminar*

Harry Harlow, *The Nature of Love* (1958)

R. D. Laing, *Das geteilte Selbst. Eine existentielle Studie über geistige Gesundheit und Wahnsinn* (1960)

Albert Ellis & Robert A. Harper, *A Guide to Rational Living* (1961)

Carl Rogers, *Entwicklung der Persönlichkeit. Psychotherapie aus der Sicht eines Therapeuten* (1961)

Eric Berne, *Spiele der Erwachsenen. Psychologie der menschlichen Beziehungen* (1964)

Thomas A. Harris, *Ich bin o.k. – Du bist o.k.* (1967)

Carl Gustav Jung, *Die Archetypen und das kollektive Unbewußte* (1968)

Nathaniel Branden, *The Psychology of Self-Esteem* (1969)

Viktor Frankl, *Der Wille zum Sinn* (1969)

Edward de Bono, *Laterales Denken* (1970)

Oliver Sacks, *Der Mann, der seine Frau mit einem Hut verwechselte* (1970)

Abraham Maslow, *The Farther Reaches of Human Nature* (1971)

B. F. Skinner, *Jenseits von Freiheit und Würde* (1971)

Gail Sheehy, *In der Mitte des Lebens. Die Bewältigung vorhersehbarer Krisen* (1974)

Stanley Milgram, *Das Milgram-Experiment. Zur Gehorsamsbereitschaft gegenüber Autoritäten* (1976)

Robert Bolton, *People Skills. How to Assert Yourself, Listen to Others, and Resolve Conflicts* (1979)

Isabel Briggs Myers, *Gifts Differing. Understanding Personality Type* (1980)

David D. Burns, *Feeling Good. Depressionen überwinden, Selbstachtung gewinnen* (1980)

Milton Erickson, *Meine Stimme begleitet Sie überall hin. Ein Lehrseminar* (1982)

Howard Gardner, *Abschied vom IQ. Die Rahmen-Theorie der vielfachen Intelligenzen* (1983)

Robert Cialdini, *Einfluß. Wie und warum sich Menschen überzeugen lassen.* (1984)

Anne Moir & David Jessel, *Brainsex. The Real Difference between Men and Women* (1989)

William Styron, *Sturz in die Nacht. Die Geschichte einer Depression* (1990)

Steve Andreas und Charles Faulkner, *Praxiskurs NLP* (1994).

Mihaly Csikszentmihalyi, *Kreativität. Wie Sie das Unmögliche schaffen und Ihre Grenzen überwinden* (1996)

Robert E. Thayer, *The Origin of Everyday Moods. Managing Energy, Tension, and Stress* (1996)

Gavin de Becker, *Mut zur Angst* (1997)

Susan Forward, *Emotionale Erpressung. Wenn andere mit Gefühlen drohen* (1997)

Daniel Goleman, *EQ^2. Der Erfolgsquotient* (1998)

V. S. Ramachandran, *Die blinde Frau, die sehen kann* (1998)

John M. Gottman, *Die 7 Geheimnisse der glücklichen Ehe* (1999)

Douglas Stone, Bruce Patton & Sheila Heen, *Offen gesagt! Erfolgreich schwierige Gespräche meistern* (1999)

Steven Pinker, *Das unbeschriebene Blatt. Die moderne Leugnung der menschlichen Natur* (2002)

Martin Seligman, *Der Glücks-Faktor. Warum Optimisten länger leben* (2002)

Barry Schwartz, *Anleitung zur Unzufriedenheit. Warum weniger glücklich macht* (2004)

Malcolm Gladwell, *Blink! Die Macht des Moments* (2005)

Louann Brizendine, *The Female Brain* (2006)

Daniel Gilbert, *Ins Glück stolpern* (2006)

Quellenangaben

Für die Recherchen zu diesem Buch wurden folgende Ausgaben benutzt:

Adler, A., *Menschenkenntnis*, Fischer Taschenbuch, 36. Aufl. 2005

Andreas, Steve; Faulkner, Charles: *Praxiskurs NLP (NLP – The New Technology of Achievement)*, Paderborn 1997

de Becker, G., *The Gift of Fear. Survival Signals that Protect Us from Violence*, Random House, New York, 1997. Die deutsche Ausgabe ist vergriffen: *Mut zur Angst*, Krüger, 1999.

Berne, E., *Spiele der Erwachsenen. Psychologie der menschlichen Beziehungen*, Rowohlt Taschenbuch Verlag, 7. Aufl. 2006 (Deutsche Übersetzung von Wolfram Wagmuth. © 1967 Rowohlt Verlag GmbH, Reinbek bei Hamburg)

Bolton, R., *People Skills. How to Assert Yourself, Listen to Others, and Resolve Conflicts*, Prentice Hall, New York, 1986

de Bono, E., *Lateral Thinking*, Penguin, London 1970. Die deutsche Ausgabe ist vergriffen: *Laterales Denken*, Rowohlt, 1971.

Branden, N., *The Psychology of Self-Esteem*, Wiley, New York 2001

Briggs Myers, I., with Myers, P., *Gifts Differing. Understanding Personality Type*, Davies Black, Palo Alto, CA, 1995

Brizendine, L., *The Female Brain*, Morgan Road, New York 2006

Burns, D., *Feeling Good. The New Mood Therapy*, William Morrow, New York 1980. Dieser Titel erscheint in Kürze im Junfermann Verlag unter dem Titel: *Feeling Good. Depressionen überwinden, Selbstachtung gewinnen.*

Cialdini, R., *Influence. The Psychology of Persuasion*, William Morrow, New York 1993. Die deutsche Ausgabe ist vergriffen: *Einfluß. Wie und warum sich Menschen überzeugen lassen*, mvgVerlag, 1984.

Csikszentmihalyi, M., *Kreativität. Wie Sie das Unmögliche schaffen und Ihre Grenzen überwinden*, Klett-Cotta, 1997 (Aus dem Amerikanischen von Maren Klostermann. © Mihaly Csikszentmihalyi 1996. Klett-Cotta, Stuttart 1997)

Ellis, A. & Harper, R., *A Guide to Rational Living*, Wilshire Book Company, Los Angeles 1974

Ellis, A., *Training der Gefühle. Wie Sie sich hartnäckig weigern, unglücklich zu sein*, mvgVerlag, aktualisierte und erweiterte Neuauflage 2006

Erickson, M., *My Voice Will Go With You: The Teaching Tales of Milton H. Erickson*, Rosen, S. (Hg.), WW Norton, New York 1982. Die deutsche Ausgabe ist vergriffen: S. Rosen (Hg.), *Lehrgeschichten*, iskopress, 3. Auflage 1994. Erhältlich ist von Jeffrey K. Zeig (Hg.), *Meine Stimme begleitet Sie überallhin. Ein Lehrseminar mit Milton H. Erickson*, Klett-Cotta, 1980.

Erikson, E., *Der junge Mann Luther. Eine psychoanalytische und historische Studie*, Klotz, 6. Aufl. 2005 (© 2005 Verlag Dietmar Klotz, Eschborn)

Eysenck, H. J., *Dimensions of Personality*, Routledge & Kegan Paul, London 1966

Forward, S., *Emotionale Erpressung. Wenn andere mit Gefühlen drohen*, Goldmann, 5. Aufl. 2000 (© in deutscher Übersetzung von Diane Welzien im Wilhelm Goldmann Verlag, München, einem Unternehmen der Verlagsgruppe Random House GmbH)

Frankl, V., *Der Wille zum Sinn*, Huber, 5. Aufl. 2005 (© 1972 Verlag Hans Huber, Bern, Stuttgart, Wien)

Freud, A., *Das Ich und die Abwehrmechanismen*, Kindler, 9. Aufl. 1977 (© 1964 Kindler Verlag, München)

Freud, S., *Die Traumdeutung*, Studienausgabe Band II, Fischer Taschenbuch, 2000 (© S. Fischer Verlage, Frankfurt am Main)

Gardner, H., *Abschied vom IQ. Die Rahmen-Theorie der vielfachen Intelligenzen*, Klett-Cotta, 4. Aufl. 2005 (Aus dem Amerikanischen von Malte Heim. © 1985 by Howard Gardner, Klett-Cotta, Stuttgart 1991)

Gilbert, D., *Ins Glück stolpern*, Riemann, 2006 (© 2006 in deutscher Übersetzung von Burkhard Hickisch im Riemann Verlag, München, einem Unternehmen der Verlagsgruppe Random House GmbH)

Gladwell, M., *Blink! Die Macht des Moments*, Campus, 2005 (© 2005 Campus Verlag, Frankfurt am Main/New York)

Goleman, D., *EQ². Der Erfolgsquotient*, Hanser, 1999 (Aus dem Amerikanischen von Friedrich Griese. © 1999 Carl Hanser Verlag, München/Wien)

Gottman, J. & Silver, N., *Die 7 Geheimnisse der glücklichen Ehe*, Ullstein, 5. Aufl. 2005 (© 2000 Ullstein Buchverlage GmbH, Berlin. Erschienen im Verlag Marion von Schröder)

Harlow, H., „The Nature of Love", *American Psychologist*, 13, S. 573–685, 1958

Harris, T. A., *Ich bin o.k. – Du bist o.k.*, Rowohlt, 41. Aufl. 2006 (Deutsche Übersetzung von Irmela Brender. © 1973 Rowohlt Verlag GmbH, Reinbek bei Hamburg)

Hoffer, E., *Der Fanatiker*, Eichborn, 1999 (© Eichborn AG, Frankfurt am Main, November 1999)

Horney, K., *Our Inner Conflicts*, Routledge & Kegan Paul, London 1957. Eine Neuauflage der deutschen Ausgabe (5. Auflage) von *Unsere inneren Konflikte: Neurosen in unserer Zeit; Entstehung, Entwicklung und Lösung* erscheint in Kürze im Klotz Verlag.

James, W., *The Principles of Psychology*, Vols I & II, Dover, Mineola 1950

Jung, C. G., *Die Archetypen und das kollektive Unbewußte*, Walter Verlag, 3. Aufl. 2002

Klein, M., *Envy and Gratitude – and Other Works 1946–1963*, Vintage, London 1975

Laing, R. D., *The Divided Self. An Existential Study in Sanity and Madness*, Penguin, London 1960. Die deutsche Ausgabe ist vergriffen: *Das geteilte Selbst*, Kiepenheuer und Witsch, 1994

Maslow, A., *The Farther Reaches of Human Nature*, Penguin, London 1976

Milgram, S., *Das Milgram-Experiment. Zur Gehorsamsbereitschaft gegenüber Autoritäten*, Rowohlt, 14. Aufl. 2004 (Deutsche Übersetzung von Roland Fleissner. © 1974 Rowohlt Verlag GmbH, Reinbek bei Hamburg)

Moir, A. & Jessel, D., *Brainsex. The Real Difference between Men and Women*, Mandarin, London 1989

Pavlov, I., *Conditioned Reflexes*, Dover, Mineola 2003. Die deutsche Ausgabe ist vergriffen: *Die bedingten Reflexe*, Kindler, 1972.

Perls, F., Hefferline, R. & Goodman, P., *Gestalt-Therapie. Grundlagen der Lebensfreude und Persönlichkeitsentfaltung*, Klett-Cotta, 7., neu übersetzte Aufl. 2006 (Aus dem Amerikanischen neu übersetzt und mit einem Vorwort von Reinhard Fuhr, Milan Streckovic und Martina Gremmler-Fuhr. © 1951 by F. S. Perls, R. F. Hefferline, P. Goodman. Klett-Cotta, Stuttgart 1979)

Perls, F., *Gestalt-Therapie in Aktion*, 9. Aufl. 2002 (© 1969 Real People Press. Klett-Cotta, Stuttgart 1986)

Piaget, J., *The Language and Thought of the Child*, Routledge & Kegan Paul, London 1959. Die deutsche Ausgabe ist vergriffen: *Sprechen und Denken des Kindes*, Ullstein, 1983

Pinker, S., *Das unbeschriebene Blatt. Die moderne Leugnung der menschlichen Natur*, Berlin Verlag, 2003 (© 2003 Berlin Verlag)

Ramachandran, V. S., *Die blinde Frau, die sehen kann*, Rowohlt, 2. Aufl. 2004 (Deutsche Übersetzung von Hainer Kober. © 2001 Rowohlt Verlag GmbH, Reinbek bei Hamburg)

Rogers, C., *Entwicklung der Persönlichkeit. Psychotherapie aus der Sicht eines Therapeuten*, Klett-Cotta, 15. Aufl. 2005 (Aus dem Amerikanischen von Jacqueline Giere. Mit einem Vorwort von Reinhard Tausch. © 1961 by Carl R. Rogers. Klett-Cotta, Stuttgart 1973)

Sacks, O., *Der Mann, der seine Frau mit einem Hut verwechselte*, Rowohlt, 1990 (Deutsche Übersetzung von Dirk van Gunsteren. © 1987 Rowohlt Verlag GmbH, Reinbek bei Hamburg)

Schwartz, B., *Anleitung zur Unzufriedenheit. Warum weniger glücklicher macht*, Ullstein, 2006 (© 2004 Ullstein Buchverlage GmbH, Berlin. Erschienen im Econ Verlag)

Seligman, M., *Der Glücks-Faktor. Warum Optimisten länger leben*, Bastei-Lübbe, 2003 (© 2003 Verlagsgruppe Lübbe GmbH & Co.KG, Bergisch Gladbach)

Sheehy, G., *Passages. Predictable Crises of Adult Life*, Bantam, New York 1976. Die deutsche Ausgabe ist vergriffen: *In der Mitte des Lebens. Die Bewältigung vorhersehbarer Krisen*, Fischer Taschenbuch, 1978.

Skinner, B.F., *Beyond Freedom and Dignity*, Hackett, Indianapolis 1971. Die deutsche Ausgabe ist vergriffen: *Jenseits von Freiheit und Würde*, Rowohlt, 1973

Stone, D., Patton, B. & Heen, S., *Difficult Conversations. How to Discuss What Matters Most*, Viking, New York 1999. Die deutsche Ausgabe ist vergriffen: *Offen gesagt! Erfolgreich schwierige Gespräche meistern*, Goldmann, 2000

Styron, W., *Darkness Visible. A Memoir of Madness*, Vintage, New York 1990. Die deutsche Ausgabe ist vergriffen: *Sturz in die Nacht. Die Geschichte einer Depression*, Kiepenheuer und Witsch, 1990

Thayer, R., *The Origin of Everyday Moods. Managing Energy, Tension, and Stress*, Oxford University Press, Oxford 1996

Danksagung

Jeder Band aus der *50-Klassiker*-Reihe bedeutet vor allem einen enormen Aufwand an Zeit. Tausende Stunden gingen in die Recherche, das Lesen und schließlich das Schreiben. Erfolgreich wurde die Reihe allerdings erst dank der Bemühungen des Teams bei Nicholas Brealey Publishing.

Mein größter Dank gilt Nicholas Brealey und Sally Lansdell im Londoner Büro für ihre fachliche Unterstützung, ohne die *50 Klassiker der Psychologie* nicht zu dem Buch geworden wäre, das es jetzt ist. Ich danke außerdem der Abteilung für internationale Lizenzen, die dafür gesorgt hat, dass dieses Buch weltweit von so vielen Menschen gelesen werden kann.

Vielen Dank an Patricia O'Hare und Chuck Dresner vom Bostoner Büro für ihr Engagement nicht nur bei diesem Buch, sondern bei der gesamten Reihe, und dafür, dass sie den *50 Klassikern* in den Vereinigten Staaten Gehör verschafften.

Natürlich konnte dieses Buch nur zustande kommen, indem ich auf den Reichtum an Wissen und Theorien zurückgriff, der sich in den hier vorgestellten Klassikern findet. Daher danke ich allen noch lebenden Autoren für ihre großartigen Beiträge auf diesem Gebiet.